蓬萊山と扶桑樹

◆日本文化の古層の探究◆

岡本健一

思文閣出版

扉図版：中国・長沙馬王堆漢墓帛画（本文一七頁参照）

まえがき――仏教以前に「仙道」の時代があった――

古《いにしへ》も今も、世人《よのひと》の釋《とけ》る説《こと》ども、十に八九は當たらぬことのみなり。凡て皇國《みくに》の古言《ふるごと》は、たゞに其物其事のあるかたちのまゝに、やすく云初《いひそめ》名づけ初たることにして、さらに深き理《ことわり》などを思ひて言《いへ》る物には非れば、そのこゝろばへを以釋《もてとく》べきわざなるに、世々の識者《ものしりびと》、其上代《かみつよ》の言語《ことどひ》の本づけるこゝろばへをば、よくも考へずて、ひたぶるに漢意《からごころ》にならひて釋ゆゑに、すべて當りがたし。

（本居宣長『古事記傳』三之巻〈寛政二年（一七九〇）刊〉）

小著『蓬萊山と扶桑樹――日本文化の古層の探究』は、中国伝来の神仙思想のうち、とくに不老長生の仙境「蓬萊山」のイメージと、生命更新の仙木「扶桑樹」のシンボルが、日本の古代文化におよぼした影響の諸相を、歴史考古学的に明らかにしようとするものである。

申すまでもなく、神仙思想は道教の主要な柱で、その核心は「不老不死」の追求にあった。現代人の目からみれば、古今東西の錬金術と同様、荒唐無稽の夢物語にすぎないが、かつて東洋人は不老不死の仙人が棲むというユートピア「仙境＝蓬萊山・崑崙山」にあこがれ、同時に、太陽が毎朝若々しく再生してくるという生命の樹「扶桑樹」にあやかろうとした。「蓬萊山」も「扶桑樹」も、ともに中国古代の神仙思想が産みだした共同幻想である。海東のかなたには、亀の背に乗った「壺型の蓬萊山」が浮かぶ。海東の谷間には、太陽が昇る「巨大な扶桑樹」がそびえる。わが古代びとも「蓬萊山に棲む仙人のように長生きしたい、扶桑樹に昇る太陽のように若返りたい」とつよく願って、神仙思想をすすんで受けいれ、蓬萊山と扶桑樹にたいする憧憬をつのらせてきた。私の見るところ、古墳時代の日本列島をおおった不思議な「壺型」の前方後円墳は、じつは「壺型の蓬萊山」の縮景である。北・中部九州の装飾古墳に描かれた謎の「蕨手文」や、藤ノ木古墳の冠を飾る「樹木型」は、ともに「巨大な扶桑樹」の縮図である。さらに、飛鳥時代以降の「宮都」「庭園」や、飛鳥～藤原京時代に生まれた国号「日出づる処＝日本」もまた、この世を不老長寿・生命蔓延の理想的な神仙境に見立てようとした都市計画・国家観の所産であった。

このように、「蓬萊山」と「扶桑樹」は、前方後円墳をはじめ都城・苑池・詩歌・伝説・美術・民俗、さては国のかたち（国号・国旗・国歌）にいたるまで、日本文化のライトモチーフでありつづけた。とりわけ仏教伝来以前の古墳文化を解き明かすうえで不可欠な二大キーワードとなるはずだが、なぜか、古代史や考古学の分野では、少数の先覚者をのぞいて長らく見過ごされてきた。大正末年の「神僊思想の研究」（『津田左右吉全集』第十巻所収、岩波書店、一九六四年）をはじめ、神仙思想や列仙伝の研究書は少なくないが、「蓬萊山と扶桑樹」を専題にした著作は見当たらない。はからずも小著が専著第一号の露払い役をつとめる。

おこがましくも私が「前方後円墳＝蓬萊山起源」説を提唱したのは、約二十年前の一九八六年、前職の毎日新聞記者時代のことで、神仙思想にたいして学界がほとんど無関心な時期だった。前方後円墳の起源については、円球の天と方形の地を結合したとみる「天円地方」説をはじめ、「前方部祭壇」説・「王権継承儀礼」説など二〇を超える仮説が出揃って意気は盛んなものの、いずれも核心をつくに至らなかった。大地に横たわる巨大な土木構造物が、古代ギリシアのスフィンクスのごとく傲然と「わが正体を解いてみよ」と問いかける。心ある考古学者は古墳のまわりをたち徘徊《もとお》る。そんな学界風景だった。

もし「前方後円墳」という抽象的な漢語ではなく、それ以前の「瓢塚《ひさご》」や「亀山」などの具体的なやまと言葉で呼ばれていたら、近代日本の考古学、とくに古墳考古学は、どのような軌跡を描いただろうか。おそらく「天円地方」説や「円墳方墳結合」説などの、前方後円墳という漢字にひきづられた「望文成義」の解釈は生まれなかっただろう。逆に「瓢塚」や「亀山」などの和名から、「亀の背にのったヒサゴ（壺）型の仙境〈蓬萊山〉——すなわち、やまと言葉の〈常世《とこよ》〉——の縮図」という真実に、もう少し早く到達していたと思われる。

本居宣長は『古事記傳』三之巻（本文注解第一巻）の冒頭で、エピグラフのように、古代のやまと言葉の意味を中国の思想・言語で解釈する方法をきびしく批判した。「わが日本の古語は、やさしい即物的なやまと言葉で名づけたものであって、その心意を酌んで釈き明かすべきである。それなのに、世々の識者はひたすら合理的な漢語・漢意にならって説こうとしたので、ほとんど的外れになった」と。宣長の批判は、前方後円墳の起源をめぐる近代考古学の真摯な模索と長期の迷走を、いみじくも予言したように読める。

前方後円墳の名は、よく知られているように、文化五年（一八〇八）、蒲生君平が『山陵志』を著し、古代天皇陵（垂仁〜敏達天皇）の特徴として、平面観が「前方後円」のかたちを呈すると指摘したことにはじまる。やがて近代考古学が誕生すると、それまでの瓢塚（瓢簞山・銚子塚・亀山）などの即物的な呼び名にかわって、幾何学的な（実は君平の経学的な教養にもとづく）術語「前方後円墳」をつくった。しかし、それとともに、民間の平俗な呼び名にこめられていたかもしれない古代びとの心意も、知らず知らずのうちに押し流してしまった。

ことしは『山陵志』の上梓から二百周年にあたる。その年回りに、既往の前方後円墳起源論を批判し、蓬萊山説を主張してきた私の、つたない小著を世に問う。顧みて、蒲生君平との奇縁をありがたく感じ、冥加につきる思いがする。一方で批判がましい物言いをしながら、他方で深い学恩を胆に銘じているからである。私の場合も、君平が古代天皇陵のもう一つの特徴としてあげた「三成《さんせい》（三段築成）」に目をとめたのが、「前方後円墳＝蓬莱山」説に導かれるきっかけとなったのだった。

ひそかに「先人未発の創見」と小躍りした私見も、『毎日新聞』の正月特集（一九八六年）に組むべく補強取材するうちに、すでに四〇年あまりも前、フランスの若い東洋学者R・スタンが看破していたことを知った。第一発見者がまだ訪日経験もない外国人学者だった、というところがおもしろい。かえって「望文成義」の弊にとらわれず独自の発想ができたのだろうか。

アウトサイダーの私見は発表いらい十年間、学界ではほとんど一顧だにされなかったが、一九九〇年代半ばになると、情況が変わった。第一に、戦後の古墳時代観（前方後円墳の発生を三世紀末とみる）は、小林行雄の三角縁神獣鏡研究（同笵鏡《どうはんきょう》論）と崇神天皇の崩年をもとに組み立てられたものだが、門下生らによって超克され、三世紀半ばまで引きあげられた。第二に、文献史家の三品彰英《みしなあきひで》は、早く小林理論に抗して「卑弥呼の墓は『魏志倭人伝』の記事（径百余歩）があるかぎり、あくまで古墳だ」と主張し、前方後円墳は長頸壺を拡大したものとする「壺型」説を再興したが、このころ門下生らが神仙思想と結びつけて発展させ、「壺型蓬莱山」説を説きだした。

そして二一世紀を迎える前年秋、弥生・古墳時代研究のエース・寺沢薫が高らかに宣言する。「前方後円墳の起源論は、いまや通説の〈天円地方〉説と新説の〈神仙思想〉説に絞られた」と。これに感応するごとく踵を接して、不老長寿の仙薬「禹余粮《うよりょう》」が奈良県唐古《からこ》・鍵《かぎ》遺跡（弥生時代中期末、紀元前後）から現れた。「弥生人が紀元前後に神仙思想を受けいれていた」ことを明証する大発見で、考古学界もすばやく反応した。まるでシャーマンの〈託宣〉と仙薬「禹余粮」の出現を待っていたように、堰を切って神仙思想研究に走りだしたのだ。考古学界の新しいトレンドの誕生である。

ここにきて、「六千基になんなんとする全国の前方後円墳は、神仙思想という宗教的イデオロギーにもとづいて造られた」という共通認識が定まったのではないだろうか。権力を視覚的に誇示する政治的モニュメントにちがいはないが、それにとどまらず（当然のことながら）宗教的モニュメントでもあったのだ。それは古墳時代を主導する宗教が、神仙思想であることを意味する。仏教以前の宗教は「古神道」とみられてきたが、もはや神仙思想を無視するわけにはいくまい。卑弥呼の創始した「鬼道」は、新来の初期道教（五斗米道《ごとべいどう》）と土着のシャーマニズムのアマルガムといわれるが、これも神仙思想を中核とするものだろう。「卑弥呼の好物」の銅鏡（画文帯神獣鏡と「景初三年」紀年鏡など）には、西王母・東王父らの神々（神仙）が彫《え》り刻まれているからだ。そればかりか、紀元前後、唐古・鍵にあった王都の弥生人は、すでに仙薬「禹余粮」になじんでいた。つまり弥生時代中期末（紀年前後）から前方後円墳時代の終わるまで（六世紀末）、じつに六百年の長きにわたって、神仙思想は倭国支配層のこころをほとんど独占してきた観がある。

こうしてみると、人びとを大土木工事にかりたてた古墳時代の神仙思想は、教養や趣味・飾りでもなければ、単なる心身の養生法でもない。宗教思想に特有の来世観にもとづいて墳墓を営むとき、それは歴とした宗教行為であろう。このさい、神仙思想は神仙教または仙道と呼ばれるべきだろう。すなわち古代日本は「仏教文化」以前に「仙道文化」の時代をもったことが、あらためて確かめられるのである。

「前方後円墳＝蓬莱山」説の発表から認知まで一五年。「弥生時代に神仙思想は伝来せず」という先入観の堰が、それだけガッチリと築かれていたわけである。「真実一路、わが道をゆく」恍惚と不安のシーソーゲームは決して楽ではないけれど、私にとって逆にさいわいでもあった。「前方後円墳とはなにか」という大きな謎が、堰のおかげで未解明のまま保存されていたからだ。「蓬莱山と扶桑樹」という広大な沃野も、まだ鍬が入りかけたばかりの状態だった。

もとより、個人的な感懐にふけっている場合ではない。調査・研究の進展はいちじるしく、かつて十年あまり時代に先駆けていた私の研究も、とっくに若い俊英たちに追いこされ、周回遅れになっているやもしれない。また、思いつきが先行して実証がともなわないところ、とりわけ中国古典の素養に乏しく、文献の操作が未熟で誤読・曲解しているところが多々あろうことを惧れる。どうか、そのゆえをもって、前方後円墳の起源論をはじめ、蓬萊山・扶桑樹のもつ歴史的意義までも否定しないでください。もし、ひそかな願いがかなって、小著が学術・社会に寄与しうるならば、近来無上の喜びである。

思えば、もう十数年前から、私は学生諸君にむかって大見得をきってきた。「二〇一〇年ころまでに蓬萊山説が認められよう。前方後円墳を逆さまに眺める滑稽な風景も、全国の教室から消えよう」と。願わくは、その日の早からんことを。

平成二十年（二〇〇八）立春

敷島・蓬壺庵で　岡本健一

蓬萊山と扶桑樹——日本文化の古層の探究※目次

まえがき——仏教以前に「仙道」の時代があった——

第Ⅰ部　蓬萊山と扶桑樹の再発見

序　章　日本古代史上の「スフィンクスの謎」……3

第一章　蓬萊山のかたち——前方後円墳の起源——……6
一　前方後円墳の祖型……6
二　壺のシンボリズム——神仙境——……10
三　蓬萊山のイメージ……15
四　壺型古墳は蓬壺だ……18
五　古墳の中の仙境性……22

第二章　蓬萊憧憬の展開……38
一　壺のモデルは何か……38
二　神仙思想文化の華……45

（1）苑池……46
（2）仏教……49
（3）都城……50
（4）文芸……52
（5）美術……53
（6）楽園の創出……55
（7）むすび――常世へ……58
付…不老長生の夢「蓬莱山」＝前方後円墳に託して……61
第三章　扶桑樹のすがた――冠と壁画の図像学――……70
はじめに――構内の桑との対話――……70
一　扶桑樹のイメージ……72
（1）漢籍史料にみえる扶桑樹……72
（2）画像資料にみえる扶桑樹……74
（3）高句麗壁画の中の扶桑樹……77
二　考古資料の扶桑樹……80
（1）藤ノ木古墳の金銅冠……80
（2）珍敷塚壁画の蕨手文……85

三　蕨手文の型式分類……91
(1)蕨手文の分類……91
(2)羊角型蕨手文──五郎山古墳例……93
(3)蕨手文の位置とセットになる図文……96
四　双脚輪状文を解く……98
(1)先行の諸説……99
(2)私見──太陽鳥起源説……104
第四章　扶桑憧憬の諸相……114
一　五郎山古墳壁画の主題……114
(1)従来の解釈……114
(2)「射日神話」の発見……117
(3)「招日神話」の発見……119
二　竹原古墳壁画新解──『楚辞』の神仙世界──……122
三　扶桑唐草文の世界……129
(1)中国古代瓦当の扶桑樹……129
(2)日本古代の扶桑樹（管見）……134
四　「飛ぶ鳥の明日香」……142

(1)「飛ぶ鳥」の発生——先行の諸説……143
(2)「明日香」のなかに鳥が飛ぶ——私見……151
(3)結　論……157
付…「しきしまの」と「ももしきの」——仙境の表象——……160
結　章「文物の儀、備はる」——「国のかたち」の形成——……173

第Ⅱ部　不老長寿の楽園を求めて

第五章　卑弥呼の最期と昇仙……179
はじめに——『魏志倭人伝』の「以死」をめぐって——……179
一「卑弥呼以死」の真相……180
(1)「以死」の解釈……180
(2)「王殺し」説の登場……182
(3)「王殺し」への賛否……184
二　中国正史にみる用例……187
(1)鯀の治水と最期……187
(2)中国史書の「以死」……189
三　日本古典にみる「以死」……196

四　孫権と卑弥呼の場合――内藤湖南説の再検討―― …… 202
（1）崇神の時代と箸墓の年代 …… 206
（2）古墳時代開始の実年代 …… 209
（3）「卑弥呼以死」からのアプローチ …… 211
むすび――卑弥呼、箸墓より昇仙す―― …… 205

第六章　雄略時代の神仙信仰 …… 222
一　稲荷山鉄剣銘の発見 …… 222
（1）金文顕現《けんげん》 …… 222
（2）「百年に一度」の大事件 …… 225
（3）波紋を呼んだ記事 …… 230
二　乎獲居臣八代の系譜 …… 235
（1）一一五文字の解読 …… 235
（2）和習と漢文志向 …… 240
三　「獲加多支鹵《ワカタケル》」の由来 …… 255
（1）出典は名作「西京賦」か …… 255
（2）「西京賦」と倭王武の「上表文」 …… 263
（3）和風諡号の意味 …… 268

（4）古代の文明開化期・雄略朝……275
四　「杖刀と典曹」の典拠……278
（1）杖刀人首……278
（2）「左治天下」の解釈……281
（3）典曹人……282
（4）椿井大塚山古墳の被葬者も「典曹人」？……285
（5）五世紀の「英雄」から六世紀の「官僚」へ……288
（6）欽明天皇か崇峻天皇かもしれない……292
コラム①　『文選』……261
コラム②　倭王武の上表文……265
コラム③　画文帯神獣鏡の分布……287
コラム④　「治天下」の宣言――発見25年記念シンポジウムから……294
第七章　高松塚の主石上麻呂……300
はじめに……300
一　「高松塚壁画顕現す」……303
（1）発見と報道……303
（2）被葬者候補……305

二　左大臣の数奇な生涯……312
（1）経歴……312
（2）行蔵……316
三　古代史にみる君臣観……320
（1）古代日本……320
（2）古代世界……322
四　万葉歌にみる人間像……326
（1）「石上麻呂歌群」の再構……326
（2）『竹取物語』の石上麿足……332
五　「高光る藤原京の春」……333
（1）「藤原京の平和」……333
（2）王陵直列の発見……337
《コラム》高松塚解体――慟哭する壁画と墓主……353
第八章　蓬莱を尋ねた人びと……356
一　浦島子の行方は何処――張騫の尋源伝説と比較して――……356
（1）古代浦島子伝説……356
（2）天の川の蓬萊山……358

(3)張騫の乗槎伝説……360
(4)日本の乗槎伝説……362
(5)浦島伝説の真実……365
二　田道間守の非時香菓――「卑弥呼の鏡」とつがえて――……368
(1)伝承の田道間守……368
(2)伝承に隠《こも》る史実……370
(3)鏡背の笠松形は……372
(4)遣唐使のルート……374
三　大加羅人と波斯人と――アレクサンダー伝説の東漸――……375
(1)「額に角ある王子」来たる……375
(2)アレクサンダー伝説群……380
(3)日本神話伝説との比較……384
(4)飛鳥に来たペルシア人……388
あとがき／索引(人名・件名)

〔凡例〕
一　本文・注とも（第八章を除いて）原則的に敬称を省かせていただき、肩書きも旧稿のままとした。
二　ルビは新聞と同じく常用漢字以外の漢字および難読の地名・人名・歴史用語に付けた。
三　「近年／最近」などの時制は、おおむね旧稿のままとした。後書きの成稿表を参照ください。

第Ⅰ部

蓬萊山と扶桑樹の再発見

神は細部に宿りたまう（アビ・ワールブルク／一八六六—一九二九）

序　章　日本古代史上の「スフィンクスの謎」

三世紀後半、倭国の中枢であった奈良盆地の東南部、三輪山の西麓に突如、巨大な高塚式の墳墓が誕生する。前方後円墳である。いったい、どんな宗教的願望に支えられたのか、古墳造りの情熱は、たちまち燎原の火のように、ほとんど日本列島全体をおおい、各地に壮大なモニュメントを築いた。北は岩手県胆沢町の角塚《つのづか》古墳から、南は鹿児島県大崎町の横瀬《よこせ》古墳まで、その数、ざっと六千基。

前部が跳び箱のような台形、後部がお椀を伏せたような半円球。このミステリアスな前方後円墳の「かたち」をめぐって、江戸時代後期の蒲生君平いらい、多くの考古学・歴史学者が謎解きに挑んできた。「丘尾切断説」から「盾型説」「壺型説」「前方部祭壇説」を経て、「天円地方（円丘方丘合体）説」に至るまで、十指に余る諸説が入り乱れ[1]、いまだ解決をみていない。いわば日本古代史上の〈スフィンクスの謎〉である。しかも、この前方後円墳の発生は、日本古代国家の起源と不可分な問題であるだけに、古代史上の最重要な、焦眉の研究課題といっても過言ではあるまい〔補注〕。

東洋史家の西嶋定生はかつて、中国を盟主とする東アジアの国際関係を「冊封体制」としてとらえたさい、前方後円墳の発生についても、「冊封体制」と結びつけた有力な仮説を出した[2]。すなわち、倭国王は中国の皇帝の冊封を受けるとともに、国際的な身分秩序に編成された。このとき、国内の身分秩序に合わせて、前方後円墳が全国一斉に画一的に採用されるようになった。前方後円墳は「国家的身分秩序の表現」だった――と、古代国家の誕生とかかわらせて説いたのである。

しかし、西嶋は「全国一斉に前方後円墳という特殊な墳墓形式が何故に大和において発生したかということはいまだに不明である」として、面妖な墳形発生の理由については、将来の解決を期待されたのである。それはじつに半世紀年近い前のことだが、西嶋の保留した「墳形の謎」は、いぜん未解決のままといえよう。

私は毎日新聞社の文化財担当記者の一人として長年、考古学の発掘成果を追い、研究動向を見守るうちに、ゆくりなくも約二十年前、〈スフィンクスの謎〉の答を見出した。すなわち、

前方後円墳の「かたち」は、早くから指摘されてきたとおり、壺をかたどったものである。ただし、単なる壺ではない。「不老長寿の神仙が住む」と信じられた、壺型のユートピア「蓬萊山《ほうらいさん》」に憧れて、倭人たちがこの世に造り出した縮図＝コピーなのだ。

昭和六一年（一九八六）の『毎日新聞』元日特集で報道していらい、さまざまな機会に私見を訴えてきた。(3) これまでの前方後円墳の起源論は、通説の政治的な解釈になずむあまり、「前方後円墳という墳形に表象されているかもしれない宗教的イデオロギー的側面」を見落とすきらいがあった。(4) この考古学の現状を解き放ち、ブレークスルーできると、おこがましくも信じたからである。残念ながら、アウトサイダーの私見は、はじめの十年間ほとんど専家の支持はおろか、一顧だにされなかったが、その後、清水真一・辰巳和弘・車崎正彦ら中堅考古学者の間で支持や批判を得られるようになった。(5) 大げさな形容ではあるけれど、「空谷に跫音を聞く」安堵と歓喜にとらわれたものであった。

私が前方後円墳の起源論にこだわるのは、単に古墳の謎解きのためだけではない。前方後円墳を「蓬萊山」の

コピーと見立てると、古墳文化の本質のみならず、日本文化に及ぼした神仙思想の深い影響までも見透かせる。ひいては仏教文化以前に神仙文化の時代を措定できる、と考えるからである。

古墳文化は、仏教の弘布とともに、六～七世紀をもって終わりを告げるが、前方後円墳にこめられた「蓬萊山への憧れ」は、一時の熱風か怒濤のように、忽然と消え去ったわけではない。その後も詩歌をはじめ、物語・宮都・庭園のなかに息づき、日本文化の基層を伏流水のごとく流れてきた。「時代の転換期には歴史の古層があらわになる」といったのは、政治学者の丸山眞男だが、(6) 古墳時代を風靡した「蓬萊山＝不老長寿」への憧れは、はるか後の「時代の転換期」明治維新にめぐりあったとき、ふたたび地表に噴き出した。薩摩琵琶の一曲「蓬萊山」から生まれた国歌「君が代」である。(7) この一事に象徴されるように、古墳時代の「蓬萊憧憬」こそ「歴史（とりわけ生命意識）の古層」を形成するものであった、といえよう。

第Ⅰ部では、年来の「壺型＝蓬萊山」説を総括・再説したうえ、古墳文化に宿るもう一つの神仙信仰「扶桑樹への憧れ」を探り、「蓬萊・扶桑憧憬の諸相」をスケッチする。九州を中心に分布する晦渋な装飾古墳のモチーフは、私のみるところ、おおむね「扶桑憧憬」のバリエーションと思われる。「日本」の国号・国旗のルーツも、この「扶桑憧憬」のなかに求められるのである。さらに第Ⅱ部では、蓬萊山を尋ねたという田道間守《たじまもり》と浦島子《うらしまこ》の伝説と歴史的事件とのかかわりを考え、古代びとの奔放な想像力に触れたい。

十年一日、同じことを反復して、さすがに気恥ずかしいけれど、単なる野水か、隠れた清水か、情けある専家の手に掬まれることを、心より請い願う。

第一章　蓬萊山のかたち――前方後円墳の起源――

一　前方後円墳の祖型

前方後円墳の名は、周知のように、江戸時代後期の蒲生君平のネーミングにちなむ。君平は『山陵志』（一八〇八年刊）のなかで、つぎの三点を指摘した。(8)

①［周溝］　畿内の古代天皇陵の多くがその周りに「溝（濠）」をめぐらす。
②［三成］　墳丘の平面形が「前方後円」で、断面形が「三成」のかたち。
③［宮車］　墳丘は全体として「宮車」つまり古代の牛車を模したすがた。

前方後円型の古墳は、世間では久しく瓢簞山とか銚子塚・ひさご塚などと呼びならわしてきた。(9) 加地伸行・重松明久によると、中国古代の経学（儒教の経書学）に明るい君平は、「前方後円」というキーワードを古典のなかに見出して、簡潔に特徴づけたのであった。(10) 近代の考古学は、これにもとづいて「前方後円墳」という術語をつくり、わが国特有の古墳のネーミングとした。それまでの宮車・瓢簞山といった器物や山容への見立てを離れて、客観的に名づけようとした点は十分に評価される。しかし、瓢簞山・ひさご塚・双子山・茶臼山などの民間の見立てと呼び名が蔵していたかもしれない「古代人の心意」(11)も、ともに押し流され、近代の考古学の視界からかき消されたのである。

しかも、ひとたび「前方後円墳」の術語が定着したあと、「墳形が何に由来するのか」という穿鑿がはじまると、いきおい文字面にこだわった望文生義の解釈——前方部祭壇説や通路説・宣命場説、円墳方墳結合説など——があいついで登場する。その典型が「天円地方」説といえよう。

それによると、前方後円墳は、おおむね三段の丸い〈円丘〉と二段の四角い〈方丘〉の結合したかたちをとる。円丘と方丘は、それぞれ「天は円く半球形、地は平らで正方形」とする、中国古代の「天円地方」説にもとづく。古代中国の国家祭祀「郊祀《こうし》」では、冬至の日に都の南郊で天を、夏至の日に北郊で地をまつるが、そのさい、

・天の神は、〈円丘〉つまり円形の天空を表した「天壇」でまつり
・地の神は、〈方丘〉つまり方形の大地を象《かたど》った「地壇」でまつる[12]

と定められた。

わが前方後円墳も、これにならって「天円地方」のかたち、すなわち円丘と方丘を結合したかたちを選んだ、と考えた。そして、前方後円墳の上で、天地の神々をあわせてまつるとともに、先代の首長の「霊威・霊力」を継承する儀礼をおこなったとする。近藤義郎・水野正好・都出比呂志・広瀬和雄らの提唱・展開する、この「天円地方＝王権継承祭祀場」説[13]が、現在の考古学界でいちばん有力な見方であろう。

たしかに、前方後円墳は「王権継承儀礼の場」であったろうが、近年、岡田精司が「墳頂ではいっさい王権継承儀礼はおこなわれなかった」と、きびしい批判を出した[14]。それればかりか、「天円地方」説についても、つとに一九八〇年代に入って、これを根底から揺るがす新事実が明らかになっていたのだ。近藤義郎による「撥《ばち》型《がた》前方後円墳」の発見である[15]。すなわち、前方後円墳の典型で「最古の巨大古墳」と目されてきた箸墓《はしはか》古墳（奈良県桜井市

図1）や、三三面もの三角縁神獣鏡が出土した椿井《つばい》大塚山《おおつかやま》古墳（京都府山城町）では、じつは前方部が純正の方形ではなく、三味線の撥のように外反《そとぞ》りになって開いている。このほか、養久山《やくやま》、権現山《ごんげんやま》古墳（兵庫県）なども撥型の前方部をもった古墳であることがわかり、「撥型前方後方墳」と命名された。その後も、メスリ山古墳（奈良県）などで確認されている。

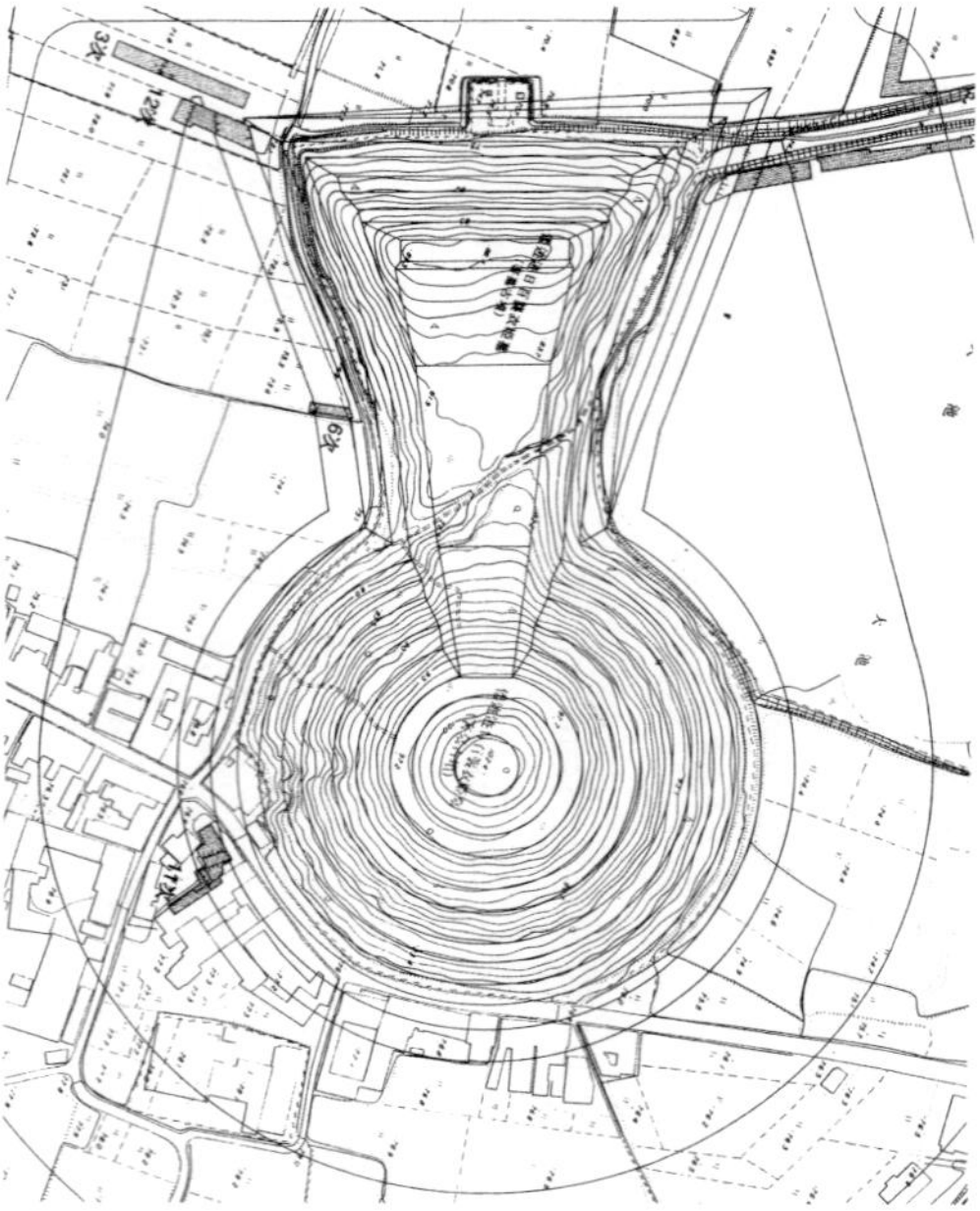

図1　箸墓古墳（原図の方位を変えた）

　これより後、考古学界では撥型は年代の指標とされ、撥型前方後円墳が見つかると、発現期の古墳に編年された。ところが、前方後円墳のかたちの意味と起源を問う段になると、理念的な純正の前方後円墳に後戻りして、相変わらず「天円地方」説で解釈する。いわばダブル・スタンダードがとられてきた。これでは、せっかく見出した撥型の意義を相殺してしまう。前方後円墳の起源を論ずる場合、やはり発現期の古墳のかたちから入るべきであろう。「撥型前方後円墳」の事実よりも、「純正前方後円墳」の名前に引きずられるのは、訓詁学の方法であって、モノに即して考える考古学の方法ではあるまい。

　じつは、「撥型後円墳」の発見より早く、「前方後円墳は、字義どおりの前方後円型ではない」と喝破したのが、作家の松本清張であった[16]。前方部を細かく見ると、方形ではなく、むしろ三角形かクサビ（楔）型に近い。この

「楔型後円墳」の本質を追究して、松本はあらましつぎの結論に到達した。

クサビは男性自身を表し、後円部は子宮・母胎を表す。つまり楔型後円墳（前方後円墳）はペニスとワギナの結合した姿を表象したものである。交合のあと、子宮に胎児が宿り、新しい生命が生まれてくるように、交合型の墳丘に死者を葬れば、ふたたび生命を得て蘇ってくると、古代人は信じたのである。（大意）

松本の、いわば天地を舞台とした「男女交合」説は、「朝鮮の墳墓のつくり方は、陰陽調和の法則に従っている」という風水説[17]に依拠したものだが、作家らしい想像力を羽ばたかせながら、おおらかな古代人の心意と習俗に迫って、まことにおもしろい。もっとも、三角形（クサビ型）は俗にデルタというごとく元来、性的シンボルであって（男根ではなく）女陰を意味する。いわゆる「性的三角形」だ[18]。したがって、三角丘と円丘の結合した前方後円墳は、「女陰と子宮の象徴」とも解することができる。その場合も、「死者を母胎に戻す」とみる松本の考えは、そのまま生かせる。次節の「壺型」説と通底する見方である。

だが、その後の発掘調査と考古研究の示すところ、残念ながら、前方後円墳の本質は「楔型後円墳」にあったとの見方に否定的である。発現期の前方後円墳は、松本のいう「楔型後円墳」ではなく、近藤のいう「撥型後円

模式図	呼び名	意味	主唱者
①◯＋□＝	前方後円墳	天円と地方	通説
②◯＋△＝	楔型後円墳	男女の合体	松本清張
③◯＋▽＝	広口壺型墳	霊魂の通路	島田貞彦・三品彰英・原田大六・辰巳和弘・車崎正彦
④◯＋△＝	撥型後円墳	王権の継承	近藤義郎
⑤◯＋▽＝	長頸壺型墳	蓬壺の縮図	ロルフ＝スタン・岡本健一・辰巳和弘・藤田友治

墳」であった。それでもなお、松本の古墳論は、蒲生君平にはじまる「前方後円」の呪縛から考古学を解き放った点で、学史上まことに画期的である。清張作品の名を借りれば、「ゴーディアン・ノット」を断ち切った、あのアレクサンダー大王の剣の一撃にもたとえられようか。

ここで前方後方墳の起源論を模式図でまとめると、前表のように整理できよう。

二　壺のシンボリズム――神仙境――

この「撥型後円墳」を虚心に眺めてみよう。前方後円墳の模式図は、ふつう前方部を下に、後円部を上に置くのが、日本史の教科書をはじめ、考古学・古代史学界の習わしになっているが、格別の根拠があるわけではない[19]。これを逆にしたうえ、ついでに発想も一八〇度ひっくり返して――つまり蒲生君平の縛《いまし》めから自由になって――見ると、だれの目にも壺型と映るにちがいない。外反りにカーブした壺の口縁と、細くくびれた頸部、丸く膨んだ胴部を彷彿させるはずである。じっさい、即物的で見やすい道理だから、「前方後円墳は壺型に由来する」と言いきった人は、決して少なくなかった。戦前、いち早く島田貞彦は「広口壺型模倣」説を唱え、戦後も三品彰英・上田宏範・原田大六らがそれぞれ独自に壺型説を発表し、「弥生土器の長頸壺から発生した」などと説いた[20]。

なかで、三品は弥生文化の特徴として「巨大化への志向」をあげた。銅鐸も銅剣・銅矛も、実用の武器が肥大化して儀礼の祭器となったように、前方後円墳もまた、壺（棺）や甕（棺）が極大化して墳丘になったとみなした。壺は生命の容れ物・再生の母胎であり、大地のなかへ霊魂が帰っていく回路であったから、すでに弥生時代からわざわざ壺の底に孔《あな》を穿《うが》って（穿孔土器）、あの世への再生の通路としていたが、古墳時代はこれを極限にまで拡大したと考えたのである[11]。やがて韓国の李御寧（梨花女子大学）がベストセラー『《縮み志向》の日本人』を著し[21]、日本文化の特質は、平安時代の『枕草子』から、近世の俳諧をへて、現代のトランジスターにいたるまで、小さなものへの偏愛にあると説くことになるが、三品は「弥生～古墳時代は特異な《拡がり志向》の時代がつづいた」と主張したわけである。

ところが、考古学の大家・斎藤忠が、壺型説は「極端な見方」(22)で論外とばかりに一蹴したためか、三品らを例外として、継承・発展する人が途絶えたようにみえた。辰巳和弘・車崎正彦らの世代が神仙思想とむすびつけて、壺型説を復活するのは、一九九〇年代後半に入ってからである。「撥型後円墳」の発見が刺激となり、「撥型前方後円墳は神仙思想由来の壺型古墳である」と宣言したのだ。「天円地方」観とは異なる神仙思想の影響をみとめて、三品らの旧壺型説をリメイクした点で、新壺型説とよぶべきだろう。それより早く、韓国でみつかった（再発見された）前方後円墳が「長鼓墳」とよばれるようになったのは(23)、示唆的であろう。

私は一九八〇年代のはじめ、やはり三品説に導かれながら、前方後円墳の起源を学びはじめた。三品説は、歴史・考古学のみならず、神話学・民族学にわたる博識にもとづいて前方後円墳の本質を正しくとらえたが、惜しいことに画龍点睛を欠き、みすみす長蛇を逸されたように思われる。壺が胎内回帰や再生祈願の装置であり、霊魂の通路であるにしても、そして、極大化が時代の精神であったにしても、それだけで山のような構築物を造る必要があったとは思われない。

大林組プロジェクトチームの推定復元（一九八五年当時）によると、大山《だいせん》古墳（仁徳陵）の築造に一五年八カ月の歳月と、延べ六五〇万人の労力、八〇〇億円の工費を要したという(24)。物価・人件費の高騰した現在なら、工費は大幅に膨らんでいよう。これだけの時間と人力と財力を費やして、権力者の恣意のまま没理想に、ただ闇雲に巨大な壺型のモニュメントを造っただけとは考えにくい。それでは、労力と資源・財産のポトラッチ的な蕩尽にすぎないからだ。——もっとも、先の松本清張のように「巨大古墳造りに消耗して、河内王権は内肛と衰退を招いた」という見方もあるけれど、[25]国中あげて理想なき消耗に狂奔するものだろうか。

全国津々浦々にまで広がった壺型古墳の大流行。田中琢は、斉一な墳形のなかに、これを支える共通の「思想と心理」の基盤が認められる、と指摘した。[26]じっさい、美術史では「古代の文様意匠はすべて何らかの思想がその奥に流れている。古代において思想をもたない文様は存在しない」（美術史家・井上正）という。[27]また「神は細部に宿りたまう」（ドイツ出身の美術史家A・ワールブルク）ともいう。それならば、「巨大な壺型」という文様にこめられた思想、「撥型」という細部に宿る神とは、何だったのか。そもそも「壺」とは、いったい何のシンボリズムなのであろうか。

前方後円墳が日本列島独自の墓制であったとしても、自生のシャーマニズムや習俗のなかだけに起源が求められるとはかぎらない。すでに「三成・前方後円」といい、「天円地方」といい、ともに古代中国的な観念の産物と予測したものだ。壺型の平面形もまた、古代中国的な観念の所産の可能性がつよい。解決まで後一歩である。

「壺」は、ヒサゴ（ヒョウタン・フクベ・ウリ・西瓜・南瓜など）とともに、(1)一般に「子宮・母胎」を表す。[28]今日でも諏訪などのように、甕を「母袋《もたい》（母胎）」と呼ぶところがあるくらいだ。弥生時代の甕棺も、古墳時代の前方後円墳（壺型古墳）も、正体は甕や壺であり、「子宮・母胎」と見立てられたのであろう。[29]そこに亡き首長らを葬ることは、胎内回帰と生命更新を祈る行為である。(2)同時に、「壺」は広大な「宇宙」と「楽園＝不死の世界」をも意味した。古今東西、「壺型の宇宙」観をもった民族・文化は数多い。とくに東洋では、西方の桃源境「崑崙山」と、東海の神仙境「蓬萊山」は、ともに壺のかたちをしていると信じられた。

小南一郎は「壺型の宇宙」[30]でつぎのように指摘する。

神仙世界は「壺中の天」「壺中日月」などの語が示すように、壺と密接な関係があった。蓬萊山など東海の三神山もまた、壺型で「三壺山《さんこざん》」とも呼ばれた。『史記』にみえる段階では、三神山はとくに壺と関わりをもつものではなかったが、時代が下がるほど壺との関係が深くなる。壺型が神仙世界の端的な象徴、とみなす観念がしだいに顕著に現れてきたからだ。

では、なぜ、神仙世界は壺と密接な関係があるのか。小南はつづけていう。

> 神仙世界の性格は、もともと祖霊たちの世界に由来するもので、「死者の魂も壺を経過して祖霊たちの世界にゆくという観念（信仰）が存在した」らしい。そこで、中国の葬送儀礼では、戦国時代から近世まで、壺型のうつわが大きな役割を果たした。墓中に納められた壺の機能は、死者の魂をこの世界から〝彼岸〟の祖霊たちの世界へ橋渡しすることであった。壺より古くは葫蘆《ころ》（瓢箪と瓜類）がその役割を担ったが、ともに祖霊と穀霊の保護・再生を祈るものであった。

三品彰英も「弥生人は底に孔を穿った壺（穿孔土器）をとおして、死者の霊魂は〈あの世〉に向かうと信じた」という。その壺の彼方に、壺のかたちに似せた〈あの世〉――「壺中の天」や「桃源境」にも類えられる〈あの世〉を思い描いていたのだろうか。

中野美代子は「古代中国人の〈あの世〉観」[31]で、フランスの東洋学者ロルフ・スタンの「壺蘆《ころ》hu-lu／崑崙Kun-lun」比較論を引きながら、発音の似たことばは、意味もよく似た同系統のことばだとして、こう説いた。

> ひょうたんの外見はコロンとまるいが、瓜わたを取り去った内部はカランとしてからっぽである。崑崙という山名もまた、古代中国人にとっては、ひょうたんのような具体的なイメージを担ったシンボリズムとして登場してきたはずだ。崑崙という聖山は、外側はコロンとまるいが、内側はカランとからっぽ、つまり巨大

なるひょうたんであったのだ。

この「ひょうたん」と人類との物心両面のかかわりについて、言語学の井本英一は「ふくべの話」[32]でつぎのように語る。

> ［瓜類（ウリ・フクベ・ヒサゴ・カボチャなど）にまつわる世界の習俗・民話を比較対照すると］瓜類は太古、あの世から人類に与えられた「始原の食べ物」で、無尽蔵の食糧や物品をもたらし、人類や始祖の誕生とかかわるなど、世界各地に共通した信仰や習俗を生みだした。ヒョウタンから人間が生まれる話が多いが、人や動物を呑み込むヒョウタンの話もある。ヒョウタンは「冥界に属するか、冥界とこの世の境界にあるもの」なので、いったん呑み込まれた人や動物は死の世界に入るのであるが、そこから出てくるときは、再生したことになる。

そして、冬至の夜に日本やイランではカボチャを食べる習慣も、「冬至の御子誕生を願う呪術であった」といい、アメリカ人がカボチャ・パイを食するのも同じ習俗に由来する、と説いている。

中国の劉錫誠『象徴』によると、人類が壺やヒョウタン（壺の祖型で、葫蘆《ころ》と総称する）から生まれたという神話が、早くも仰韶文化（紀元前三千年紀）の段階で現れる。陝西省や甘粛省から出土した彩陶瓶（壺）のなかには、腹部に人面付きの鯢《げい》（山椒魚）または蜥蜴《とかげ》状の両棲動物を描いたものがあるが、鯢も蜥蜴も龍（トーテム）の原型で、人類の始祖とあおがれる蛇身の伏羲《ふっき》の原始的な姿形とみられる。つまり、この壺絵は人祖が葫蘆から生まれ育ったという「葫蘆生人神話」を表し、葫蘆と瓶壺が人祖と人類を孕育《よういく》した原始母体であったことを示す、という。[33]

現代の宇宙物理学の描く「膨張する宇宙」論とはもとよりちがうが、古代人も、始原の食べ物のヒョウタンや葬送用の壺・甕をとおして、目に見えない死後の世界を観想し、その結果、「ヒサゴ＝壺型の宇宙」を思い描くにいたったというわけだ。大宇宙のなかに島宇宙が浮かぶように、東海には壺型の不死の理想境「蓬萊山」が漂い、西方には壺型の再生の桃源境「崑崙山」が聳える。人間は死後、もはや無明長夜をさまようのではなく、神仙となって蓬萊山や崑崙山に昇仙しうるのだ。こうした「壺型の宇宙」の由来を知れば、わが壺型古墳もその一つ、と容易に想像できよう。つぎに、「蓬萊山」のイメージを古代の文献と図像のなかに探ってみよう。

三　蓬萊山のイメージ

中国の古典にみえる蓬萊山のイメージは、つぎのとおりである。

[1]斉の人徐市《じょふつ》（徐福）ら書を上《たてま》つりて言ふ、海中に三神山あり、名づけて蓬萊・方丈・瀛洲《えいしゅう》といふ。仙人これに居《ゐ》る。請ふ、斎戒し、童男女とこれを求むることを得ん、と。　（司馬遷『史記』始皇帝本紀二十八年(34)）

[2]（斉・燕国では歴代の王が）人をして海に入りて蓬萊・方丈・瀛洲を求めしむ。（この三神山は）渤海の中にあり、人を去ること遠からず。まさに至らんとすれば、則ち船、風に引かれて去るを患ふ。蓋《おも》ふにかつて至れる者在りしならん。諸々の僊人《せんにん》および不死の薬みな在り、その物と禽獣は尽く白くして、黄金と銀もて宮闕を為《つく》る、と。　（『史記』封禅書(35)）

[3]渤海の東幾億万里なるを知らず、大壑《たいがく》（大谷）あり、実にこれ無底の谷、その下底なし。名づけて帰墟《ききょ》と曰ふ。八紘九野の水、天漢（天の川）の流、これに注がざるはなきも、しかも増すことなく減ることなし。その中に五山あり。一を岱輿《たいよ》と曰ひ、二を員嶠《いんきょう》と曰ひ、三を方壺と曰ひ、四を瀛洲と曰ひ、五を蓬萊と曰ふ。その山の高下・周旋（周囲）三万里、その頂の平らかなる処九千里。山の中間相去ること七万里なるも、以て隣居となす。その上の台観《たかどの》はみな金玉。その上の禽獣はみな純縞（純白）。……華実みな滋味あり、（神仙たち

は）これを食らへば、みな不老不死なり。居る所の人はみな仙聖《せんにん》の種《たぐい》、一日一夕飛んで相往来する者数ふべからず。……而して五山の根、連著する所なく、常に潮波に随ひて上下往還して、暫くも峙《そばた》つことを得ず。……帝、……巨鼇《おおがめ》十五をして首（頭）を挙げて之を戴き、（五匹ずつ三班に分け、三交代で）六万歳に一たび交《かわ》らしむ。五山始めて峙ちて動かず。（『列子』湯問篇）[36]

[4]（蓬萊山など三山の別名）三壺はすなはち海中の三山なり。一に曰はく方壺、すなはち方丈なり。二に曰はく蓬壺、すなはち蓬萊なり。三に曰はく瀛壺《えいこ》、すなはち瀛洲なり。形は壺器のごとし。（王子年『拾遺記』巻一）[37]

[5]東王父は……万神の先なり。……東方に治す。下に蓬萊山在り。（葛洪『雲笈七籤《うんきゅうしちせん》』第三神仙）[38]

古代中国の神仙思想によると、蓬萊山は海東に浮かぶ「三神山」（蓬萊・方丈・瀛洲）の一つで、不老長寿の妙薬（不死の薬）が生え、神仙（仙人）たちが山頂の金殿玉楼に住んでいる。亀の背に乗って浮かんでいるから、人が船で近づこうとしても、沈んで姿を隠してしまう。三神山はみな壺のかたちで、山頂はせりだした断崖絶壁の上にあるので、上ることもできない。そこで、「蓬壺」「方壺」「瀛壺」とも呼び、まとめて三壺・三壺山と称した。蓬萊山の上には東王父がいて、東方世界を治める。

これを具体的に示す格好の絵画資料が二点ある。一つは、山東省・沂南画象石墓《ぎなんがぞうせきぼ》の墓門に浮き彫りされた図像（図2）[39]であり、いま一つは、湖南省・長沙馬王堆《まおうたい》漢墓の被葬者（女性のミイラが残っていたことで知られる）を覆っていた帛画（図3）[40]である。

図2は林巳奈夫の描き起こし図（『漢代の神神』の附図）を借りた。林の解釈によると、左側（西方）の中央像は、頭にシンボルの玉勝を挿しているので「西王母」とわかる。その左右は兎が「不死の薬」を搗《つ》くさま。西王母は三つの柱状の山（崑崙山の上につきでた三つの角で、「天柱」と呼ばれる）の上に座っている。その間を白虎がまたぐ。

右側（東方）の中央像も（本来のシンボル・三山冠ではなく）玉勝を戴くが、西王母と対になり、かつ髭があるので「東王公（東王父）」と判別できる。両側には有翼・長耳・被髪（ざんばら髪）の仙人――おそらく王喬と赤松子――が、やはり杵と臼で「不死の薬」を搗く。山の間には青龍がのし歩く。この西王母と東王父のいるところは、天帝の棲む宇宙と人間の棲む地上の世界との「中間の世界」である、と林はみる。(41)

これにたいして、先の小南は、西王母と東王父が座る三本の円柱状＝壺状のものは、それぞれ崑崙山の三角（三峰）と、蓬萊山など三神山（三壺山）を表す、と明快に同定する。(42) ともに山字形にもみえるが、その一つ一つを見ると、徳利（銚子）か細長い壺になっている。これこそ壺型の崑崙山と蓬萊山（三神山）の表象なのだ。

図3の馬王堆帛画は、T字形の絹の上半に日月と陽烏・ガマガエル（蟾蜍《せんじょ》）と扶桑樹など天上界の景観を描き、下半に墓主（女主人公）がまさに昇天しようとする下界の光景を写すという。中国の商志譚《しょうしたん》によると、二頭の龍が

図2　沂南画象石墓に描かれた壺型の蓬萊山（右）と崑崙山

図3　中国・長沙馬王堆漢墓帛画

左右から立ち上がり、真ん中の璧を穿《うが》って互いにクロスしながら上に伸びる。その二龍のえがく輪郭をなぞると、壺の形が現れ、壺の蓋（天蓋）がかぶさるようにみえる。つまり、下半分は壺型の蓬萊山を象徴し、墓主の昇天（昇仙）を表現したものと絵解きできる。(43)

商説は必ずしも広く支持されているわけではないようだが、(44)興味深い指摘であろう。商説に従えば、紀元前二世紀半ば、海に近い山東半島（斉・燕）の人びとのみならず、内陸部の湖南地方（楚）の人びともまた、壺型の崑崙山と蓬萊山への昇仙を願ったことがうかがえる。

四　壺型古墳は蓬壺だ

このような特徴をもった蓬萊山は、もともと渤海湾にたつ蜃気楼を望み見て、戦国時代、斉の方士（方術者）たちが紡ぎだしたユートピア幻想という。「蜃気楼といっても、せいぜい逃げ水程度」の認識しかなかった私は、その後、山東半島の海浜で撮った蜃気楼の光景をテレビで見て、その規模と迫力に仰天した。海上に薄茶色の巨大な信玄袋型の蜃気楼――それこそ大伽藍と見まがう壺型の蜃気楼が現れたのだ。なるほど、これなら「東の海のかなたに壺型の別世界がある」と、古代の斉人が夢想したのも当然と思われた。(45)もちろん、蓬萊山のように海上に漂うユートピアは、古代中国の独占物ではなかった。広く世界中にみられる「浮き島」伝承のバリエーションの一つであった。(46)

以上のような文献史料と図像資料、蜃気楼現象に照らせば、わが前方後円墳＝壺型古墳が独自の宗教的・思想的な発明ではなく、外来の神仙思想的な蓬萊山や崑崙山の写し、と想い到ることは容易であろう。しかし、私が前方後円墳の起源を追究しはじめたころは、まだ小南論文はもちろん、蓬萊山を主題にした論著もほとんど管見に入らず、「蓬莱山が壺型」という図像学的な常識も流布していなかった[47]。さればこそ、三品彰英をはじめとする碩学も、せっかく壺型という的を正しく狙いながら、蓬莱山という正鵠《せいこく》を射当てられなかったのだろう。

私は、浅学を顧みず手探りで「壺型」と「三成」の意味を尋ねるうちに、さいわいにも曾布川《そぶかわ》寛の名著『崑崙山への昇仙――古代中国人が描いた死後の世界[48]』に出合った。西方の神仙境・崑崙山が「三成」のかたちを呈することを知って、『山陵志』にみえる古代天皇陵の特徴「三成」を連想した。崑崙山と対になる海東の桃源郷・蓬莱山もまた「三成」で、しかも外形が壺型、別名を「蓬壺」と呼ぶことに気づくのは、もう時間の問題だ[49]。こうして、積年の謎が一気に氷解した。

ユリイカ！　前方後円墳こと壺型古墳は、不老長寿の仙人が住む海東のユートピア「壺型の蓬莱山」をかたどった縮図・縮景だったのだ。

これが私の見出だした答えであった。

昭和六〇年の秋、新聞社のラインからスタッフに戻った私は、数年来考えてきた臆説「前方後円墳＝蓬莱山」論を『毎日新聞』の六一年正月特集（元日号付録）にまとめるため、補強取材を進めた。その過程で京都大学人文科学研究所の桜井龍彦から「フランスの東洋学者ロルフ＝アルフレッド・スタンの論文が最近、『盆栽の宇宙誌[50]』と題して翻訳・出版された。参考になろう」と教えられた。盆栽と前方後円墳では、スケールがまるでちがう。せっかく教示をいただきながら、私は半信半疑で本を開き、驚いた。

　壺型をした日本・朝鮮（！）の前方後円墳は、壺型の仙境（蓬莱山や崑崙山）のコピーである。

と見破っていたからである（！は引用者注）。

この『盆栽の宇宙誌』は、中国・日本・ベトナムにおける盆栽と箱庭のシンボリズムを追究したもので、原論文「極東の小型の庭——世界の縮図」は昭和一七年（一九四二）、フランスの『極東学院紀要』に発表された。だが、第二次世界大戦のさなか、敵国の研究誌で発表されたためか、まったく注目されなかった。六〇年一一月、福井文雅・明神洋両氏によって訳出されたあとも、しばらくは日本考古学・古代史の専門家の目にはほとんど止まらなかったようである。

さて、スタンは「天地＝ひさご形の壺」であることを、つぎのように説く。

至福の別天地である洞窟に出入りするのは難しい。そこへ入るには、せまい門を通らねばならない。それは首の細い閉じた壺であり、ひさごの形をしている。「（ひとたびせまい通路を抜けると）三丈をこえる広さの平地があらわれる。それはまるで壺のなかの天である。だから、そこは『壺天』とよばれる」。（中略）これらの文句は、庭園の離れ家（斎）にあてはまる。（中略）日本のある筆者は、その思いを（『扶桑残葉集』の）「盆石銘」でこう述べている。「是に思ひ入ぬれば、桃源（理想郷）の霞跡をたち、……世をわすれては、壺中の日のどかにて、心ひとつのかくれがを、……」と。壺型の天と桃源とが組みあわされていることに注意しよう。この組みあわせは、別天地における理想郷の特徴をよく表している。それは西王母の福地をも暗示している。[50]

（……は原文のまま）

そして、桃源が壺型であるのみならず、蓬萊山や崑崙山などの別天地＝仙境も壺型であり、閉ざされたひさご型であることを、くりかえし説いている。ただし、壺は、陶器にせよ銅器にせよ、ひさごを受け継いだもので、口が円く、胴が四角い。世界は天によって円く、地によって四角いとする、古来の天円地方観を象徴している、という。つまりスタンの説く壺のかたちは扁壺や方形壺に近いようだ。弥生時代・古墳時代の壺類はすべて胴が円く、四角いものは存在しない。扁壺タイプの墳形といえば、前方後方墳であろう。しかし、スタンもまた、桃源が壺型であり、それはひさごのかたちを受け継ぐと説きながら、天円地方観と結びつけるために、「四角い胴の壺」をもちだしたかにみえる。ひさご型の壺なら、まずは丸胴の壺を連想してよいであろう。

一九三八年（昭和一三）京都大学の梅原末治が朝鮮半島で「前方後円墳」を発掘調査したあと、『昭和十三年度古蹟調査報告』を発表するや、[51]スタンはこれを論文に採り入れ自説の補強とした。最終章の「隠遁と回帰、閉じた壺の中の生活」を、つぎのように書き起こしている。少し長いが引用すると、

墓は不死の世界を包んでいる。不死の世界は仙人たちの世界と同様のものとみなすことができる。言いかえるなら、ひさごであり、細長い首の壺の世界にほかならない。その完全な例は、梅原末治が一九三八年に朝鮮半島で行った発掘調査によって知られる。この墓は、梅原自身のことばによると、きわめて特殊な形をしているという。すなわち南北に位置するが、北は円く盛りあがり、南は四角く平らである。この形式から彼は日本の「前方後円墳」を思いおこしている。朝鮮でこの型が発見されたのは、その時がはじめてである。ところで、この墓から六つの棺が見つかった。いずれも二つの大きな壺をつなぎあわせたものである。

それゆえ、この墓の景観は、円形の丘と四角い平面が組みあわさってできており、そこは閉ざされた死者の世界なのである。また、その特殊な外形は、壺とひさごのイメージを表している。死者の肉体は、さらに二つの壺を組みあわせたもののなかにおかれる。この壺もまたひさごである。…つまり、その世界はひさごであり、壺であり、崑崙（葫蘆）の仙境であり、さらに死者と仙人の世界でもある。

これを読んで、私はほっと安堵した。「前方後円墳＝蓬莱山のコピー」と考えるのは、私一人の妄想ではなかったからだ。こうして、正月特集を組むことができたが、[52]その代わり、私の「前人未発の創見」はあえなく「四十年後の二番煎じ」に格下げされた。まことに「天が下に新しきことなし」、ソロモンの箴言は生きている。とうぜ

ん、プライオリティはスタン博士に帰する。

それいらい私は、壺型古墳の祖型はこの「蓬萊山」をおいてほかにないと思い定めてきた。考古学の都出比呂志は、前方後円墳の三段築成のモデルを崑崙山に求め、民族学の大林太良も、溝をめぐらした弥生時代の方形周溝墓を「宇宙の縮図」とみ、「死者の島」であるとともに「生命の島」であると考えた。(53)「蓬萊山」も「崑崙山」も「宇宙の縮図」も、宇宙論的にはほとんど隔たりがなく、心づよく思われたしだいである。さらに、政治思想史の丸山眞男が「蓬萊国は日本におけるユートピア思想の一つの源泉としても興味深い(54)」と重要性を指摘しているのも、私の追究が無益な穿鑿でないことの保証と感じられた。

五　古墳の中の仙境性

三世紀半ばころ、ヤマト（奈良県桜井市周辺）で寸詰まりの「纒向型前方後円墳」石塚古墳などが生まれ、やがて三世紀後半には、典型的な「撥型（前方）後円墳」、すなわち「壺型古墳」箸墓が出現する。それは弥生人にとって宗教革命に等しかったろう。狭く小さな壺や甕に死者を封じこめ、「常闇のあの世」しか知らなかった弥生人の前に、明るい「永生のあの世」が豁然と開かれたわけだ。無明長夜の死後の世界から、不老長寿と富貴歓楽の約束されたユートピア・蓬萊山への転生。やまと言葉でいえば、「常夜」から「常世」へのよみがえりである。哲学者・梅原猛の表現を借りれば、「〈永生の形而上学〉の時代」古墳時代の幕開けであった。(55)

前方後円墳は、不老長生を保障する新宗教――いわば「蓬萊教」のヴィジュアルな営造物として、おそらく大和（奈良盆地東南部）の三輪山の麓から、燎原の火のごとく全国に広まっていったらしい。奇妙な壺型古墳の造営という、大土木事業に狂奔した古墳時代の気分は、政治的なエネルギーもさることながら、むしろ、不老長寿を願う宗教的な情念の奔流をおいてはつかみえないと思われる。

「前方後円墳は、正しくいえば壺型墳であって、蓬萊山をかたどったものである」と主張するためには、しかし、さらに前方後円墳の様相と蓬萊山のイメージとの類似や、古墳文化のなかの神仙思想的な要素を、析出しなければならないだろう。「蓬萊山は亀の背に乗った壺」という図像の特徴に注目すると、墳丘の下から亀形の石造物が見つかれば、直接証明できたことになろうが、その例はまだ見つかっていない(56)。

ただ、近年、各地の弥生遺跡から神仙思想と濃密な関係をもった遺物が出土し、注目されている。もはや弥生時代においても、神仙思想の伝来と受容は疑えない状況にある。その代表が二〇〇一年、奈良県唐古《からこ》・鍵《かぎ》遺跡で見つかった「禹余粮《うよりょう》」だ(57)(図4)。ラグビーボール状の褐鉄鉱の塊で、中空の内部に薄緑・白色のヒスイ曲玉が二個収めてあった。禹余粮は、黄河の治水に成功した禹王(夏王朝の始祖)が、全国巡行のさい、食べ残したと伝えられる不老長寿の妙薬で、本来は鉄塊のなかにとりこまれた粘土分をいう。正倉院にも伝世品があるほか、藤原京時代、典薬寮の医生たちがつかったテキスト『本草集注』にも「禹余」の名と効能が記されている。それが、じつに紀元前後の弥生時代の遺構から現れたのだ(58)。それより早く(一九九二年)同じ唐古・鍵遺跡から、「楼閣図」を線刻した壺も見つかった(一三五頁参照)。軒先に渦巻文(蕨手文)をつけた二層(または三層)の建物で、各層に鳥もとまっている。神仙好みの高層の「漢風楼閣」を写したものらしい(59)。さらに、二~三世紀、北部九州から近畿にわたる各地の弥生遺跡で「内面朱付着土器《ないめんしゅふちゃくどき》」が出土している。注口土器《ちゅうこうどき》などの内面に水銀朱と砒素を調合して煮沸《しゃふつ》した痕跡が

図4　仙薬「禹余粮」(奈良県唐古・鍵遺跡出土)

残り、「不老長寿の仙薬として服用したらしい」と推定されるものである。[60]

さて、古墳時代の神仙思想の痕跡としては、間接的な傍証ながら、つぎの諸点があげられよう。

(a)銅鏡――前期古墳に納められた三角縁神獣鏡《さんかくぶちしんじゅうきょう》や画文帯《がもんたい》神獣鏡。鏡背の図像には東王父・西王母をはじめ、神仙・聖獣のすがた・かたちを描き、銘文には「上に仙人有り。老ゆるを知らず、渇けば玉泉を飲み、飢ゆれば棗《なつめ》を食らふ」とか、「海東（の三神山）に至る」「寿は金石の如し」など、神仙道教的な吉祥句を刻む。倭人たちが古墳と銅鏡の祭式を受け入れたとき、この図像や銘文の意味についても、絵解きと字解きを受けたろう。すでに卑弥呼の時代から「銅鏡は倭人の好物（佳き物）」であったくらいで、神仙思想は、神獣鏡という見えるかたちで伝えられたはずだ。じっさい、三角縁神獣鏡は他の鏡とちがって（破砕鏡ではなく）完形のまま古墳に埋納されるが、それは「昇仙や不老不死への願いが神々の姿で直接に図像化された」鏡の意味が、正しく受容されたからだという。[61]

そもそも三角縁神獣鏡が倭国で愛用されたのは、面径が九寸（二一センチ）以上と大きく、神仙思想では魔除け・辟邪の呪能があるとされたからだが、近年の研究の結果、石室内での鏡の配置も、三角縁神獣鏡は木棺の外で、しかも墓主の左右や足元に立てかけられ、他の三角縁盤竜鏡や画文帯神獣鏡のように、頭位には置かれない（頭足分離型・身体包囲型）など、葬送儀礼・習俗上の特徴が指摘されている。これもまた、舶載鏡か国産鏡かの視点だけではなく、神仙思想にもとづく祭式の表れとみることもできよう。[62]

(b)木棺から石棺へ――前期古墳にみられる長大な割竹形木棺は、蓬莱山に向かう丸木舟をかたどったものか。[63]
長持形石棺は、蓋のデザインに亀甲（袈裟襷《けさだすき》）の文様を写したと思われる。長持形石棺の縄掛け突起も、亀の首と手足、甲羅の突起を表したものか。もちろん、亀は蓬莱山を背に乗せて海上を漂う聖獣で、蓬莱山には欠かせない。大和《おおやまと》古墳群（奈良県天理市）の中山大塚（前方後円墳）や下池山《しもいけやま》古墳（前方後方墳）の場合、竪穴式石室の外形（天井石）が一見して亀甲形に石積みされている。これも蓬萊山の表象なのだろう。

（c）葺石——墳丘は葺石でおおう場合が多い。これも土留め・舗装のための被覆石と解して、それ以上に穿鑿する人はいないが、補強や美観という土木上の目的だけではなかった。中国・晋代の『王子年拾遺記《おうしねんしゅういき》』によると、三神山の一つ「瀛洲」は「積石多し」という。葺石でおおった墳丘も、この「瀛洲」の姿を美しくなぞったものであろう（五〇頁（3）項参照）。

（d）三段築成——西王母の住む崑崙山は、曾布川寛の『崑崙山への昇仙』(64)によると、「三成（三層＝三重）」だった。前方後円墳の後円部が多く「三成（三段築成）」であるのは、崑崙山の「三成」と関係するのかもしれない。天壇も「三成」だから、聖なる数ともみられる。箸墓の後円部が異例の五段であるのに注意すると、聖数と考えるべきなのだろうか。網干善教は、三段築成を「聖なる結界の象徴」とみた(65)。都出比呂志は「三成」の崑崙山のシンボルとみる。中国の考古学者・王巍も「崑崙山の表象」説に賛同する(66)。

（e）造り出し——前方部と後円部の接合したくびれ部分に、「造出」をもつ古墳がある。もともとは、古墳造成のさいの足場だったともいうが、群馬県・保渡田《ほとだ》古墳群や三重県・宝塚古墳などのように、埴輪の祭式がみとめられる例もあって、機能的には古墳祭祀の聖所であったことは動かないようだ。しかし、そのシンボリズムは、あとの（g）の「弱水」にも沈まぬための「羽」ではないだろうか。古代中国の酒器「耳盃」は、「羽觴《うしょう》」ともいうように、盃に羽がついたかたちで、神仙の使う酒杯であること、弱水に浮かぶことを象徴している。前方後円墳の造出も、巨大な壺についた羽であり、同じ機能・意味をもっていよう。壺型の墳丘全体で、いわば「羽壺」をかたどったといえようか。

(f)家形埴輪――墳丘に樹立された形象埴輪群から、埴輪の祭式が復元されている。それ[67]によると、被葬者の鎮魂と継承者の即位の祭祀が、パノラマ状に固定・視覚化されたものという。「神仙は楼居を好む」という点に注目すると、大阪府美園《みその》一号墳から出土した居館埴輪の例がある。それとともに、神仙たちの住まう三神山の「金殿玉楼」の意味も、こめられていたろう。

(g)周濠――古墳の周濠は、「墳丘を築くときにできた土採り跡」とみられているが、事実はそうであっても、古代人は即物的な解釈だけでは納得しなかったろう。蓬莱山や崑崙山の周りは、「弱水」によって囲まれており、そこに近づくには羽毛のように軽い舟か、龍舟に乗らねばならなかったという。周濠はこの「弱水」を象徴したと思われ[68]る。

(h)中島――周濠のなかに小さな祭壇や中島が複数、設けられた例がある。先の保渡田古墳群や兵庫県神戸市の五色塚《ごしきづか》古墳がその代表例だ。保渡田古墳群には中島が四つ、五色塚には方形のマウンドが二つあった。三神山やもとの五神山を象徴しているのだろうか。奈良県巣山《すやま》古墳（特別史跡）の周濠でもヒョウタン型の島状遺構がみつかり、蓬莱山をかたどったものか、と推定されている[69]。

(i)朱――前期古墳の石室には、大量の朱が納められたり、びっしり朱でおおわれた例（椿井《つばい》大塚山・天神山《てんじんやま》・黒塚・雪野山《ゆきのやま》の各古墳）が多い。古墳時代にとどまらず、すでに弥生時代から多量の朱をもちいて再生の儀礼がおこなわれた（福岡県吉野ケ里《よしのがり》遺跡の甕棺、岡山県楯築墳丘墓《たてつきふんきゅうぼ》など[70]）。

(j)白石――石室の床面に玉石状の白石を敷いたり、墳丘上に円盤状の白石を貼ったりする。奈良県櫛山《くしやま》古墳・宮山古墳・巣山古墳・新山《しんやま》古墳・ハミ塚古墳、群馬県太田天神山《おおたてんじんやま》古墳など[71]。

(k)桃核――古墳の石室や飛鳥京跡苑池遺構から、仙薬に見立てられた桃の核をはじめ、薬草類の名を記した木簡が出土する[72]。

以上の遺構・遺物を総合すると、古墳時代における神仙思想の受容が弥生時代よりはるかに進んだことは疑いないであろう。

（1）　田中琢「倭の奴国から女王国へ」（『日本通史』2、岩波書店、一九九三年）によると、「前方後円墳の後円部が埋葬の場であり、前方部を斎場とみる説は早くからあった。……第二次世界大戦後の調査研究の進展で内容が豊かになり、詳細に検証され、修正されながら、学説としてほぼ定着している」。そして、「前方後円墳の分布には、思想と心理を共通にする一定の基盤があった」。それを考古資料として具体的に示しているのが、墳丘の形態と三角縁神獣鏡であるという。

では、奇妙な墳丘と三角縁神獣鏡に象徴される「思想と心理の共通の基盤」とは、いったい何か。田中のみるところ、三角縁神獣鏡は魏と西晋の両王朝からもたらされたものだが、近畿中枢部から各地の「霊威と霊力の継承者」に配分されたあと、さらに各地の「霊威と霊力の継承者」の間で再配分された。その間の「新しいさまざまの結びつき」——いわば首長間のネットワーク——が「思想と心理の共通の基盤」という。

田中は「思想と心理の共通の基盤」を追求したが、私は墳丘の形態と三角縁神獣鏡にこめられた「共通の思想と心理」そのもの——言い換えれば、古墳築造の「理想と情念」を問いたい。本論で述べるように、おそらくそれは、不老長寿の神仙たちが住む〈壺型のユートピア〉「蓬莱山」への憧れであろう。

前方後円墳の起源論を整理すれば、次表のようにまとめられよう。

諸説	主な提唱者
宮車形	蒲生君平
盾形	浜田耕作・林屋辰三郎
鳥船形	中　清

器物模倣	家形	原田淑人
	壺型	島田貞彦・原田大六・上田宏範・三品彰英・車崎正彦・小林公明
	壺型＝蓬莱山	スタン・私見・辰巳和弘・藤田友治
山形	崑崙山（断面三成）	都出比呂志
	三輪山（側面観）	梅原猛・森浩一
	二上山（側面観）	松本清張・五木寛之
人体	男女の交合	松本清張
	人形墳	井本英一・河内良弘
機　　能	前方部祭壇	梅原末治・山尾幸久
	前方部通路	高橋健自
	前方部宣命場	喜田貞吉
	前方部橋	大和岩雄
	円墳三角墳結合	マンロー・松本清張
	円墳方墳結合	梅原末治・ガウランド
	天円地方祭祀（郊壇）	重松明久・（山尾幸久）・加地伸行
	首長霊＝王権継承場	近藤義郎・水野正好・広瀬和雄
	冊封・身分体制	西嶋定生・都出比呂志
	弥生時代祭場	金関恕
造営法	丘尾切断	浜田耕作
	パターン設計	上田宏範・椚国男
	尋単位	宮川徏・堀田啓一・石部正志
	円基準	堅田直

（2）西嶋定生「古墳と大和政権」（『岡山史学』10号、一九六一年、のち『中国古代国家と東アジア世界』所収、東京大学

出版会、一九八三年)、同「古墳出現の国際的契機」(河出書房版『日本の考古学』Ⅳ巻月報、一九六六年)でも簡潔にまとめられている。

(3)　年来の私見は、つぎの拙文にくりかえし発表してきた。本稿は、その後、管見に入った史料・論著を参照し、現地取材(一九九九年九月)の成果を合わせて、再構・加筆したものである。

①「不老長生の夢、〈蓬萊山〉＝前方後円墳に託して」(一九八六年一月一日『毎日新聞』正月特集号)
②「蓬萊山――前方後円墳の祖型」(『東アジアの古代文化』50号、大和書房、一九八七年)
③「前方後円墳と蓬萊山――壺のシンボリズム」(『東アジアの古代文化』52号、一九八七年)
④「藤ノ木古墳の冠　ルーツは扶桑の樹」(『毎日グラフ』藤ノ木古墳特集一九八八年十二月号)
⑤「蓬萊山への憧れ」「扶桑の樹の冠」(『発掘の迷路を行く』下巻、毎日新聞社、一九九一年)
⑥「蓬萊山への憧憬――前方後円墳のシンボリズム」(『長岡京古文化論叢Ⅱ』、同刊行会、一九九二年)
⑦「戦後考古学と世相」(大阪府立弥生文化博物館『激動の三世紀』展図録、一九九二年)
⑧「倭国と現代――新聞考古学の立場から」(京都国立博物館特別展『倭国』図録、一九九三年)
⑨「前方後円墳と蓬萊山」(文藝春秋編『エッセイで楽しむ日本の歴史』上、文藝春秋、一九九三年／文春文庫、一九九七年)
⑩「ワラビ手文幻想」(『毎日新聞』連載コラム「歴史万華鏡」一九九四年七月二三日号、のち『古代の光――歴史万華鏡』所収、三五館、一九九六年)
⑪『邪馬台国論争――卑弥呼の迷宮』(講談社選書メチエ、一九九五年)
⑫「蓬萊山の造形――前方後円墳の文化史的パースペクティブ」(『東アジアの古代文化』89号、一九九六年)
⑬「蓬萊山と扶桑樹――古墳文化の歴史的意義」(『堅田直先生古希記念論文集』、同刊行会、一九九七年)
⑭「倭国女王・卑弥呼と鏡」(奈良市立一条高校フォーラム記録集、一九九九年)
⑮「古代のロマンを追って(藤森栄一賞受賞講演)」(『長野県考古学会誌』92号、一九九九年)

(4)　金井塚良一・石野博信対談「古墳の発生」(『東アジアの古代文化』27号、一九八一年)での、金井塚の発言。そのこ、ろ、前方後円墳のもつ「宗教的イデオロギー」について論じたものには、つぎの論著がある。践祚・即位・大嘗祭をとりおこなったとみる水野正好「古墳発生の論理」（『考古学研究』18巻4号、一九七二年）、道教の影響をいち早くみとめた重松明久『古墳と古代宗教』（学生社、一九七八年）、三成の墳丘は崑崙山の表象で、墓主の頭位は北枕が多いなどと指摘した都出比呂志「前方後円墳の誕生」（『古代を考える・古墳』、吉川弘文館、一九八九年／のち『前方後円墳と社会』所収、塙書房、二〇〇五年）など。

（5）清水真一『冠形埴輪』（桜井市立埋蔵文化財センター特別展図録、一九九六年）は、まっさきに「前方後円墳＝蓬莱山（崑崙山）」説を認めてくださった、ほとんど唯一のありがたい例外であった。つづいて辰巳和弘が「大和への道④」（『読売新聞』一九九六年四月二日号夕刊、報告・片岡正人記者）と『〈黄泉の国〉の考古学』（講談社現代新書、一九九六年）で壺型説を復活・発展された。都出比呂志「前方後円墳の誕生」（前掲注4）や大和岩雄『邪馬台国は二カ所あった――邪馬台国から初期ヤマト王権』（大和書房、一九九〇年）は、寛大にも私見に言及いただいた。藤田友治が『三角縁神獣鏡』（ミネルヴァ書房、一九九九年）と『前方後円墳』（同前、二〇〇〇年）を出版し、壺型説に同調された。車崎正彦も批判的にコメントされた（シナノクニ・フォーラム資料「壺形の宇宙と埴輪」一九九八年）。その後も、山尾幸久が『古代王権の原像――東アジア史上の古墳時代』（学生社、二〇〇三年）で、「岡本説を検討してほしい」と、とくに考古学者に呼びかけられ、森浩一は第10回春日井シンポジウム（二〇〇二年）で、「前方後円墳は蓬莱島（山）がモデルか」のテーマで発表の機会を与えられた。その間、「東アジアの古代文化を考える大阪の会」の代表幹事・松下煌は「前方後円墳と神仙思想」などのテーマでしばしば講演のチャンスを与えられ、また水野正好も奈良市立一条高校のフォーラムへ再三、誘ってくださった。

（6）丸山眞男「歴史意識の『古層』」（『日本の思想』第六巻、筑摩書房、一九七二年）、「原型・古層・執拗低音」（武田清子編『日本文化のかくれた形』、岩波書店、一九八四年）。それぞれ『丸山眞男集』十・十二巻所収（岩波書店、一九九六年）。

（7）前掲注（3）⑩拙稿「ワラビ手文幻想」。

（8）『山陵志』（一八〇八年）には「その制たるや、必ず宮車を作り、前方後円ならしめ、壇を為ること三成、かつ環らすに溝を以てす」とあって、陵墓が前方後円形で三成（三段築成）、溝（周濠）をもつタイプが多いことを指摘する。そして、後円部は貴人の乗る宝輦、前方部は車をひく牛の軛《くびき》と轅《ながえ》で、あの世に向かって進むと見立てた。

(9) 堅田直「古墳の形態に因む俗称について」（『先史学研究』第4号、一九六二年）によると、世間に流布してきた古墳の俗称は、①円山（塚）・丸山（塚）、②茶臼山（塚）、③二子山・双子塚、④ひょうたん山（塚）・ひさご塚、⑤車塚、⑥銚子塚（山）、⑦鑵《かん》子《す》塚《づか》の七例がある。山容や器物に見立てたネーミングだが、堅田の指摘するとおり、茶臼や宮車には、ある種のポーズを示す「性的隠語」の可能性があるらしい。しかし、それはそれで、つぎの松本清張の「交合説」とも通じるところがあって興味深い。丸山は古墳一般に用いられ、厳密な形態識別にもとづくものではない。茶臼山は前方後円墳か円墳が中心で、ひょうたん山・銚子塚は前方後円墳か双墓墳のみにかぎられる。また、奈良県下では鑵子塚、京都府下では車塚、関東では二子塚が多いといった、地域的な傾向も認められる。堅田から抜刷を恵与された。

(10) 加地伸行「前方後円墳に投影された経学的意味」（『中国思想からみた日本思想史研究』、吉川弘文館、一九八五年）、重松明久前掲注(4)書。

(11) 三品彰英「前方後円墳」（『古代祭政と穀霊信仰　三品彰英論文集　第五巻』、平凡社、一九七三年、講演：一九七二年）。

(12) 山尾幸久『魏志倭人伝』（講談社現代新書、一九七二年）、加地伸行前掲注(10)論文。ただし、『新版　魏志倭人伝』（現代新書、一九八六年）で山尾は自説を撤回した。その後も、山尾は「前方後円墳の外形の起源に関して、二度と発言しない」（前掲注5『古代王権の原像』）と禁欲し、当面は前方部祭壇説に従うという。

(13) 近藤義郎『前方後円墳の時代』（岩波書店、一九八三年）、水野正好「前方後円墳の成立」（『東アジアの古代文化』38号、一九八三年）、同「生者と死者の織りなす古代」（金関恕編『宇宙への祈り』、集英社、一九八六年）、都出比呂志前掲注(5)論文、同「日本古代の国家形成論序説――前方後円墳体制の提唱」（『日本史研究』343号、一九九一年）、広瀬和雄『前方後円墳国家』（角川選書、二〇〇三年）など。

(14) 岡田精司「古墳上の継承儀礼説について――祭祀研究の立場から」（『国立歴史民俗博物館研究報告』第80集、一九九九年）。岡田によると、大嘗祭を含む王権継承儀礼が墳墓で挙行された例は、日本の古典と伝承中、皆無であり、古墳祭祀のあり方は、古墳それ自体に即して解決すべき課題だという。

(15) 近藤義郎前掲注(13)書。

(16) 松本清張「〈前方後円〉墳の謎」（『遊古疑考』、新潮社、一九七三年）。

(17) 朝鮮総督府編『朝鮮の風水』(一九三一年)。
(18) 木村重信『民族美術の源流を求めて』(NTT出版、一九九四年)。
(19) たとえば、浜田耕作「前方後円墳の諸問題」(『考古学雑誌』26巻9号、一九三六年／のち『考古学研究』所収、座右宝刊行会、一九三九年)は、前方後円墳の模式図を左右に寝かせて図示する。
(20) 島田貞彦「古墳」(考古学講座『古墳・墳墓』所収、雄山閣、一九三〇年)、三品彰英前掲注(11)論文、上田宏範『前方後円墳』(学生社、一九六九年)、原田大六『卑弥呼の墓』(六興出版、一九七七年)。
(21) 李御寧『《縮み志向》の日本人』(学生社、一九八四年／講談社学術文庫、二〇〇七年)。
(22) 斎藤忠『日本古墳の研究』(吉川弘文館、一九六一年)。
(23) 最初に韓国の前方後円墳を発見した姜仁求は、「韓半島の前方後円墳形古墳の名称検討」(上田正昭編『古代の日本と渡来の文化』、学生社、一九九七年)で、長鼓形古墳・長鼓墳・前方後円形古墳などの呼称を「円方墳」または「円方形墳」と呼ぶよう提言している。猪熊兼勝「長鼓形古墳から前方後円墳へ」(同前書)、岡内三真編『韓国の前方後円形墳』(雄山閣出版、一九九六年)。石野博信も、前方後円墳の矛盾を解決するため、「長い突起をもった円形古墳」の意味で「長突円墳」の呼び名を提唱している。
(24) 大林組プロジェクトチーム『季刊・大林〈王陵〉』(大林組、一九八五年)。
(25) 松本清張前掲注(16)論文。
(26) 田中琢前掲注(1)論文の用語による。
(27) 井上正「蓮華文――創造と化生の世界」(上原真一編著『蓮華紋』、日本の美術三五九号、至文堂、一九九六年)。
(28) アト・ド・フリース『イメージ・シンボル辞典』(山下主一郎他訳、平凡社、一九八四年)の「壺・甕・瓶」の項。井本英一『境界・祭祀空間』(平河出版社、一九八五年)は、ウリやヒサゴのようなウリ科の果物は、神の子が生まれ出る「アドーニス(年ごとに死んでは蘇る穀霊の化身)の園」(アドーニスの壺)や「うつぼ舟」の変種であったとも説く。
(29) 『東アジアの古代文化』主宰・大和岩雄の教示をうけた。
(30) 小南一郎「壺型の宇宙」(『東方学報』第六一冊、京都大学人文科学研究所、一九八九年)。
(31) 中野美代子『ひょうたん漫遊録』(朝日新聞社、一九九一年)。

(32) 井本英一「ふくべの話」(『輪廻の話——オリエント民俗誌』所収、法政大学出版局、一九八九年)。
(33) 劉錫誠『象徴』(学苑出版社、二〇〇二年)。まことに興味深い指摘だ。縄文土器のなかにも、甕の腹部(母体)から胎児が顔を出す瞬間を、リアルに彫塑したとみられる例がある。「壺・甕＝母胎」のシンボリズムが、古墳・弥生時代に受胎したものではなく、はるか縄文時代中期(前二〇〇〇年前後)に胚胎したことになる。
(34) 司馬遷『史記』始皇帝本紀(吉田賢抗訳注『新釈漢文大系』一、明治書院、一九八一年)。
(35) 『史記』封禅書(同右書四、一九九一年)。
(36) 『列子』下(小林勝人訳注、岩波文庫、一九八七年)。
(37) 『拾遺記』の読みは小南一郎「壺型の宇宙」(前掲注30論文)の引用文による。
(38) 『雲笈七籤』第三・神仙(自由出版社、一九九六年)。
(39) 林巳奈夫『漢代の神神』(臨川書店、一九八九年)。
(40) 湖南省博物館編『長沙馬王堆一号漢墓』(湖南省博物館、一九七六年)。
(41) 林巳奈夫前掲注(39)書。
(42) 小南一郎『中国の神話と物語り』(岩波書店、一九八四年)。
(43) 商志譚「馬王堆漢墓的非衣」(『文物』一九七三年第一期)。
(44) たとえば、小南一郎前掲注(30)論文。
(45) 蜃気楼と人類文明の関係について論じた専著に、ヘルムート・トリブッチ(渡辺正訳)『蜃気楼文明』(工作舎、一九九五年)があるが、残念ながら、山東省蓬莱市の渤海湾にたつ蜃気楼には言及していない。私は一九九九年九月、山東半島をめぐり、蓬莱市の蓬莱閣に登った。もとより、蜃気楼実見の僥倖には恵まれず、ビデオ映像で確認するほかなかったが、「蓬莱山を尋ねた人びと」(第Ⅱ部第八章浦島子・田道間守)のイメージをふくらませることができた。
(46) 伊藤清司「蓬莱島と東海の君子国」(『日本神話と中国神話』、学生社、一九七九年)。
(47) 蓬莱山にかんする研究書が近年、あいついで出た。その結果、蓬莱山と崑崙山が壺型であるという図像上の特徴も、いまや常識になった。壺のシンボリズムと蓬莱山にかんする新旧の主な論著をあげると、保田與重郎「蓬莱島のこと」(『民族と文藝』、ぐろりあ・そさえて、一九四一年、のち講談社版『保田與重郎全集』第八巻所収／『保田與重郎文庫』

8、新学社、二〇〇一年）、出石誠彦「上代中国の〈巨鼇負山〉説話の由来について」（『中国神話伝説の研究』、中央公論社、一九四三年）、伊藤清司前掲注(46)論文、小南一郎『中国の神話と物語り』（前掲注42）、R・スタン『盆栽の宇宙誌』（せりか書房、一九八五年）、郡司正勝『風流の図像誌』（三省堂、一九八七年）、小南「壺型の宇宙」（前掲注30）、小南『西王母と七夕伝承』（平凡社、一九九一年）、中野美代子『ひょうたん漫遊録』（前掲注31）、中野『龍の住むランドスケープ――中国人の空間デザイン』（福武書店、一九九一年）、久野昭「海界の彼方」（『日本研究』第4冊、角川書店、一九九一年）、熱田神宮特別展図録『蓬莱の世界』（一九九二年）、中西進『ユートピア幻想』（大修館書店、一九九三年）、弥生文化博物館『中国 仙人のふるさと――山東省文物展』（一九九六年）、武田雅哉『星への筏――黄河幻視行』（角川春樹事務所、一九九七年）、久保物記念美術館『蓬莱山』（一九九八年）、弥生文化博物館『仙界伝説』（一九九九年）、森浩一編『第10回春井シンポジウム 東海学と日本文化』（五月書房、二〇〇三年）。

(48) 曾布川寛『崑崙山への昇仙――古代中国人が描いた死後の世界』（中公新書、一九八一年）。

(49) じつは、蓬莱山を「蓬壺」と呼ぶことは、かつての国民的常識であった。上皇を蓬壺といい、平清盛の西八条邸を「蓬壺」と呼んだこと、近世の国学者・荒木田尚賢が姓を蓬莱とも瓠形ともいったこと、さらに近代でも、坪内逍遙作『長生新浦島』が「三壺、雲と浮かんで、…天に聳ゆる十二楼、それは蓬莱、これはまた、……」と謡いおさめていること。これら少数の例からも、近代以前の日本人が、蓬莱山や三神山の別名を「蓬壺」や「三壺」といい、「壺／瓠のかたち」であることをよく知り、親しんでいたと思われる。

(50) R・スタン『盆栽の宇宙誌』（前掲注47）。

(51) 『昭和十三年度古蹟調査報告』（朝鮮古蹟研究会、一九四〇年）。問題の「前方後円墳形」の古墳は、百済の故地にある潘南面古墳群のうち、新村里第六号墳と徳山里第二号墳の二基。調査担当の有光教一は簡潔にこう記している。「徳山里第二号墳は……東西に長く横はり、東半は円形、西端は方形をなして亦我が前方後円墳類似の趣を呈せり。円丘部の中央に深く大いなる盗掘孔穿たれ……全体に亙りて発掘を試みたるが、遂に甕棺の遺存を見ず、ただ封土に混在したる磨製石鏃一本を見出したるに過ぎざりき」。総括者の梅原末治も、「調査の結果、（五基のうち）其の半ばは既に盗掘に遇ひて前年の如き豊富にしてかつ興味ある副葬品を見るを得ざりしも、外形の我が前方後円墳に似たる封土乃至周湟……を伴ふ墳丘における甕棺埋葬の実際を徴する資料を得たるは欣ぶ可きなり」と評価するにとどまった。一九七〇年代、韓国の姜仁求が松鶴洞古墳・長鼓山古墳など、いわゆる「韓半島の前方後円（形古）墳」を発見し、日韓考古学界に衝撃を与えるが、それまで梅原・有光らの調査成果は日本国内でほとんど忘却されていた。それだけに、スタンが報告書の出版直後に（典型的な前方後円墳とみえないにもかかわらず）、いち早くその特徴と意義を見抜き、大きな網のなかに掬いあげたのは、炯眼と評されよう。スタンはフランス東洋学を代表する一人として知られ、その死去にさいして『東方学』第百輯（二〇〇〇年）に山口瑞鳳の追悼文「R・A・スタン博士の逝去を悼む」と主要著作リストが掲載された。モンゴル史家若松寛の教示による。

(52)　前掲注(3)①拙稿。

(53)　都出比呂志前掲注(5)論文、大林太良「方形周溝墓の宇宙像」（『弥生文化の研究』8、雄山閣出版、一九八六年）。

(54)　丸山眞男前掲注(6)論文「原型・古層・執拗低音——日本思想史方法論についての私の歩み」。

(55)　梅原猛「塔としての巨大古墳」（『塔』、集英社、一九七六年）。

(56)　時代は下るが、奈良県明日香村の辻にうずくまる亀石（飛鳥時代の石造物）について、寺本健三が「亀石の上に蓬萊山を背負っていたか」と推定している（「亀と古代文化」上・下、『史迹と美術』六〇巻七・八号、一九九〇年）。また、同じ明日香村から発掘された亀形石についても、古代史家の和田萃が、現状では甲羅がないが、もとは須弥山石のような石塔が載っていたとみる（『飛鳥——歴史と風土を歩く』、岩波新書、二〇〇三年）。

(57)　奈良県田原本町教育委員会「唐古・鍵遺跡第80次調査／現地説明会資料」（二〇〇一年）。

(58)　和田萃「薬猟と本草集注」（『日本古代の儀礼と祭祀・信仰　中』、塙書房、一九九五年）、辰巳和弘前掲注(5)書、同「勾玉、そのシンボリズム」（『新古代学の視点』、小学館、二〇〇六年）。

(59)　辰巳和弘前掲注(5)書、田中淡の「黄泉の暮らしと住まい」（『陶器が語る来世の理想郷——古代中国の暮らしと夢』、大倉集古館、二〇〇六年）によると、苑池の傍らに立つ高層の建物を「榭《しゃ》《うてな》」と呼ぶ。これに着目した河森一浩は、楼閣絵画について、池中に建てられた神仙思想ゆかりの漢風楼閣〈水榭〉の可能性があると指摘している（「〈楼閣〉絵画の再検討」、同志社大学考古学シリーズⅨ　二〇〇七年）。

(60)　本田光子「内面朱付着土器」（『庄内式土器研究』Ⅷ号、一九九四年）、北条芳隆「神仙思想と朱と倭人」（『考古学ジャーナル』四二八号、一九九五年）、弥生文化博物館特別展図録『中国　仙人のふるさと——山東省文物展』（一九九九六年）。

(61) 小山田宏一「中国鏡」（『激動の三世紀——古墳誕生の謎』、大阪府立弥生文化博物館、一九九二年）。

(62) 葛洪／石島快隆訳注『抱朴子』内篇登渉巻第十七（岩波文庫、一九四二年）、福永光司「道教における鏡と剣」（『東方學報』第四五冊、一九七三年／のち『道教思想史研究』所収、岩波書店、一九八七年）、重松明久『古墳と古代宗教』（学生社、一九七八年）、今尾文昭「古墳祭祀の画一性と非画一性」（『橿原考古学研究所論集』第六、吉川弘文館）、福永伸哉「三角縁神獣鏡の副葬配置とその意義」（『日本古代の葬制と社会関係の基礎的研究』、大阪大学文学部考古学研究室、一九九五年／のち『三角縁神獣鏡の研究』所収、大阪大学出版会、二〇〇五年）、森浩一「出土位置からの三角縁盤竜鏡の検討」（『古代学研究』142号、一九九八年）。

(63) 辰巳和弘前掲注(5)書。

(64) 曾布川寛前掲注(48)書。

(65) 網干善教「古墳の三段築成」（『関西大学考古学論叢』、一九八〇年）、都出比呂志前掲注(5)論文。

(66) 王巍『中国からみた邪馬台国と倭政権』（雄山閣出版、一九九三年）。「総じて、前方後円墳の源流は、中国・漢代の〈天円地方・天界・仙山・昇仙〉の思想的影響を受けて成立した」という。

(67) 水野正好「埴輪体系の把握」（『古代史発掘7——埴輪と石の造形』所収、講談社、一九七四年）ほか。

(68) ただし、周濠がなぜ馬蹄形＝盾形をとったのか、説明はむずかしい。これをきれいに解き明かしたのが、林屋辰三郎の新盾形説だ。林屋によると、古代の芸能「楯節（伏）舞」は、周辺の氏族が楯を伏せる舞をささげることによって、大和王権への服属を誓う、典型的な服属儀礼であった。このタテフシ＝タタフシ（楯伏し）の反対語がタタカヒ（楯交ひ）で、「楯交ひ」は、文字どおり「干戈（手楯と矛）を交える」ことであり、「戦い」を意味した。逆に、「楯伏し」は戦いを止めることだ。さればこそ、楯伏舞が王権への服属儀礼となりえたのだ。
こうした楯節（伏）舞の連想から、林屋は、大地に盾を並び伏せた形の前方後円墳——その典型が奈良市の佐紀盾列《さきたたなみ》古墳群——もまた、大地に描いた「盾伏せ」＝「不戦・服属の誓い」の壮大な表現、と見立てた。つまり、古墳時代とは、弥生時代初頭いらいの長い戦い（盾交い）に終止符を打って、大和王権の前に盾を伏せ「不戦・服属」を誓った時代、と考えたわけである（林屋辰三郎『日本の古代文化』、岩波書店、一九七一年／岩波現代文庫、二〇〇六年）。

(69)『史跡五色塚古墳　復元・整備事業報告』(神戸市教育委員会、一九八二年)。牛嶋英俊「岩戸山古墳の〈別区〉とその周辺」(児島隆人先生喜寿記念『古文化論叢』、一九九一年)によると、これに類した島状遺構(別区状施設、濠内墳丘)は、九州では岩戸山古墳など七例、それ以外では大阪府の津堂城山古墳など九例が知られていたが、さらにふえた。

(70) 橿原考古学研究所編『大和天神山古墳』(奈良県教育委員会、一九六三年)、樋口隆康『椿井大塚山古墳発掘調査報告』(京都府山城町、一九九八年)、近藤義郎『楯築弥生墳丘墓』(吉備人出版、二〇〇二年)。

(71) 新山古墳と太田天神山古墳の白石は現地で実見した。奈良県広陵町教育委員会編『巣山古墳調査概報』(学生社、二〇〇五年)、橿原考古学研究所編『ハミ塚古墳』(二〇〇三年)、宮山古墳については辰巳和弘前掲注(5)書。

(72) 橿原考古学研究所編『飛鳥京跡苑池遺構調査概報』(学生社、二〇〇二年)。

[補注]　本稿執筆後、『東アジアの古代文化』107号(二〇〇一年春号)に「卑弥呼の〈好物〉」執筆の機会を与えられた。その末尾を「前方後円墳を逆さにして、壺型の蓬莱山と見立てれば、豊かな地平が開ける」と結んだ。すでに辰巳和弘・車崎正彦が前方後円墳＝壺型起源説を発表し、もはや私も孤立無援の状況から抜け出していたけれど、あいかわらず「芳醇な真実の泉」を掬もうとしない、大多数の考古学者・古代史家にたいして、悲鳴に近いアピールを発したのだった。さいわい、その直前(二〇〇〇年十二月)、寺沢薫『王権誕生』(講談社版日本の歴史2)があらわれ、「前方後円墳起源論はいまや通説の天円地方説と新説の神仙思想説に絞られた」と集約した。二〇〇一年四月の考古学研究会大会でも、車崎正彦の研究報告「古墳祭祀と祖霊観念」をめぐって、はげしい批判が浴びせられたと聞いたが、古墳祭祀にたいする神仙思想の影響が、全国規模の学会で俎上にのせられた、はじめてのケースであった。顧みて、ともに考古学界のターニングポイントとなる宣言・報告であったと思われる。

〔引用図版出典〕

図1　『箸墓古墳周辺の調査』(橿原考古学研究所、二〇〇二年)

図2　林巳奈夫『漢代の神神』附図(臨川書店、一九八九年)

図3　湖南省博物館『長沙馬王堆一号漢墓』(平凡社、一九七六年)

図4　『田原本町埋蔵文化財調査年報10　二〇〇〇年度』(奈良県田原本町教育委員会、二〇〇一年)

第二章　蓬萊憧憬の展開

一　壺のモデルは何か

前方後円墳の不思議な「かたち」が、いったい何に由来するのか、その起源を論ずる場合、まず発生期の典型的な前方後円墳をとりあげるべきであろう。これまで端正なかたちの巨大古墳・箸墓《はしはか》（箸中山古墳）を中心に、先学たちが起源を追究してきたのは当然だろう。端《はな》から例外的な不整形の古墳を含めて考えようとすると、本質を見失って「解」を得られないからだ。

「箸墓古墳をはじめ発生期の前方後円墳は、前方部が外反りになって撥型を呈する」と、近藤義郎が指摘したのは一九八四年のことだった。撥型前方後円墳を逆さにすれば、いよいよ壺型にみえる。戦前、島田貞彦が唱えた「広口壺起源説」は、三品彰英らの唱導のあと、しばらく低迷していたが、この撥型前方後円墳（壺型古墳）の発見で復活のチャンスをつかんだ。私もその流れのなかで、古代人のユートピア「蓬萊山」が壺型であり、「蓬壺」と呼ばれたことに気づいた。前方後円墳はたんなる壺型ではなく、「蓬萊山」という歴とした名をもつ古代人の宗教的記念物であったのだ。折よくフランスの東洋学者ロルフ・スタンの戦中の論文が翻訳され、「日本と朝鮮の前方後円墳は〈壺型の蓬萊山／崑崙山〉の縮図である」と喝破していることを知った。おかげで一九八六年元日の『毎日新聞』に「〈壺型の蓬萊山〉こそ謎の前方後円墳のモデル」と特集を組むことができたのだった。

この新聞の特集記事を真っ先に批判し、口頭で助言を与えられたのは、奈良国立文化財研究所（当時）の佐原真である。「壺型古墳というけれど、箸墓古墳のモデルになった壺は、どんな壺なのか。それを示さないと、プロの考古学者は納得しないよ。その時期の壺は、口縁部を折り返した〈二重口縁壺〉なんだ」。じっさい、それから十年、肯定的な反応はほとんどなかった。その後も考古学界のリーダーたちから忠告を受けたにもかかわらず(1)、「弥生時代の長頸壺がモデル」としか答えられなかったのだから、やむを得ない。

九州の考古学者原田大六は、戦後いち早く「長頸壺説」を発展させた一人である。カリスマ的な古代大首長の魂魄が蘇らないよう「酒壺型の前方後円墳で酒浸けにした」とユーモアをまじえて、つぎのように説いた(2)。

前方後円墳とは何か？　私は島田貞彦氏の広口壺起源説に修正を加えて、酒を盛る長頸壺を前方後円墳の原形であったと考えている（拙著『日本国家の起源』、三一書房、昭和五十一年）。……出雲神話の八岐大蛇を殺すために、これに酒を呑ませて眠らせたのと同じように、怖ろしい鬼王［死せるカリスマ的首長］を大酒壺に納めて永久に眠らせたのが前方後円墳であったろう。／前方後円墳の起源を巨大な長頸壺にあったとすることを、現代的考古学からすれば、非科学的で幼稚極まる考え方のように受け取られようが、古代人がどうして［壺型の］形態を考え出すかとなると、このような酒顛童子のようなことになるのではなかろうか。（［　］内は引用者注）

そして、古代天皇陵の多くが前方後円墳（壺型）で、「御陵《ミササギ》」と呼ばれる点に着目し、ミササギのササが酒に通じることを、傍証の一つにあげている。

しかし、原田の示した長頸壺の図は弥生時代中期の壺で、前方後円墳の発生（三世紀半ば）より二〇〇年も古い

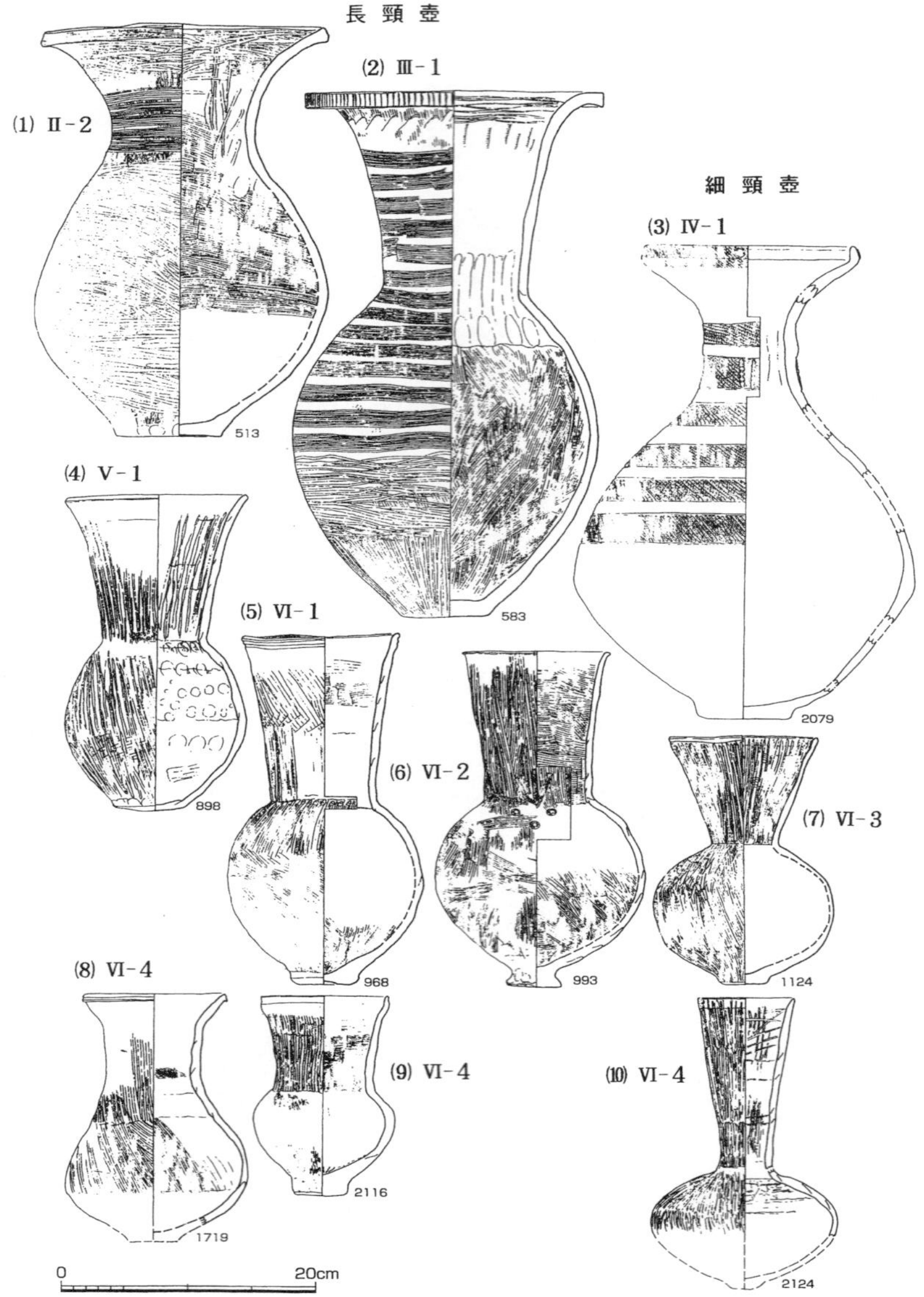

図１　弥生時代各期の長頸壺と細頸壺（奈良県唐古・鍵遺跡を中心に）

タイプだと指摘されている。佐原が私に注意したのは、あるいは原田の先例があったからだろうか。昨年（二〇〇六年）、私は気鋭の考古学者西川寿勝に促されて、「長頸壺の集成図」（図1）を作った。刊行されたばかりの『古代土師器の年代学』と『奈良県の弥生土器集成』のなかから、唐古・鍵遺跡の長頸壺と細頸壺を中心に選び、時期別に並べたものである。(3)

これらを参照すると、前方後円墳の発生するころ、纒向《まきむく》遺跡ではたしかに大型の長頸壺の影は薄くなっているが、なお長頸壺は健在で、「二〇センチを超える一般的な大きさのものと、器高一〇センチ余りの小形品とにわかれている」(4)。直前の大和第Ⅵ様式や第Ⅴ様式の時期は、第Ⅲ様式の時期についで、長頸壺の盛行する時期であったことは、すでに戦前の唐古遺跡調査（昭和一六〜一七年）で明らかになり、〈史前研究の記念標〉と評された『大和唐古彌生式遺跡の研究』に記されている。(5)

その後、『考古学雑誌』と『古代学研究』に発表された沼澤豊の長編「前方後円墳の墳丘規格に関する研究（上・中・下）」と「大和王陵区の大王陵とその性格」に接し、重大な指摘に驚かされた(6)。それまで前方後円墳の前方部先端のライン（前縁線）は、一部を除いて水平（直線）と考えられてきたが、沼澤らの観察・復原によると、発生期前方後円墳を代表する箸墓古墳（倭迹迹日百襲姫墓《やまとととひももそひめ》）をはじめ（図2）、行燈山《あんどんやま》古墳（崇神天皇陵）・西殿塚古墳（手《た》白香《しらか》皇女陵）・桜井茶臼山古墳（以上、奈良県東南部）は、前縁線が外側に張り出して凸レンズ状のカーブを描いているというのだ。さらに、多量の三角縁神獣鏡を出した椿井《つばい》大塚山古墳（京都府南部）もまた、近年の発掘調査（京都府山城町教育委員会）の結果、湾曲して円弧を描くことが明らかになった(7)（図3-a・b）。

具体的にみると、箸墓古墳は、近年の調査にもとづいて前方部の裾（前縁線）が直線状に復原されているが(8)、図2のように、行燈山古墳とともに、「中央部が前方へ張り出すゆるいカーブを描いていた可能性は高い」とする。

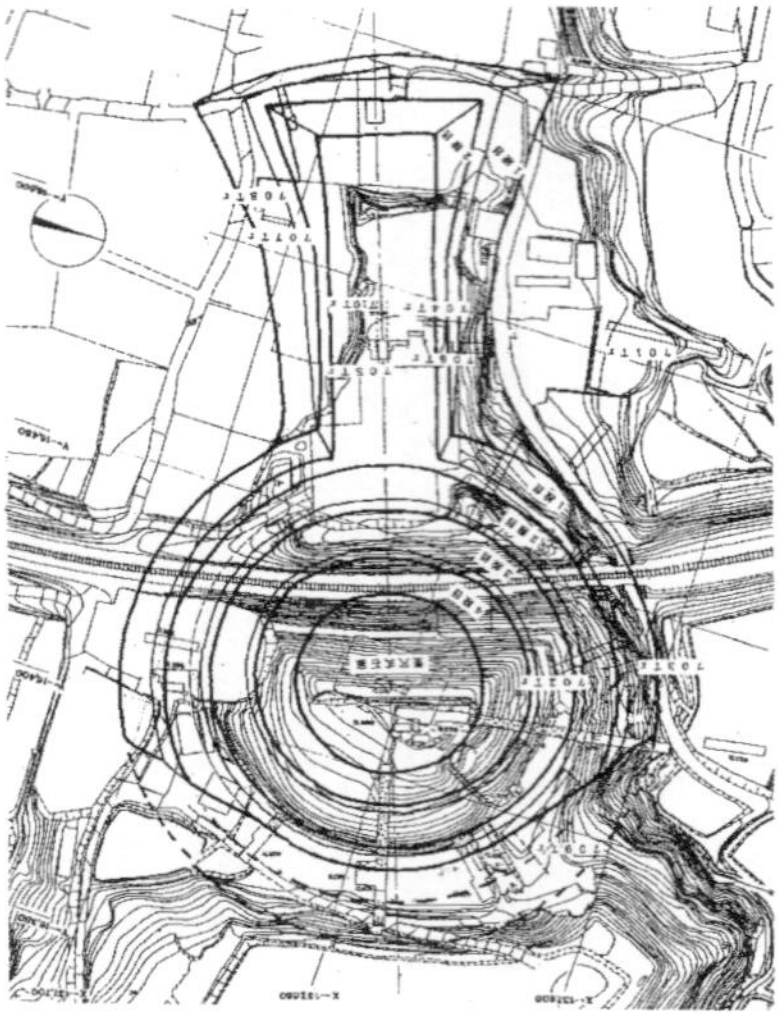

図３－ａ　椿井大塚山復元図（原図＝中島正論文／天地を逆さにした）

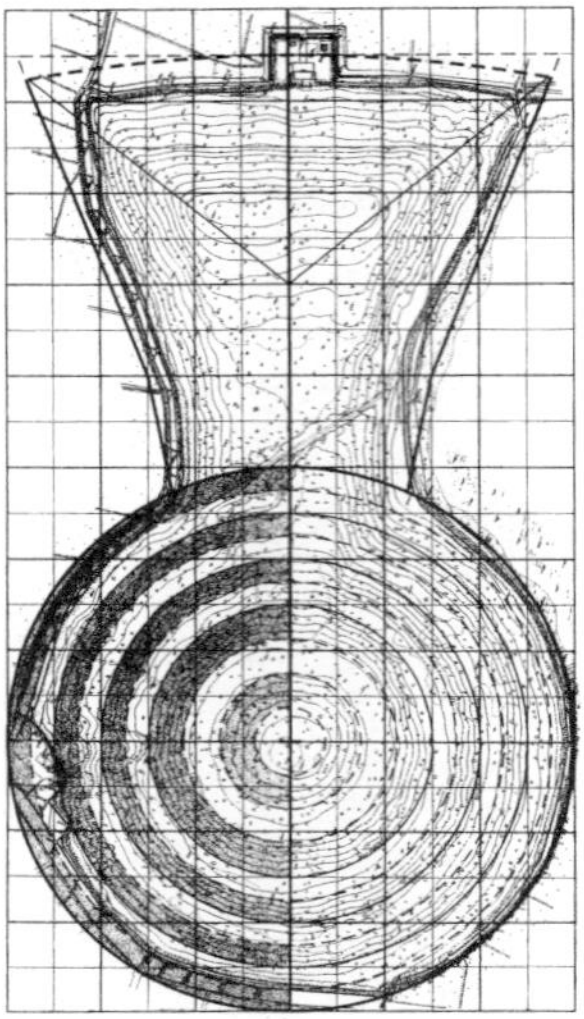

図２　箸墓古墳企画図（後円部径120歩・164ｍ／原図・沼澤豊作成／天地を逆さにした）

図３－ｂ　空からみた椿井大塚山古墳（毎日新聞社機から撮影／毎日新聞社提供）

そればかりか、沼澤によると、「最古期の前方後円墳では、側縁線が屈曲をもって、あるいはなめらかなカーブを描いて、撥形に広がるのに対応して、前縁線は外湾するカーブを描くのが定式であった可能性は排除できない」らしい。まことに興味深い予測である。また、その結果、箸墓古墳の墳丘規模も、全長二八八メートル（従来の数値二七八メートル）、後円部直径約一六五メートル（同一五八メートル）と、これまでより一〇～七メートル伸びた。

行燈山古墳（全長約二三四メートル、径約一四八メートル）も、やはり前縁裾線が中央で「前に張り出す緩いカーブを描」き、桜井茶臼山古墳（全長約一九六メートル、径約一〇七メートル）も、「前縁裾線がゆるく外湾するカーブを描いていた可能性は十分考えられる」と慎重ながら大胆に復原する。西殿塚古墳（全長約二三二メートル、径約一三一メートル）も、箸墓古墳と同様、前方部の側面が屈曲しながら撥型に開き、前縁線もカーブするとみられる。

わずかな大王陵級の例ではあるけれど、この前方部前縁線のカーブは、いったい何を意味しているのだろうか。むろん、経年によって封土が壊《く》え、円弧状になったものではない。前方後円墳は「天円地方」の宇宙を象ったものとみる通説では、撥型の意味と同じく、この円弧の解釈もむずかしかろう。前方後円墳の図を天地逆さにしてみる壺型説の立場では、一瞥して「長頸壺の上に円くふくらんだ蓋がかぶさったかたち」と解くことができる。これではあまりに素朴な即物的印象論にすぎるだろうか。もし、箸墓古墳などの前方部のふくらみをこのように解してよければ、剣菱型前方後円墳（大阪府河内大塚古墳など）[9]も、円錐型の蓋がかぶさっているとみられよう。そのさい、問題になるのは「円い蓋付きの長頸壺がはたしてこの時期に存在したのか」である。

纒向遺跡では蓋付きの壺は出土していないが[10]、北方の唐古・鍵遺跡では、早く戦前の調査で見つかっている。小林は先の『大和唐古彌生式遺跡の研究』で「蓋形土器」と名づけ、「偏平な円盤形に近いものから中高になって笠形を呈するもの、それらの中央部に突起状の摘みを附したもの……などの種類がある」と記した。なかには彩色や箆描《へらが》きの木葉文《このはもん》で装飾したものも含まれる。また、蓋が壺や甕にかぶせて煮沸用に使われたことを確認している。[11] ただし、大和Ⅰ～Ⅳ様式までのことで、Ⅴ様式では本文・編年表とも蓋形土器についての記述はみえない。つまり古墳発生に近い時期になると、唐古・鍵遺跡にも、その後の纒向遺跡にも、蓋付きの長頸壺や甕がなかったわけで、[12] この点、壺型説にとっては不都合なデータである。

しかし、突破口はまだ残されている。一つは、Ⅴ様式の長頸壺が（煮沸用ではなく）「聖なる神器」として、少数ながら古墳発生期まで長く伝えられていた可能性である。もう一つは、弥生土器でも古墳時代の土師器でもない、後漢時代末期の蓋付き長頸壺か漆器が、中国・後漢（または公孫燕）から船載されてきた可能性である。時代をさかのぼらせてよければ、洛陽焼溝《らくようしょうこう》漢墓（一世紀）から出土した円い壺型の灰陶加彩「雲文鍾《しょう》」や（図4）、長沙《ちょうさ》馬王堆《まおうたい》一号漢墓（前二世紀）出土の漆器「雲文漆鍾」と角錐の「雲文彩絵陶鈁《とうぼう》（方壺）」のようなタイプが考えられる。[13] 後の蓋付き方壺は、剣菱型の張り出しをもった前方後円墳（河内大塚古墳など）のモデルになったのかもしれない。

考えてみれば、前方後円墳は「聖なる壺型」の蓬莱山である。そのモデルになった壺もまた、弥生時代末期の日常雑器ではあるまい。かならずや、舶載の銅鏡にも匹敵する「聖なる蓋付き長頸壺」が将来され、モデルになったのであろう。それはまだ〈幻の長頸壺〉にすぎないけれど、古墳発生前夜（弥生時代終末期）の国産土器ばかりにこだわらず、後漢時代の壺型の祭器やハレの器にまで目をむけるべきことを、示唆しているのではないだろうか。

「発生期の前方後円墳の前方部が湾曲型であったらしい」という沼澤の仮説は、近藤義郎による撥型古墳の発見いらいの、前方後円墳の本質に迫る重要な発見であろう。前方部が撥型であるとともに、湾曲型であるとすれ

図4　彩絵陶壺
（中国・洛陽焼溝漢墓出土）

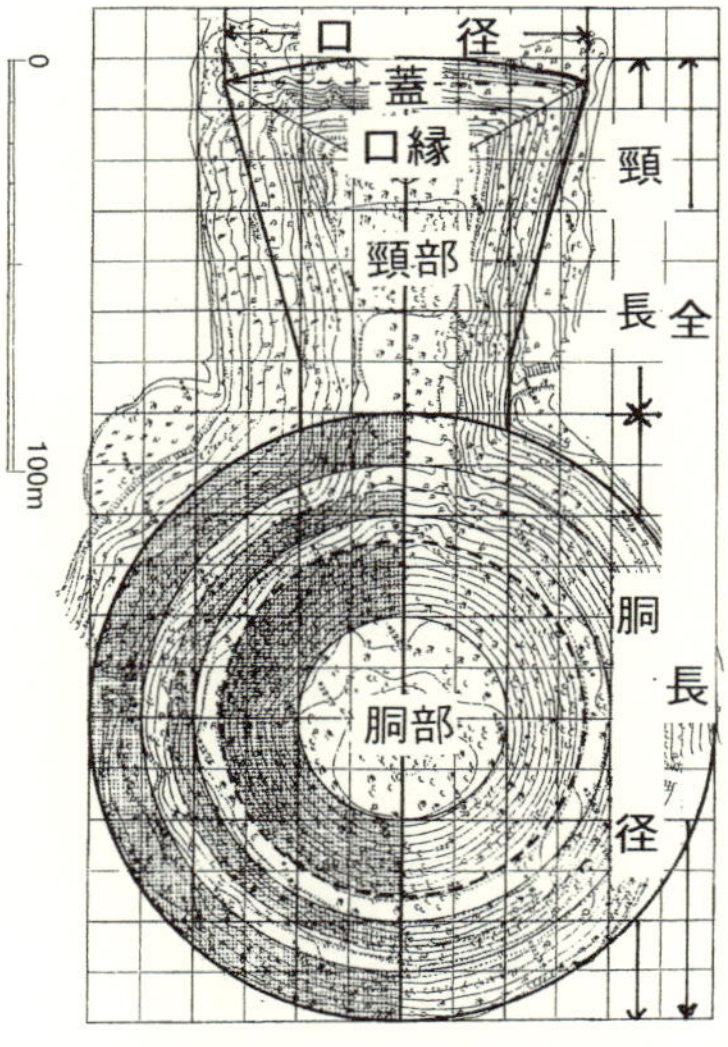

図5　壺型古墳の部位名（下図は行燈山古墳〈崇神天皇陵〉＝沼澤豊原図）

ば、それは前方後円墳の本質が壺型にあり、「壺型の蓬萊山」の縮景であることを、いよいよ明白に語っているごとくにみえる。あわせて、その壺型のモデルが舶載品である可能性をも暗示しているように思われる。

最後に、「前方後円墳＝壺型」説に立てば、前方後円墳の各部位の呼び名も変わってこよう。簡単な試案をつぎに図示する(14)（図5）。

二　神仙思想文化の華

日本列島を席巻した古墳造りの奔流も、仏教の伝来・普及とともに、ようやく終息の時を迎えた。前方後円墳の時代はほぼ六世紀末で終わり、代わって飛鳥寺や四天王寺など華麗な造寺・造仏の時代がはじまる。時代の精神も神仙思想から仏教思想へと移っていくのだが、あれほど古代びとの心をつかんだ「蓬萊山＝不老長寿への憧れ」も、ついに跡形なく消え失せるのだろうか。

たしかに、神仙思想研究の魁《さきがけ》・下出積與のように、「〈常世国〉への憧憬は消滅した」と断定する専門家もある。すなわち、古代日本人のえがいた常世国は、土着の、最果ての国「底依国《そこよりのくに》」の観念と、外来の「神仙思想」が結合してできたもので、「宗教的な対象というよりは、むしろ憧憬の的として夢想された」にすぎなかった。そこに「平安時代以後において、空しくもただよう紫の煙とともに朝露のごとく常世の夢消え果てて、単なる文芸上の用語となり、飛ぶ雁金に古の情趣を偲ぶにすぎない程度のものになっていった根因がある」と説いた。(15)

はたして、まこと雲散霧消してしまったのであろうか。いな、「あの世」の理想境こそ、仏教信仰の「極楽浄土」などに委ねられたけれど、「この世」の理想境は、いぜんとして神仙思想の「蓬莱山」に求められたのである。「蓬莱山への憧れ」は、都城をはじめ庭園、詩歌、物語、美術、民俗など、さまざまなかたちに変容しながら、広く深く日本文化のなかに浸潤していく。その後の「蓬莱憧憬」の展開をスケッチしよう。

(1)苑　池

推古朝の大臣・蘇我馬子（六二六年没）は、飛鳥の自邸の庭に小さな池を掘り、なかに小嶋を築いた。そこで「島の大臣」と呼ばれた。(16)蘇我氏の没落とともに、膨大な遺産は没官されるが、馬子の旧邸一帯は天皇家に伝領され、「島の宮」「島庄」の名で長く記憶された。この「島」こそ蓬莱島であった。蓬莱山（蓬莱島）は秦・漢いらい中国式庭園に欠かせぬ景物であって、秦の咸陽《かんよう》城や漢～唐の長安城（例：大明宮の太液池＝蓬莱池）、洛陽城（例：上陽宮）の苑池、新羅の慶州・雁鴨池（六七四年）の場合、海に見立てた苑池の中に蓬莱山など三神山が造られた。(17)大陸の庭園を受け入れたわが国でも、苑池には必ず三神山が造られたから、やがて「島」といえば、それだけで「林泉《りんせん》」《しま》（庭園）の代名詞ともなった。(18)日本庭園史の冒頭で、馬子が（苑／池の大臣ではなく）「島の大臣」と呼ばれた

図6　掘りだされた古代の庭園（向うの石は噴水塔／飛鳥京跡苑池遺構）

のは、その後の展開を占うようで、まことに象徴的である。

馬子は没後、近くの桃原墓《ももはらのはか》に葬られた。喜田貞吉《きたさだきち》いらい石舞台古墳に当てられてきたが、この桃原も、音義両面で、蓬莱山と同じ神仙世界「桃源郷」を彷彿させる。「生前には蓬莱の楽土に生き、死後は桃原に安らぎを得ることが、当時最大の権力者の願望だった」（中西進）[19]のだ。

平成一一年五月、飛鳥京跡の付属苑池（奈良県明日香村出水《でみず》／図6）が見つかった。大正五年（一九一六）、苑池の流水施設「出水石造物」が出土したところで、発掘調査の結果、椀状の南池と方形の北池（ともに不整方池）の二つの池が現れた。南池の汀線は直線と曲線の組み合わせで、新羅王宮の「雁鴨池」や最近、発見された慶州市龍江洞の苑池跡を連想させる。[20]島庄の「勾《まがり》池《のいけ》」跡は、百済的な方形（鉤《かぎ》の手＝曲尺《かねざし》型）の池だが、これとは趣がちがう。南池のなかには流水施設の一部が残り、中島や楕円状（亀甲型）の堆《うずたか》い石積みがあった。調査にあたった橿原考古学研究所は、古代中国と朝鮮の王宮苑池の例に照らして、「三神山を表すもの」と想定している。[21]

苑池の底には美しい玉石が敷き詰めてあった。玉石敷きは、漏水防止や美的効果もさることながら、神仙境らしい景観づくりに必要とされたのだろう。「瀛洲は積石多し」（晋の『王子年拾遺記』）といわれたイメージに装うため、苑池といわず、宮域の隅々まで玉石で覆ったらしい（五〇頁(3)項参照）。

奈良時代の苑池では、たとえば、平城宮外苑「松林苑」跡の猫塚古墳のように、葺石を貼った前方後円墳の裾周りや墳丘が、洲浜や築山、借景に転用される場合もあった。(22)〈この世〉の庭園に〈あの世〉の墳墓を再利用するわけで、古代人のケガレ観・心意は現代の私たちには理解しにくい。しかし、前方後円墳がもともと蓬萊山（島）であったこと、苑池もまた、神仙境をこの世に再現したものであることに思い至れば、「蓬萊島の渚」が苑池の洲浜に組みこまれることは、神仙境の二つの表象を組み合わせただけで、ごく自然な流れとして了解できる。古代びとは「常世の波の重浪《しきなみ》の帰《よ》する」神仙境を想像したのであろう。逆に、これによって、前方後円墳が神仙蓬萊山のコピーであることを、裏づけてくれているのである。

院政期の苑池遺構を代表するのが、京都・城南の鳥羽に営まれた離宮「鳥羽殿」跡である。鳥羽離宮は応徳三年（一〇八六）年八月、白河天皇が退位する直前に落成し、白河上皇以降歴代の院政の舞台となる。一九六〇年、名神高速道路インターチェンジの建設をきっかけに調査をすすめた結果、百町歩（約百ヘクタール）を超える豪壮な鳥羽離宮の片鱗がのぞいた。南の大池には蓬萊山をかたどった中島が浮かび、荒磯風の石組み、長汀曲浦《ちょうていきょくほ》を写した白砂・玉石敷きの渚があらわれた。南殿・北殿などのブロックには、それぞれ「秋の山」と「春の山」が作られた。いまも「伏見区中島秋の山町」の地名に名残をとどめる。(23)落成当時の壮観は、つぎのとおり『扶桑略記』に謳われた。

或いは蒼海を摸して嶋を作り、或いは蓬山を移して巌を畳み、船を泛べ帆を飛ばし、煙浪渺々として、棹を

飄し碇を下す。池水湛々として、風流の美あげて計ふべからず。(24)

同じ院政期、上皇が「蓬壺」に見立てられ、平清盛の西八条邸も「蓬壺」と名づけられたことは、先に触れた。いっぽんに、苑池のなかの蓬萊島は亀の背に載っている。中世の枯山水式庭園の場合、もちろん池と中島はないが、代わりに蓬萊山のシンボルとして鶴石・亀石が配された。

Ｒ・スタンが先の『盆栽の宇宙誌』で説いたごとく、庭園は、箱庭・盆栽・山水画とともに、「魂の逍遥にふさわしい仙境」であり、仙境のミニチュアであった。こうして、仏教の伝来後、蓬萊信仰は〈あの世〉ではなく〈この世〉の庭園のなかに深々と息づくのである。

(2)仏　教

蘇我氏は古代豪族のなかでいち早く仏教を信奉した開明派だが、その総帥・馬子にしてなお、神仙思想の描く仙境＝苑池にどっぷり浸っていた。見方を変えれば、蘇我氏の仏教信仰も、古墳時代いらいの神仙信仰の土台上に接ぎ木されたともいえよう。この神仙信仰と仏教信仰の重層した関係を、ヴィジュアルに示す象徴として、法隆寺西院の聖霊院に安置された聖徳太子像（一二世紀）の胎内仏ほど、格好の資料はないだろう。飛鳥時代の小金銅仏・救世《くせ》観音像（図7）が、亀の背に乗った蓬萊山の頂に、接ぎ木のごとく立ち上がっているのである。

図7　法隆寺聖徳太子像の像内に納められた救世観音像と蓬萊山形台座

下出積與によると、ヨーロッパのキリスト教と土着の氏族神の関係とちがって、古代日本の神祇と仏教は、時に勢力の消長があっても、いつも併存の関係を保ってきた。思想的にまったく異質の両者が共存するには、少なくとも両者接触の初期の段階で、中間的な橋渡しの機能をもったものが存在しなければならない。この宗教的な中間子こそ、古代日本人が「永遠観追求の途にのぼる第一歩においてとりついた神仙思想」であったという。(25) 右の聖徳太子像の胎内に納められた「仏教の救世観音」と「神仙思想の蓬莱山・亀」の組み合わせは、如実にそれを示している。

(3)都　城

本格的な都城となった藤原京。中ツ道と下ツ道に東西京極をかぎられ、その朱雀大路の南延長線（正中線）上に天武・持統陵がのる。古代宮都の構造にかんする岸俊男の発見は、(26) その後、藤原京と大和三山との関係をも炙《あぶ》りだしにした。平城京の場合と同じく、藤原京でも、大和三山が京の東・西と北を固め、「三山鎮をなす」（平城遷都の詔）よう占地されたことが、見てとれるようになったのだ。

しかも、大和三山の本質は、三山という名数の面白さにあるのではなく、蓬萊山などの三神山に見立てられた神聖さにあった。藤原京はこの三神山に囲まれた「神仙境」なのだ。なぜなら、香久山は、万葉集では「天降りつく　天の芳来山　霞立つ　春に至れば」（巻3・二五七）のように、「芳来山」とも書かれたが、これを音読みすれば「蓬萊山」と同音で、大和三山は三神山になぞらえられたことが読みとれるからだ。(27) これ以後、平城京の場合も、平安京の場合も、三山に囲まれた土地が占定された。じっさい、平城京の三山の一つ、垂仁天皇陵はいつのころからか「宝来山（＝蓬萊山）」と呼ばれるが、この一事からも、古代の都城が神仙境とみなされたことが確かめられる。

図８　飛鳥浄御原宮跡の大井戸跡

万葉時代の都がそうなら、「各国府はなおのこと三山囲繞の地をトして、定められるべきであった」と、中西進はいう。因幡国府は甑《こしき》山・面影《おもかげ》山・今《いま》木《き》山《やま》の三山に囲まれていたし、上野国府も赤城山・榛名山・妙義山を連ねた地にあった、と説く。[28]

史跡「伝承板葺宮《いたぶきのみや》跡」の上層遺構（飛鳥京第Ⅲ期遺構）は、天武天皇の飛鳥《あすか》浄御原宮《きよみはらのみや》跡と認められている。現在、史跡公園として整備され、大井戸の周辺をはじめ空間はすべて川原石で敷き詰められているが（復元は吉野川の石／図８）、これも単なる美観上の舗装ではなく、おそらく「瀛洲」の姿をリアルに写そうとしたものであろう。浄御原宮の大極殿跡という「エビノコ大殿」も、周囲を川原石で敷きつめてあった。天武・持統天皇の離宮跡「宮滝遺跡」も、石敷きになっている。[29]

平成一二年二月には、斉明天皇ゆかりの飛鳥酒船石《さかふねいし》遺跡で「亀形石」と敷石遺構が現れた。あらためて、飛鳥京跡一帯は石におおわれた「石の都」（猪熊兼勝）であることが確認された。宮都もまた、前方後円墳と同じく、「神仙境」に似せて造られた以上、全面を石でおおわれるのは、当然だろう。

天武は、その和風諡号「天渟《あまのぬ》中《な》原《はら》瀛《おきの》真《ま》人《ひと》天皇」から推して、「瀛洲の真人（天帝のそばに仕える高級官僚、道教の奥義を悟った神仙）」に見立てられた、という。ヌナハラはヌ（瓊＝玉）―ナ（助詞ノの古形）―ハラ（原）だから、全体で「玉を産出する原の、奥のかなたの真人」、または「沼の中の原に都を造営した、瀛洲ゆかりの真人」と説かれている。(30) 私は先学に導かれながら、ズバリ「玉を敷きつめた瀛洲に住まう神仙」と考えた。したがって、「瀛洲の真人」たる天武の宮都も、玉のように美しい石で敷きつめられねばならなかったのだろう。

同様に、神社の境内、とくに社前に川原石を敷きつめるのも、神仙世界（蓬萊島・瀛洲）の象徴なのであろう。徐福渡来伝説で知られる佐賀県大和町の金立神社上社は、金立山の山中にあるが、小さな社殿の周りをメロン大の川原石でおおっている。

(4) 文　芸

神仙世界は、『懐風藻』をはじめ漢詩文で好個のテーマとして詠まれた。『万葉集』以下の和歌でも好んで歌われたが、「蓬萊山」はやまと言葉の「常世」にいいかえられるか、歌語の「亀山」「亀の尾」「尾の上」「鶴が島」「祝ひ島」「蓬が島」などに翻案されるかして登場する。常世の景物の鶴と亀と松も、賀歌のジャンルに欠かせぬモティーフとなった。いくつか例をあげると、

安《いづく》にか王喬が道を得て鶴《たづ》を控《ひ》きて蓬瀛《ほうえい》に入らむ　　懐風藻・葛野王「龍門山に遊ぶ」
吾妹《わぎもこ》は常世の国に住みけらし昔見しより変若《をち》ましにけり　　万葉集巻4・六五〇　大伴三依
常世辺に住むべきものを剣刀《つるぎたち》己《な》が心から鈍《おそ》やこの君　　巻9・一七四一　高橋虫麻呂
高砂の松に住む鶴冬来れば尾上の霜や置きまさるらむ　　拾遺集・冬・三三七　藤原元輔
亀山に生《い》く薬*のみありければとどむる方もなき別れかな　　別・三三一　戒秀法師

亀の上の山もたづねじ舟の中老いせぬ名をばここに残さむ　　源氏物語・胡蝶

君がため老いせぬ薬ありといへばけふや蓬が島＊＊めぐりせん　　堯孝法師『覧富士記』

＊生く薬＝蓬莱山にある不老不死の妙薬　＊＊蓬が島＝ここでは熱田神宮をさす

さらに、『竹取物語』をはじめ『宇津保物語』などの王朝物語にも採りあげられ、謡曲「高砂」や〈尉と姥〉のイメージを生んだ。とくに、『竹取物語』は「物語の親」であるとともに、「神仙小説の嚆矢」ともいわれる。じっさい、かぐや姫は、言い寄る「色好みの君達」五人にそれぞれ難題を出したが、そのひとつが「東海の蓬莱にある玉の枝」を探してきてほしい、という注文だった。また、かぐや姫が帝の懸想《けそう》を退けて月の世界へ帰ってしまうと、失望した帝は富士山に登って、かぐや姫の残していった「不死の薬」と手紙を焼く。かぐや姫その人が異界の人――月世界から天下った女神仙（女仙）だった。

古代の物語・伝説では、蓬莱山を尋ねた人さえいた。垂仁朝の田道間守と雄略朝の浦嶋子が名高いが、それぞれ第Ⅱ部八章で触れる。

つぎの歌は山川登美子が明治四二年（一九〇九）、三〇歳で早逝したときの辞世だが、近代の女流歌人のなかにも、蓬莱山への憧れが息づいていたことを示す例として、貴重であろう。

父君に召されていなむとこしへの春あたゝかき蓬莱のしま　　山川登美子

(5)美　術

美術・工芸でも蓬莱山や鶴亀（蓬莱山のシンボル）が題材に選ばれた。その代表が和鏡の一つ「蓬莱鏡」である。たとえば、「蓬莱鏡」には、蓬莱山と鶴亀・松竹、それに荒磯と洲浜が彫り刻まれている。荒磯は正倉院宝物の

「海磯鏡」いらい、「蓬萊鏡」の図像にみえ、また、屏風絵や蒔絵にしばしば現れるモチーフで、「海賦」「大海」とも呼ばれ、蓬萊山とセットになるものであった(31)。洲浜を描いた作品も、俵屋宗達の「松島図屏風」をはじめ数多く、美術の重要な位置を占める。荒磯は、ただ人には近寄りがたい大海中の神仙境を表し、波静かな洲浜は常世の浜辺を示しているのだろう。

ここでは、富士山の特異な表現が、蓬萊山に由来するらしいことに触れておきたい。

富士山を描くとき、私たちは無意識に頂上をギザギザの三峯型に描く、いわば国民的な約束ないし習癖がある。美術史家の成瀬不二雄が、この「三峯型の富士山図」に注目して調べたところ、鎌倉時代（一三世紀）にはじまり、南北朝時代（一四世紀前半）から江戸時代中期（一八世紀中ごろ）までは、申し合わせたように「三峯型」に描くことを発見した。このような「三峯型」の富士山がじっさいに見えるスポットは、静岡県富士宮市の富士山本宮浅《せん》間《げん》大社など二カ所に限られる。「三峯型」の富士山は、したがって、この富士宮市から見た実景がもとになった、と考えられる。やがて伝統的な定型（粉本）を重んじる宋元画の粉本主義が絵画の主流になると、富士山図といえば三峯型が定番となった。成瀬の明快な解釈である(32)。

ただ、「三峯型」の富士山図のモデルは、「実景の富士山」だけではなく、「想像の富士山」も考えていいのではないだろうか。富士山は早くから蓬萊山に見立てられた。蓬萊山の図像上の特徴は、「壺型」であるとともに、「三成」という点にあった。すでに見たように、中国・山東省の沂南画象石墓《ぎなんがぞうせきぼ》の場合、三口フラスコ型（山字型）の蓬萊山の上に東王父が座り、やはり三口フラスコ型の崑崙山の上に西王母が座っている。「三成」は鏡餅のような三段重ねとも解せるが、沂南画象石の蓬萊山の姿が「三成（山字型）」を表すとみてよいなら、三峯型の富士山図は、その変形とみられないだろうか。蓬萊山の「三成（山字型）」のイメージが、日本に入って「三峯型」に変容した、と考えたいのである。その場合、正倉院宝物の「海磯鏡」などにみえる「三山形の山岳文」（小杉一雄）に、先蹤を求めることも可能だろう[33]。

富士山本宮浅間大社蔵「富士曼荼羅図」（重要文化財）の富士山は「三峯型」の典型で、しかも峯ごとに大日・阿弥陀・薬師の三如来像が鎮座する。「三峯型」の富士山は、蓬萊山のみならず三神山を象徴するのかもしれない。

もう一つ興味深いのは、高松塚の壁画にも蓬萊山が描かれている点である。東西の壁の中央にはそれぞれ青龍と白虎を置いたうえ、上段には海上に昇った日・月像を飾り、波間に島影を浮かべる。網干善教と町田章によると、この島影は蓬萊山など三神山を写したものという[34]。

高松塚の被葬者は、私のみるところ、霊亀三年（養老元年＝七一七）三月、七八歳で没した左大臣贈従一位・石上麻呂であろう[35]。さいわい、石上麻呂説は近年、多くの支持を得つつあるが、高松塚が七一七年の築造とすると、古墳文化の掉尾を飾る終末期古墳の、そのまた最後の光芒《こうぼう》ともいえよう。そこに蓬萊山が描かれているところが、意味深長に映る。なぜなら、最初の前方後円墳（箸墓）は、蓬萊山をこの世に造りだそうとして出現し、最後の終末期古墳（高松塚）も、蓬萊山を壁画に描いて消えていった――つまり「古墳文化は蓬萊山にはじまり、蓬萊山におわった」ことを象徴しているからだ。

（6）楽園の創出

江戸の幕藩体制下、偶然かもしれないが、御三家のうち、尾張藩・紀州藩が蓬萊・徐福伝説をもつ。尾張は熱田神宮が早くから蓬萊と見立てられ、そのゆかりであろう、境内には楊貴妃の墓（石塔）さえあった[36]。名古屋城は熱田神宮＝蓬萊山の左にあるところから、「蓬左城」の異名があり、尾張徳川家の文庫は「蓬左文庫」と呼ぶ。紀

図9　「日本の蓬莱」新宮の徐福公園

州の新宮には「徐福の墓」がまつられ、近年の「徐福ブーム」にのって公園として整備された（図9）。近くの阿須賀神社の背後の小山は、美しい円錐形（蓋形）で、蓬莱山の名がある。徳川宗家の駿府は、もちろん、富士の絶景を見晴らす地。富士山麓は徐福集団の渡来・定着伝承地でもある。新宮・熱田・富士吉田は室町時代いらい「三所蓬莱《さんしょのほうらい》」と呼ばれた。

徳川家康は生前、ことのほか富士信仰が篤かったという。歴史地理学の足利健亮によると、富士山の見える富士見の地・江戸に城を築き、隠居後も富士山の見える駿府に戻ったばかりか、没後も富士山の見える久能山を「安住の地」に選んだ。このように終始、富士見の地にこだわったのは、富士見が「不死身」に通ずるからであったという[37]。

江戸藩邸の大名庭園や城内の池泉には蓬莱山が造られた。始皇帝をはじめ中国歴代の皇帝が苑池に〈この世〉の楽園・蓬莱山（島）を築き、自らの支配圏内にとりこんだように[38]、そしてまた、藤原京いらい古代の宮都が三山に囲まれた「神仙境」と見立てられたごとく、江戸時代、幕府と諸藩にも一種の「楽園創造計画」があったのではないか。近年、『太平記』読みから仕入れた知識が、近世大名の領国経営の指針として重宝されたといわれる[39]。蓬莱山と徐福伝説の知識についても、つぎの『太平記』巻二十六「妙吉侍者の事」にみえる徐福の故事（とその解説）から得たのかもしれない。

秦の始皇帝は「蓬莱にある不死の薬を求めて、千秋万歳の宝祚《ほうそ》を保たん」と思ったところへ、徐福・文成という道士二人が現れ、「不死の薬」を求める術を知った、と申した。彼らがいうに任せて、十五歳に過ぎない童男丱女《どうなんかんじょ》（少年少女）六千人を集め、竜頭鷁首《りゅうとうげきす》の舟に載せて、蓬莱の嶋を求めた。

「海漫々として辺なし。……蓬莱は今も古へもただ名をのみ聞きけることなれば、天水茫々として求むるに所なし。『蓬莱を見ずんば否や（決して）帰らじ』と云ひし童男丱女は、徒に舟の中にや老いぬらん」

臆測の理由はこうである。「童男丱女船繋岩（または童男丱女岩）」と呼ぶ巨石が、しばしば徐福伝説地（福岡県筑紫野市・天山、八女市・河崎、京都府岩滝町・新井崎など）[40]にみられるが、この「童男丱女」というキーワードは、白居易の詩「海漫漫」にはじめて現れ（それ以前は童男童女または童男女）、その後、日本では『宇津保物語』初秋、『源氏物語』胡蝶、『平家物語』竹生嶋詣、『太平記』妙吉侍者の事が、みな申し合わせたように、「童男丱女」の表現を受け継ぐ。これらの古典のうち、『太平記』が武士社会ではもっとも親しまれたからである。

「異国の方士が始皇帝の命を受けて、探し求めた理想境・蓬莱山。それがわが領地にある」となれば、その伝承は——徐福伝説が現代の「町おこし」に役立っているのと同様——、江戸時代初期の「国（藩）おこし」の核となりえたろう。紀州藩祖の徳川頼宣は入部すると、古来の徐福伝説に関心をもち、徐福の墓を築造し、徐福渡来図を描いて熊野速玉《はやたま》神社に献納したという[41]。今日、全国各地に約二十箇所もある遺称地は、江戸初期、こうした大名の領国経営の一環として新たに創出されたのかもしれない。

『源氏物語』以下の古典文学が白楽天にしたがって徐福をペテン師扱いするのに、なぜか、近世社会では徐福がもてはやされ、遺称地が全国各地におよんだ。近世は儒学が正統の学問とされ全盛した時代である。儒教を焚書坑儒策で弾圧した秦の始皇帝は、儒者にとって不倶戴天の敵であって、これに一矢を報い、さらに孔子の教えどおり日本列島に渡ってきた徐福は、蓬莱山に住まう神仙であり、盟友であったのだろう。

(7)むすび――常世へ

蓬莱山はヤマト言葉で「とこよ（常世）」と呼ばれた。この「常世」と民族の原郷「妣《はは》が国」にたいするノスタルジイのようなつよい憧れが、日本の民俗信仰の根底にあって、時に間欠泉のように噴きだすとは、折口民俗学のライトモチーフだった。[42] あらためて古墳の発生と消長、蓬莱信仰の諸相を見れば、「蓬莱山＝常世＝不老不死への憧憬」こそ、古墳時代に湧き出していらい脈々と日本文化の基層を流れるエートスであったことが、確かめられるのである。私の「前方後円墳＝蓬莱山」説も、蓬莱憧憬のスケッチも、歴史考古学の立場から折口説の一部を敷衍しただけなのかもしれない。

（1）水野正好・石野博信・西川寿勝・安本美典の諸先生から指摘をうけた。ただし、箸墓古墳の地元・桜井市教育委員会で長年、調査にあたり、『最初の巨大古墳・箸墓古墳』（新泉社、二〇〇七年）を著した清水眞一は、「箸墓の前方部は、まさに二重口縁壺の特徴を示している」とみている。

（2）原田大六『卑弥呼の墓』（六興出版、一九七七年）。

（3）橿原考古学研究所編『奈良県の弥生土器集成』（二〇〇三年）、大阪府文化財センター編『古代土師器の年代学』（二〇〇六年）。集成図は水野正好・石野博信・西川寿勝・岡本健一『三角縁神獣鏡・邪馬台国・倭国』（新泉社、二〇〇六年）に掲載した。

（4）橿原考古学研究所編『纒向』第5版・補遺篇（一九九九年）。

（5）末永雅雄・小林行雄・藤岡謙二郎『大和唐古彌生式遺跡の研究』（京都帝国大学文学部考古学報告第十六冊、一九四三年／復刻版・臨川書店、一九七六年）。土器論は小林行雄が執筆した。

（6）沼澤豊「前方後円墳の墳丘規格に関する研究（上・中・下）」（『考古学雑誌』89巻2・3・4号、二〇〇五年）のうち、とくに上篇。同「大和王陵区の大王墳とその性格」（『古代学研究』176号、二〇〇七年）。
（7）中島正「椿井大塚山古墳の築造過程」（『東アジアの古代文化』99号、大和書房、一九九八年）。
（8）寺沢薫『箸墓古墳周辺の調査』（橿原考古学研究所、二〇〇二年）。
（9）近藤義郎編『前方後円墳集成』近畿編（山川出版社、一九九二年）、沼澤豊前掲注（6）論文。
（10）石野博信・豊岡卓之『纒向』第五版・補遺篇（前掲注4書）の付図・本文とも、蓋形土器にかんする記録はない。かつて大冊の報告書本篇をまとめた関川尚功から「前代の唐古・鍵遺跡とちがって、纒向段階では、なぜか蓋形土器がない」と教示をうけた。
（11）小林行雄執筆前掲注（5）書。ただし、いずれも丸壺の蓋で、明白な「蓋付き長頸壺」は確認されていないようである。
（12）この時期になると、蓋形土器にかわって、木蓋が用いられたとも推測されている。清水眞一の教示による。
（13）中国社会科学院考古研究所編『洛陽焼溝漢墓』（科学出版社、一九五九年／復刻版・北九州中国書店、一九八二年）、湖南省博物館・中国社会科学院考古研究所編『長沙馬王堆一号漢墓』（平凡社、一九七六年）。
（14）安本美典先生主宰「邪馬台国の会」で講演と対談の機会を与えられたとき、呼び名をつけるよう助言をうけた。
（15）下出積與『神仙思想』（三　異次元の世界・常世国　5　浦島子の世界）（吉川弘文館、一九六八年）。
（16）『日本書紀』推古紀三十三年五月二十日条。
（17）岸俊男「〈嶋〉雑考」（『橿原考古学研究所編集』第五、一九七九年／のち『日本古代文物の研究』所収、塙書房、一九八八年）。
（18）たとえば、秋里籬嶋『都林泉名勝図会』（一七九九年／復刻版、柳原書店、一九七五年）。もっとも、大山平四郎は大著『日本庭園史新論』（平凡社、一九八七年）で「日本庭園は例外なくすべて不老長寿（蓬萊）を願った〈蓬萊式庭園〉であって、必ず一組の鶴亀石組を作った」とする見方（様式派）を、「日本庭園総蓬萊式論」と呼んで批判している。
（19）中西進『ユートピア幻想――万葉びとと神仙思想』（生命の木）（大修館書店、一九九三年）。
（20）李白圭「慶州龍江洞園池遺跡」（橿原考古学研究所日韓古代シンポジウム資料『発掘された飛鳥の苑池』、一九九九年）。
（21）橿原考古学研究所「飛鳥京苑池遺構・現地説明会資料」（一九九九年）、亀田博「飛鳥京苑池遺構について」（毎日新聞奈良版、一九九九年九月四日号)、橿原考古学研究所『飛鳥京跡苑池遺構　調査概報』(学生社、二〇〇二年)。

(22) ほかに、平城宮跡の市庭古墳(平城天皇陵)など。

(23) 中島秋の山町の地名については、本稿執筆後、中学時代の恩師池田勇の教示を受けた。

(24) 国史大系『扶桑略記』応徳三年条。

(25) 下出積與前掲注(15)書〈同所〉。

(26) 岸俊男「飛鳥から平城へ」(『古代の日本』5・近畿、角川書店、一九七〇年/のち『日本古代宮都の研究』所収、岩波書店、一九八八年)。

(27) 岸俊男「古代史寸考十二題」〈蓬莱宮〉(『古代宮都の探究』、塙書房、一九八四年)、金子裕之「平城宮」(坪井清足編『古代を考える・宮都発掘』、吉川弘文館、一九八七年)、千田稔『古代日本の歴史地理学的研究』〈宮都と三山〉(岩波書店、一九九一年)。

(28) 中西進前掲注(19)書〈三神山〉。

(29) 菅谷文則「飛鳥の京と宮」(『日本の古代遺跡7　奈良飛鳥』、保育社、一九九四年)。小笠原好彦の「飛鳥敷石考」(『日本考古学』第1号、一九九四年)によると、七世紀当時、朝廷の内庭では、古墳時代いらいの伝統的な跪伏礼《きふくれい》・匍匐礼《ほふくれい》がおこなわれたので、泥まみれにならないよう玉石敷きの舗装が必要だったという。

(30) 日本古典文学大系『日本書紀』下〈敏達紀・天武紀の頭注〉(一九六五年)、上田正昭「和風諡号と神代史」(『京大・国史論集』、一九七二年/のち『上田正昭著作集2』所収、角川書店、一九九八年)、福永光司「天皇と真人」(『道教と古代の天皇制』、徳間書店、一九七八年)。

(31) 中村潤子「熱田神宮の蓬莱鏡」(森浩一編『東海学と日本文化』所収、五月書房、二〇〇三年)、太田昌子『絵は語る9　松島図屛風』(平凡社、一九九五年)。

(32) 成瀬不二雄「三つ峯型に描かれた富士」(『絵画の発見』、平凡社、一九八六年)ほか。

(33) 小杉一雄『中国文様史の研究』〈第三章　山岳図への展開〉(新樹社、一九五九年)。

(34) 網干善教「壁画」(橿原考古学研究所編『壁画古墳高松塚・中間報告』、奈良県教委・明日香村、一九七二年)、町田章「唐代壁画墓と高松塚古墳」(『古代東アジアの装飾墓』、同朋舎、一九八七年)。

(35)『古代学研究《特集　高松塚古墳壁画発見25周年記念シンポジウム》』一四〇号（古代学研究会、一九九八年）。
(36) 楊貴妃の石塔は境内の清水社の辺にあったが、貞享三年（一六八六）の社殿修理のとき、廃絶した。「樋河上天淵記」（一五二三年）などの古伝によると、熱田明神は、玄宗皇帝の日本侵略計画を防ぐため、楊貴妃に生まれ替わり、玄宗の心をたらしこんだ。安史の乱で蒙塵の途中、馬嵬《ばかい》で亡くなるが、目的を果たして熱田神宮に帰ったという（『尾張名所図会』一八四一年、大日本名所図会刊行会、一九一九年）。
(37) 足利健亮『景観から歴史を読む』〈第11章　徳川家康の江戸選地理由〉（ＮＨＫライブラリー、一九九八年）。
(38) 中野美代子『ひょうたん漫遊録』〈古代中国人の「あの世」観〉（朝日選書、一九九一年）。
(39) 若尾政希『「太平記読み」の時代――近世政治思想史の構想』（平凡社、一九九九年）。
(40) いき一郎『徐福集団渡来と古代日本』（三一書房、一九九六年）。
(41) 奥野利雄『ロマンの人・徐福』（学研奥野図書、一九九一年）。
(42) 折口信夫「妣が国へ・常世へ――異郷意識の起伏――」（『國学院雑誌』二六―五、一九二〇年／のち『折口信夫全集』第二巻〈古代研究・民俗学篇1〉所収、中央公論社、一九六六年）。

付：不老長生の夢「蓬萊山」＝前方後円墳に託して

千円札の夏目漱石によると、この世が住みにくいと悟った時、詩が生まれて、絵ができた。漱石にならえば、人生が永遠ではないと悟ったときから、人類は「不老長生の楽園」の夢をつむいできたといえる。たとえば、中国古代の帝王たちは、〈不死の薬〉を求めて神の島を探させたし、ギリシャのアレクサンダー大王は、〈生命の水〉を尋ねて地の果てまで旅をした。いま、人生八十年。私たちは居ながらにして、帝王にもまさる長寿と平和の、桃源の夢をむさぼることができる。ひるがえって、古代日本人はどんな楽園の風景を描いたのだろうか。お正月のひととき、鶴の背に乗った仙人となって、古代の日本へひと飛びしよう。日本列島のいたるところ、ひさごのいない。

壺形の前方後円墳が見えてくる。これこそ、わが祖先たちの夢みた楽園――「蓬莱山《ほうらいさん》」の原風景であったにちがいない。

(1)浦島太郎はどこへ

お伽《とぎ》話の浦島太郎は、亀の背に乗ってどこへ行ったのだろう?――なんてたずねたら、「乙姫さまのいる海の底の竜宮城」と、三歳の子供だって答えよう。ところが、『日本書紀』によると、浦島は「蓬莱山(とこよのくに)」へ出かけたことになっている。しかも、それは五世紀の末、雄略天皇二十二年の出来事だ、という。

竜宮で三年暮らした浦島が、遊びに飽いて故郷に帰ってみると、もといた家も村もなし。途方に暮れて、土産にもらった玉手箱をあけたら、たちまち白髪のおじいさんになった。ところが、中世にできた『御伽草子』の浦島太郎によると、浦島は鶴となって、ふたたび蓬莱山に渡り、亀、つまり乙姫さまと末永く暮らしたという、ハッピーエンドの物語。

また、橘《たちばな》の実を伝えた田道間守《たじまもり》の場合。天皇の病を治すために「常世《とこよ》の国」へ遣わされたが、それは「神仙の住む秘区」で、はるか絶域のかなたにあり、「弱水」という聖なる海を越えなければならなかった。これも蓬莱山あるいは崑崙山《こんろんさん》であった。

もう一人、蓬莱山へ渡った人物をあげよう。神話のなかの山幸彦《やまさちひこ》は、ご存じのとおり、失った兄の釣り針を探して「海神《わだつみ》の宮」に潜ったが、最近の研究によると、これもやはり蓬莱山だという。

蓬莱山とは、それなら、いったい何だったのか。一言でいえば、不老長生の仙人が住み、不死の妙薬が生えている永遠のパラダイス。中国の東方海上に浮かぶ三つの神山――蓬莱・方丈・瀛洲《えんしゅう》の一つだ。はじめて古典に現れるのは、『列子』の湯問篇という章だが、有名な司馬遷の『史記』などとあわせると——

渤海《ぼっかい》の東、幾億万里かわからないが大きな底なしの谷があって、世界中の水も天の川の水もここに注いでいる。そのなかに方壺（方丈）・瀛洲・蓬莱の三山と、岱輿《たいよ》・員嶠《いんきょう》の二山がある（あとの二山は、のちに北極へ流れてしまった）。互いに七万里ずつ離れているが、そこに住む仙人たちは、毎日毎夕、自由に飛んで往き来できる。山上には金・銀・玉で造られた宮殿楼閣が建ち並び、純白の鳥獣が棲《す》み、玉の枝の樹が茂る。そして不死の薬がある。いずれも亀の背に乗って浮かぶ。ただ近づこうとすると、まるで蜃気楼《しんきろう》のように遠ざかり、あるいは水中に消えてしまう。

事実、渤海湾に面した山東半島の沿岸地方は、海上に宮殿のような蜃気楼（海市と呼ぶ）がたつことで名高い。「海のかなたに至福の国がある」と古代中国人が想像力を刺激されたとしても、当然だろう。やがて不老長生の道をさぐる神仙信仰（神仙道教）と結びついて、「渤海の東に蓬莱など三神山あり」という信仰が生まれたらしい。

紀元前三世紀のこと。「不死の薬があります。私にお任せください」と、秦の始皇帝に取り入った男がいた。徐福という道教の呪術者（方士）だ。列強を破り、長い戦国時代に終止符を打った始皇帝ほどの英雄に、徐福のイカサマが見抜けなかったはずがない。が、永生の秘薬を手に入れるために、ワラをもすがる思いだったのだろう。徐福は童男・童女三千人を率い、百工（技術者）・五穀を満載したうえ、東海の蓬莱山を目指して船出した。徐福はその後、ようとして行方が知れず。ただ、三世紀の『三国志』によると、亶洲《たんしゅう》（種子島らしい）に渡り、ここで子孫が繁栄した、という。さらに十世紀になると、徐福は日本列島にたどりつき、富士山麓に住みついた。富士山こそ蓬莱山だったのだ——と説く中国人の僧が現れた。この徐福渡日説に太鼓判を押したのが、宋の文人政治家・欧陽脩。「日本刀歌」と題した詩のなかで、「徐福の船は蓬莱の国・日本へ行った」と詠んだから、ほとんど定説となった観があった。

(2)徐福渡来の伝説

これと符節を合わせたように、日本の各地に徐福渡来の伝説が残っている。いちばん有名なのが、和歌山県新宮市の「徐福の墓」と、福岡県八女市の童男山古墳だろう。後者はその名のとおり徐福一行の墳墓で、毎年一月、墓前で徐福祭りが営まれる。この祭りと徐福伝説を紹介した森浩一同志社大学教授は、「その背後にひそむ古代中国と倭国《わこく》(日本)の地政学的な関係に目を向けるべきだ」と、新著『倭人の登場』(日本の古代1)で強調している。

三神山は、具体的にどんな形をしていたのだろうか。四世紀の説話集『捜神記』などによると、三神山は「三壺」とも呼ばれた。蓬萊山は蓬壺、方丈は方壺、瀛洲は瀛壺。いずれも壺の形をしていたからだ。いったい、中国では「壺中の天地」ということばがあるように、神仙境をひさごの壺形とするイメージがあった(ロルフ・スタン『盆栽の宇宙誌』)。

たとえば、江南省沂南画像石《きなんがぞうせき》に描かれた男女の神仙、東王父と西王母の場合。西王母のいる山が、中国西方にあるという崑崙山であることは疑いないが、小南一郎京大助教授によると、東王父のすわる三山が、蓬萊山など東海上の三神山であろうという。よく見ると、三山はそれぞれ徳利状に描かれており、たしかにひさご形の壺といえそうだ。

美女のミイラで有名な馬王堆《まおうたい》一号漢墓から出た帛画(絹絵)にも、壺形の蓬萊山が描かれている。中央(人界の部分)に二頭の竜が左右対称に起《た》ち上がったさまは、ちょうど壺の輪郭のように見える。中国の学者は、「蓬萊山の象徴」と、この絵を解読する。

ここまで来れば、ハタと思い当たるものがある。全国各地に横たわる壺形の前方後円墳だ。その不思議な形が何を意味するのか。文末の「※前方後円墳」のように諸説紛々たる状態だが、「大和政権から地方豪族に服属のしるしとして賜った墓制」とか、「中国の天地の神々を祭る制度を輸入・変形したもの」とする見方が強い。しかし、こうした政治主義的解釈では「前方後円墳という墳形に表象されているかもしれない宗教的イデオロギー」の側面が見落とされかねない（金井塚良一・石野博信両氏対談『東アジアの古代文化』27号）。中国古代史の西嶋定生東大名誉教授も指摘するように、特殊な「墳形発生の理由は依然として疑問のまま」なのだ（『中国古代国家と東アジア世界』）。

(3)不思議な形が語る

発生期の古墳――たとえば、奈良県桜井市の箸墓《はしはか》古墳を見よう。その形は決して名前のとおり円形と方形の組み合わせにはなっていない。松本清張氏の指摘するように、円に三角形の楔《くさび》を打ち込んだ形に近い。それは、男性と女性の結合を象徴し、再生を祈る呪術なのかもしれない（『遊古疑考』）。
さらに詳しく見ると、前方部は三角形でさえない。三味線の撥《ばち》のごとく、先端が開いている。もはやだれの目にも明らかなように、これは壺にちがいない。ひさご塚・銚子塚という昔からの呼び名が、意外にも前方後円墳の本質をついていたわけだ。「前方後円墳は壺を象ったものであり、極大化した構築物である」とは、歴史・神話学者の三品彰英博士が最晩年に説いた「前方後円墳」論だが（著作集『古代祭政と穀霊信仰』）、残念ながらこの壺説はほとんど顧みられなかった。

けれど、蓬萊山をはじめ三神山が壺の形をしていたという、三神山の図像と番《つが》えて考えるなら、前方後円墳＝壺起源説は、新しい意味を帯びて蘇《よみがえ》ってくる。つまり、前方後円墳は壺形に由来し、蓬萊山を象徴したものではないか。先に引用した『盆栽の宇宙誌』の著者で、フランス東洋学の代表と目されるロルフ・スタン氏も、実に四十余年前に、「日本の前方後円墳は、細長い首の壺＝ひさごの世界であり、崑崙の仙境である」と、さりげなく説いているのだ。

（4）墳丘を蓬壺に整え

前方後円墳が蓬萊山と似ているのは、壺の形だけではない。前方後円墳の名付け親ともいうべき江戸時代の学者、蒲生君平は、他に二点、特徴をあげていた。一つは、古墳（後円部）が三段に築かれていること、いま一つは、溝（濠《ほり》）をめぐらしていることだ。三段築成（三成）は、三神山を象徴したものか。それとも崑崙山は三層よりなるというから（曽布川寛『崑崙山への昇仙』）、崑崙山の隠喩《いんゆ》でもあろうか。あるいは、蓬萊山的要素（壺形）と崑崙山的要素（三成）を折衷したのだろうか。なにもかも摂取して自家薬籠中のものとするのが、雑種文化・日本の特質とすると、まことに日本人は双葉より芳しで、三世紀のころからすでに、雑種・習合志向が芽生えていたことになる。

周囲の濠が、蓬萊山に至る東方の海あるいは崑崙山を隔てる弱水の、シンボルであることはいうまでもない。もっとも、そんな古い時代に、むずかしい神仙思想など入るはずがない、と疑う人もあろう。しかし、考えてもみよう。前期（三、四世紀）の古墳からは、大量に中国・日本製の鏡が出土する。多くは神獣鏡《しんじゅうきょう》で、背面に神仙（仙人）と霊獣を浮き彫りにし、周縁に「渇しては玉泉を飲み、飢えては棗《なつめ》を食らう」とか、「寿は金石の如し」「千秋万歳、老ゆるを知らず」、そして「海東（の三神山）に至る」といった、神仙道教のめでたいことば（吉祥句）がちりばめてある。古墳時代の日本人がこうした神獣鏡を古墳の内部の石室に納めて長生を祈ったからには、外部の墳丘の形そのものも、神仙の住む永生不滅の理想境「蓬莱山（蓬壺）」の形に整えるということは、十分ありうることだろう。

人間は百歳ののち、どこへ行くのか。鳥獣虫魚に転生するのか、無明長夜をさ迷うのか。そんな不安におののいていたであろう古代日本人の前に、豁然《かつぜん》と開かれた永生の世界——それが、不老長寿の仙人が笑い楽しみ、不死の妙薬が生え、金殿玉楼の並ぶ「蓬莱山」であった。四世紀以降、モノにつかれたように、古墳＝蓬莱山を造る風習が全国に広がったのも、もはや不思議ではあるまい。小林行雄京大名誉教授のことばを借りるなら、〈宗教の革新〉が行われたのだ。梅原猛京都市芸術大学長が「古墳時代は、永生の形而上学の時代」（『塔』）と看破したのも、優れた哲学者の直観といえよう。

要約すれば、古墳時代の日本列島は、〈蓬莱教〉とでもいうべき新しい神仙道教によって席巻された。そして蓬莱山造営の設計思想のもと、細部の実施設計については、考古学者の水野正好奈良大学教授が説くように、埴輪は吉備（岡山）、葺《ふ》き石は山陰というふうに、各地域の先端技術が動員されたのだろう。完成した古墳の上では、大王や各地の首長の継承儀礼も行われたであろう（近藤義郎岡山大学教授）。墳丘を取り囲む盾《たて》形の濠は、さながら戦い（楯交《たたか》い）をやめて楯を地に伏せたごとくに見え、不戦と服属の誓いと映ったにちがいない（林屋辰三郎・前京都国立博物館長）。

(5)五色塚古墳の葺き石

明石海峡を見下ろす神戸市の五色塚古墳は、十年前に復元された。緑の木におおわれた、私たちになじみの古墳とちがって、なんと異様な姿だろう。ひさごの壺形、三段築成の後円部、盾形の濠跡。そして何より、法面《のりめん》をビッシリと張りつめた葺き石の奇妙さ――。

やはり中国の古典によると、三山のなかでも、瀛洲は「積み石多し」と記されている。つまり、前方後円墳の葺き石は――土留めの目的はあるにせよ――本来、瀛洲の表象として、積み石＝葺き石を置いたものと考えられないだろうか。

もし、それが正しければ、昨年（一九八五年）秋、「大津皇子」などの木簡が出土して、事実上、天武天皇の飛鳥《あす》浄御原宮《かきよみはらのみや》跡と決した飛鳥古京（板蓋宮《いたぶきのみや》伝承地）の、敷き石が改めて思い起こされる。橿原考古学研究所の初代所長・末永雅雄博士によると、浄御原宮は湿地に造営されたので、防湿のために石を敷きつめたという。また、天武天皇の吉野離宮と考えられる吉野宮滝遺跡も、敷き石が目立つが、こちらも防水用であろうとされる。

ところが、最近の道教研究の成果を参考にすると、別の見方もできる。道教と日本文化の関係を精力的に解明している福永光司関西大学教授や上田正昭京大教授によると、天武天皇の追号《おくりな》「天渟中原瀛真人天皇《あまのぬなはらおきのまひと》」のうち、瀛は大海人皇子の名（即位前の名）にちなむと同時に、瀛洲をも意味する。また、真人は天界の主宰者・天皇大帝のそばにいる高級官僚を指す。つまり、追号の意味は「永生の神の宮・瀛洲にすみたまう高級官僚」ということになる。

しかも天皇は、日本の神仙境と仰がれた吉野にしばしば行幸し、占星台を築き、病気平癒を祈って年号を「朱鳥」と改元したが、これらはすべて神仙道教の呪術だ、と福永教授は説く。

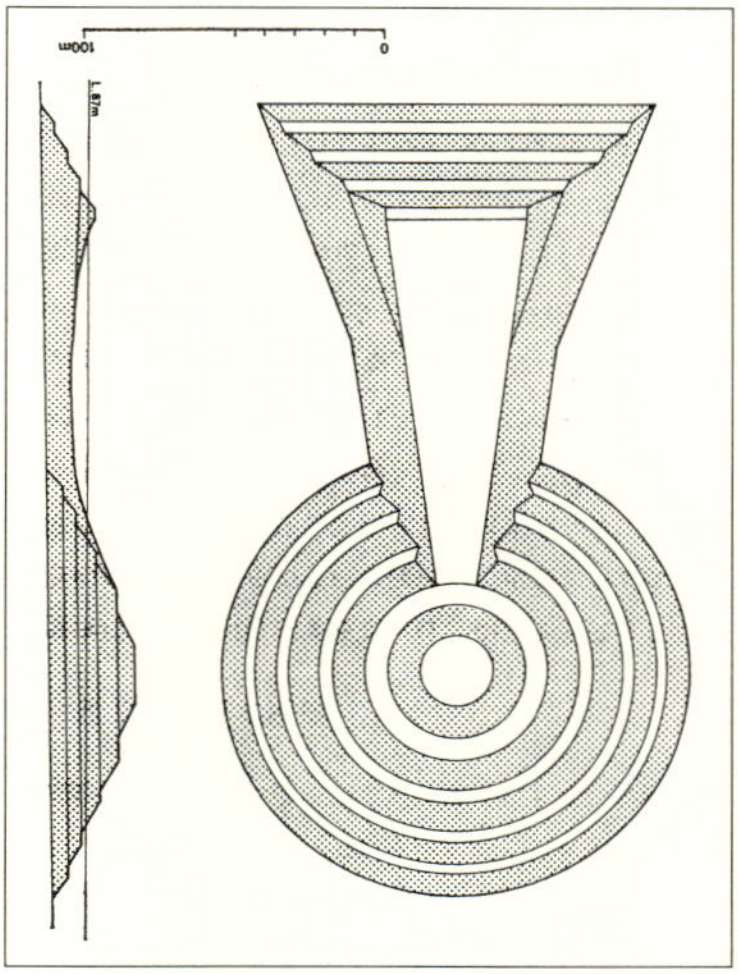

図9　箸墓古墳墳丘復元図
（白石太一郎原図を天地逆さにした）

※前方後円墳　三世紀末から七世紀初めにかけて、各地の豪族のために造られた高塚式の墳墓で、円丘と方丘を合わせた形をしている。ちょうど平面形がカギ穴形に見えるところから、前方後円墳と呼ばれる。その形の由来については、宮車や盾・壺などの器物模倣説と、円墳方墳合体説、前方部祭壇説、中国の天地の祭りを取り入れた円丘方丘祭祀説、二上山・三輪山モデル説などがある。畿内から全国に波及したため、前方後円墳発生の問題は、大和王権（朝廷）の成立と国家の起源にかかわる、古代史上最大のナゾだ。

　図9のシルエットは箸墓古墳の推定復元図（白石太一郎氏原図、天地を逆にしたもので壺形に見える）

〔引用図版出典〕

図1　橿原考古学研究所『奈良県の弥生土器集成』（二〇〇三年）から作成
図2　沼澤豊「前方後円墳の墳丘規格に関する研究（上）」（『考古学雑誌』89巻2号、二〇〇五年二月）
図3-a　中島正「椿井大塚山古墳の築造過程」（『東アジアの古代文化』99号、大和書房、一九九八年）
図3-b　毎日新聞社提供
図4　中国社会科学院考古研究所編『洛陽焼溝漢墓』（復刻版／北九州中国書店、一九八二年）
図5　沼澤豊原図（前掲図2論文）から作成
図5　著者撮影
図7　法隆寺蔵（写真提供：入江泰吉記念奈良市写真美術館）
図8　著者撮影
図9　著者撮影
図10　白石太一郎他「箸墓古墳の再検討」（『国立歴史民俗博物館研究報告』第3集、一九八四年）

第三章　扶桑樹のすがた――冠と壁画の図像学――

はじめに――構内の桑との対話――

京都学園大学前のバス停から構内に入ると、正面階段の横（時計塔の下）に、青々と葉を茂らせた桑の木が目にとまる。新緑から紅葉のころまで、こんもりとした葉叢におおわれて、幹も枝も外から見えないけれど、一二月も半ばを過ぎると、桑は裸木になって異形のすがたをさらす（図1-a・b）。

四年前（一九九九年）、本学に奉職してはじめての冬を迎えたころ。いつしか桑の葉が落ちて、曲がりくねった幹と枝があらわになっていた。枝は、軒先の波打つ瓦のように、短い円弧を連ねながら伸びているのだが、連弧のつなぎ目が、まるで複雑骨折をおこしたみたいに、ぎくしゃくと屈曲する。まことに奇怪なかたちで、盤蜿《ばんえん》・蟠屈《ばんくつ》とか、盤根錯節《ばんこんさくせつ》といった古風な形容詞さえ連想された。

裸木のかたわらにプレートが立っていて、「シダレグワ　クワ科　属カラヤマグワ」と記してあった。市中育ちの私は、残念ながら「山の畑の／桑の実を／小籠に摘んだ」少年期の記憶がない。目の前に現れた奇妙な枝ぶりを見て、まず驚き、それが桑の木の一種と知って二度びっくりした。奇態なシダレグワが年来、追跡してきた仮想の仙木「扶桑樹」のモデル種かもしれない、と連想を誘われたからである。[1・2]

「扶桑樹」は、もともと古代中国人が紡いだ空想の産物だから、そのイメージは、古代の①文献史料と②図像資料で知るよりほかなかった。しかしいま、異形の桑の木に出合った結果、新たに③桑の植生も参照できるようになったわけである。じっさい、構内のシダレグワの姿かたちと、よく知られた山東省・武梁祠《ぶりょうし》画像石《がぞうせき》の扶桑樹（図2）を比べると、こんもり茂った輪郭・量感といい、複雑な幹枝の捩れ具合といい、通じるところがあるように思われた。仮想の「扶桑樹」のイメージも、現実のシダレグワの生態からふくらんでいったのか、と想像されたのである。

さきに私は、奈良県・藤ノ木古墳の金銅冠の立飾（後出図8）と、中国の文献史料および漢代の画像資料（図2）にみえる扶桑樹の形状・特徴を比較した結果、「金銅冠の立飾は、仮想の扶桑樹をデザインしたもの」と推定した。[1]

図1－a　生い茂る夏のシダレグワ

図1－b　裸木になった冬のシダレグワ

図2　扶桑樹
（珊瑚樹型／中国山東省・武梁祠画像石）

あらためてシダレグワと金銅冠の立飾とを対照すると、この立飾も、シダレグワの複雑な樹枝と密生した葉叢を表すかにみえた。

こうして、ひとたび六世紀後半の古墳文化のなかに「扶桑樹への憧憬・信仰」が認められると、とうぜん、広く古墳文化のなかに扶桑樹の表象・造形があるかもしれない、と予想されよう。じじつ、その目で眺めれば、福岡県・珍敷塚《めずらしづか》古墳（後出図10）をはじめ、九州の装飾古墳に現れる謎の図文「蕨手文《わらびでもん》」も一気に解け、「扶桑樹の一筆描き的な簡略画」とわかる。

しかし、前稿「蓬萊山と扶桑樹への憧れ――日本文化の古層の探究（上）」（加筆して本書第一・二章に収録）では直感的な見立てにとどまって、具体的に実証するに至らなかった。同じく扶桑樹といっても、一方は金銅冠の繁縟な造形、他方は蕨手文の簡潔な線描では、あまりに隔たりが大きいため、説得力を欠くうらみがあったからである。さいわい、その後、漢代画像石に描かれた扶桑樹のなかに、わが蕨手文と酷似したかたちを見出し、蕨手文を扶桑樹の表象と考えて誤りないことを知った(3)。

本稿では、あらためて中国古代の文献史料と漢代画像石にみえる扶桑樹のかたちを分類・整理したうえ、装飾古墳の蕨手文と比較して、「謎の蕨手文」が仙木・扶桑樹のバリエーションであり、「射日神話」にかかわることを確証する(4)。次章では、この同定にもとづいて難解な壁画の絵解きを試みる。

一　扶桑樹のイメージ

(1)漢籍史料にみえる扶桑樹

扶桑樹とは、中国古代の神仙思想が生んだ宇宙樹であり、生命の樹である。東海のかなた、湯谷《ようこく》（暘谷）に聳え

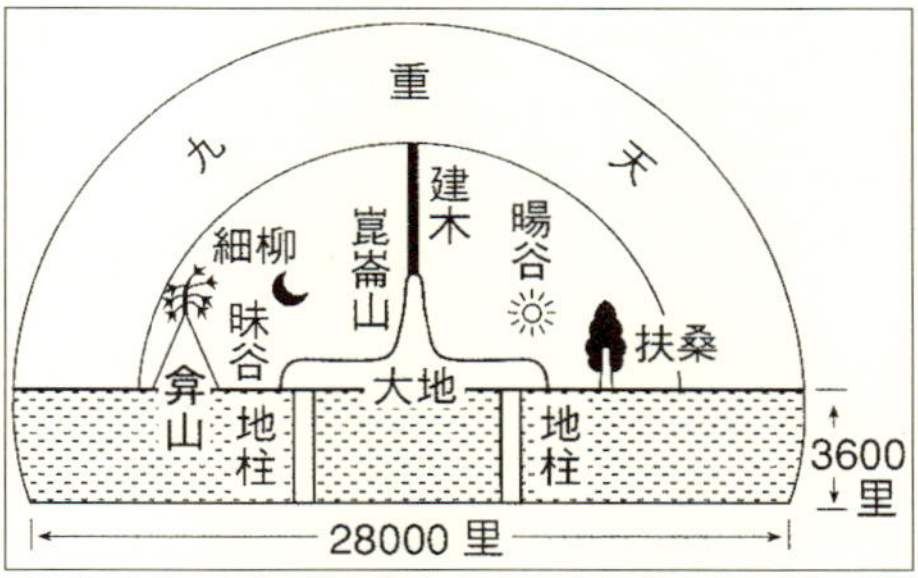

図3　古代中国人の世界観

る桑の巨木で、ここから太陽が毎朝、金烏（三本足の烏＝三足烏《さんそくう》《さんそくからす》）の背に載って上り、母（羲和《ぎわ》）の御する馬車で（または鳥の翼で）天空をめぐったあと、西方の昧谷《まいこく》の穴から地下に潜り、扶桑樹にふたたび戻ってくると信じられた。蓬萊山とちがって、扶桑樹にかんする文献・画像・民俗の資史料は豊富で、『中国の生命の樹』のような専著もある。まず、扶桑樹のイメージを『山海経《せんがいきょう》』『海内《かいだい》十洲記《じっしゅうき》』などの中国古典によってまとめると、つぎのようになる[5]（図3）。

①［太陽の木］　東海（蓬萊山の東）の暘谷の辺に生える巨大な桑の神木。太陽が昇り西の昧谷に沈む。

②［天の梯子］　上は天界に届き、下は地下の黄泉に通じる。神々もこの木によって天地間を往復する。

③［扶桑の姿］　同根異木の二本の桑が相寄り扶けあう連理の形。高さ万丈、広がり三千里。葉は卵形。

④［天鶏金烏］　樹上に天鶏が巣くい、子の刻に鳴くと、枝に棲む十羽の金烏と天下の鶏が一斉に鳴く。

⑤［十日神話］　昔、太陽は十個あり、毎朝一つずつ金烏の背に乗って昇り、母の馬車で天をめぐった。

⑥［射日神話］　あるとき十日とも昇って日照りになった。聖人堯が弓の名人羿《げい》に九日を射落とさせた。

⑦［嫦娥奔月］　羿は西王母から蟠桃《ばんとう》を授かるが、妻嫦娥《じょうが》が盗みだして月に逃げ、醜い蟾蜍《ヒキガエル》《せんじょ》に変わった。

⑧［王父治所］　扶桑の地は一万里四方、その上に太帝の宮殿と東王父の役所があり、神仙界を統べる。

中国の宇宙樹には、東海の扶桑樹（扶木）のほか、西方の若木《じゃくぼく》、中央の建木《けんぼく》がある。小南一郎によると、扶桑樹の観念は、世界の中心にそびえる大きな一本の桑の木から生まれたもので、太陽はこの木を上下したらしい。

やがて時代が下がるとともに東西に分かれ、東は扶桑、西は若木となった。これは、西方にある宇宙山の崑崙山と東海の三神山がもとは一つで、中国的な宇宙山の観念から生まれたのと同じだという。(6) その一方で、扶桑は若木ともいい、同じように十日が梢に止まるから、ややこしい。

(2)画像資料にみえる扶桑樹

つぎに、中国の画像石・帛画《はくが》と高句麗壁画など画像資料に現れた扶桑樹のかたちを検討する。画像石の資料は『中国画像石全集』全八巻を用い、近年相次いで刊行された画像石の図録と、靳之林《きんしりん》『中国の生命の樹』を参照した。高句麗壁画の資料は朝鮮画報社版『高句麗古墳壁画』、菊竹淳一編『世界美術大全集・東洋編10』、池内宏・梅原末治著『通溝』により、新しく出た共同通信社編『高句麗壁画古墳』を参照した。(7)

問題は、なにをもって扶桑樹の図像とみるか、人によって異なる点である。扶桑樹（扶木）と同じく巨大な仙樹には、建木（大地の中央にそびえる巨樹で、その上に崑崙山があり、さらにその上に天帝がいます）・若木（日が沈む西方の巨樹で、十日が宿る）・桃都樹《とうとじゅ》（世界の東南のはて、桃都山に生えた大樹で、太陽が天鶏の声にあわせて昇る）・蟠木（東海の度索山《どさくざん》に生える巨木で、西王母のもつ不老長寿の妙果・蟠桃がなる）などがある。しかも、扶木が若木と一体になって紛らわしいことは前に述べた。古代文物研究の大家・林巳奈夫も、画像石にみえる「画像の表現様式の伝統は、地域によって相違があり、……榜題《ぼうだい》でもない限り判定は困難である」として、「幹がぐねぐねして枝が交錯し、根の張った伝説的な木を、建木＝帝休の木と総称」している。逆に『中国画像石全集』では、林のいう建木をしばしば扶桑樹にひっくるめている。(8)

こんなしだいで、大きなちがいがあるけれど、ここでは大部な『中国画像石全集』にしたがって、建木や若木を含めて、盤根錯節の神話的な樹木をひとまず扶桑樹と考え、分類を試みる。複数の太陽や射鳥・馬車とセットになった仙樹、および東王父（またはそのエピセット）の座下にある仙木が判別の目安になろう。扶桑樹の型式分類の試みはまだないもようで、分類法も型式名も早卒の便宜的な試案にすぎない。

漢代の画像石・帛画と高句麗の古墳壁画の扶桑樹は、そのかたちによって分類すると、表1の一三類に分けられよう（Ⓐ〜Ⓜの記号は次ページの図4の図版記号と対応する）。

さきの、文献に現れた「扶桑樹のイメージ」に照らすと、扶桑樹は本来、その名のとおり、二木が扶けあうか

表1　扶桑樹の表現型

表現型	図像上の特徴	中国・朝鮮の例
Ⓐ唐草文	唐草・蔓草状の植物が伸び、太陽や金烏が宿る	湖南馬王堆漢墓帛画・高句麗角抵塚壁画
Ⓑ蕨手文	蕨手状の蔓草が伸び、上に東王父と眷属が座る	山東沂南画象石
Ⓒ連理樹	同根の二木が絡む連理木の上の鳥を射人が狙う	山東微山両城鎮画像石・鞏県画像石
Ⓓ珊瑚樹	複雑に捩れ絡んだ一木に鳥・馬・射人を添える	山東武梁祠画像石
Ⓔ蛇行樹	仙山の上に仙樹が波形にくねりつつ立ち上がる	陝西綏徳画像石
Ⓕ七枝樹	幹から七枝が互生し東王父・射人・眷属を描く	河南南陽画像石
Ⓖ揺銭樹	蛇行する幹から九枝が出、太陽鳥と銭文が載る	四川三星堆揺銭樹
Ⓗ亀甲文	対の高木が屈折して亀甲形を作り三足烏を抱く	高句麗徳花里古墳壁画
Ⓘ太陽樹	大樹の樹冠の上に花形の太陽が複数個まつわる	河南密県漢墓画像磚
Ⓙ羊角文	羊字型生命樹の下に一対の羊や馬・象徴を置く	山東済寧市博物館前漢墓画像石
Ⓚ山字文	長頸壺を三本並べた山字形の台座に神仙が居る	山東臨沂市漢代画像石
Ⓛ象徴文	樹形は象徴的に様々に描かれ陽鳥・射手を伴う	河南鄭州市出土漢代空心磚
Ⓜ枝垂柳	同根異木の幹が絡みあい、枝は地表まで垂れる	四川画像石

図４　扶桑樹のかたち

たちをとるはずだが、図像では必ずしも二木で表現されない。むしろ、二木タイプの実例は少ないといっていい。なかで、山東省鞏県画像石の扶桑樹は、Ⓒ「連理樹型」の数少ない典型で、図のとおり、同根の木が地表の根元でわかれて二木になったあと、枝が扶けあうというより、深く絡んで一木状の樹冠をかたちづくる。[9] そのほかのタイプは一木系だが、それが複雑多様であることは、表1の分類表を一瞥するだけでもみてとれる。個々の特徴については、表中の簡単な説明にとどめるが（高句麗壁画については次項で述べる）、とくに、Ⓐ唐草文・Ⓑ蕨手文・Ⓓ珊瑚樹・Ⓗ亀甲樹・Ⓙ羊角文の五型は、次節以下の議論にかかわるので、留意しておきたい。

(3)高句麗壁画の中の扶桑樹

ここでは、高句麗壁画に描かれて扶桑樹（Ⓐ唐草文型・Ⓗ亀甲文型）について、私見を述べる。

高句麗壁画のうち、徳花里《とくかり》1・2号墳（朝鮮・平安南道大同郡徳花里）は双墓で、ともに八角ドーム状（八角持ち送り・穹窿状）になった天井の、八方の壁に巨大な亀甲文を描く。図5（トレース図）は1号墳主室東壁の壁画の一部である。この亀甲文について、菊竹淳一はつぎのように解説する。[10]

> 天井東側部分の星宿図は、朱地の円内に三足烏を描いて太陽を象徴し、その下段に星宿を横並びに配置しており……天井装飾のなかでは、上下に口を開けた亀甲文が天蓋部へ向かってその上昇感を強調し、C字形文を複雑に組み合わせた蕨手状の蔓草植物文が横への広がりを見せ、文様装飾全体により天井空間の高さと広さを意識させる。

心理学でいう「地と図」ではないが、右の解説は、亀甲文というかたち（地）を主体に説かれている。亀甲文をつくる六辺（図）の方に注目すると、描き起こし図のように、じつは巨樹によってかたちづくられていることがわかる。巨樹を主体にみれば、細い角柱状の幹が二本まっすぐに伸び、上方で左右に分かれてY字形の枝となる。幹の下方も、左右に分かれて逆Y字形の根をはる。こうした巨樹が等間隔に横並びして、その間に亀甲形の空間をつくる。つまり、八角持ち送りの天井壁面を埋める亀甲繋文は、Y字形・逆Y字形の巨樹がつくりだしたものなのだ。それぞれの幹と枝と根には「C字形文を複雑に組み合わせた蕨手状の蔓草植物文」がまといつく。

では、この巨樹の樹種は、いったい何か。解説にみえるとおり、亀甲文の中央に太陽の象徴「三足烏」が描かれる。太陽と三足烏ゆかりの巨樹といえば、扶桑樹とみてさしつかえなかろう。亀甲形の空間をつくる巨樹は、同根異木の二本からなり、たがいに寄り添い扶けあう連理の木のように、Y字型・逆Y字型に伸びる。「扶桑樹」

図5　亀甲繋文がドーム型天井をおおう
（高句麗徳花里1号墳・主室壁画）

図6　唐草文が天井をうめ太陽（三足烏）と星座が並ぶ
（高句麗角抵塚・主室の壁画）

の名にふさわしい。もし、これを扶桑樹とみてよければ、幹や枝に蕨手文をまとっている点も注目される。装飾古墳にみえる「蕨手文」の正体を解く鍵になると思われるからだ。

　さらに、中国吉林省通溝の角抵塚《かくていづか》古墳（図6）は、角抵（相撲）図で名高いが、主室のドーム全体を覆って、「余すところなく蔓状唐草文を画」いている。(11) その間に大きな円が散らばって七個の星座を表す。東壁には三足烏のいる太陽が、西壁には蟾蜍《せんじょ》（ヒキガエル）のうずくまる太陰が、それぞれ描かれ向かいあう。全体として馬王堆《まおうたい》漢墓帛画に描かれた蔓草状の扶桑樹（Ⓐ唐草文型）の構図を連想させる。

　菊竹淳一は、高句麗古墳の天井にみられる「蔓性植物装飾には、蔓延を意味して墓主の魂の甦りを願う民俗学的な意義も存在する」として、つぎのように説いている。

〔角抵塚（4世紀末）や徳花里1号墳、ピョンヤン市・真坡里《しんぱり》4号墳（5世紀末～6世紀初）、平安南道・双楹《そうえい》塚（5世紀末）などの天井部には〕星宿とともに蕨手状の蔓性植物を多く描くが、この図様も（徳興里古墳壁画の牽牛・織女説話図と同様に）再生と蔓延の比喩といわれ、ここにも墓主の霊魂の甦りを祈願しているように思える。(12)

「霊魂の再生と蔓延」の祈りをこめた角抵塚や徳花里1号墳、真坡里4号墳、双楹塚の蔓草文。そのなかで、右にみた角抵塚と徳花里1号墳の蔓性植物が扶桑樹と認められるなら、他の壁画古墳の蔓性植物も扶桑樹と同定してよいであろう。しかも興味深いのは、これらの高句麗壁画に対照的な扶桑樹が描かれている点だ。すなわち徳花里にみられる亀甲文の「屈折型」と、角抵塚にみられる蕨手文の「曲線型」の、二つのタイプである。後で古代日本の蕨手文を検討するさい、重要な意味をもってこよう。

　ちなみに、斎藤忠は角抵塚壁画のなかに扶桑樹が描かれていることをいち早く指摘し、注意を促してきた。ただし、斎藤のいう扶桑樹（神檀樹）は、天井を埋める唐草文ではなく、角抵塚主室の東壁（頭貫《かしらぬき》の下）、相撲人の左頭上に描かれた「斜めに生い立つ大樹」の方で、[13] たしかに「蕨手状の枝」をのばしている。私見と小異があるけれど、私の視界が開けたのは大先達のおかげである。なお、『通溝』では、こんがらがった角抵塚の樹木群を連理樹とみている。

一九八九年一二月はじめ、湖南省博物館の一室。床面に広げられた馬王堆漢墓帛画を実見し、高至喜館長と熊《ゆう》傳新《でんしん》副館長から懇切な説明をうけた。すでに藤ノ木古墳の金銅冠が発見され、扶桑樹をかたどったものと知られていたが、帛画の扶桑樹や太陽のなかの烏（ただし、まだ三足烏ではなく二本足）に目を吸い寄せられるわけでもなく、むしろ下段の女主人公（墓主）の姿と、双龍がつくる壺型の輪郭（蓬壺）とに目を奪われていた。「これが壺型の蓬萊山か、昇仙した女主人公か」と。それから足掛け一〇年、帛画の蔓草状の扶桑樹がカギとなって、右のように角抵塚など高句麗壁画の蔓性植物もまた、扶桑樹であると解きえたのであった。

二　考古資料の扶桑樹

(1)藤ノ木古墳の金銅冠

扶桑樹を描いた画像資料といえば、中国の後漢墓を飾る数多の画像石（タイル画）や、少数の古墳壁画および帛画・漆画が知られている。一九八六年、四川省広漢市三星堆《さんせいたい》遺跡の祭祀坑から、目の飛びだした怪奇な縦目仮面などの青銅遺物群（紀元前一四～一一世紀）とともに、青銅の巨大神樹「揺銭樹＝扶桑樹」（図4－Ⓖ）が発見され、わが国でも展覧会・出版物をとおして広く親しまれるようになった。[14]

日本各地の前期古墳からも、「西王母」「東王父」など神仙思想ゆかりの神々や、「寿如金石兮（寿［命］は金石のごと［く長］し）」といった吉祥句を、背面に彫り刻んだ銅鏡（三角縁神獣鏡《さんかくぶちしんじゅうきょう》・画文帯神獣鏡《がもんたい》）が大量に出土している。しかし、学界では「卑弥呼をはじめ倭人たちは、まだ複雑な神仙思想を理解できなかった」と決めこみ、長らく神仙思想の受容と影響に否定的であった。いわゆる舶載鏡に比べて、倭鏡の場合、神仙と聖獣が体をなさず、鏡工人たちが図像を理解せずに作っていた証拠とみなされたからである。まして、扶桑樹については明白な画像資料に恵まれなかったため、(後代の法隆寺や正倉院の伝世資料をめぐる美術史家の研究を除くと) そもそも古墳時代の扶桑樹信仰・憧憬をめぐって論じる素地がなかった。[15]

さいわい、一九八八年、奈良県斑鳩町の藤ノ木古墳 (六世紀後半) から金銅冠が見つかり、「扶桑樹をデザインしたもの」とみる仮説が一部で唱えられた。少数ではあったが、これを機に、六世紀後半、扶桑樹のモチーフが日本列島に伝来し受容された可能性が、はじめて浮かびあがったのだった。[16]

図7は、藤ノ木古墳冠の展開図である。鉢巻の部分 (額帯) と前立の部分 (立飾) からなる。「冠全体は大ジカの頭部を表現しながら、立飾は聖樹に唐草文を加え、……先端に人のよみがえりを示すつぼみの剣菱文、また天国に魂を運ぶ鳥文を配」したデザインである。

図7　奈良県藤ノ木古墳の金銅冠(展開図)

発掘調査した橿原考古学研究所は、シルクロードの縁辺でみられる「生命の樹」と発表した。[17]「生命の樹」は生命力の源泉、豊穣・生産の象徴として世界各地で信仰される、実の生る聖樹である。ただし、民族・文化・宗教によって樹種を異にするから、[18]「生命の樹」一般では漠としすぎて、意味するもの (シンボリズム) を的確につかめぬうらみがあった。私は具体的に樹種を絞りこむ必要を感じたが、写真と復元図を見るなり、「生命の樹」のなかでも東アジア特有の「扶桑樹」のデザイン、と直感された。二本の巨木がたがいに支えあい、樹冠に鳥がとまるなど、前節の「扶桑樹のイメージ」と多くの点で重なるからである。

A文献史料・画像資料との比較

藤ノ木古墳冠のデザインを、文献史料に現れた前掲「扶桑樹のイメージ」①～⑧と対照すると、つぎのようになる。

①［太陽の木］ まず、額帯は広帯二山式と呼ばれる型式で、幅が広く、二つの山が左右対称につらなっている。太陽の湯浴みする谷間「湯谷（暘谷）」を表すのかもしれない。

②③［天の梯子］［扶桑の姿］ 立飾は、左右対称の一対の木からなる。樹枝は連理の木のように複雑にからみ、二木はたがいに接して扶け合うかたちにみえる。それぞれ独立した異木だが、地下の根の部分でつながる、つまり同根らしい。枝の先端は蕨手状にカールしている。さきの高句麗・徳花里古墳壁画の扶桑樹がやはり蕨手状の文様をもっていたことを思いおこしたい。木々は亭々と天空に伸び、大地をおおう巨木のごとくにみえる。「高さは万丈、広がりは三千里」という扶桑樹にふさわしい。神々はこれを梯子にして天地の間を往還した。

④［天鶏金烏］ 樹冠には鳥が飛び交う。カラスというより水鳥に近いかたちだが、太陽を背負って樹上に上がる（または太陽のなかにいる）「三足烏」を表そうとしたものか。中国の神話・美術では、太陽はこの三足烏または馬車に乗って天空をめぐったが、藤ノ木古墳冠では馬車はなく、代わりに船と鳥がセットになっている。日本神話にみえる「天の鳥船」を視覚化したものであろう。装飾古墳では、太陽が「天の鳥船」に乗って天の海を航海する情景を描く。辰巳和弘は、鴨のような水鳥と船形の結びつきから、これを『万葉集』に詠まれた「鴨とふ船」（はるか遠くの他界へ死者の魂を導く観念上の船）に見立てた。近江昌司は、幹の真ん中のクローバー状の花文を太陽のシンボル・蓮華文とみる(19)。

⑤［十日神話］　太陽はもと十日あったという。[20] 藤ノ木古墳冠の鳥は一二羽で、十日を運ぶ「三足烏」の数にあわない。しかし、中国画像石の扶桑樹でも、鳥の数は変異があって、必ずしも一定しているわけではない。[21] たとえば、馬王堆漢墓帛画の場合。太陽と金烏の周りにはう蔓草は、扶桑樹とみる点で諸家の意見が一致しているが、太陽の数は九日だ。

⑥［射日神話］　太陽はまだ悪戯ざかりの子どもで、ある日、母・羲和の隙をみて十日とも一斉に木の天辺に昇り空に出た。ひどい日照りになって、人びとが困った。そこで、聖人の堯が弓の名人・羿に命じて、九日を射落とさせたのだった。太陽が一日になったのは、それいらいのことという。金銅冠に「射日神話」は描かれていないようにみえるが、あるいは樹冠にみえる「剣菱形」が鏃《やじり》を表し、「射日神話」を象徴するのだろうか。「剣菱文」についてては、すぐあとに述べる。

⑧［王父治所］　東王父は扶桑の上に宮居して仙界を統治するというが、冠には東王父の図像やシンボルはみえない。

Ⓑ剣菱形と「射日神話」の意味

右の⑥で、「〈剣菱形〉が鏃ではないか」と述べたが、正体のわからない図文である。わずかに橿原考古学研究所の泉森皎らが「西方伝来の図文」と説いたにとどまる。泉森によると、シルクロード縁辺の出土遺物（南シベリア・パズィリク5号墳出土の絨毯や、アフガニスタンのティラ・テペ遺跡6号墓の金冠、高句麗・清岩里土城出土の金冠など）に蕾状の剣菱形がつき、人のよみがえりを示す。藤ノ木古墳冠の剣菱形も、西域のかなたから伝来した図文、と説く。[22]

私じしん、これまで何の私見も示せなかったが、靳之林が『中国の生命の樹』で指摘したことが参考になる。

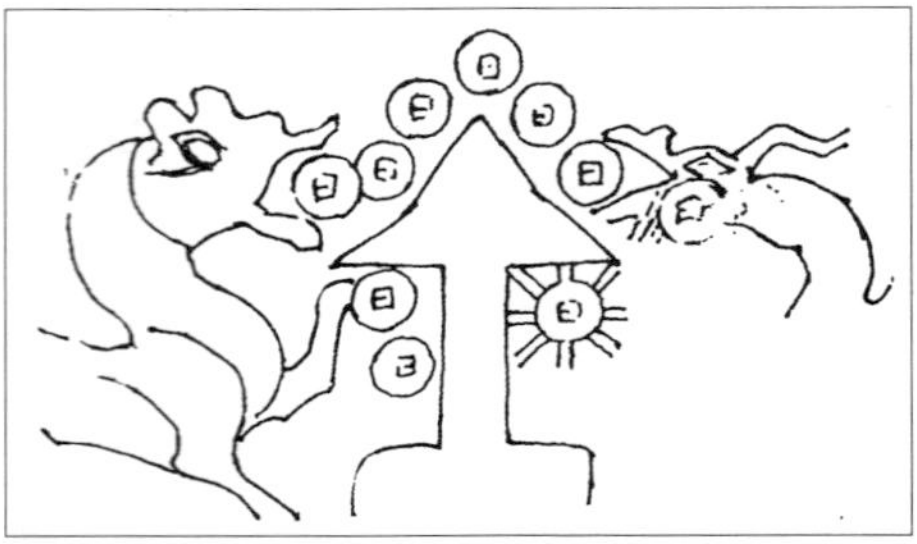

図8　「射陽」図（山東省漢画像石）

靳は「戦国時代から後漢までの墓にみられる射陽、射鳥、〈后羿《こうげい》射日〉および鏃頭⇧の符号崇拝などは、みな射陽に意味があり、すなわち通天・通神であり、生命永生を表す」と指摘したうえ、後漢の歴史家・班固の『白虎通徳論・郷射』の一部を引用する。

> 天子の親ら射る所以は何ぞ。陽気を助け、万物に達するなり。春気微弱にして、物に窒塞（ふさがること）して達し能はざる者有るを恐れ、夫れ内自り射て外へ発し、堅きを貫き剛きに入り、物の生を象る。故に射を以てこれに達するなり。(23)

また、山東省滕県の漢代画像石「射陽」（図8）について、こう記す。中央の天に向けた鏃⇧符号が〈射陽〉符号を比喩し、その周りに刻された丸に「日」字の10個の太陽のうち、（右脇の）1個は8つの（放射状の）光芒を放つ太陽で、他の九日には光芒がないので、おそらく羿射九日の象徴であ」る、と。そして「周礼にあるように、射礼がかくも重要とみなされるのは、そこに天地に通じる意味があるからである。射鳥・射桑・射陽はみな天を射るところ（通天）に意味があり、天・太陽・太陽鳥・太陽扶桑生命の樹の四者はみな同じものである。……后羿射日の伝承そのものを表現するためではない。それゆえ、后羿射日であるか否か、あるいは太陽が9個であるかまたは10個、11個かの数を問題とすべきではない。(24)

要するに、鏃⇧符号や圭形⌂符号が画像石に描かれるのは、「生命や通天・通神を象徴する幾何学符号であり、人類・万物の生命繁栄と生命永生の象徴である」からだ、というのである。(25) 儒教の経典『礼記《らいき》』で、天地四方を射ることが男子の道徳的な規範の一つとされるが、墳墓の被葬者もそうした徳をそなえていたことを称えて、画像石に射礼《じゃらい》の図を描きこんだ、ともいう(26)。

林巳奈夫によると、鳥は「寿（長寿）と音が通じうるから、鳥を射とめることは長寿を獲得する意味と考えられる」という。また、扶桑樹の模型を墓室に飾るのは、「太陽の木の立つ丘には自然界だけでなく、超自然界に属する動物や仙人も活動している。十日の輝く超自然界を目のあたりにしながら、被葬者の方もゆっくり酒肴を楽しんで下さい、という趣旨である」と説く(27)。

こうみると、藤ノ木古墳冠の立飾には、珊瑚樹型の樹木の梢に、一二艘の「天の鳥船」（一二羽の鳥と一二艘の船のセット）と一二個の剣菱形（射陽符号つまり太陽を射る符号）がちりばめられ、東王父像を除いて扶桑樹の要素がほぼそろっていることがわかる。枝先が蕨手状にカールしている点にも注目したい。藤ノ木古墳冠と中国の画像資料のなかの「扶桑樹」を比べると、一見してⒹ珊瑚樹型やⒸ連理樹型とよく似ていることに気づく。扶桑樹型の金銅冠は、太陽が毎朝、生命を更新して東の空に昇り、若々しいすがたをみせるがごとく、この冠をかぶる王者の「再生と若返り」をも保証する、と期待されたのだろう。

(2)珍敷塚《めずらしづか》壁画の蕨手文

藤ノ木古墳の金銅冠が扶桑樹をデザインしたものだとすると、古墳時代の日本人（倭人）が扶桑樹の思想・信仰を受容していたことになる。その意義は大きい。それなら、「古墳文化のなかに、さらに扶桑樹の表現がないか」と探索するのは当然だろう。巨樹を描いた図像といえば、誰しもまっさきに思い浮かべるのが、福岡県の装飾古墳・珍敷塚の壁画（図9）であろう。

図９　福岡県珍敷塚壁画の蕨手文（樋口隆康原図）

ここには、その名のとおり、珍しい壁画が描かれる。石室奥壁の真ん中に、天空をおおうばかりの巨樹がそびえ立つ。「蕨手文」と呼ぶ図文だ。ほかに、太陽と鳥を乗せたゴンドラ形の舟、いわゆる「太陽の船＝天の鳥船」と、月と蟾蜍《ヒキガエル》・銀河（下段の列点文）など、中国古代の神仙世界の要素がびっしりと描かれている。したがって、壁画の主題は仙界と考えられる。この「蕨手文」も山菜のワラビではなく、仙界にかかわる植物文だろう。

Ａ蕨手文をめぐる諸説

これまで〈蕨手文〉はどんな意味をもつと考えられてきたのか、先行の諸説を摘記しておこう。

①「早蕨のかたち」　小林行雄の解説によると、「曲線の先端のまきあがった形が、早蕨のようにみえる文様。単独で用いられることがあり、２個を背中あわせにならべて用いることもある。古墳時代の（中略）大刀の刀装具にもみえるほか、関東の人物埴輪の彩色にも、九州の装飾古墳の壁画にもさかんに用いられている。使用例が多いという意味では、古代日本で愛好された文様といえるが、それらが一貫して系統的関係をもつものであるか否かは確言できない。また象徴的な意味をもっていたか否かもわからない」と判断を保留している。[28]

②「簡略化された唐草文」　長年、装飾古墳の保存と研究を進めてきた斎藤忠は、「蕨の若芽自体を祖型としてみちびかれたものかどうかは簡単に解決されない。むしろ、唐草文の簡略化された文様かも知れない」と指摘した。五世紀末、武器や馬具の図が装飾古墳に登場するが、やがてじっさいの武具・馬具に施された美しい唐草文が、

蕨手文として古墳の壁面を飾った、と説く。三十数年間、装飾古墳の壁画模写にあたった日下八光も、一種の唐草文とみ、高句麗壁画の唐草文の影響が認められるという[29]。

③「鏡の波状文＝波頭文」　作家の松本清張は「中国・朝鮮の鏡の文様から取得した。もとは波頭文を表す」と解釈した[30]。

④「呪力・生命力・永遠の象徴」　小田富士雄は「植物の蕨に原形を求めようとする考え方」もあるが、「幾何学的図形。一種の呪力を備えた図文」と説いた。森貞次郎も「新生の生命力をあらわすものかと考えるが、定説はない」と述べた。辰巳和弘は、渦巻文が世界の諸民族の間で「永遠の象徴」とされるところから、蕨手文にも同じ意味があるという[31]。

⑤「旗指物」　福島雅儀は、王塚古墳の壁画が戦陣を描いたものととらえると、画面には攻撃用武器と防御用武具があり、騎馬軍も描かれている。指揮者の本陣は石室内の石屋形、陣幕はそれを取り囲む連続三角文だ。「以上で不足しているのは、指揮命令を伝える道具と集団の帰属を示す旗指物類だけである。そこで、双脚輪状文や蕨手文を旗指物の類とすれば、それほど問題なく壁画の理解が可能であろう」という[32]。

最新の『考古学事典』でも、「一端が渦巻状に巻きこんだ線文様。……弥生Ⅰ期遺構の土器・木器・銅鐸・平形銅剣にもあり、古墳時代では仿製鏡《ぼうせいきょう》で盛行する。北部九州の装飾古墳では赤・緑色で描くものが多く、……起源・意味は不明である」とする。小林の解説いらい四十年たった現在でも、事情は変わらないことがわかる[33]。国語大辞典も同様で、〈蕨手〉は「早蕨の芽の巻き上がったように、先端が握りこぶし形になっている曲線状のもの」であり、神輿《みこし》の屋根の軒先、勾欄などに用いられると解説されるだけで、意味と起源には触れない[34]。

また最近（二〇〇二年九月）、第51回埋蔵文化財研究会が「装飾古墳の展開――彩色系装飾古墳を中心に――」

をテーマに福岡市で開かれた。蕨手文についても集成図をつくり、文様の意味を検討したが、いぜんとして蕨手文の正体を見極められなかった。

以上、管見に入った諸説をおさらいしたが、新旧二つの考古学辞典（事典）が指摘するとおり、いまだ決定版はない。蕨手文は「謎の文様」のままだ。

Ⓑ新解「扶桑樹説」

これにたいして、私は記者時代、珍敷塚壁画の巨大な蕨手文が「藤ノ木古墳冠にみられる二木型の扶桑樹を、簡略に一筆描きしたもの」と推測した。「ワラビ手文幻想」などの拙稿（注1）で繰り返し主張したものの、挙証するに至らなかった。ところが、蕨手文タイプの扶桑樹（前掲表1のうち、Ⓑ蕨手文型）の例はごく身近にあった。それも著名な（私も再三引用してきた）山東省沂南《ぎなん》画象石の一石（図10）に、はっきり描かれていたのだ。まさに灯台下暗しである。

図10　蕨手文型扶桑樹（東王父の下の蔓草文／中国山東省・沂南画象石）

問題の画像石は、沂南画象石墓の奥室の門柱で、「東王父・西王母座像」を彫りだしている。あらためて細部を検討すると、東王父の座る三山型蓬萊山の中央峰と右峰に、対生《たいせい》の蔓草（唐草）文が立ちあがる(35)。蓬萊山（天柱）の高さと比べると、この蔓草は相当に大きな植物である。さきの分類でいえば、Ⓑ蕨手文タイプの典型にみえるが、これじたい、私の暫定的な分類であって、まだ扶桑樹と認められたわけではない。また、いまのところ、画像石のなかに明快な蕨手状蔓草は、これ以外に見出せない。わずかに四川省宝子山崖墓《ほうしざんがいぼ》の「鳳凰棲樹《ほうおうせいじゅ》画像石」が近いといえようか[36]（図4-Ⓑ）。ただし、さきに見たとおり、高句麗徳花里1・2号墳にはⒽ亀甲文タイプの扶桑樹（図5）が描かれ、Ⓑ蕨手文タイプの図文がまといついていたことを、想起したい。相撲（角抵）図で名高い高句麗・角抵塚（中国吉林省／図6）の場合、主室の天井壁画にⒶ唐草文タイプの扶桑樹が描かれ、その先端に大きな蕨手文が認められる。

つぎに、沂南画象石の蔓草文を扶桑樹と同定する理由を示す。『海内十洲記』（『太平御覧』所引）によると、扶桑樹の上に東王父の治所があるという（前掲「扶桑樹のイメージ」参照）。沂南画象石では、まさに東王父が蔓草状の植物の真上に座っている。してみれば、東王父の座下にある巨大な蔓草状植物は――実物はいたって小さく、ひ弱にみえるけれど――、扶桑樹と同定してよさそうである。扶桑樹の図像は、武梁祠《ぶりょうし》画像石のようなⒹ珊瑚樹型の扶桑樹一色ではなく、馬王堆漢墓帛画の蔓草のようなⒶ唐草文型もあれば、沂南画象石のようなⒷ蕨手文型もあるのだ。

沂南画象石の蔓草の先端部分とわが珍敷塚壁画の蕨手文を、見比べてみよう。一見して双方がよく似ている。さらに、福岡県塚花塚《つかはなづか》古墳の、二段に重なった対生型の蕨手文（後出表2参照）はいっそうよく似ている。これを媒介にすると、沂南画象石の蔓草（唐草）文と珍敷塚の蕨手文の親近性は、いよいよはっきりする。すなわち、塚花塚と珍敷塚の蕨手文は、ともに扶桑樹であったと考えてよいであろう。「謎の文様」は、ようやく解決の目処がついたようである。

Ⓒ珍敷塚壁画の画題

謎の蕨手文が巨大な扶桑樹と決まれば、珍敷塚壁画の画題は、つぎのように解ける。扶桑樹（蕨手文）が画面の中央に高々とそびえ、大地をおおう。太陽を乗せた船が、西方の味谷《まいこく》の下から東海・湯谷《ようこく》の上の扶桑樹をさして進む。太陽は湯谷で湯浴みしたうえ、扶桑樹に上って再生するのだ。射手こそいないけれど、「射日神話」を象徴するように、靫《ゆぎ》（矢筒）が三基、扶桑樹の下に並ぶ。右端には月の中の蟾蜍《ヒキガエル》が二匹、上下にうずくまる。全体として、日月・金烏・蟾蜍・扶桑樹を描いた馬王堆漢墓帛画の神仙世界と相通じる。その心は、靳之林が説くとおり、「生命繁栄と生命永生」の祈りであろう。

ちなみに、珍敷塚壁画の解釈についても諸説がある。斎藤忠は「福岡・珍敷塚古墳の例も、日・月をあらわすとみなされる円文・蕨手文・靫の複合であり、その全体に特別な意味はない」と説いた(37)。

これにたいして近年、死者の魂が「天の鳥船」または「太陽の船」に乗って、黄泉の国へ旅立つ情景を表したとする見方がふえた。白石太一郎はこれを敷衍してこう絵解きした。「左側の船は、鳥に導かれて太陽のかがやく現世から、（右側の）月の支配する夜の世界、すなわち死者の世界へまさに船出しようとする情景を表したものということになる。さらに、これらの絵画全体が右端の舳先に鳥をとまらせた大きな船の上に描かれているものととらえることも可能であろう」。そして、船は来世への乗物であり、船に乗った馬（熊本県弁慶ガ穴古墳壁画）もまた、霊魂の来世への乗り物として描かれたと断定する(38)。

辰巳和弘は、渦巻文を永遠を象徴する図形ととらえ、「太陽の船」が死者の魂を乗せて天の川を進む点に着目して、壁画全体の主題は「渦から生まれた新たな生（被葬者の魂）が天の川の星となる思想にある」(39)と解釈した。

これと対極的な見方だが、原田大六は「軍船が水先案内の鳥を舳先に乗せて、大海を航行するところ」とみる。松本清張もこれに賛成して「古墳の内部装飾には現世の風俗こそあれ、黄泉の影は少しもない」「鳥は方向探知機として舟に積まれたものであろう」とする(40)。

以上、諸家の苦心の見解を、私は退けようとするものではない。舶来・最新の「射日神話」に由来する壁画も、民俗的な想像力にとっては、「あの世への旅立ち」と受けとめられたろう、と十分考えられるからである。

三　蕨手文の型式分類

(1)蕨手文の分類

珍敷塚と塚花塚の蕨手文が扶桑樹を表すとしてよいなら、それ以外の装飾古墳にみられる蕨手文も、すべて扶桑樹の表象とみなせるのだろうか。また、装飾古墳の図像・図文のなかには、蕨手文以外にも扶桑樹の表現とみるべきものがないだろうか。

蕨手文そのものは、さきにみたとおり、縄文時代いらい連綿とつづく図文だが、装飾古墳の蕨手文は、ごくマイナーな図文である。六百を超える全国の装飾古墳のなかで、わずか福岡・佐賀・大分の三県一二基に残るのみ、盛行した期間も六世紀前半から半世紀余りと短い。しかし、特別史跡・王塚古墳や珍敷塚古墳など著名な装飾古墳で神秘かつ重要なモチーフとなっているため、注目されてきた(41)(図11)。

図11　福岡県王塚古墳壁画の蕨手文
(日下八光復元模写)

考古学界のパイオニア・坪井正五郎はいち早く明治二一年(一八八八)、福岡県日ノ岡古墳を調査したさい、蕨手文の形状にしたがって、二重鉤《かぎ》・単鉤・有枝などと命名・分類した。二重鉤は左右対称にワラビ手が伸びるタイプ、単鉤はワラビ手が片側だけにつく一葉タイプだ。また、斎藤忠は大著『日本装飾古墳の研究』で三類四形式に分類した。A類は、ワラビ手が一本の条から左右に派出したタイプ。B類は、二本の線が背中合わせをなすタイプで、単線からなるものがⅠ形式、複線のものがⅡ形式。C類は、二葉状のワラビ手が上下二段につくタイプだ。さらに、長年、壁画模写に尽くした日下八光は、単独（右巻き・左巻き・左右外巻き）と二本併立（外巻き・内巻き）の二種五型式に分けた(42)。

これらを参照して、表2のようにⓐ～ⓖの七型式に分ける。双脚輪状文《そうきゃくりんじょうもん》も、蕨手文の変形とする見方もあるが、典型的な双脚輪状文は、ひとまずここから省いた（後述）。

表2　蕨手文の型式

型式	模式図	古墳例
ⓐ双葉型		珍敷塚 王　塚 日ノ岡
ⓑ一葉型	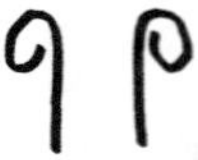	太田 王塚
ⓒ対生型		塚花塚
ⓓ内巻型		王塚
ⓔ渦巻型		太田
ⓕ唐草型		王塚 竹原（波頭文）
ⓖ羊角型		五郎山

ⓐ双葉型は、ワラビ手が茎（軸）の左右に対称（対生型）に出るタイプで、坪井の二重鉤、日下の単独左右外巻き・二本併立外巻きにあたる。同様に、ⓑ一葉型は、単鉤と単独右巻き・左巻きにあたる。ⓒ対生型は茎（軸）が柱状に伸びて、一対（対生）のワラビ手が上下二段に重なって出るタイプ。ⓓ内巻型は、日下の二本併立内巻き型をさす。ⓔ渦巻型は、茎の部分がほとんどなくなって、一見、鞆のようにもみえるタイプ。じっさい鞆とみる人がある。ⓕ唐草型は、ワラビ手の反対側もカールして、唐草文に近いタイプ。さらに、ⓖ羊角型は、福岡県五《ご》

郎山《ろうやま》古墳の壁画だけにみられる孤例で、ふつう鳥（水鳥）文・翼文と呼ばれるタイプ。ここでは斎藤忠・石山勲・辰巳和弘の蕨手文説にしたがって(43)、蕨手文に加え、「羊角型」と呼ぶことにする（後述）。

私見では、蕨手文の正体は扶桑樹だから、双葉型は、むしろ双枝（二木）型、一葉型は片枝（一木）型などとしたた方が、ふさわしいかもしれない。さらに、蕨手文は線描のほかに、縞状に加彩されたもの（二本併立・複線）や、形状も茎の長いもの・短いものもあるが、ここでは区別しない。

(2) 羊角型蕨手文――五郎山古墳例

表2をみると、同じ九州の装飾古墳でも、蕨手文の表現は一様ではないことがわかる。王塚例（図11）は、珍敷塚例と比べて、おおむね茎（樹幹）の部分が短く、巨樹らしくみえないこと、蕨手文が壁面をびっしり埋めて、桑畑のようにみえること、この二点で異なる。このように多少の変異はあっても、五郎山以外は、蕨手文かその変容とみられるものである。

最後のⓖ羊角型は、蔓草のようにカールせず、大空を飛翔する大鳥の翼のように屈折する（第四章の図1）。そこで一九四七年の発見いらい、「大空を悠然とわたる大型の鳥」「緑色の飛鳥形」「飛翔する大型の水鳥」などと報告・形容され、大鳥説が定説化していった。たしかに、鳥のすがたを斜め下の角度から写したかたちにみえるけれど、鳥とみるには、頭部を欠き緑一色である点が気にかかる。いち早く大鳥説に疑問をいだいたのがさきの斎藤忠である。一九七三年、飛鳥の周囲に描かれた靫《ゆぎ》・同心円・星状文などが塚花塚や珍敷塚の図柄と一致するところから、「一種の蕨手文ではないだろうか」と提唱した。つづいて石山も蕨手文説を唱えた。通説の大鳥文を蕨手文と見立てたうえ、珍敷塚の壁画と比べると、ともに蕨手文の下に大靫と船が並び、「構図の基本が珍敷塚と同じ」になるからだ。さらに、辰巳も「古墳壁画に描かれる鳥はすべて側面からの姿をとり、クチバシなどの頭部や尾羽などが明確に描かれる」のと比べて異例であるとして、鳥翼説に与《くみ》せず、「珍敷塚例の大きな蕨手文をデフォルメして生まれた図文」とみた。玉利勲によると、日下八光も早く「蕨手文の変形」とみていたようだ(44)。

図12　「羊頭羊角生命の樹」の半瓦当
（山東省淄博市・斉城遺跡出土）

逆に、蕨手文とみなすには、直線的・逆W型（Y字形）である点、カールした蕨手文とはちがう。わずかに、靫の上におおいかぶさって大きな傘状をなす点で、珍敷塚例と共通する。したがって、辰巳が「珍敷塚の蕨手文のデフォルメ」といい、私が「扶桑樹の一筆描き」といっても、さらに、石山が珍敷塚と五郎山の「基本構図の一致」を説いてもなお、五郎山壁画の図文を「鳥翼文」とみる多数派を説破することはできないだろう。そこで、五郎山例が珍敷塚例と同様、中国古代の扶桑樹の表現に祖型が求められる可能性を、つぎに示したい。

逆W型（羊角型）の蕨手文は、さきの表1「扶桑樹の表現型」の分類では、Ⓙ羊角文型の扶桑樹にあたるが、図12は、山東省淄博市《しはく》・斉城《せいじょう》遺跡から出土した半瓦当で、戦国時代にさかのぼる。じつのところ、両漢代の壁画・画像石のなかに祖型といえる類例をまだ見出していない。あえて超時代的に祖型を求めれば、甲骨文・金文の「羊」字（図13）だろうか。未年のことし（平成十五年）、年賀状でおなじみになった書体だ。そこでは羊の角はカールした渦巻型ではなく、逆W型に表現されている。当たり前のことだが、羊角は渦巻型と屈曲型の両様で表現されたわけだ。

図13　甲骨文の「羊」

もうひとつ、さきにみた高句麗・徳花里古墳の亀甲文型扶桑樹があげられる。壁画全体をみれば、巨大な亀甲繋文、部分的にみれば、Y字形の扶桑樹の連結体。そのなかに、図13の甲骨文の「羊」字や逆W型の羊角が隠されているのは見やすい。いわばドームの天井全面に、めでたい「羊（祥）」の字が並んでいるかっこうなのだ。私は亀甲文型扶桑樹と呼んだが、じつは羊角扶桑樹であり、中国人学者のいう「羊角太陽樹」に相当する。

「羊角太陽樹」とは奇異にきこえるかもしれないが、羊角と太陽は相性がいい。古代文明の誕生いらい、太陽崇拝と羊の神聖視（羊トーテム崇拝）は、時空を超えて広く認められる信仰・習俗である。とくに中国で太陽と羊角の一体化が進んだ理由について、神話考古学の陸思賢は明快に説明する。中国では太陽の「陽」と「羊」が同音で、太陽は太羊（祥＝吉）に通じること、また、陽光の恵みで羊が繁殖し、日祀《ひまつ》りに羊が犠牲として供えられたことから、太陽が羊角で象徴され、太陽の昇る扶桑樹も「羊角太陽樹」で表象されたのだ、と。靳之林によると、中国西部の新疆・河西回廊では屈折した逆W型の羊角生命樹で、東部ではカールした蔓草型（蕨手文）の羊角生命樹で表されたという(45)。

要するに、羊角の記号は、もともと曲線型（主に図文）と屈折型（主に甲骨文）の二つのタイプがあったのだから、羊角太陽樹である扶桑樹に両様の表現があっても、おかしくない。実例は少ないけれど、高句麗壁画では双方のタイプが共存すること、すでに確認したところである。

わが装飾古墳の蕨手文が、中国起源の扶桑樹の子孫であるならば、珍敷塚例のような曲線的な双葉型蕨手文（扶桑樹）で描かれようと、あるいは五郎山例のような直線的な羊角型蕨手文（扶桑樹）で表されようと、不思議でなかろう。その意味では、五郎山の蕨手文は、デフォルメでも一筆描きでもなく、はるかな羊角太陽樹の古形を保存した、正統の嫡孫かもしれないのである。表1の分類で、曲線的な沂南画象石の扶桑樹を、わが蕨手文に引きつけて蕨手文型と呼んだが、これもまた、正しくは羊角文型と呼ぶべきであったろう。

(3)蕨手文の位置とセットになる図文

さて、「蕨手文＝扶桑樹」と明快に同定できたのは、珍敷塚と塚花塚の蕨手文だけである。右の推論で、五郎山例もかつかつこれに加えていただけただろうか。他の古墳例では、その意味はまだ定かでない。意味不明の膠着状態を切り開くために、古墳ごとにどんな図像・図文と共存しているか、整理してみよう。蕨手文をもつ装飾古墳のうち、竹原古墳（波頭文タイプ）を除く古墳一三基について、主要な図像・図文を一覧表にまとめれば、表3のとおりである[46]（次頁参照、消滅した装飾古墳を含む）。

壁画の主題は明確でないけれど、丸山古墳を除いて、すべてが太陽の象徴とおぼしき同心円文または円文をもっている。船や鳥の例もあるが、これも太陽を運ぶ「天の鳥船」に関係する記号であろう。靫や弓・鞆・盾は、悪霊の侵入を防ぐ辟邪・除魔の意味と、実物に代わる武具類などの供献の意味をもつというが、これも多くの古墳で共有される。同心円文＝太陽を射る人物（騎射人物）はもちろん、弓・靫・鞆などの武具も、「射日神話」を象徴する道具立てである。蕨手文のかたちがちがっても、また、図文に大小・位相の差があっても、本来の意味・機能は近いようである。

珍敷塚の蕨手文は、繰り返すが、扶桑樹を表象した。そして、靫は「射日神話」を象徴した。これを典型として考えれば、他の古墳の蕨手文は、たしかにいちじるしく便化・図文化して靫・盾・弓などの武具との関連性を欠き、全体としてのまとまりと物語性を失っているかにみえるけれど、なお扶桑樹信仰と「射日神話」の名残りを伝えていると思われる。蕨手文は「太陽が日ごと再生して昇る、若々しい生命の樹（太陽生命樹）」の象徴と信じられたのだろう。

以上のセット関係から、いっぱんに蕨手文は太陽の昇る扶桑樹であり、生命更新・再生と射日神話のシンボルである、とみてよいだろう。そして、難解な五郎山壁画の羊角型も、異形ながら蕨手文の一種であり、扶桑樹＝

表3　蕨手文と共存する図文（略号：◎同心円文　○円文　・珠文　★双脚輪状文　▲三角文／古墳欄の＊は消滅）

古墳名	図像・図文の組み合わせ																			
	日月・星座とその象徴							武具と射手							その他					
珍敷塚	◎	○		鳥	船	蟇	星	靫	盾							人				
五郎山	◎	・			船		星	靫		弓	鞆		騎射			人	巫女	家	猪	
王塚	◎	・	★					靫	盾	弓		騎馬		大刀						▲
日ノ岡	◎	○	★		船			靫	盾			馬		大刀					魚	▲
塚花塚	◎	○						靫	盾											▲
薬師下北	◎	○																		▲
重定	◎							靫			鞆									▲
吉武K7号	◎															人				
丸山																				▲
鹿毛塚＊	◎																			
乗場＊	◎							靫							翳					▲
太田		○			船				盾			騎馬		大刀		人				▲
鬼の岩屋		○																		▲

太陽生命樹であると考えられよう。

　森貞次郎は『装飾古墳』で、九州の彩色壁画にみられる「大陸的画材の要素のなかには、墓室の壁画の伝承ではなく、思想・習俗としての系譜をもつものもあるかもわからない」と注意を促した。(47) 森の予言どおり、装飾古墳の蕨手文＝扶桑樹は、まさしく前漢・後漢と高句麗の古墳文化と神仙思想から影響をうけて成立したことがうかがえるのである。

四　双脚輪状文を解く

　装飾古墳のなかに、まだ蕨手文をもった謎の文様が残っている。「双脚輪状文《そうきゃくりんじょうもん》」（図14）である。同心円文や車輪状文の外周に、連弧文状に突起をめぐらしたうえ、双葉型の蕨手文をつけた文様である。蕨手文がまるでテーブルの脚のようにみえるところから、戦前、双脚輪状文と名づけられた。蕨手文よりも数が少なく、福岡県の王塚古墳、日ノ岡古墳、弘化谷《こうかだに》古墳、横山古墳、熊本県の釜尾《かまお》古墳など、わずか数基にかぎられる。

図14　王塚古墳の双脚輪状文

　長らく正体不明の文様だったが、戦後、貴人にかざす翳《さしば》形の埴輪や、翳に蕨手文のついた双脚輪状文タイプの埴輪が見つかった結果、「翳をかたどった文様」とする見方がつよまった。また、突起部分が「魔除けの機能をもつスイジガイ（水字貝）」を連想させるところから、「双脚輪状文はスイジガイをモチーフとする」とも考えられている。しかし、双脚の位置が縦（上・下）向きと横（左・右）向きの二型が混在し、翳とみるには不自然な点が残る。そこでなお、蕨手文の一種とみる人、高句麗壁画の蓮華文に由来するとみる人ばかりか、「説明不能の文様」と手をあげる考古学者さえある。

私は先に「蕨手文は扶桑樹（太陽生命樹）を表す」と縷々述べた。双脚輪状文は蕨手文がつき、しかも、純正・単体の蕨手文とともに描かれる場合が多い。たまたま中国古代の画像石集で扶桑樹のバリエーションを調べるうちに、双脚輪状文を髣髴とさせる「太陽鳥」の飛翔図を見出し、これこそ双脚輪状文の祖型ではないかと直感した。つぎに一案として示したい。その前に、双脚輪状文にかんする先人たちの解釈の跡をトレースしよう。重要な指摘が含まれているからである。

(1)先行の諸説

①動物文様説と太陽象徴説

双脚輪状文について最初に論及したのは、一九一九年（大正八）の京都帝国大学文学部考古学研究報告第三冊『九州に於ける装飾ある古墳』（浜田耕作・梅原末治）である。浜田は第一章「肥後国飽託郡西里村釜尾の古墳」で、石室内の石厨子様の障屏に装飾を施し、同心円・三角形を主要素とすること、同心円の周縁に放線状の突起をつけ、これに蕨形を連ねたものも描かれていることを指摘した。そして、これを「円蕨連成紋《えんけつれんせいもん》」と呼び、文様の意味と起源にかんして、つぎの四様の解説ができるだろうと説いた。[48]

(a)動物の形象をまねた〈動物文様〉とみる「生物模倣」説（biomorphs）
(b)人体・人面をまねた〈人類文様〉とみる「人類模倣」説（anthropomorphs）
(c)自然・生物を離れた〈幾何文様〉とみる「技巧発生」説（technomorphs）
(d)織物編物から生れた〈織物文様〉とみる「器物模倣」説（skeuomorphs）

この四つの解説のなかで、浜田は（a）の「生物模倣、とくに〈動物模倣〉に起源を有する」とする説に傾くと述べ、具体的には、海盤車《ヒトデ》のような動物の形象から次第に変化していったzoomorphic（獣形的）な原始図案ではないかと考えた。その場合、「〈トテム〉崇拝と関係するものなきや否や。余輩は此の釜尾古墳の装飾が其の色彩に於いて、形像に於いて、趣致に於いて、著しく濠洲土（着）人の〈トテム〉の或者に相似たるの感を深くするものあり。……日本人種起源の研究の資料として装飾紋様研究の価値頗る大なるを思はずんばあらざるなり」と結んだ[49]。しかしその一方で、同心円が一般に「幾何学的図形と見るべきも、太陽を象徴し、太陽の放線を意味する」点に注目し、この古墳の同心円と円蕨連成紋（双脚輪状文）が太陽と関係するらしいことを、つぎのようにつよく示唆したのだった。

> 果たして太陽の象徴として意識的に表現せられたるものなるや、将《は》た単なる紋様として応用せられたるものなるか。之を断定するに困難なりと雖も、我が原始的宗教の太陽崇拝と関係深きを考ふる時は、恐らくは此等紋様の起源は太陽の象徴に発するものなる可し。

さらに、研究報告の第一冊『肥後に於ける装飾ある古墳及横穴』（一九一七年）でも、浜田は「円、同心円等を太陽の記号と見ることに関しては」とフランス・アイルランドの考古学図書をあげ、「日ノ岡古墳に関しては、Munro:-Prehistoric Japan に、之を太陽の記号となし、更に十二月に配する等の説あり」と記した[50]。

この太陽象徴説は、先の生物・人類・技巧・器物と番《つが》えてみる「四様の解説」には含まれない。したがって、五番目の解釈法として

（e）日月星辰を写した〈天体文様〉とみる「天然模倣」説

を追加しておくべきであろう。じっさい、このあと浜田・梅原の予想したごとく、さまざまな仮説が登場する。

②呪術的図文説

一九三四年（昭和九）、福岡県桂川町の前方後円墳「王塚古墳」で土砂の採集工事中、後円部横穴式石室の壁面から鮮やかな彩色画が発見された。翌年、京都帝国大学考古学研究室が調査し、五年後、研究報告第十五冊『筑前国嘉穂郡王塚装飾古墳』をまとめた。「双脚輪状文」の名はこのときはじめて（先の「円蕨連成紋」に代わって）使用され、しだいに定着していった。調査にあたった梅原末治と小林行雄は、

> 双脚輪状文は……大体として同心円の外圏に放射状の短線を表はし、その外方に突起帯を繞《めぐ》らし、更に下方に一対の蕨形文を垂下せしめたものである。……本古墳に於ける所見としては、これが蕨形文とその用法を一にする点において、これと著しく性質を異にせざる一種の呪術的図文として見らるゝことを附記するに止めよう

と、蕨手文と同じ呪的シンボルとみなした。かわりに注記で「尤も其の奇態な形から、貝或は海月《クラゲ》などの形から導かれたものかとも想像して見た。果して此の想像が可能であれば海の幸のシンボル乃至マジカルな意味をそれと連関して考へ得る様にも思はれる。併しいまこれを本文中では提唱する程の大胆さを持たない。依つて註記にとゞめて置く」と断りをいれた。(51)

③蓮華文変形説

終戦後まだ間もない一九五〇年（昭和二五）、美術史家の熊谷宣夫は「高句麗古墳壁画にみる蓮華文の崩形したもの。仏教渡来以前の古墳時代にすでにわが国に仏教芸術の影響があった証拠」と論じ、法隆寺壁画の先駆をなすと高く評価した。(52) 通溝西崗《つうこうせいこう》一七号墳や双楹塚《そうえいづか》・肝城里蓮華塚《かんじょうりれんげづか》などの蓮華（花）文は、花弁や萼《がく》の針状突起がついており、双脚輪状文と共通する。また、舞踊塚《ぶようづか》・天王地神塚《てんのうじしんづか》などの蓮華文は蓮花の側面観を描いたもので、突

起こそないけれど、花茎の末端が蕨手状にカールし、あたかも花傘か散華が中空を浮遊するようにみえる。高句麗壁画の蓮華文を（現地や展覧会・図録で）見た人は、熊谷説を知らなくとも、双脚輪状文との関連性に思いおよぶだろう。その分、説得力があるともいえよう。

④翳写生説

一九五六年（昭和三一）、樋口隆康が「双脚輪状文とさしば——新出異形埴輪の意味するもの——」で、貴人の後ろからさしかける「翳」こそ、双脚輪状文の原型である、と主張した(53)。かつて香川県満濃町の公文山《くもんやま》古墳から異形の埴輪（図15）が出土し、善通寺町（現善通寺市）尽誠学園に所蔵された。円筒部の上に双脚輪状形の器財埴輪を載せ、横向きに蕨手形の脚をつける。扇子の骨か自転車のリムのように、放射線（車輪）状に線が入っている。この「新出異形埴輪」を実見した樋口は、外縁の連弧状の輪郭や横向きの蕨形様突起などの特徴が、釜尾古墳の双脚輪状文に一致することから、立体と平面のちがいこそあれ、ともに「同じ器物を写したもの」とみなし、異形埴輪の方を「双脚輪状文形埴輪」と呼んだ。そして、この異形埴輪が群馬県・赤堀茶臼山《あかほりちゃうすやま》古墳出土の「翳形埴輪」に類似する点に注目し、「双脚輪状文の壁画と埴輪は翳を写したもの」と同定した。

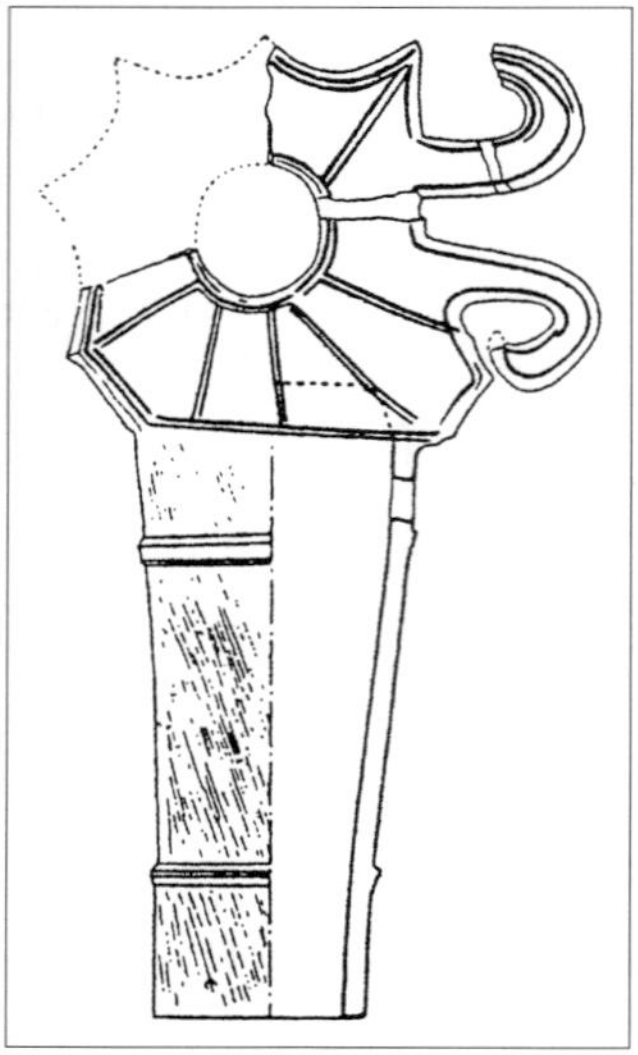

図15　双脚輪状文形埴輪（香川県公文山古墳出土＝樋口隆康原図）

装飾古墳に描かれた盾《たて》形・靫《ゆぎ》形の絵には、実物の盾と靫があった。同様に、双脚輪状文にも実物の翳があっていい。こう解することは「決して無理な解釈ではないばかりでなく、むしろ、従来異様な図案をとかく呪術的とのみ解していた原始紋様に対する観点に、新しい角度を示唆するものとして注目されるであろう」と、即物的な新解釈に自信を示したのである（なお、その後、蕨手文のついた翳形埴輪は、福島県いわき市の神谷作《かみやさく》一〇一号墳などでも見つかっている）(54)。

このあと間もなく『図解考古学辞典』が出版されると、樋口説は決定版として採用された。「双脚輪状文」の解説を担当した小林行雄は、「浜田耕作はこれを円蕨連成紋とよび、動物模倣に起源を有するものと考えた。しかし、公文山古墳出土の器財埴輪に、円筒の上部にこの形を作ったものが発見され、翳をかたどったものとみられるにいたった」と、問題解決を宣言した(55)。

⑤水字貝モチーフ説

直弧文《ちょっこもん》の研究で知られる医師の宇佐晋一と若き日の西谷正は、突起をもった「巴形《ともえがた》銅器と双脚輪状文の起源」を追究し、ともにスイジガイの貝輪からみちびかれたもの、と推定した。この「双脚輪状文＝スイジガイのモチーフ」説を、佐原真と春成秀爾《はるなりひでじ》は『原始絵画』でつぎのように支持した(56)。

弥生・古墳時代には、鉤の形をしたものは、魔除けの役割をもつと考えていました。スイジガイ（水字貝）で腕輪も作っています。沖縄では現在も、家の入口にスイジガイの殻をかけて、魔除けの呪《まじな》いにしています。貝殻の六本の棘が、家の入口で悪霊などを引っかけ、中に侵入するのを防ぐ、と信じているのです。……装飾古墳に早いうちから現れる双脚輪状紋は、その形に作った埴輪が見つかり、スイジガイをかたどった翳である、という考えが有力です。

⑥内行花文鏡写生説

作家の松本清張は、邪馬台国問題のみならず、装飾古墳の図象にもつよい関心を寄せた。「円文は鏡の輪郭を写し、同心円文が重圏文鏡を写したものとすれば、双脚輪状文の輪状は、内行花文鏡の内区を写したものであろう。内行花文鏡は、内区の円を八等分して、八個の半円状を配しているが、これを内側から見れば、あたかも鈕の円形を中心にして八つの突起をもっているようである。これは王塚壁画の輪状文が……八つの突起（をもつの）と一致する。〃要するに、わたしは、円文・同心円文、双脚輪状文、蕨手のことごとくを鏡からモチーフをとったものであると解釈するのである」と説いた(57)。

⑦翳写生説への疑問

このように、樋口の翳起源説は大方の支持を集めたが、疑問がなかったわけではない。斎藤忠と乙益重隆は、突起の形状が蕨手状で、しかも壁画のなかで横向き型と縦向き型が混在している点にこだわり、「果たして翳であったか」と疑問を呈した。さらに、白石太一郎も国立歴史民俗博物館のシンポジウム『装飾古墳が語るもの』で、「現在のところ考古学では説明のつかない文様」と語っている(58)。

図16　羊角太陽花（前漢墓の画像石／山東省済寧市博物館）

(2) 私見——太陽鳥起源説

さて、私は上に述べてきたとおり、「装飾古墳に描かれた蕨手文は、太陽の昇る扶桑樹の表象である」と推定し、証明すべく努めてきた。その過程で、双脚輪状文と酷似した漢代の画像石・画像磚《がぞうせん》があることに気づいた。靳之林『中国の生命の樹』によると(59)、山東省・前漢墓画像石（済寧市博物館）のなかに「羊角《ようかく》太陽花」（図16）を刻んだ一枚がある。それは四つ葉の上に玉璧に似た同心円が載り、そこから羊角（蕨手文）が伸びたものである。靳はこのように「同心円に羊角の形を飾るのは、それが太陽の象徴であることを示している」と説く。羊は太陽と同音であるうえ、犠牲として供えられた結果、同一視されるに至ったというのだ。また、同省滕県《とうけん》・前漢墓出土の画像磚は、ドーナツ状の穿璧文《せんぺきもん》（円盤型の玉の真ん中に孔を穿った、璧状の文様）の玉璧＝同心円に羊角を飾ったもので、「羊角穿璧文」と呼ぶが、これも太陽の象徴である。これらと同じモチーフの画像石が、やはり滕県の前漢墓から出土している。先の同心円の羊角太陽花や玉璧穿璧文の代わりに、扶桑樹が聳え、太陽を運ぶ鳥たちが飛び交ったもので、羊角太陽の玉璧二点と比べると、たしかに「羊角太陽の玉璧が太陽鳥の扶桑樹と同一の内包をもつ」ことがわかる。

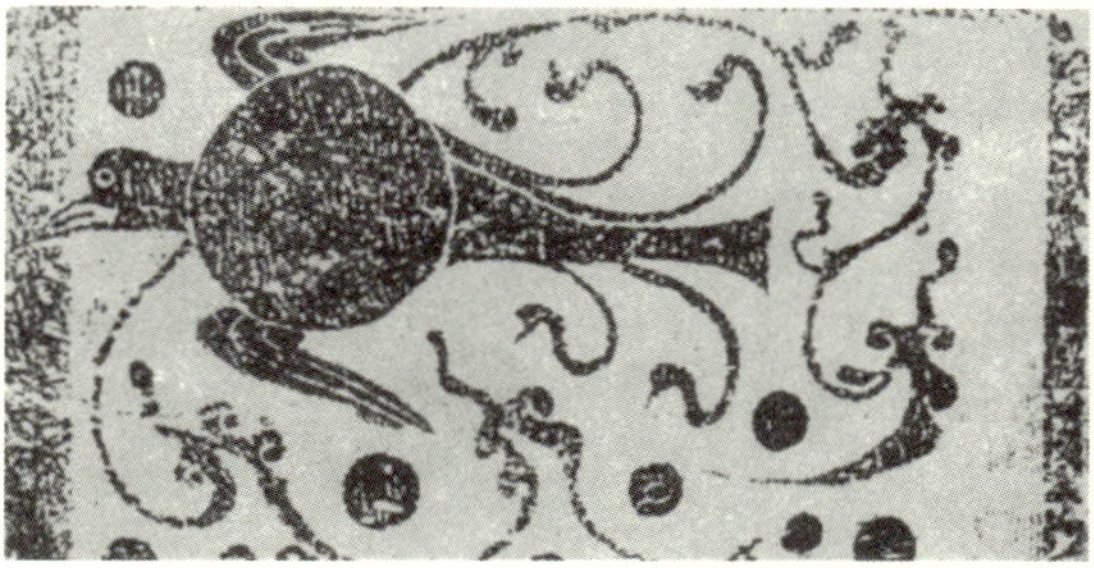

図17　太陽鳥（中国河南省・南陽県英庄漢墓）

わが双脚輪状文は、一見して羊角太陽の玉璧とよく似ている。ただし、惜しいことに羊角太陽璧には連弧状の突起が欠けているうえ、蕨手文（羊角）の位置が脚下ではなく頭上にあって、双脚というより双角のかたちを呈する。つまり双脚輪状文の逆立ち型なのだ（もちろん、装飾古墳にも上下逆さの「双角輪状文」もある）。さいわい、その欠を埋める図像がある。天空を飛行する太陽鳥を描いたもので、図17のとおり、鳥形の太陽（または太陽を呑みこんだ大鳥）が蕨手形の尾翼を翻しながら、（もちろん横向きに）飛んでいる。この太陽鳥のすがたを「蕨手太陽文」すなわち双脚輪状文で象徴したのではないだろうか[60]。

簡単・素朴な形状だけの類似では、他人の空似ということも十分ありうる。したがって、ただ似ているものを探すのでは、その謗《そし》りをまぬかれないだろう。しかし、それだけではない。装飾古墳の双脚輪状文は、太陽のシンボルたる同心円文（輪状文）と蕨手文（扶桑樹）からなり、しかも、おおむね本来の蕨手文と共存する。他方の太陽鳥も扶桑樹から飛び立ち、太陽を背負って天空を運行する。この環境と意味の類似にも注目したい。大正時代、双脚輪状文が発見されたとき、浜田耕作らは「動物文様」説とともに「太陽象徴」説にも注意を促した。先学たちの見通しが正鵠を射ていたように私には思われるのである。

もっとも、大きな問題が残る。古代中国の太陽鳥の信仰と図像が、はるかな時空を超えて、どのようにして日本列島に伝わったのか。人の往来によるものか、粉本がもたらされたのか。山東半島から直接伝来したのか、朝鮮半島を経由したのか。いまは類似の図像資料を指摘し、一案を提出するにとどめる。

〔謝辞〕 小稿（原題「蓬萊山と扶桑樹への憧れ（上・下）」＝本書第一～四章と第八章一・二の初稿）は、平成一三年度京都学園大学研究助成（指定研究）による研究成果の一部である。山東省・河南省の画像石は「菅谷文則先生と巡る山東・河南省画像石の旅」（企画・国際交流サービス、平成一三年七月二一日～二九日）に参加して実見、資料収集の機会を得たが、団長の菅谷滋賀県立大学教授には懇切な指導をたまわった。また、河南省南陽画像石博物館・李陳広館長、北京歴史博物館の信立祥教授の教示をいただいた。奈良県立橿原考古学研究所と京都大学中央図書館の図書を閲覧させていただいた。記して深謝もうしあげる。

（1）古墳文化にみられる扶桑樹については、「蓬萊山と扶桑樹への憧れ――日本文化の古層の探究（上・下）」（『人間文化研究』一・二号、一九九九年一二月・二〇〇〇年三月、以下「前稿」と略する）と、「ワラビ手文幻想」（『毎日新聞』一九九四年七月二三日号「歴史万華鏡」、のち『古代の光――歴史万華鏡』所収、三五館、一九九六年）、『「日本」誕生のなぞ』（大日本図書、二〇〇一年）で述べた。

（2）それからほどなく『学園短信』一四七号（二〇〇〇年七月）に、このシダレグワの由来が紹介された。並河忠夫事務局長の話によると、開学とともに、「日本の桑博士」として名高い堀田禎吉教授（生物学担当）が京都工芸繊維大学から着任、キャンパスの一角（現在の総合グラウンド）に桑田を作り、各種の桑を植えて研究をつづけた。やがて桑田変じてグラウンドになるさい、桑田のなかから珍種の桑を二本選んで、正面階段下に移植したのが、このシダレグワだという。開学当時、まだ周辺には養蚕農家が数戸あったが、おそらく本学のある亀岡市がもとの南桑田郡にふくまれる縁で桑田を復元し、かつての景観をしのぶよすがにも、と配慮されたのであろう。

（3）「扶桑樹」のイメージと、藤ノ木古墳の金銅冠のモチーフについては、注(1)の前稿と同じく『「日本」誕生のなぞ』で述べた。次節で記すとおり、中国山東省の沂南画象石のうち、西王母と東王父を刻んだ著名な画像石のなかに、「蕨手文」とよく似た扶桑樹が描かれていることから、珍敷塚の「蕨手文」は扶桑樹と同定できると考えた。

（4）「射日神話」がはじめて私の意識にのぼったのは、一九七八年夏、解剖学・考古学・民族学の大家・金関丈夫九大名誉教授を帝塚山大学の研究室に訪ねた日のことだった。『アレクサンダー大王99の謎』（井本英一・金澤良樹両氏との共著、サンポウジャーナル、一九七八年）の出版直後、共著者の井本先生の供をして参上、小著を献呈するとともに引用の謝辞を述べた。このとき、金関先生の採録された膨大なカードの一項目「射日神話」が話題になった。先生は、福岡県竹原古墳の壁画の画題を中国古代の「龍媒伝説」（水辺に牝馬をともない、龍の種を得て龍馬を産ませたという伝承）と結びつけて解釈され、圧倒的な支持を集めてきた。往時を思い出して、この注記を書きとめるうちに、ゆくりなくも思いあたった。先生は同じ装飾古墳の図文「蕨手文」のルーツも視野に入れながら、「射日神話」の拡播を探るべく資料を集められたのではないか、と。

（5）森三樹三郎『支那古代神話』（弘文堂、一九四四年。戦後、『中国古代神話』と改題・発行）、近江昌司「古代中国の聖なる樹――藤ノ木古墳の冠に寄せて」（天理参考館列品講座資料、一九八九年）、小南一郎『西王母と七夕伝承』（平凡社、一九九一年）、劉城淮『中国上古神話』（上海文藝出版社、一九八八年）を参考にした。

（6）小南一郎前掲注(5)書「第五章　崑崙山――中心のシンボリズム」

（7）『中国画像石全集』全八巻（山東・河南美術出版社、二〇〇〇年）、池内宏・梅原末治著『通溝』（日満文化協会、一九四〇年、復刻版は図書刊行会、一九七三年）、朝鮮画報社編集部編『高句麗古墳壁画』（一九八五年）、共同通信社編刊『高句麗壁画古墳』（二〇〇五年）。

（8・9）林巳奈夫「漢代画像石の神話的樹木について」（『泉屋博古館紀要』第一五巻、一九九八年）。

（10）菊竹淳一「高句麗古墳壁画・作品解説」（『世界美術大全集』東洋編10、講談社、一九九八年）。

（11）前掲注（7）『通溝』〈角抵塚〉の解説。

（12）菊竹淳一前掲注（10）書。この牽牛・織女の七夕説話を「高句麗壁画に図像化した背景」について、菊竹は明快な解釈を与えている。「七月七日の夕、牽牛星と織女星が逢瀬を楽しみ懐胎すれば、翌年四月八日に新しい生命が誕生する。……一年一度の交わりによる受胎が、墓主の霊魂を不滅なものとし、甦りにつながるという東アジアの民俗伝説と、四月八日の釈迦誕生日という仏教説話を意識していることがあげられるのではないか」。

（13）斎藤忠「角抵塚の角抵・木・熊・虎などのある画面について」（『壁画古墳の系譜』、学生社、一九八九年）。

（14）朝日新聞社編『三星堆──脅威の仮面王国』（一九九八年）

（15）高松塚壁画発見の前後から、日本史・考古学の分野でも少数のパイオニアを中心に道教研究が進み、道教ブームをまきおこしたが、現世利益の民衆道教より、昇仙や来世観と直結する神仙思想については、下出積與らの先覚者を除くと、久しく顧みられなかった。その下出でさえ、古墳文化に与えた神仙思想の影響にかんしては懐疑的であったようである（『神仙思想』、吉川弘文館、一九六八年／『道教と日本人』、講談社現代新書、一九七五年／『古代神仙思想の研究』、吉川弘文館、一九八六年）。東洋史では、六世紀の倭国が扶桑国と呼ばれたらしいことが、早く一九世紀後半のヨーロッパ人東洋学者に注目され、国際的となった。

（16）藤ノ木古墳冠のデザインが扶桑樹に由来する、とみた論考・講演資料には、つぎのものがある。近江昌司前掲注（5）資料、拙稿「藤ノ木古墳の冠──ルーツは扶桑の樹」（毎日グラフ「藤ノ木古墳」特集、一九八八年一二月号）、同「ワラビ手文幻想」（『毎日新聞』連載「歴史万華鏡」一九九四年七月二三日号、のち『古代の光──歴史万華鏡』所収）、同『「日本」誕生のなぞ』（ともに前掲注1書）、門田誠一「東アジアにおける巨樹と鳥の意匠」（『古代学研究』一二六号、一九九一年）。

（17）泉森皎「石棺内副葬品の配置と特色」（橿原考古学研究所編『藤ノ木古墳が語るもの』、季刊考古学・別冊1、雄山閣、一九八九年）、前園実知雄『斑鳩に眠る二人の貴公子／藤ノ木古墳』（新泉社、二〇〇七年）。

（18）生命の樹にかんする文献はJ・G・フレイザー／永橋卓介訳『金枝篇』㈠（岩波文庫、一九五一年）をはじめ数多い。参照した書目はつぎのとおり。M・エリアーデ／久米博訳・堀一郎監修『豊饒と再生』（せりか書房、一九七四年）、白鳥義三郎の一覧表「世界の生命の樹」（東洋文庫版『荊楚歳時記』守屋美都雄訳注・布目潮渢ら補訂に引用、平凡社、一九七八年）、R・クック／植島啓司訳『生命の樹』（イメージの博物誌15、平凡社、一九八二年）、井本英一『死と再生』（人文書院、一九八二年）、清田圭一『幻想説話学』（平河出版社、一九九一年）、M・ルルカー／林捷訳『シンボルとしての樹木』（法政大学出版局、一九九四年）、J・シュバリエ他編『世界シンボル大事典』（大修館書店、一九九六年）、靳之林／岡田陽一訳『中国の生命の樹』（言叢社、一九九八年）、杉浦康平『生命の樹・花宇宙』（ＮＨＫ出版、二〇〇〇年）など。「生命の樹」と民族・文化の関係は、つぎのとおり。イチジク（エジプト・ユダヤ・インド）ブドウ（シュメール・バビロニア・ギリシア）林檎（ユダヤ・ギリシア・北欧）ハオマ（ペルシア）菩提樹（インド）桃・扶桑樹（中国）など。

(19) 辰巳和弘「他界へ翔る船」（『古墳の思想』、白水社、二〇〇二年）、近江昌司前掲注(5)資料。

(20) 「十日神話」の発生については、自然現象説と王朝迭立《てつりつ》説がある。林巳奈夫によると、日の暈《かさ》は、空中に浮遊する氷の結晶によって日光が反射・屈折するために生まれる現象で、同心円状にみえる内暈《ないうん》・外暈をはじめ、垂直の柱（太陽柱）、円弧などが複雑に交錯することがある。このとき、真の太陽のほかに、明るい光（幻日）が複数個、内暈・外暈上などに現れ、全体が天空に聳える巨大な樹木にみえる場合がある。林は「十日の所伝は幻日環上に現れる9個の幻日に実物の太陽を加えたものに由来することは疑いない」と断定する（林前掲注8論文）。

いっぽう、渡部武によると、古代中国には世襲王朝の民族と、十家が輪番に王を出す迭立王朝の民族があった。前者のもつ太陽神話が「天に二日なし」の「一日神話」、後者のもつ神話が「十日神話」。世襲王朝が迭立王朝を滅ぼす過程で生まれた物語が、「射日神話」だという（『画像が語る中国の古代』、平凡社、一九九一年）。

自然現象説に立つ中国の神話学者・丁山『中国古代宗教与神話考』（龍門聯合書局、一九六一年、影印本は上海文芸出版社、一九八八年）によると、かつて長崎港で三日並照の現象を見たとき、おりから空中に巨大な弓なりの虹が発現した。あたかも複数の太陽を射落とすごとくで、「舜時十日並出、……乃使羿上射十日」の神話を十分に証明してみせたという。

(21) 林巳奈夫前掲注(8)論文、靳之林前掲注(18)書「第13章　戦国両漢の扶桑樹と后羿射日」。

(22) 泉森皎前掲注(17)論文。

(23) 靳之林前掲注(18)書「第3章　河姆渡人の太陽・太陽鳥崇拝」。

(24) 同右「第4章　河姆渡から大汶口へ」。
(25) 同右第3章（前掲注23）。
(26) 同右第13章（前掲注21）。
(27) 林巳奈夫前掲注(8)論文、同『石に刻まれた世界』（東方書店、一九九二年）。
(28) 小林行雄・水野清一編『図解考古学辞典』〈蕨手文〉の項（東京創元社、一九五九年）。
(29) 斎藤忠『装飾古墳・図文からみた日本と大陸文化』（東京書籍、一九八三年）、日下八光『装飾古墳の秘密——壁画古墳の謎を解く——』（講談社、一九七八年）。
(30) 松本清張「装飾古墳の図象様式」（『遊古疑考』、新潮社、一九七三年）。
(31) 小田富士雄「図形文様の種類と意義」（『古代史発掘8　装飾古墳と文様』、講談社、一九七四年）、森貞次郎『装飾古墳』（教育社歴史新書、一九八五年）、辰巳和弘「古墳壁画の世界」（前掲注19書）。
(32) 福島雅儀「福島県の装飾横穴」（『装飾古墳の諸問題——国立歴史民俗博物館研究報告』第80集、一九九九年）。
(33) 田中琢・佐原真編『考古学事典』〈蕨手文〉の項（工楽善通執筆、三省堂、二〇〇二年）。
(34) 『日本国語大辞典』第2版・第12巻〈蕨手〉の項（小学館、二〇〇一年）。
(35) 三山型は蓬莱山・崑崙山ではなく、天柱とみる人もある。小南一郎は、植物文様があるので、この円柱じたいを世界樹＝扶桑樹に比定する（小南一郎前掲注6書）。
(36) 羅二虎／渡部武訳『中国漢代の画像と画像墓』本文編「第5章　画像の内容」と資料編（慶友社、二〇〇二年）。
(37) 斎藤忠前掲注(29)書。
(38) 白石太一郎「装飾古墳にみる他界観」（前掲注32書）。
(39) 辰巳和弘「古墳壁画の世界」（前掲注19書）。
(40) 原田大六『磐井の叛乱』（三一書房、一九六三年）、松本清張前掲注(30)論文。
(41) 埋蔵文化財研究会編『装飾古墳の展開・資料集』（二〇〇二年）によると、蕨手文を描いた現存の装飾古墳は、つぎの一二基である。ほかに、乗場古墳と鹿毛塚古墳が知られているが、記録のみで消滅した。
［福岡県］薬師下北、珍敷塚、日ノ岡、重定、塚花塚、吉武K7号墳、五郎山、王塚、丸山、竹原

〔佐賀県〕太田

〔大分県〕鬼の岩屋2号墳

(42) 坪井正五郎「筑紫国日の岡にて古代紋様の発見」（『東洋学芸雑誌』88号、一八八九年、のち『日本考古学選集・坪井正五郎集・下』所収、築地書館、一九七二年）、斎藤忠『日本装飾古墳の研究』（講談社、一九七三年）、日下八光前掲注(29)書。

(43) 斎藤忠前掲注(42)書、石山勲『装飾古墳』（日本の原始美術10、講談社、一九七八年）、同『五郎山古墳展図録』（筑紫野市教育委員会、二〇〇〇年）、辰巳和弘「古墳壁画の世界」（前掲注19書）。

(44) 斎藤忠前掲注(42)書、石山勲同右、辰巳和弘同右、玉利勲『装飾古墳の謎』（大和書房、一九八七年）。日下八光『装飾古墳』（朝日新聞社、一九六七年）の五郎山・塚花塚の解説に説得力がある。

(45) 陸思賢／岡田陽一訳『中国の神話考古』第五章「羊角柱図像と伏羲氏の仰観俯察」（言叢社、二〇〇一年）、靳之林前掲注(18)書「第13章　戦国・両漢の扶桑樹と后羿射日」および「第11章　新彊・河西回廊の太陽羊角と生命の樹崇拝」。

(46) 埋蔵文化財研究会編前掲注(41)書による。

(47) 森貞次郎前掲注(31)書。

(48) 浜田耕作・梅原末治『九州に於ける装飾ある古墳』「第一章　肥後国飽託郡西里村釜尾の古墳」（京大文学部考古学研究報告第三冊、京都帝国大学、一九一九年／復刻版・臨川書店、一九七六年）。じっさいに漢数字をつけたのは三説までだが、前後から推測して四説に調整し、製作品模倣を器物模倣に改めるなど、微修正をおこなった。また、英字の表記は浜田耕作・梅原末治『肥後に於ける装飾ある古墳及横穴』（京大文科大学考古学研究報告第一冊、京都帝国大学、一九一七年／復刻版・臨川書店、一九七六年）の第六章「後論　装飾紋様の種類と其の意義(下)」とあわせて統一した。

(49) 「濠洲土(着)人」の括弧内は、引用者が補った。

(50) 浜田耕作・梅原末治注(48)前掲書第六章「後論　装飾紋様の種類と其の意義(下)」の注。

(51) 梅原末治・小林行雄『筑前国嘉穂郡王塚装飾古墳』（京大文学部考古学研究報告第十五冊、一九四〇年／復刻版・臨川書店、一九七六年）。

(52) 熊谷宣夫「わが古墳時代における仏教芸術の影響に関する一問題――九州所在装飾古墳の双脚輪状文について」（『佛

教藝術』六号、毎日新聞社、一九五〇年）。

（53）樋口隆康「双脚輪状文とさしば――新出異形埴輪の意味するもの」（『古代学研究』13号、古代学研究会、一九五六年）。

（54）斎藤忠『日本装飾古墳の研究』「本論二・図文の考察」（講談社、一九七三年）による。また近年、愛媛県北条市の新城36号墳から出土した埴輪片が双脚輪状文埴輪とわかった（正岡睦夫「愛媛県出土の双脚輪状文埴輪の新資料」、『古代学研究』160号、二〇〇三年）。

（55）水野清一・小林行雄編『図解考古学辞典』の〈双脚輪状文〉（東京創元社、一九五九年）。

（56）宇佐晋一・西谷正「巴形銅器と双脚輪状文の起源について」（『古代学研究』20号、古代学研究会、一九五六年）、佐原真・春成秀爾『原始絵画』「第4章　魔除けと霊送りの絵」（講談社、一九九七年）。

（57）松本清張『遊古疑考』所収「装飾古墳の図象様式」（新潮社、一九七三年／河出文庫、二〇〇七年）。

（58）斎藤忠前掲注（54）書「本論二・図文の考察」、乙益重隆『古代史発掘8　装飾古墳と文様』（講談社、一九七四年）、白石太一郎「古墳壁画の語るもの」（国立歴史民俗博物館編『装飾古墳が語るもの――古代日本人の心象風景』、吉川弘文館、一九九五年）。

（59）靳之林／岡田陽一訳『中国の生命の樹』「第4章　河姆渡から大汶口へ」（言叢社、一九九八年）。

（60）韓玉祥主編『南陽漢代天文畫像石研究』（民族出版社、一九九五年）、陳勤建『中国鳥信仰――関于鳥化宇宙観的思考』「第四章　神聖的太陽鳥――鳳信仰文化」（学苑出版社、二〇〇三年）。

〔引用図版出典〕

図1―a・b　著者撮影

図2　朱錫禄『武氏祠漢画像石』（山東美術出版社、一九九八年）

図3　何新『諸神之起源』（三聯書店、一九八六年）の原図から作成

図4　A　河南省博物館・中国社会科学院考古研究所編『長沙馬王堆一号漢墓』（一九七三年）

B　羅二虎／渡部武訳『中国漢代の画像と画像石墓・資料編』（慶友社、二〇〇二年）

C・E・F　『中国画像石全集』（山東美術出版社・河南省美術出版社、二〇〇〇年）

G　朝日新聞社編『三星堆』（一九九八年）

K　靳之林／岡田陽一訳『中国の生命の樹』「第４章　河姆渡から大汶口へ」（言叢社、一九九八年）
M　高大『四川漢代画像磚』（一九八七年／林巳奈夫「漢代画像石の神話的樹木について」、『泉屋博古館紀要』第十五巻）

図５　朝鮮画報社版『高句麗古墳壁画』（一九八五年）から作成
図６　池内宏・梅原末治『通溝』（一九四〇年、日満文化協会）
図７　橿原考古学研究所の原図から作成
図８　靳之林前掲書「第４章　河姆渡から大汶口へ」
図９　樋口隆康原図（小林行雄編『装飾古墳』、平凡社、一九六四年）
図10　林巳奈夫『漢代の神神』付図（臨川書店、一九八九年）
図11　日下八光『装飾古墳の秘密』（講談社、一九七八年）
図12　靳之林前掲書「第13章　戦国・両漢の扶桑樹と后羿射日」
図13　白川静『甲骨文の世界』（平凡社東洋文庫、一九七二年）、『日本大百科全書』第６巻〈漢字〉の項（小学館、一九八五年）
図14　小林行雄『装飾古墳』（平凡社、一九六四年）
図15　樋口隆康「双脚輪状文とさしば」（『古代学研究』13号、古代学研究会、一九五六年）
図16　靳之林前掲書第４章
図17　韓玉祥主編『南陽漢代天文畫像石研究』（民族出版社、一九九五年）

第四章　扶桑憧憬の諸相

装飾古墳の謎の文様「蕨手文《わらびでもん》」が、じつは中国古代の「太陽生命樹」たる扶桑樹であることを、前章で確認した。また、福岡県五郎山壁画に描かれた「緑の大鳥」も、先達の予想にたがわず蕨手文であって、私の分類では「羊角型扶桑樹」に属することを明らかにしえた。その結果、これまで物語性に富みながら、頑として解読を拒んできた五郎山壁画の主題が、一気に炙《あぶ》り出しになった。どうやら、扶桑樹のなかの十個の太陽（十日）を射落とす「射日神話」と、隠れた太陽を呼び戻す「招日神話」——いわゆる「天岩戸神話」も、あわせて描かれているらしい。芸術性の高さで知られる竹原古墳壁画についても、通説の「龍媒伝説」とは別の新しい「解」が見つかった。ともに未熟な臆説ではあるけれど、あえて記しておきたい。ついで、扶桑樹をモチーフとした「扶桑唐草文」の種々相を眺めたあと、『万葉集』に現れる枕詞「飛ぶ鳥の（明日香）」が、やはり「扶桑樹と太陽（三足烏）」に由来し、「太陽に守られた、若々しい生命かがやく都」の意の褒めことばであることを明らかにする。

一　五郎山古墳壁画の主題

(1)従来の解釈

五郎山古墳（福岡県筑紫野市、円墳、直径二五メートル）の壁画は、図1-aの復元図のように、具象的に男女の人物像、鳥、獣、家屋、同心円文などを描く。他の装飾古墳では幾何学的文様や武具が目立つなかで、異彩を放つ。もっとも、内容豊かな具象画だからといって、主題が簡単に読み解けるわけではなかった。まず、先達の苦心の解読の跡を追ってみよう。

装飾古墳の研究と保存につとめた九州の考古学者・森貞次郎は、いち早く「これほど人間を生き生きと表現したものは、ほかにない。それは期待と希望と満足感に満ちた生活の描写であり、一篇の叙事詩とも感ぜられる」と絶賛した。そして、近くに式内筑紫神社があって、筑紫君《つくしのきみ》の支配圏と認められるところから、「筑紫君の一族か、その系列下の豪族の墳墓」と推定した。(1)

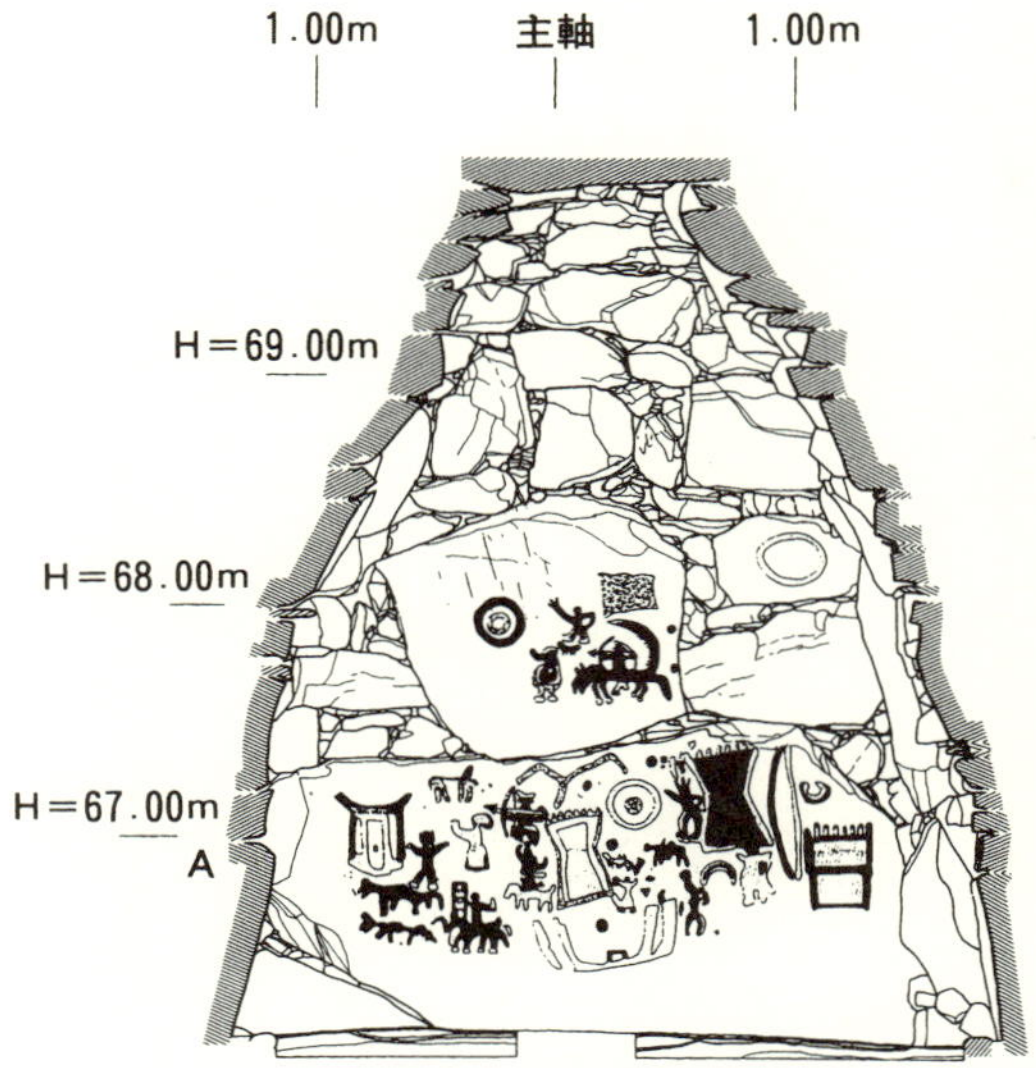

図1－a　五郎山古墳の壁画

その後、森は「叙事的な表現をもつもののうちで、内容が豊富で多様性をもつことでは他に類をみないものである」としながら、「奥壁の壁画全体を一つのまとまった絵物語とは考えにく」い。ただ個々の生活叙事詩的画題を一画面に描いたもの――と説いた。装飾古墳保存の流れをつくった朝日新聞社友の玉利勲も、「竹原古墳と違って、この壁画をまとまりをもった絵であるとする考古学者はほとんどいない」と記している。(2) 全体像解明の糸口がまったくつかめなかった八〇年代当時の状況がよくうかがえる。

しかし、九〇年代に入ると、国立歴史民俗博物館の特別展「装飾古墳の世界」と共同研究などを契機に、一貫した物語を探る試みが現れた。まず、白石太一郎が「五郎山奥室の左右の壁画は、星の輝く夜の世界を、死者を乗せた船が来世に向かって航行する絵」と解釈した。奥室正面の壁画は複雑だが、左右の壁にも準構造船が描かれ、長方形の柩《ひつぎ》と思しきものが乗り、船の上には星らしい黒い珠文が描かれているからだ。(3) 小田富士雄も、他界そのものではなく、「祖霊の住む常世へ船出するまで」を描いたもの、と考えた。埼玉古墳群（埼玉県行田市）の一つ、瓦塚《かわらづか》古墳の形象埴輪群が、被葬者の再生を祈る殯《もがり》儀礼を表現した点に着目し、「殯行事から常世への航行までを描き、被葬者の辟邪《へきじゃ》・鎮魂を祈念した絵画である」と、「殯儀礼の記録画」説を唱えたのだ。(4)

古代史家の和田萃《あつむ》は「主人公一代の絵物語」とみた。「被葬者の生涯の中でも印象的な精彩ある場面を描いたもの、一代記ともいうべき性格がある」とみて、つぎのように絵解きした。壁画には狩りの場面・居館・大型船が描かれる。近くには式内筑紫神社があって、もともと豪族・筑紫君の本拠地とみられる。『日本書紀』によると、欽明十七年（五五六）、筑紫君の子・筑紫火君《つくしのひのきみ》が勇士千人を率いて、百済王子を本国に送ったという。この筑紫火君の物語は、時代的・地域的にみて、「五郎山古墳の被葬者との関連」が想定できる。つまり、五郎山古墳の被葬者は筑紫火君であり、壁画は対百済外交での活躍を描いたらしい、と国際関係に結びつけて解釈した。(5)

もっとも体系的に解き明かしたのが、辰巳和弘の「他界への転生」説だろう。星とみられる列点が船からY字形蕨手文の脇の下をくぐって、上壁の青い旗へとつづくのに注目して、こう解読した。下の船で運ばれてきた魂が、「永遠の象徴」である蕨手文の渦巻を経て星となり、上壁の青旗へと移り往くさまを描いたもので、Y字形蕨手文に秘められた渦は、「船に導かれた霊魂が他界に転生するための仕掛け」である、と。そして、大きな靫の左にいる人物が、腰に手をあて力足（四股）を踏むポーズをとる図柄についても、興味深い解釈を示した。これは、力人《ちからびと》が大地を踏んで地霊や邪霊を鎮める呪的儀礼（反閇《へんばい》）を描いたものであり、魂振《たまふ》りを意味するという。狩猟も呪的な意味をもった王権儀礼で、首長が「山野の霊威と接触し、その精霊である動物を狩ることによってその霊威を己が物とし、王権の永続と繁栄を願う魂振りの意味をもつ」と説いた。(6)

私は、前章三節の分析と比較をとおして、通説や先達の見解とは異なる結論に達した。すなわち「珍敷塚・王塚など九州の装飾古墳群を飾る蕨手文は、単なる幾何学的な呪的図文ではなく、古代中国人の生み出した仙木「扶桑樹」の、古代日本（倭）的表現である。五郎山壁画の逆W型も、鳥翼文ではなく、（斎藤・日下・石山・辰巳らが説くとおり）一種の蕨手文であり、やはり扶桑樹――おそらく羊角型の扶桑樹を表す」と考えた。

それでは、五郎山をはじめ、蕨手文＝扶桑樹をもった装飾古墳の画題は、どのように解釈できるのだろうか。まず、ここでは五郎山壁画を中心に臆説を記す。

(2)「射日神話」の発見

五郎山壁画の場合、最近刊行された福岡大学考古学研究室編『国史跡　五郎山古墳』などの本文「彩色壁画考」と付図（図1-a・b）によると、(7)羊角型の蕨手文の右下に大きなリングをもった「同心円」がある（図1-bの番号15、以下同）。外円の直径は最大二四センチ、幅三センチの赤線で描く。内円は最大径七センチ、幅三センチの緑の線で縁取り、中を赤く塗る。壁画は全体に褪色がはげしく判然としない部分があるけれど、この「同心円」の周りに「珠文」（最大径五センチ）が三個ちりばめられる（番号16～18）。いずれも周りに太さ一センチほどの黒線がめぐり、「同心円のように見える」という。大小の同心円文はつごう四個を数える。さらに、船（番号25）のなかにも珠文が一個ある（番号26）。

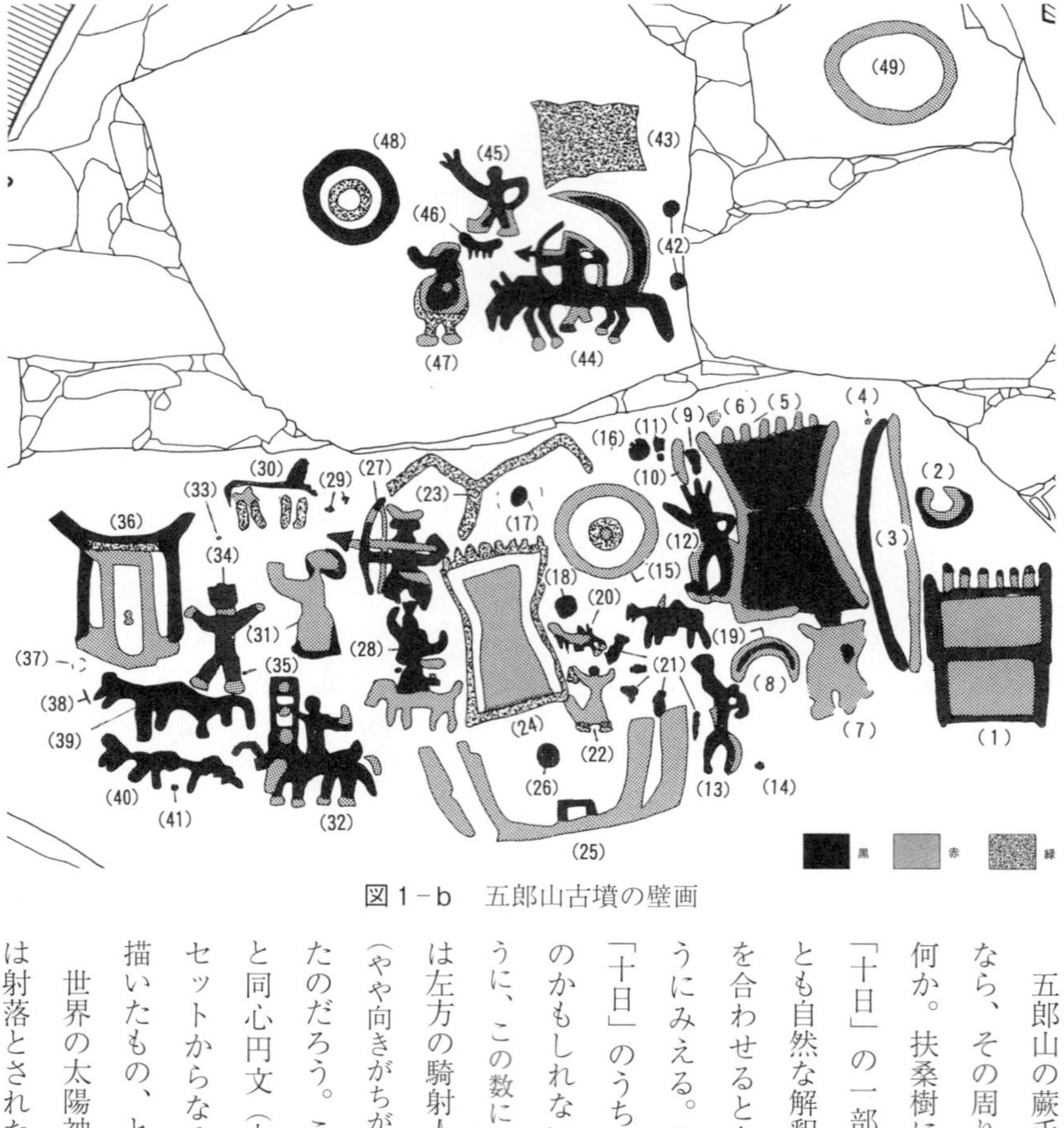

図1－b　五郎山古墳の壁画

五郎山の蕨手文が扶桑樹と認められるなら、その周りにある複数の同心円文は何か。扶桑樹に昇る一〇個の太陽つまり「十日」の一部を表すとみるのが、もっとも自然な解釈だろう。同心円文と珠文を合わせると九個で、「九日」を表すようにみえる。それらは、扶桑樹に憩う「十日」のうち、射落とされた「九日」なのかもしれない（ただし、さきに述べたように、この数にこだわる必要はない）。射手は左方の騎射人物（番号27・32）らしく、（やや向きがちがうけれど）太陽を射落としたのだろう。こうして、蕨手文（扶桑樹）と同心円文（太陽）と騎射人物（羿《げい》）のセットからなる画面は、「射日神話」を描いたもの、と解釈できそうである。

世界の太陽神話によると、多数の太陽は射落とされたが（射日神話）、ただ一日だけ逃れ、岩穴などに隠れた。世界は真っ暗になった。そこで、太陽を呼び戻すため、人びとが歌舞を奏したという（招日神話）。したがって、「射日神話」と「招日神話」は本来、セットになっているのだが、古代日本の太陽神話「天岩戸神話」の場合、前段の「射日神話」は失われ、後段の「招日神話」だけが残ったとされる。(8) しかし、右のようにみると、六世紀後半、筑紫の五郎山壁画には「失われた射日神話」の方が描かれたことになる。

(3)「招日神話」の発見

では、五郎山壁画には、「射日神話」と対になる「招日神話」の方も描かれているのだろうか。以下は、臆測のうえに臆測を重ねる冒険だが、あえて問題提起のために記す。

まず、蕨手文＝扶桑樹の右方に目を向けると、大きな靫（番号5）がすえられ、その左脇に三山冠（『国史跡　五郎山古墳』では二山式冠とする）をかぶった王者らしい人物（番号12）が立っている。この王者は右手をあげて射手に合図を出しているのか。三山冠をいただく人物は、他にもチブサン古墳などに描かれているが、五郎山の場合、いったい、どんな人物なのか。射日を命じた聖人の堯、または、扶桑樹の上にいます神仙・東王父だろうか（三山冠は東王父のエピセットで、古墳出土の銅鏡に描かれた東王父は、このタイプの冠姿で表現される）。あるいは、この筑紫の首長か、それとも、まったく別の王者だろうか。

三山冠の王者の正体を割り出す前に、画面の左端に目を転じよう。切妻造り・平入りの「家屋」（番号36）と、その前で天を仰いで祈る「巫女」（番号31）、手を広げる「男子」（番号34）がいる。彼らは何者で、何をしようとしているのか。

いま、切妻造りの「家屋」と記したが、「家屋」とみるにはやや異例ではないか。棟が弧状にたわみ、平入りの戸口が前に突き出してみえるからだ。これまでも切妻造りの「家屋」ではなく、一種の「祠」との見方があったのも当然かもしれない。辰巳和弘も家屋説に否定的だ。私のみるところ、後に残った「一日《いちじつ》（太陽）」が危うく逃げこんだ「岩戸」なのではなかろうか。「巫女」は、隠れた「一日」を呼び返そうと、袖をかざして天に祈っているらしい。岩戸の前で手を広げる「男子」は、岩戸を開けようと身構えているかにみえる。そう解してよければ、ここには「招日神話」の部分が描かれていると思われる。『古事記』『日本書紀』の「天岩戸神話」に即していえば、岩戸にこもっているのは、もちろん、「隠れた日」の女神アマテラス（天照）であろう。「巫女」は女神を引き戻そうと舞い踊るアメノウズメ（天鈿女）、「男子」は岩戸をこじ開けようとするタヂカラヲ（手力男）にあたる。

こう考えれば、さきにみた謎の「三山冠の王者」は、狼藉を働いてアマテラスを岩戸に隠れさせた弟神スサノヲ（的人物）ではなかろうか。スサノヲの姿勢は太陽を射落とすよう合図を送るところか、または、姉神アマテラスが岩戸にこもったことに驚き、成り行きをうかがっているところか。推論のおもむくところ、奇想天外、いや荒唐無稽のそしりを免れない地点に踏みこんだが、もし、こうした臆測が可能なら、「天岩戸神話」という「招日神話」もこの時代、五郎山古墳に描かれたことになる。しかも、のちの日本神話から消えたはずの「射日神話」もセットになって、五郎山壁画に表現されたことになる。

日ノ岡古墳（六世紀前半）の壁画は、同心円文・三角文（鋸歯文）と蕨手文で覆われ、弓矢・靫などの武具類を省いた簡素な図柄で、物語性は希薄になっているが、扶桑樹信仰は見失われていないようである。しかし、王塚古墳（六世紀後半）では、蕨手文は逆転したり横倒しになったりして、扶桑樹の意味が忘れられたかにみえる。物語性も薄れ、「射日神話」のさまざまな要素——蕨手文・同心円文・靫・騎馬人物など——で加飾された、文字どおりの「装飾古墳」へ変質したごとくにみえる。

ただし、蕨手文でおおわれた王塚古墳や日ノ岡古墳の「扶桑樹の森」をみると、「その国扶桑多し」といわれた「扶桑国」を連想させる。とくに王塚の場合、被葬者は白馬・黒馬にまたがって扶桑樹の森を逍遥するようにみえる。「西方安楽国」ならぬ「東方扶桑国」を欣求する情念が、描かれているのだろうか。

顧みれば、五郎山壁画こそ、珍敷塚壁画とともに、蕨手文をもった装飾古墳群の絵解きの鍵をにぎっていたのだが、図像の細部が剝落・褪色していたため、長らく解読を妨げてきた。さいわい、『国史跡 五郎山古墳』で壁画の細部が復原された結果、図像の意味が解きやすくなった。お誂え向きに十五年前（一九八八年）、藤ノ木古墳の金銅冠という、新たな謎解きの鍵が加わった。なにより、一九七二年に発掘された湖南省長沙《ちょうさ》馬《ま》王堆《おうたい》漢墓《かんぼ》の帛《はく》画《が》が物を言った。そこに紛れもない扶桑樹が見出され、東アジアをおおう「扶桑系統樹」の、いわば樹幹がすがたを現したのだ。

本稿は、この新しい成果と鍵にめぐりあって、蕨手文の意味と装飾古墳の画題を解き明かそうとした試みである。そこで導き出されたのは、古墳時代の倭人たちが、中国から（おそらく高句麗からも）扶桑樹の信仰・思想を受け入れ、やがて「天岩戸神話」の原形を形成するとともに、これを装飾古墳の画題に選んだ、という予期せぬ結論だった。

その過程で、高句麗壁画のなかに扶桑樹の表現を見出せたのは、望外の収穫である。わが装飾古墳が高句麗壁画の影響を受けたことは、つとに指摘されてきたところだが、これによって少なくとも、中国的な宇宙観と扶桑樹信仰の面でも、高句麗壁画から大きな影響をこうむったことが、明らかになったといえよう。

二　竹原古墳壁画新解——『楚辞』の神仙世界——

竹原古墳（福岡県若宮町竹原）の壁画（図2）は一九五六年（昭和三一）の発見いらい、構図も描法も芸術性も、他の装飾古墳と比べて一頭地を抜くと評価されてきた。前面に大きな一対の翳《さしば》と波頭（蕨手文）を描き、後ろに馬丁の牽く馬と、これに飛びかかろうとする龍馬（狼）を写す。その主題をめぐってさまざまな解釈が現れたが、金関丈夫が一九六九年、「龍媒伝説を描いたもの」とみる新説を発表するや(9)、あまたの解釈を圧倒し去った観がある。古今東西の神話伝説や典拠、画像を案配して解き明かした、「鉄案」ともいうべき論文だ。私も朝日選書版『発掘から推理する』所収の論文を読んでこのかた、心酔してきた者のひとりである。

　ところが、このたび双脚輪状文について再検討するうちに、ゆくりなくも予想外の新解を得た。金関は論文の冒頭で「結論の一部をさきに」要約していう。「私はこの古墳の奥室の壁画は、水辺に牝馬を牽いて、水中の龍馬をおびき、その種を得ようとする場面を表したものだ、と考える」と。これにたいして、私は僭越ながら「中国古代の『楚辞』の神仙世界を描いたもの」と考えついた。一案として記す。

図2　竹原古墳奥壁の壁画

① 金関丈夫説——主題は「龍媒による天馬誕生の伝説」

　金関説はいまさら紹介するまでもないが、行論の必要上、考証の跡をたどってみる。金関はまず、「天馬思想」の伝来を確認する。古墳時代に騎馬文化が流入するとともに、名馬を尊重・崇拝する思想が日本におこり、天翔る「天馬思想」も渡来した。漢の武帝はシルクロードのかなた大宛国《だいえん》

（フェルガナ地方＝現在のウズベク共和国）から汗血馬をえたが、これは大宛国の高山に棲む神馬の種をえて生まれたものだ。それが中国に入ると、水中に棲む龍馬の思想と習合して、山上の神馬のかわりに、「水辺における龍馬との交合、すなわち龍媒によって天馬を得るという理想に変容する」。源平合戦のさい、宇治川の先陣争いで知られる「名馬の池月は、隠岐・名久井嶽の、龍の棲む池のほとりで捕獲されたものだという。池月のツキは接《つき》で、池辺での接合によって良馬がえられたのである」。

ついで、絵画表現の質に移る。他の装飾古墳は児童画に類するもので、芸術的価値も全体的な情景もない、単独の観念のよせ集めである。それにたいして、竹原古墳の壁画は絵画的まとまりがあって、間然するところがない。芸術家の素質と手腕を具えた工人の作だ。

そのうえで、個々の形象の意味とつながりを追求する。《立波》と《二つの舟》から「水辺の情景」を描いたもので、《馬を牽く人物》は、服装から見て「貴人に仕える馬司」、《小形の馬》は「牝馬」らしい。上方に躍動する《怪獣》は「馬よりも霊なる水辺の怪獣、龍とも龍馬ともいうより他ないものである」。《翳《さしば》》は神人・貴人が顔を匿《かく》す神具だが、ここに描かれたパルメット文様入りの巨大な翳は、「龍の出現」を人目に触れさせないために立てられた。このほか、「水辺の聖婚」を表す《五色の旗》が描かれている。

これらの事物の意味を繋ぎあわせると、全体の意味は自然にわかる。「主君の馬を牽く馬司が、舟によって湖畔に渡り、旗を立て、さしばを建てて、まず斎場を設ける。水中出現の龍の種を得るのが目的である。画面の情景は、今や水中から躍り出た龍馬が、牝馬に乗りかかろうとするところである。……ひとくちでいえば、これは水辺に馬を牽いて、龍種を求めようとする情景を描いたものだ、といえる。画面にはこの解釈を妨げるものは何もない」と、金関は満々の自信を示したのであった。

小林行雄はいち早く編著『装飾古墳』の総論で金関説に言及した。装飾古墳における装飾の要素は、年代的に「⑴直弧文→⑵器物の図形→⑶人物像その他に変化する」と大観したうえ、直弧文は死者の聖別・鎮魂の目的で使用され、器物の図形は墓室の平安をはかる意図のあらわれで、中国の鎮墓呪術の日本的な表現法とみた。「そうして、人物像その他の登場は、しだいに日常生活ないし物語的要素を加味していったことが想像される。その意味において、金関丈夫博士が福岡県竹原古墳の壁画を竜媒伝説の表現と解釈されたことも、あながちに荒唐の説とはいえないであろう」と受けとめたのだ。森貞次郎も「竹原古墳」の解説で金関説の骨子を引用した。(10)

② 私見——主題は「『楚辞』に詠まれた扶桑神仙境」

しなやかで鋭い鑑賞・批評眼、行きとどいた図像解釈、的確な美術・古代史における位置づけ。ほとんど「間然するところがない」考証というべきであろう。あえて龍馬の毛を吹いて疵《きず》を求めるならば、この壁画を描いた六世紀の画工が、豊かな素質と画技にとどまらず、広い学識をもそなえた「学匠」——ちょうど南画の富岡鉄斎か当の金関丈夫のような人物——でなければならないことである。また、翳がいかにも巨大で、せっかくの金関の疎明にもかかわらず、「龍の出現を隠すため」との心証は、なお得がたいように思われる。

前章末尾の「双脚輪状文」で述べたように、私はこのたび、双脚輪状文にかんする樋口隆康の「翳起源説」をトレースした結果、たしかに双脚輪状文は「翳」のかたちにみえるが、むしろ扶桑樹から昇って大空を飛行中の「太陽鳥」とみる方が、壁画全体の主題や個々の形象とも整合して収まりがいいと感じられた。ひるがえって、その目で竹原古墳の壁画を見直すと、こちらの翳もまた、扶桑樹と見立てることが可能だと思われた。それはほとんど直感的な印象ながら、多少の根拠がないわけではない。

一つは、一対の巨大な翳が（まぎれもない翳だが）、じつは巨大な扶桑樹の象徴的な表現ともみられることである。

金関は、翳の羽部の放射線状の文様にパルメット文様の影響を認めている。このパルメット文様は七葉で、先にみた扶桑樹の一種「七枝樹」型を思いおこさせる（「扶桑樹の型式分類」）。偶然かもしれないが、この翳が「七枝樹」型の扶桑樹であることを、自ら暗示していないだろうか。なお、森は『装飾古墳』の解説で「（翳であるが、柄をふくめて）全体としては忍冬唐草文を連想させる」と指摘している。(11)

二つは、竹原古墳奥室の龍のほか、前室にも朱雀・玄武とおぼしき図像が描かれていることである。さすれば、この龍は四神のうちの「青龍」とも解されている。青龍は東方の守護神である。扶桑樹は東海のかなたの湯谷《ようこく》に生える巨木だから、青龍と共存しておかしくない。

ここで想い起こされるのが、『楚辞』の屈原作「離騒」篇に詠まれた天上の情景だ。後半の第二大段・第十小段の著名な詩句である。(12)

飲余馬於咸池兮　總余轡乎扶桑　余が馬を咸池《かんち》に飲《みづか》ひ、余が轡《たづな》を扶桑に総《むす》び、
折若木以拂日兮　聊逍遥以相羊　若木を折りて以て日を払ひ、聊《しばら》く逍遥して以て相羊《しやうやう》す。

『楚辞』研究者の解説によると、「離騒」は全三七三句の長編で、前後二つの大段に分かれる。第一大段（第八小段までの一二八句）では、寅年正月（寅月）寅日、いわゆる三寅の星のもとに生まれた屈原が、すぐれた才質を磨き、気高く生い育つ。神仙的な性格を帯び、よく空を翔り、神と語り、伝説の国に遊んだ。楚国王のもと、聖人・帝王の理想の政治をおこなおうとしたものの、かえって讒言に遇って失脚する。一たびは死をも覚悟するが、わが身の潔白を信じて気をとりなおし、「頭上に高い冠をつけ、輝く帯び玉を腰に下げ、香草を身にまとい」、凛として四方の涯に行こうとする。第二大段では、広大な天地を遍歴して神女を求め、結婚しようとするが、望みはかなえられない。「ついに仙歴至楽の境地から再転して、困窮多艱の現実に戻り、故国に人無きを嘆じて、死を以て

国に殉ずる決意」を示す[13]。
引用のくだりは、屈原が「白竜に鳳凰のかつぐ車を引かせて虚空に昇」り、天宮を尋ねようとする場面で、天翔けるさまの「幻想的な叙述は、雄壮華麗、実に「離騒」篇の圧巻である」と評されるところだ。すなわち、朝、東南の蒼梧《そうご》の山から車で出発し、夕方、西のはてにある崑崙山の県圃《けんぽ》（崑崙山頂の神仙が棲む処）の高地に着く。行く手はまだはるかに遠い。そこで、咸池（太陽の浴する処、湯谷ともいう）で馬に水を飲ませ、扶桑に轡《たづな》（手綱）をつなぎ、休息しようというのだ。

この場面と竹原古墳壁画をつがえてみると、まさに御者（太陽たちの母・羲和《ぎわ》）が馬に水を飼い、扶桑に轡（手綱）をつなぐ情景にみえる。波頭文は咸池の夕波であろうか。もっとも、扶桑は東海のかなたにあって、朝、太陽の昇る処だから、「夕べ、西の果ての扶桑や咸池の辺で憩う」とあるのは矛盾する。かねて「離騒」研究者の頭を悩ませる点でもある。それを押して、比較対照する方法を咎める方もあろう。

図3　天堂・扶桑樹図

さいわい、第三として、竹原古墳壁画と酷似した漢代の図像をあげることができる。たまたま、高書林編著『淮北漢畫像石』を開いたところ、「天堂之二」図（中国安徽省淮北市時村塘峡子出土／図3）が目に入った[14]。寸詰まりのL字型の一石で、解説によると、「上部は天上を描写したもの、（a）下の部分は天上と人間の交融を描写したものである。天地の間には扶桑樹があり（枝に金烏が二六羽もとまっている――引用者注）、樹上に青龍が飛翔している。（b）その上に三根の天柱があって天まで届く。天柱の県圃の上には衣冠をととのえた三人が座っている。右側が西王母、左側が東王父、真ん中が周の穆天子《ぼくてんし》または漢の武帝であろう。古典によると、穆天子・武帝と西王母の会見にかんする神話は少なくない」。また、他のところで、扶桑樹の左にみえる半円（耳）形は「古代の日食を描いた画像で、日食は人君の失政を意味するが、これを改めれば、罰を免れ、災が消え福が至る。したがって帝王・将軍宰相の歌功・頌徳碑ともなる」と記している。

竹原古墳壁画と関係するのは、この（a）の部分である。惜しいことに「咸池」の波頭こそないけれど、画面の左側に、くねくねとした扶桑樹が天に伸び、樹下で馬丁が馬に水（または飼い葉）を飼っている。その上を青龍が見返りながら飛んでいる。竹原壁画の翳を扶桑樹と見なしてよければ、波と舟と旗を除いた主な要素――扶桑樹・馬・馬丁・青龍――が、この画像石のなかにほぼ同じ構図で収まっているのである。このように、細部において過不足があるにせよ、同工異曲の図像の存在から、（青）龍と馬と人物、それに扶桑樹／翳はセットをなすもので、この点からも翳は扶桑樹の一表現（変異）と推定される。「扶桑樹の下の馬」の組み合わせそのものは、漢代に大流行した図像で、扶桑樹はもともと東方の大海から生えるという観念があったから、[15] 画像石にはことさらに波頭文を添えなかったともいえよう。

もとより、ここからただちに竹原壁画の主題を「離騒」篇の詩句に結びつけて解釈するのは、短絡に過ぎよう。しかし、屈原は早くから神仙とみなされ、銅鏡の銘文も『楚辞』の「離騒」篇や「天問」篇の詩句から採られている。古代日本でも「神仙としての屈原」が受け入れられていた可能性を、つぎに探ってみよう。

佐伯有清の『魏志倭人伝を読む・上――邪馬台国への道』によると、[16] 伊都国の中心と目される福岡県前原市・三雲南小路遺跡の王墓（弥生時代中期後半）から文政二年（一八二二）、前漢の「清白鏡」など三五面が出土した。その一面にはつぎの銘文が鋳だされている。

絜《きよ》く清白にして君に事《つか》へしも、之を陰《おお》ひ、明らなるを合《おお》ふを窓《うら》む。玄易《げんせき》（錫）の流沢を伋《いつわ》り、疏にして日に忘らるるを恐る。美人（楚の懐王の暗喩）、承《しょう》を兌《よろこ》ぶ可きを外にし、永《とこ》しへに思ひて紀《た》（絶）ゆること無からん

冒頭の「清白」は「離騒」篇の「清白に伏《したが》って以て直《ちょく》（忠直）に死ぬるは」を踏まえ、「美人」も「離騒」篇の「美人の遅暮を恐れて」と関係がある。そのほか、『楚辞』の「九章」篇からも採られている。もともと『楚辞』には神仙思想にもとづく「崑崙の県圃」などの語句がちりばめられているうえ、屈原じしんも神仙のように「空を翔り神と語った」と伝説化され、「神仙」視された。そこから、『楚辞』を典拠とする銘文が前漢鏡に刻まれるようになった、という。

図4　高句麗・舞踊塚の龍馬

『楚辞』の詩句を銅鏡の銘文に選んだり、その鏡を古墳に埋納したのなら、詩句の情景を墓室の画像石や壁画に描くことも、十分にありえたろう。竹原古墳壁画の主題は、「扶桑樹の下まで天翔けり、咸池の辺に馬をつないで憩う屈原」のモチーフを受容したもの、と考えたいのである。

いましがた、竹原古墳壁画と似た漢代の画像石をあげたが、図像上の不都合な点も、率直に認めておかなければならない。竹原壁画と画像磚の馬と龍馬（怪獣）は、構図としては等しくみえるけれど、図像としてはあまり似ていない。竹原壁画の怪獣の類例を求めれば、むしろ中国吉林省集安市の「高句麗の文化遺産」のひとつ、舞踊塚壁画の龍馬（?）だろう（図4）。天井ドームは（輪積み式の陶器の内側のように）持ち送りになっていて、その輪（ベルト）ごとに回転木馬のごとく鳥獣花木——青龍・白虎・朱雀や龍馬・麒麟・蓮華など——が疾走している。竹原怪獣（龍馬ま

たは龍）に似ているのは、そのなかの龍馬である。(17) 龍馬は総毛立ちし、長い尾を逆立て、耳間（眉間）の前髪を総状に束ねて振るように走る。いずれも竹原怪獣と同じにみえる。わずかにちがうのは、竹原怪獣が前脚をあげて牝馬に挑むようなポーズをとるのにたいして、舞踊塚龍馬は軽快に駆けているところ。細かいことをいえば、蹄《ひずめ》のかたちも一方が長い鉤《かぎ》爪、他方が馬蹄形というふうに異なる。

もし、舞踊塚の龍馬とみえるのが、青龍ならばよし、そのまま龍馬なら、逆に金関の「龍媒説」を補強することになる。ここは牽強付会になるが、龍馬にみえる竹原怪獣は、青龍の居場所に描かれているところから、「名工の筆の誤り」とみなして、龍馬じつは青龍と考えておきたい。

三　扶桑唐草文の世界

古代日本の蕨手文は、考古遺物では藤ノ木古墳の冠や装飾古墳の文様のほかに、土器絵画の建物の軒先飾りや武器・武具の装飾にみられる。また、伝世の文物では高御座《たかみくら》や神輿《みこし》、石灯籠・宝篋印塔《ほうきょういん》などの屋根の隅飾りに現れる。渦巻文（渦文）との区別がむずかしいが、これらの蕨手文も扶桑樹の系譜につながるのか、装飾古墳の蕨手文（扶桑樹）から演繹的に説明できるのか、検討してみよう。

（1）中国古代瓦当の扶桑樹

蕨手文といえば、だれしも中国古代の瓦当《がとう》（軒丸瓦の丸い部分）を飾る蕨手文が思い浮かぶ。「前後両漢時代に蕨手文瓦璫《がとう》の盛行したことは到底他の意匠の及ぶところで無く、従つて其の種類の如きも雙捲きのもの、単捲きのもの、……など変化に富んでゐることに就いては驚嘆せざるを得ない」(18) と、中国考古学の駒井和愛が三嘆したのは、戦後間もなくのころだった。まだ新中国の考古調査が緒につくより以前のことで、新出瓦当の図録・図典があいついで出版される現在とくらべて、資料的には隔世の感があるけれど、いわゆる蕨手文の優位はいまも変わらない。(19)

中国古代瓦当の蕨手文と、わが日本古代壁画の蕨手文とは、いったい、つながりがあるのだろうか。そもそも、「蕨手文」の名は日本独自の呼称で、中国ではもっぱら「雲文（雲気文・巻雲文）」などと呼んでいる。日本人の目には山菜のワラビにみえても、中国人の目には空行く雲に映るのだ。じっさい、雲の字形は雨と云の組み合わせからなるが、（雲の簡体字「云」が示すように）雨を省いた云の字だけでも、音・義（ウン・くも）ともに雲を表す。『説文』（後漢・許慎著の字源辞書）によると、云の古文（漢代の隷書以前の古体の漢字）は「?·」に近いかたちで、これ自体「回転する雲の形を象る」のだという。先の駒井はこの字形の成り立ちからみても、「鏡鑑や瓦瑠に見ゆる旋回曲線文（蕨手文——引用者注）が雲を象徴したものである」ことが証明されると断定し、「雲形文」と呼んだ。さらに、雲形文そのものは、戦国時代の銅鏡の図文にみられる龍文（蟠螭文《ばんちもん》）を、換骨奪胎して生まれた、と説いた。(20)

考古学の小林行雄も、ネーミングについては晩年にいたるまで慎重な見方をとりつづけた。「この文様から早蕨を連想して命名したのは後代のことであって、古代の文様使用者が植物文様と意識していた確証はない。……奈良時代以降の渦文化した唐草文などを加えると、日本人が愛好した文様と言うことはできるが、そのすべてが一貫した系統的な関連を持つとは言えない」。ましてや、「中国の漢代の瓦当文に見る双頭渦文（巻雲文や蘑菇形雲文をさす——引用者注）にまで、同じ蕨手文の名を与えているのは適当ではあるまい」とつよく牽制したのだった。(21)

にもかかわらず、この雲文を蕨手文とも呼び、「生命の樹」に祖型を求める考古学者・美術史家が絶えなかった。

たとえば、先の駒井や三上次男、美術史の土居淑子らである。[22] はたして植物文か雲気文か、それとも龍文なのか悩ましいが、しばらく蕨手文と雲文（雲気文）を混用しながら、議論を進める。

一九五二年、最初の専著『半瓦當の研究』をまとめた関野雄によると、[23] 半瓦当は戦国時代の初期、山東・河北に栄えた燕にはじまり、斉に受け継がれた。中期以後、遼東・熱河を含む周辺の列国にも波及した。それまでの殷周芸術が、古銅器の形態・文様にみられるように、異様・繁褥でグルーミーだったのにたいして、戦国芸術に入ると一転して、斉の黒陶や半瓦当のデザインが醸すように、明朗・軽快でリズミカルな印象がつよくなる。その背景には、①社会情勢の変化がある。殷周の神権国家の重圧から解放され、各国・各地で自由な芸術意欲が発動されるようになったのだ。さらに、②北方騎馬民族文化の影響があげられる。生きいきとした動物文・狩猟文は、はるか西方からスキタイ系のモチーフが伝わったものだという。

斉の半瓦当の大きな特徴は、中央に樹木のかたちを置き、左右に獣や騎馬人物を配した「樹木双獣文（騎馬文）」のデザインにある。斉以前の遺物では、樹木文様がほとんど見当たらなかったが、緑に恵まれた斉人《せいひと》は、「青々と茂る樹木の中に精霊を認め、また小さな雙葉から天を摩する巨木に生長する樹木の力に、一種の驚異を感じた。樹木の中に宿る不可思議な精霊と、計り知れない生長力と繁殖力に崇拝の念を抱き、自らの生命として愛し慈しんだ」。こう理解した関野は、斉人の〈樹霊崇拝・樹木愛護〉の精神に樹木文様の真の意義を見出せる、と総括した。なお、樹木の種類について、関野は植物学者の鑑定を求め、針葉樹は樅《もみ》・栂《とが》のような杉木属、闊葉樹は中国の烏柏（ナンキンハゼ）と推定した。[24]

ついで一九六九年、三上次男が「戦国瓦當と秦瓦當」で、新出資料をくわえてこう説いた。[25] 斉人が「樹木双獣文」を瓦当に採用したのは、関野が見るほどナイーブなものではなく、具体的な目的にもとづく。すなわち「斉人が樹木のもつ生命力に重要な呪的意義を感じ、悪霊の建築物に入るのをふせぎ、建築物自体が生命力に満ちたものであるように祈求して、樹木文を瓦当につけた。樹木文は辟邪・吉祥の表現であった」と。斉人の独創とみえる「樹木双獣文」も斉において自生したものではなく、その芽ははるか紀元前三千年紀の昔、メソポタミアで生まれたシュメール人の「生命の樹」の思想と意匠にまでさかのぼる。東西の文物の交流と意匠の流伝のすえ、最果ての斉において発芽し根づいた。それが「扶桑樹を生命の樹と信じる思想」であった。斉瓦当の樹木は「生命の樹」たる扶桑樹であり、双獣はそこから生命の根源を授けられる動物だ――と解釈したのであった。

扶桑樹説を受け継いだ土居淑子は、半瓦当の樹木文について「樹木はもともと土地神を祀る社の象徴として描かれたものだが、太陽説話（射日神話――引用者注）がからんだことにより、東方の扶桑樹ともみなされ、その性質から生命樹、つまり日々太陽が昇ることを再生とみて、永遠の生命を宿した樹木として神聖視された」と集約している。石渡美江は、シルクロードのステップ・ルート上に点々と遺された樹木双獣文の遺物を追跡して、点から線につなぎ、先学たちの予想をつぎのように補強した。「春秋・戦国時代は文様面からみても変革期で、新しい文様が求められていた。そこへ近隣の民族から樹木文様が流入し、国家の繁栄と永遠の生命をいのって、宮殿の瓦に使われたのである」と。(26)

これにたいして、中国の趙力光は『中国古代瓦当図典』で蕨手文を雲文と呼び、吉祥のシンボルを高々と掲げたものであるとして、つぎのように説いた。「雲文瓦当は祥雲を象り、宮殿の楼闕を雄壮で巍峨《ぎが》たるすがたにみせ、高く雲間に入って聳え非凡の気勢を表す。同時に、秦漢の人びとが渇望した〈求仙昇天〉の迷信思想とも関係する。祥雲は吉祥の意を有するので、秦漢瓦当の装飾図案の主流となった」。(27)

また、安立華編著『斉国瓦当芸術』によると、(28)「斉の社稷《しゃしょく》」という言葉があるとおり、斉では社（土地神）と稷（穀物神）にたいする崇拝があつく、社稷の祭祀は最重要の国の大事とされた。斉の「祭社」活動は約六千年前の大汶口文化期までさかのぼる。甲骨文では生命の「生」字が一本の樹木を象って作られ、「姓」字も女子が木の下に跪拝する姿を写して作られた。斉の瓦当にもその情景を表現したものがある。地域と民族によって崇拝する樹木は千差万別だが、その内容はすべて「生命」「繁衍」の渇望にある。斉国瓦当の樹木文は、斉人の生命の樹「社木（社神）」にたいする敬虔な崇拝に行き着くが、その主題は「祈生降福」「保国佑民」「社稷長存」など多くの寓意の重なった吉祥文飾である。さればこそ、斉国君王の宮殿建築の上に用いられたのだ、という。

関野と三上によると、斉の瓦当は樹木文を中心にしながら、写実的な「樹木双獣文（騎馬文）」と象徴的な「樹木饕餮《とうてつ》文（獣面文）」（図5・6）に大別される。後者は、樹木の（最）下段の枝が蕨手状にカールするなど、蕨手文（雲文）がみられ、青銅器の怪奇な饕餮や獣面の双眼を彷彿させる。斉の末期には草木の芽生えを象ったような「蕨手文」も現れる。ところが、秦の全国統一によって戦国時代に終止符が打たれると、一斉に樹木文が消え、

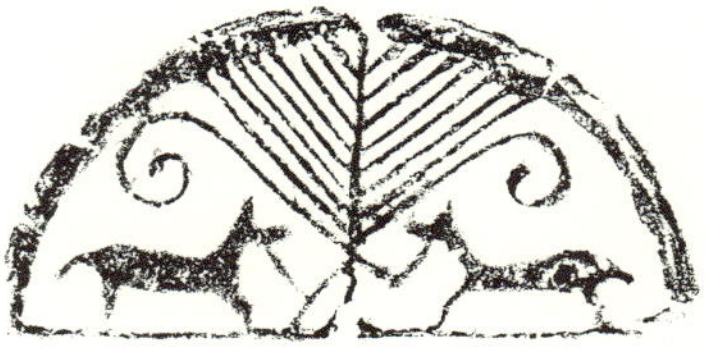

図5　戦国時代・斉の樹木双獣文半瓦当

図6　斉の樹木饕餮文半瓦当

図7　秦の雲紋瓦当

代わって蕨手文に全面転化する。統一時代の秦瓦の瓦当文は（図7）、戦国時代の秦瓦の文様を基礎としつつ、始皇帝好みの方士的思想（神仙思想——引用者注）をもふくむ斉瓦末期の文様を按配し、秦本国において構成された。秦代には政治制度・経済機構をはじめ、文字・思想に至るまで統一されたが、瓦当もまた、統一政策の一環として、辟邪・吉祥の文様に統制されたという。(29)

こうしてみると、秦漢時代の瓦当を席巻する蕨手文は、斉の樹木（扶桑樹）文の系譜をひくとみてよさそうである。また、先の駒井が説くような龍文系の動物文様というより、扶桑系の植物文様をさすのではないだろうか。中国の考古学者・中雲艶も、博士論文『中国古代瓦当研究』で、斉の瓦当について、明白に樹木を象った「樹木文」とは別に、「変形樹木文」を設定し、双頭（相背）の蕨手状渦文をあげている。ただし、秦漢時代の瓦当については、双頭・双背の蕨手（羊角）状の文様を（植物文でも雲文でもなく）渦文に一括している。(30)

(2)日本古代の扶桑樹(管見)

①唐古・鍵遺跡の楼閣図

以上、中国古代瓦当の樹木文と蕨手文がともに扶桑樹の可能性があることを、先学の研究によって確かめた。これらをもとに、弥生時代の唐古《からこ》・鍵《かぎ》遺跡から出土した、一世紀の線刻土器絵画について考える。壺の胴部に線刻された「楼閣図」（図8）は、屋根の棟先飾りが蕨手文になっている。ふつう渦巻文（渦巻状の屋根飾り）と呼ばれるが、これと酷似した図が、四川省巫山《ふざん》から出土した「天門図」（図9）だ。

林巳奈夫の解説によると、金メッキをほどこした金具（径二三〜二八センチ）で、望楼のようにみえる建物は、一対の屋根付きの門柱、真ん中に軟玉製の璧が入り、上に「天門」の表示がかかり、下に冠をかぶった東王父がすわる。両肩から立ちのぼる光背状のものは、神の発散するエネルギーのエッセンスだ。璧は万物の生産・生育の源泉となるエネルギーの象徴で、不死・再生の神的能力を発揮する神にふさわしい、という。「天門」の両側や上層の屋根の間にも、小さな渦巻のついた曲線が彫ってある。これも雲のエッセンスで天上世界のシンボルだ。屋根の上には尾長鳥がいる。(31)

とくに目を引くのが、「天門」の屋根の表現であろう。上層の屋根瓦を逆V字型に葺《ふ》いたところは、唐古・鍵遺跡の屋根の描きかたとそっくりで、おそらく瓦（茅・板）葺きの屋根を表しているようだ。こちらの「楼閣図」は二層の楼閣が一棟だけで、東王父も欠いているが、その二点を除けば、あとはほとんど一々対応できるくらいよく似ている。唐古池の土手に建てられた復元建物は、茅葺きの屋根を丸太で押さえ、先端の飾りを藤蔓《ふじづる》で作ってあるが、逆に、この屋根を見て「楼閣図」のような屋根の描きかたになるだろうか。遠くはなれた四川省の「天門図」の屋根と一致するのは、眼前に「天門図」のような手本があって写したか、「屋根はこう描く」という描法の持ち主（つまり渡来人）がいなければなるまい。とうぜん、その意味するところを知っていたであろう。唐

図 8　唐古・鍵遺跡の「楼閣図」

図 9　中国四川省巫山東漢墓の「天門図」（銅牌飾）

古・鍵遺跡の建物図もまた、「天門」もしくは仙人好みの「楼閣」を表し、仙境のシンボルと認識されていたろうと推測されるのである。そして問題の「楼閣図」の蕨手は、「天門図」に描かれた「雲のエッセンス」ともみえるけれど、むしろ、瓦当の蕨手文と同じく扶桑樹のシンボルで、「辟邪・吉祥・生命・再生」の祈りをこめたものではなかったろうか。

近年、唐古・鍵遺跡から見つかった大型の高床建物(紀元前後、約八〇平方メートル)は、一六本の柱穴があって、うちケヤキの柱根が三本、ヤマグワの棟持柱根が一本、残っていた。この棟持柱のヤマグワも「楼閣図」の屋根飾りの蕨手文(扶桑樹のシンボル)とつながりがあるのだろうか。

なお、第一章五節でも紹介したように最近、「楼閣図は神仙思想の影響をうけた池中の高層建築〈水榭《すいしゃ》〉ではないか」とする新見が出ている(32)。これまでの政治(マツリゴト)的な「神殿」「居館」の概念とはちがって、神仙思想とのかかわりを探ろうとするもので注目される。

②神輿と高御座

神輿は屋根の四隅に大きな蕨手をのせている。金色の薄板に彫金をほどこし、神輿を荘厳する飾り物だが、境内の神庫で間近に神輿を見あげると、バランスを欠くほど異様な大きさに驚かされる。滋賀県大津市・日吉大社の神輿蔵でずらりと並んだ「山王の神輿」七基を仰ぎみたとき、また、鳥取県・大山寺神社の宝物館で神輿を拝したとき、まず目に飛びこんできたのが、大きな蕨手だった。

とくに日吉大社の神輿(重要文化財)は、平安時代後期いらい僧兵たちが神輿を担いで都に押しかけた「上洛強訴」――白河法皇の「天下の三不如意」のひとつ――と、山王祭当日の勇壮な「神輿振り」で名高い。神輿の天辺には鳳凰が止まり、四隅を飾る大蕨手にも鳥が止まる。宝輦《ほうれん》には鏡が何面もかかっている。鏡を太陽とみれば、神輿全体が太陽の昇る「扶桑樹」のすがたに見えてくる。扶桑樹（神輿）の天辺や枝先（蕨手）に鳥が止まり、太陽（鏡）たちが宿るのだ。

高御座は、平城宮・平安宮の大極殿（後には紫宸殿）で即位・大嘗祭・朝賀など重大な儀式をおこなうさい、天皇が着座する御輿型のステージである。京都御所・紫宸殿にある高御座（大正・昭和・平成の三代にわたって即位の大礼に用いられた）は、二層の基壇の上に八角形の黒漆塗りの屋形をすえたもので、蓋《かさ》の天辺には大きな鳳凰《ほうおう》像を止まらせ、八角の隅ごとに大きな蕨手をさしだして小さな鳳凰を飾ってある。鏡もかけられている。高御座の大型蕨手は、神輿の蕨手と同じ機能・意味をもつとみられる。扶桑樹から新しい太陽が昇るように、日の本の国の天子も、新しい年ごとに高御座（扶桑樹）のなかから現れる、と観念されたのであろう。

③冠の立飾《たちかざり》

藤ノ木古墳の金銅冠のデザインは「生命の樹＝扶桑樹」をモチーフしたものだ、と第三章二節で述べた（八〇頁参照）。それが正しいなら、他の古墳から出土した同型の金銅冠も、また、そのルーツとみられる新羅の金冠も、扶桑樹を写したものとみていいのだろうか。

古墳出土の冠・冠帽は現在、約七〇例を数えるが、[補注]そのうち樹木文の立飾をもった完形の冠（樹木冠）は藤ノ木古墳冠だけで、滋賀県・鴨稲荷山《かもいなりやま》や茨城県・三昧塚《さんまいづか》、群馬県・二子山、福井県・二本松山古墳の冠は、樹木冠と認められるものの、枝葉を失って樹種まで穿鑿《せんさく》されることはなかった。韓国・慶州市の新羅王陵からは、戦前戦後にわたって華麗な金冠が六蓋《がい》出土していて、いずれも樹木冠である。ガラス工芸史家として著名な由水常雄は「中国にはその類型がなく、隣国の高句麗や百済にも存在しなかった（西方的な――引用者注）独特の形式をもっている」と説き、それが古代日本に伝流したという。[33]

図10　慶州金冠塚出土の翼状飾り付き金冠

新羅王冠のルーツは、早くからシルクロードの彼方と目されてきた。浜田耕作は一九二一年、慶州・金冠塚から宝冠が現れた直後に訪れて深い印象をうけたが、一九三二年「新羅の宝冠」を発表し、新羅金冠の源流をするどく見きわめた（図10）。西洋の王冠と同じく「波斯その他東方諸国（西アジア――引用者注）の帝王などの間に行はれた白色の鉢巻（diadem）と、希臘羅馬の花冠（corona）とが融合して出来たもの」で、その影響をうけた古代日本の冠とともに、鉢巻よりも立飾（花冠）の部分が大きく目立つと指摘して、古代ギリシア・ローマ的要素のつよいことを示唆した。あわせて、北アジアから南ロシアにかけて風靡《ふうび》したスキタイ文化とも関係が深く、ホニーサックル（スイカズラ）系の花枝の曲線を直線にしたのが、新羅宝冠の「出」字形立飾であろうと推定したうえ、「これに朝鮮自身の国土で発生したらしい……翼状飾の附いた内冠とが合流して遂に出来上がつたものとするのが最も適当な見方である」と結論したのであった[34]。

一九七八年、アフガニスタンはシバルガン市郊外のティリャ・テペ（黄金の丘）遺跡から、金製の樹木冠が見つかった。ソ連の考古学者が発掘したシルクロードの遊牧民族国家・大月氏（またはクシャン、スキタイ）の膨大な黄金遺宝の一点で、同時に出土したローマングラスから一世紀のものとわかった[35]。金冠の樹木形立飾と円形歩揺《ほよう》のモチーフは、新羅王冠と一致する。そのうえ、立飾の枝に鳥がとまるところは藤ノ木古墳冠と同じで、そこからシルクロードの沿辺《えんぺん》が藤ノ木冠のルーツと見なされたわけである。

シバルガン発掘記では、「樹木と鳥」のセットは、豊穣と幸福・平安をあらわし、ゾロアスター教の聖典『アヴェスター』にみえる「世界中の植物の種子を集めた聖樹と、種子を天に運ぶ鳥」を連想させる、と説いている。その点では、樹種が新羅王冠や藤ノ木古墳冠とはっきり異なる。先の由水は、新羅は古代ローマの昔から西方文化の影響をうけながら、独自の樹木冠を創りだした、とみなす[33]。そのさい、モデルとなったのが、樹木と鳥がセットになった古代中国の扶桑樹ではあるまいか。新羅王冠には鳥はとまっていないけれど、金冠塚の王冠をはじめ、しばしば翼状冠飾がついている。

このように、浜田にはじまる樹木冠の起源論は、今日でも大局的には支持されている。日本・韓国・中国の古代の冠を追究している毛利光俊彦によると、歩揺のついた冠（歩揺冠）の源流は、紀元前二〜一世紀、中央・西アジア（たとえば、南ロシア出土のサルマート族の金冠の場合、冠飾は枝が対生で、葉が歩揺、生命の水を与える聖樹）にはじまるといわれている。しかし、細部においては異論も出ている。毛利光じしん、藤ノ木古墳冠について「（新羅ではなく）百済の影響を受けた新形式の歩揺冠」とみる[36]。

④兜《かぶと》の鍬形《くわがた》

兜の鍬形は、農耕用の鍬（木製の鍬のV字形の刃先）に似ているため、この名がついたといわれるが、クワイのかたちにちなむともいい、定説はない。これも桑（扶桑樹）に由来するのではあるまいか。

クハはク―ハつまり「大きな葉」の意という。鍬の方も「大きな刃」で、意味もアクセントもまったくちがうが、桑と鍬の交替する例がある。京都府亀岡市にある鍬山神社のいわれは、出雲大神らがみずから鍬をとって水路を開き、亀岡盆地を開発したとき、「鍬を積みあげたことにちなむ」と伝えられるが、もとは桑山に由来し、養蚕の神をまつる「桑山神社」であったろうという[37]。

島根県立古代出雲文化博物館には、桑の葉の鍬形をつけた奇抜な兜（木の葉三十二間筋《すじ》兜、江戸初期）が陳列してある。名古屋城の天守閣には細長い蕨手（私のいう扶桑樹）の鍬形をもった兜（蕨前立黒漆塗三十二間総覆輪筋兜、江戸前期）がならぶ。「鍬形」ならぬ「桑形」の両兜のデザインは、ともに植物文というだけで、直接の結びつきはなさそうだが、この鍬形の蕨手文もまた、私見どおり、山菜のワラビではなく神仙思想の扶桑樹に由来する（少なくともその古代的心意を受け継ぐ）と仮定すると、両者はにわかに桑という共通項をもつことになる。そして、はるか古代にさかのぼって、扶桑樹をデザインした藤ノ木古墳冠などの立飾に行きつくのである。げんに蕨手立飾付きの冠をかぶる騎馬人物埴輪が福岡県八女市岩戸山歴史資料館のホームページや江上波夫・佐原真『騎馬民族は来た⁉来なかった⁈』の巻頭カラー写真で紹介されていて、(38)まさに近世の「桑形の兜」と古代の冠をつなぐミッシング・リンクのように思われるが、残念ながら、これは想像復元したものという。

⑤蛇行剣《だこうけん》・七支刀《しちしとう》・蕨手刀《わらびでとう》

すでに論理よりも感覚に走った臆測におちいっているが、さらに告白すれば、あの怪異な蛇行剣と七支刀もまた、桑の木（扶桑樹）の変異ではないか、とかねがね思われてならないのである。第三章の「はじめに――構内の桑との対話」で記したように、桑の枝ぶりは屈曲・錯綜して驚かせる。いっぽう、蛇行剣はその名のごとく滑らかに蛇行するが、しばしば角ばり節だって屈曲し、異形の桑の枝を彷彿させるものがある。蛇行剣にかんする報告書・論文を読んでも、「蛇行」と並んで（あるいはそれ以上に）「屈曲」という表現が目立つ点に注意したい。蛇行剣の名がついているからといって、蛇行する蛇のすがたを写したものとはかぎらない。名と実が異なる例は、すでに前方後円墳や蕨手文でみてきたところである。

北山峰生は『石《いし》ノ形《がた》古墳』(39)の考察「副葬された蛇行剣――意義と特質に関する予察――」で、全国四八箇所六

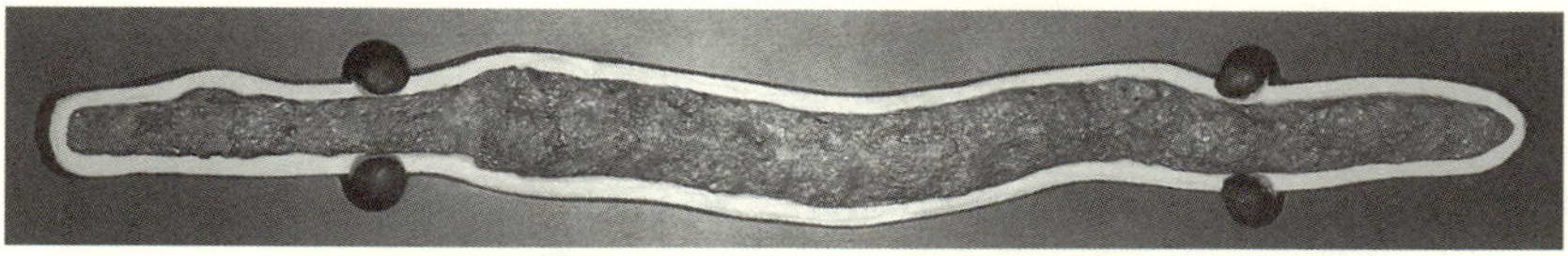

図11　蛇行剣（静岡県袋井市石ノ形古墳出土）

○点の蛇行剣を観察・分析したうえ、「蛇行剣は五〜六世紀に出現した儀礼刀・祭祀具で、霊威性をもつ」との見通しをたてている（図11）。

文化人類学の泰斗・石田英一郎は「桑原考」で[40]、古来、中国では人を襲う山中の魑魅《すだま》〈山魈《さんしょう》〉も「桑刀を最も怕《おそ》れ、老桑を以て削りて刀と成し、之を斫《き》れば即ち死す。桑刀を門に懸くるも亦避けて去る」と信じられた民俗例をあげ、桑が聖樹とみなされた証左、と説いた。桑刀に恐ろしい山神をひしぐ呪力があるならば、屈曲した桑のかたちを写した「桑剣」つまり蛇行剣が作られても、不思議ではあるまい。

石上神宮の「七支刀」は、泰和四年（三六九）、百済王から倭王に贈られた異形の剣で、「先世以来未だ此の刀なし」の金象嵌銘が語るとおり、類例がない。画像石などにみえる扶桑樹の型式分類を試みたさい、その一タイプとして「七枝樹型」をあげた。もし、「七支刀」も桑のかたちにちなむものなら、この「七枝樹型」の扶桑樹を象徴したのではないだろうか。新羅王冠の「出」字形立飾を三段（「山」字なら六段）重ねて、これを交互に枝打ちすると、互生の七枝樹型の七支刀ができる[41]。

蕨手刀は柄頭に蕨手文（渦文）をもつ短刀で、八世紀以降に現れる。古墳時代中期に盛行して消えた蕨手刀子（鉄柄に蕨手のついた雛形の刀子）もあるが[42]、これらも蛇行剣と同じようにみていいのかもしれない。長野県・根塚《ねづか》古墳、京都府・ヒル塚古墳や韓国で出土している渦巻付き鉄剣（三〜四世紀）も、同様に考えられようか。

⑥扶桑唐草文

以上、いまだ明解が見出されていない問題について、年来の思いつきを記した。

顧みれば、扶桑樹が太陽鳥（三足烏の前身の二足烏）とともに馬王堆漢墓（湖南省、前二世紀）の帛画に描かれたとき、それは樹木というより、くねくねとした蔓草のすがたであった。それより早く戦国時代の曽侯乙墓《そうこういつぼ》（湖北省、前五世紀）からは、樹木型の扶桑樹を描いたらしい彩漆《いろうるし》箱も見つかっているが、高句麗壁画でも、蔓性の羊角型扶桑樹と巨木の亀甲型扶桑樹が、あるいは蔓延し、あるいは林立して全天をおおった。時移り、「高句麗の文化遺産」に描かれた扶桑樹は忘却され、久しく装飾文様の唐草と混同されてきた。古墳時代の日本列島に伝わると、樹木でも唐草でもない蕨手文に縮小され、奈良時代以後もひきつづき装飾意匠として愛用されるものの、いよいよ正体をくらましてしまう。

しかし、その一方で、扶桑樹は生命の更新・再生のシンボルと仰ぎみられ、やがて「日本」の国号を産みおとす。他方で葡萄唐草・忍冬《にんどう》唐草・牡丹唐草・菊唐草など多様多彩の唐草文が満開する。中国で「植物紋としての唐草紋が花開くのは南北朝時代になってからで、古代地中海世界で生まれたパルメット唐草文が、仏教芸術とともに中央アジアからもたらされた」という[43]が、この唐草の原型となったのが、じつは漢代（前二世紀）にはじまり、高句麗で展開する蔓性の扶桑樹すなわち「扶桑唐草」ではなかったろうか。文様研究は奥深く、門外漢が軽々に思いつきを述べることは許されないが、美術にしめる「扶桑唐草」の意義にも一顧くださるよう訴えたい。

四　「飛ぶ鳥の明日香」

枕詞は、地霊と言霊の双方にかかわる両義性のゆえか、その由来・語源がいまだによく解き明かされていないものが多い。大和にかかる「敷島の」も、明日香につく「飛ぶ鳥（の）」も、定説があるかにみえながら、じつは

「語義未詳」「かかり方不明」と、古語辞典や注釈書は記している。

年来、古墳文化と神仙思想の関係を調べるうちに、その延長線上で枕詞「飛ぶ鳥の」や「敷島の」の謎も解けることに気づいた。古いやまと言葉の語源が歴史考古学の側からも接近できるという意味で、かりに〈語源考古学〉と呼んでみた。(44) 以下は、そのささやかな試みである。本居宣長をはじめ国語学・萬葉学の大家の諸説に、おこがましくも言挙げするかにみえるけれど、「師説にな泥《なづ》みそ」という宣長の教えにしたがって、あえて難問に挑んだしだいである。(45)

(1)「飛ぶ鳥」の発生——先行の諸説

『萬葉集』のなかで「飛ぶ鳥の明日香」と詠んだ歌は、わずか四首。初出は「和銅三年（七一〇）春二月、藤原宮より平城宮へ遷るときに、御輿を長屋の原に停め、古郷を廻り望《み》て作らす歌」との題詞をもった、著名な旧都惜別の歌である。作者は元明天皇、一書によると、太上天皇（持統天皇）の御製という。

飛ぶ鳥の　明日香の里を　置きて去《い》なば　君があたりは　見えずかもあらむ　（巻1・七八）

（さきわう故郷・明日香の里よ、ここを去れば、愛しい君のいますあたりは見えなくなるのか）(46)

これより先、柿本人麻呂が持統五年（六九一）九月、川島皇子（天智天皇の子）が他界した時に、妃の泊瀬部《はつせべ》皇女とその兄・忍壁皇子に、つぎの挽歌と短歌を献じた。

飛ぶ鳥の　明日香の川の　川つ瀬に　生ふる玉藻は　下つ瀬に　流れ触らばふ　……　（巻2・一九四）

敷栲《しきたへ》の　袖交へし君　玉垂れの　越智野過ぎ行く　またも逢はめやも　（一九五）

「飛ぶ鳥の明日香」の初現は、時間的にはこちらの人麻呂歌が先行する。「飛ぶ鳥の明日香」の連語（枕詞と地名の結びつき）は人麻呂の創作といわれるゆえんだが、(47)やがてここから枕詞「飛鳥《とぶとり》」そのものをアスカと訓んで、地名の表記にあてるようになった。それは、ちょうど「春日《はるひ》の霞す処（カスガ）」から、やがて春日そのものをカスガと訓むようになったのと同じだ、と説明される。この、本居宣長にはじまる解釈は、その後も踏襲されて、ほとんど異論がない。

たしかに、地名カスガの音から「霞す処」をイメージし、春霞から春日を連想するのは、ごく自然である。ここから逆に、春日—霞—「霞す処」というイメージの連鎖を喚び起こすものとして、「春日の」という枕詞が生まれたことは理解しやすい。これに比べると、アスカの発音や明日香の文字から直接、「飛ぶ鳥」を連想するのは、それほどやさしいものではない。さればこそ、江戸時代このかた、枕詞「飛ぶ鳥」の発生をめぐって、さまざまな見方が発表されてきたのだろう。

福井久蔵は『枕詞の研究と釋義』(48)で、江戸時代の契沖の『萬葉代匠記』（一六八八年）から、近代の折口信夫の『萬葉集辞典』（一九一九年）まで十三氏の諸説をかかげ、つぎのように要約・紹介している。

（とぶとりの）アスカと続くるに諸説あり。①飛鳥（ひちょう・とぶとり）の多き明日香といふ意か、②飛鳥の如く足速きといふより、足軽の意にて明日香といふ地名へ掛けたるか。③鳥の飛ばんとする時は必ず足をかがむより、足かがむの音よりアスカの地名にうつしたるか。④或はアスカといふ（イスカに似た）よく飛ぶ鳥ありしよりいひしか。

と、まず鳥の生態・種類と結びつけた解釈を紹介するが、いずれとも「定めがたし」という。

ついで、「⑤或はこの時代に瑞鳥の出現せしにより、年号も改まりたる程なるより、それを記念して飛鳥の明日香と名づけたるにや」と、「天武朝の瑞鳥出現・朱鳥《あかみとり》改元」説（本居宣長）を紹介したものの、当否の判定を保留した。このほか、十三氏の先説のなかに、⑥（明日香の文字やアスカの音と通う）朝・朝明には鳥が飛ぶ立つところから、とする富士谷御杖《ふじたにみつえ》説を紹介している。

これら諸説について、国文学者の吉永登《みのる》は論文「トブトリノ明日香」(49)で、賀茂真淵説（④のアスカという鳥にちなむとする仮説）をはじめ、「そのほとんどが取るに足りないものばかりだといっても過言でない」と斬り捨てた。同時に、「それだけに難解」と告白し、宣長説の微修正をはかっている。

ここでは、「飛ぶ鳥」をめぐる学界の諸説のうち、宣長の「朱鳥改元由来」説、および昭和中・後期の批判と新説を検討したうえ、次節で私見を述べる。

①年号「朱鳥」にちなむ——本居宣長説

宣長は『古事記傳』巻三八「若桜宮巻」（一七九六年浄書・一八二二年刊）で、つぎのように説いた。少し長いが、全文をそのままかかげる。(50)

さて此ノ地（河内の遠ツ飛鳥——引用者注）ノ名を、飛鳥と書ク由は、書紀天武ノ巻に、十五年改元曰朱鳥《アカミトリノ》元ノ年ト、仍名《カレミヤノナヲ》宮曰飛鳥《トブトリノ》浄御原ノ宮ト。【此ノ飛鳥は、トブトリノと訓べし、これをアスカと訓は非なり、其故は、朱鳥の祥瑞《シルシ》の出来たるをめで賜ひて、年ノ號をも然改め賜ひ、大宮の號にも、其ノ朱鳥を取て、飛鳥《トブトリ》の云々、とは名け賜へるなり、あすかと云むは、本よりの地ノ名なれば、殊更に、仍名宮曰、など云べき由なきを思ふべし、】とありて、大宮の號を、飛鳥《トブトリノ》云々と云から、其ノ地ノ名にも冠らせて、飛鳥《トブトリ》の明日香と云ヒ、終《ツヒ》に其ノ枕詞の字を、即《ヤガテ》地ノ名にも用ひて書たる物にて、加須賀を春日と書ク例に同じ、【古き歌に、春日《ハルヒ》の、加須賀と云る、其《ソ》は春日《ハルヒ》の霞むと云意のつゞけなるを、其ノ枕詞の春日《ハルヒ》てふ字を、やがて地ノ名に用ひたるなり、明日香を、飛鳥と書クも、此例なり、】かくて河内の明日香も、此ノ倭のに倣《ナラ》ひて、同く飛鳥とは書クなり、

すなわち、天武天皇十五（六八六）年七月、宮門に赤雉（朱鳥）の祥瑞が現れたので、

Ⓐこれをめでて、年号を〈朱鳥〉と改めた。

Ⓑそれにちなんで、宮名も〈飛鳥（トブトリノ）浄御原宮〉と呼んだ。なぜなら、

a　この飛鳥は、祥瑞と改元をうけて改名したものだから、トブトリノでなければならない。

b　もともとあったアスカ浄御原宮を、わざわざ改称して「飛鳥（アスカ）浄御原宮といふ」理由がない。

Ⓒついで、宮都の置かれた明日香にもかぶらせて、「飛ぶ鳥の―明日香」という枕詞が発生した。

やがて、枕詞の「飛鳥」だけで地名のアスカを表すようになった。

と説いた。bは「同語反復でナンセンス」というわけだ。『國號考』でもくりかえし強調している。

この宣長説は、契沖の『萬葉代匠記』を受けたもので、長らく国語・古代史学界の定説とみなされ、いまも国語辞書でそろって採用されている。白川静の『字訓』（一九八七年）も「〈朱鳥〉の改元によるとの説がある」と宣長説だけを紹介する。

②飛ぶ鳥の朝（あさ）～明日（あす）香の連想――井手至説

この定説にたいして異議を申し立てたのが、萬葉学者・井手至の「〈飛鳥〉考」だ。[51]

まずはじめに「浄御原宮」に冠する枕詞であった「飛鳥」が、さらにその宮殿の所在地である「あすか」にも冠して用いられるようになったと説く点は非常にまわりくどい。（中略）おもうに、天武天皇の宮号「飛鳥浄御原宮」それ自体も、（中略）「あすかの……」と訓むべきものであったのではなかろうか。

したがって、「飛鳥（とぶとり）の浄御原宮」から「飛ぶ鳥―明日香」という枕詞が発生したとする、宣長の起源説は「事実無根のものである」と断定する。代わって、古註のなかから富士谷御杖の「飛ぶ鳥の朝」起源説（一

七九四年）を紹介し、敷衍した。

朝明には鳥が群れ飛ぶ。そこで、「飛ぶ鳥の朝」というイメージができるが、「あさ」を類音の「あす」に通わせて、万葉びとは「飛ぶ鳥のあすか（明日香）」とつづけた――と富士谷御杖は考えた。井手は、『萬葉集』のなかの、「音の類似することばにかかる枕詞」の例を列挙して、これに賛成する。しかも、明日と朝とは同根の語（大野晋説）で、もともと枕詞「飛ぶ鳥」〜「朝」〜「明日」の連想から「明日香」の表記が生まれたらしい、とみる。そして、鳥の群れるさまは「生命力に溢れる賑やかなさま」を表すものとみなされたから、「飛鳥」が「一種の土地讃めの働きをもつことば」として「明日香」の枕詞に選ばれ、やがて好字として地名「あすか」の表記にもなったと説いた。

③「飛ぶ鳥」の呪性――土橋寛説

つづいて、上代文学の土橋寛が宣長説に反論した。高松塚壁画の発見後、間もなく発表した「古代歌謡と飛鳥」と「〈飛鳥〉という文字[52]」で、つぎのように説く。

宣長説に従えば、まず、朱鳥元年と改元され、宮名が「飛鳥（とぶとりの）浄御原宮」と改称されたあと、「飛ぶ鳥の―明日香」という枕詞が発生し、やがて「飛鳥（あすか）」という表記が誕生したはずである。ところが、じつは、改元（六八六年七月二十日）より十日ほど早く「飛鳥」の表記が生まれていた証拠を、土橋じしんが発見した。有名な長谷寺の国宝「銅板法華説相図」（降婁《こうる》〈六八六年〉七月上旬作）にみえる「飛鳥浄御原宮」の表記である。

そもそも、「赤雉《せきち》＝朱鳥」が瑞祥とされた理由は、赤い色にあった。だからこそ、元号も赤を強調して〈朱鳥〉と改元された。もし、このめでたい年号にもとづいて浄御原宮をほめるのなら、「朱鳥の浄御原宮」と呼ぶべきだろう。それを一般的な「飛ぶ鳥の浄御原宮」というのでは、意味がズレる。さらに、古代の宮都の名は、すべて地名からとるのが原則だから、浄御原宮の場合も枕詞的な「飛ぶ鳥の」ではなく、やはり地名の「飛鳥（あすか＝明日香）の」と訓むべきだ。

こう反証したうえ、土橋はつぎのように結論した。早くからアスカに「飛鳥」の文字をあてる習慣があり、また「飛ぶ鳥の―明日香」という枕詞があったが、のちに『日本書紀』の編者がその理由を「朱鳥」の改元にこじつけて解釈したのだ、と。

それではなぜ、早くから「飛鳥（あすか）」の表記が発生したのか。土橋は「常陸」が「常世の陸（クニ）」のイメージを表したように、「飛鳥」もこれに類する表記であろうと考えた。「飛鳥」の文字には飛ぶ鳥の呪的イメージがあって、聖地アスカにふさわしかった、というのである。

国語・語源学の吉田金彦は、これで宣長説は「完全に否定されるに至った」と賛同した(53)。

④渡来人の安息地――吉田金彦・金思燁《キム・サヨプ》説

それなら、土橋説で全面的に解決したかというと、まだ再考の余地がありそうだ。土橋説を支持する吉田じしんも、朝鮮半島から渡来人が渡り鳥のように明日香の地に飛来してきたから、「飛ぶ鳥」と「飛鳥」の表記が生まれた、と別の解釈を出した。長らく大阪外国語大学の客員教授をつとめた金思燁も、「飛ぶ鳥」のように百済から渡って来た渡来人たちが、故国と似た風土のアスカに安息の地を見出して「安宿（あすか）」「飛鳥」および枕詞「飛ぶ鳥の」の表記を生み出したと考えた(54)。

⑤「飛ぶ鳥」型の山容――大浜厳比古・伊藤博《はく》説

明日香から北東の三輪山を眺めると、三輪山の左右に龍王山と巻向山《まきむくやま》が翼を広げたように連なり、大鳥が飛ん

図12　「飛ぶ鳥」の三輪山（川原寺前から北東をのぞむ）

でいるかに見える。この山容こそ枕詞「飛ぶ鳥」の起源とみるのが、大浜厳比古・伊藤博である（図12）。

大浜は一九六三年（昭和三八）、論文「大鳥の羽易山《はがひのやま》」を書き、病気療養中の十年前、「飛ぶ鳥の明日香」と「大鳥の羽易山」を発見したいきさつを、こう回想した[55]。

> （昭和二十八年春）私はひとり飛鳥を歩いてゐて思はず声をあげた。鳥が飛んでゐるのである。それもまさしく文字通りの「大鳥」が。／橘寺の東門を出て、（中略）ふと三輪山の方を見やつた途端、私は声をあげたのである。「あゝ、飛ぶ鳥の明日香だ」と。／そこからは、川原宮・岡本宮・浄御原宮と飛鳥古京が一望に見渡せるのであるが、その古京の彼方の空を、三輪山を頭部に、龍王・巻向を両翼として、いつぱいに翼をひろげて天翔つて来る大鳥の姿を見たのである。
>
> その姿は藤原宮址に入つてますますあざやかであつた。大極殿跡の（中略）一帯は、あたかも菜の花の盛りであつた。（中略）三輪山はその裾を霞に包まれながら、（中略）濃緑を形よく浮き立たせ、そのうしろに雑木の萌え初めた薄緑の龍王・巻向は、大空に羽ばたく翼さながらに大空をきつて連なつてゐた。これこそ、ま

さしく「大鳥の羽易山」と、私はしばし古代の世界に遊ぶ思ひで、菜の花畑に立ちつくしたのであつた。

私はさつそくこのことを澤瀉先生にお知らせし、また蜂矢宣朗君に云つて、彼の製作中の飛鳥歌枕カラースライドに撮つて貰つた。

大浜の発見から五年後、澤瀉久孝は大著『萬葉集注釋』巻二の「羽易の山」の語注で、大浜説を紹介した。「大和に住む蜂矢宣朗、大浜厳比古の両君」の発見で、藤原宮跡から東北の山並みを眺めると、「三輪山のうしろに龍王山や巻向山が、春日山の場合と同様に両翼をなしてゐる事を見出して私に実地について示された。私はその実景に接していよいよ龍王山の一部を羽易の山とも云つたと考へるに至つたのである」と、大浜らの写真を添えて賛意を表したのだった(56)。

ちなみに、澤瀉の記す「春日山の場合」とは、奈良市の春日山とその前の御蓋山《みかさやま》が、やはり大鳥の両翼と首のようにみえるという、北島葭江《かこう》の説(『萬葉集大和地誌』一九四一年)をさす。大浜にも「春日山」のすがたが意識下にあったればこそ、一九五三年春、「飛鳥での私の矚目《しょくもく》が〈大鳥の翼を拡げた〉形として印象された」と、北島説の影響を認めている(57)。ただし、北島も澤瀉もその後、大浜説を全面的に採用することはなかった。大浜は、のちに北島を龍王山へ案内したとき、飛鳥からの景観と印象(と北島の影響)を語ったが、北島は改訂版『萬葉集大和地誌』に採り入れなかった。澤瀉も「飛ぶ鳥の明日香／飛ぶ鳥の浄の宮」の注解では、大浜説には一言も触れず、「地《(ママ)》の〈あすか〉に飛鳥の文字を宛てる事は枕詞から転じたものでまだこの天武の御代にはない」と、宣長説に左袒している(58)。

代わって、大浜説を喧伝・敷衍したのが、伊藤博である。一九五八年夏、この澤瀉の「羽易の山」の注解を読んで、三輪山の山容を「天翔る鳥」と認識し感動したことが、その契機になったという。やがて実地の観察から大浜の「飛ぶ鳥」説に共鳴し、まず二〇年後、『図説日本の古典・萬葉集』[59]の萬葉紀行で「大鳥の山」の写真を添えて紹介した。「(天武・持統)陵の東端に立って、三輪山一帯を見はるかすがよい。山々は、三輪山を胴体にして、左に龍王、右に巻向山が翼をなして大きく舞う。そして、明日香の里をおおいつつむ。まさに〈飛ぶ鳥の明日香〉である」と。ついで一九九五年、大著『萬葉集釋注』[60]でも、三輪山など三山の山容が「飛ぶ鳥」のように見え、「明日香は常にこの飛ぶ鳥に守られている感じである」と、大浜説を簡潔に紹介する。また、明日香には「〈飛ぶ鳥―朝・朝明〉の意でかかるか」と、井手説を支持した。

さらに、伊藤は最近のエッセー「飛ぶ鳥明日香」で、大浜説への恋着を告白している[61]。

それにもかかわらず……私は、……三輪山たち大鳥飛翔の山容と「明日香」との関係から離れられないでいる。とくに、大浜氏のかの第一声「あゝ、飛ぶ鳥の明日香だ」に接してからは、「飛ぶ鳥覆う―明日香」「飛ぶ鳥鎮め給う―明日香」こそが、「飛ぶ鳥」と「明日香」の本来の関係のように思われてならなかった。それは、願望もしくは夢にすぎず、学問の域から外れるかもしれないが、明日香の地を巡れば巡るほど、古代明日香びとがいかにも抱きそうな発想に思えてくるのであった。／……後日、大浜氏に真意を聞いてみた。氏は即座に言われた。「飛ブ鳥ノ守リ給ウ―明日香だよ」。

この論考は、大神神社の社誌『大美和《おおみわ》』の創刊一〇〇号記念に寄せた学芸エッセーだから、半ばご神体の三輪山にたいするオマージュも含まれていようが、永年の思い入れの深さがわかる。

(2)「明日香」のなかに鳥が飛ぶ――私見

私は朝夕、通勤電車の窓の向こうに三輪山の優美なすがたを飽かず眺めながら、伊藤博のエッセーを読むまで、

「飛ぶ鳥」のすがたや「羽易の山」のイメージをいだくことがついぞなかった。それだけに目からウロコの落ちる思いがした。あらためて大浜・伊藤の勧める天武・持統天皇陵の東の斜面に立って三輪山を望むと、なるほど大鳥が飛び立つようにもみえる(62)。川原寺と橘寺の間を走る明日香村の東西の幹線（県道・岡―見瀬《みせ》線）まで来ると、たしかに大浜の感動をいくらか追体験できよう。飛鳥寺の北に広がる石神《いしがみ》遺跡（飛鳥浄御原宮の迎賓館地区）からも「大鳥飛翔」のすがたを確かめられる。また、飛鳥の西端に横たわる見瀬丸山古墳（橿原丸山古墳）の墳丘に上がれば、空気の澄んだ日には、大鳥形の三輪山がくっきりとパノラマ状に見渡せるはずだ。

　山のすがたを鳥に見立てることは、古来しばしばある。飛鳥坐《あすかにいます》神社はその名のごとく、飛鳥のなかの飛鳥（明日香村飛鳥）にいます式内社だが、その背後の山も「鳥形山」とよんでいる。大浜や伊藤が幻視したごとく、古代の飛鳥びとも「三輪山たち」を大鳥のすがたに見立てた、と考えてもおかしくない。臨地体験すれば、諸説のうち、もっとも自然な推理と感じられよう。しかも、両氏の感情移入のつよい文章は、説得力に富んでいる。他の万葉学者が関説しないのが不思議に感じられる(63)。

　ただ、あえて疑問を出せば、三輪山を中心とする山並みが、「飛ぶ鳥」のイメージを呈するのなら、その枕詞は、むしろ三輪山そのものか、山麓にひろがる藤原宮にかけられてしかるべきではないか。なぜ、離れた明日香にかかるのか。鳥が呪的・霊的存在で、土地讃めの働きがあるにしても、井手説の「飛ぶ鳥―朝・朝明―明日香」の連想だけで説明できるのだろうか。明日香の地にこだわれば、「飛ぶ鳥」型の山はむしろ飛鳥寺―浄御原宮跡（飛鳥古京跡）の東にある「東山丘陵」をさすのではなかろうか。丘陵の北西端にはその名も鳥形山と呼ぶ小山があって、飛鳥坐神社が鎮まります。

　以上、先学苦心の学説をたどってきたが、専家に学びながら、このたび再考した結果を、つぎに述べる。

私は十数年来、古墳文化にみられる中国の神仙思想の影響に興味をもち、とくに漢代画像石に描かれた蓬萊山・扶桑樹との関連を調べている。そのさい、参考書として重宝するのが、劉城淮の『中国上古神話』(64)である。バラバラに記録された中国神話の断片をテーマごとにまとめ、原資料を掲げたあと、解説をつけた、いわゆる「工具書」である。

数年前、太陽神話の章を開いたとき、つぎのくだりが目に飛びこんだ。「我が国上古の人民は太陽の黒点を発見した。甘粛省でみつかった彩陶の太陽紋は、円の中に一つの黒点を描き、太陽の黒点を表している。後には、もっと明確な記載が『後漢書』五行志にみえる」と記したあと、

これに基づいて、〈日〉の字を創造した人は〈⊙〉と写した。〈⌒〉印はすなわち飛鳥の象《かたち》。そこで、一般の人びとは、つねに太陽を金烏・陽烏と呼んでいる。

つまり、古代の中国人は、太陽の黒点を鳥に見立て、太陽のなかに三本足の烏（金烏・陽烏）がいると信じた。〈日〉という象形文字も、この太陽と黒点を表したもの、というのである。もとより、劉城淮の独創的な解釈ではない。中国文字学の、いわば基礎知識に属するものであろう。

けれど、私には決定的なヒントを与えるものだった。「有的創造〝日〟字的人、写作〝⊙〟、〝⌒〟即飛鳥之象」という原著の文字列を見たとたん、「飛鳥」と「明日香」の関連性を直感した。劉城淮の解説にみえるとおり、中国人の文字観では、明日香の「日」のなかには鳥が飛んでいるのだ。しかも、よく見れば、上下の一・三字目にも「日」の字をふくんでいる。わが古代の飛鳥びとにも、中国伝来の漢字の知識があったろうから、「明日香」という表記を見たとき、「あっ、鳥が飛ぶ！　それも三羽も」と叫んだことだろう。飛ぶ鳥のイメージを描けたろう。それだけの教養と機知と遊び心があったはずだ。こうして、「飛ぶ鳥の―明日香」という枕詞を生んだのではあ

るまいか。カスガ（霞す処）の音義から「春日」を連想したのにたいして、こちらは、アスカ（明日香）の字面から「飛鳥」を発想したといえる。

お気づきのとおり、この解釈が成り立つためには、二つの前提がいる。第一に、枕詞「飛ぶ鳥（の）」が登場する前に、あらかじめ「明日香」という表記が成立していなければならない。第二に、「太陽のなかに鳥が飛ぶ」という中国古代の〈陽鳥＝金烏〉信仰と、「日の字のなかに鳥が飛ぶ」という文字学の知識が、飛鳥びとの間に共有されていることが条件だ。

第一の「明日香」の表記については、さいわい、土橋が簡潔に整理している。(65) これを借りると、アスカの地名は、はじめ（推古朝では）字音仮名の「阿須迦」などで表し、ついで訓仮名の「明日香」を用い、最後に（天武・持統朝から）表意的文字の「飛鳥」に移ったという。そうすると、推古朝と天武・持統朝の間に「明日香」の表記が生まれ、やがて「飛ぶ鳥（の）」という枕詞が発明された、と考えられる。

第二の〈陽鳥＝金烏〉信仰の受容については、①文学史と②美術史、③考古学の三方面の資料があげられる。まず、①文学史の資料は、『懐風藻』に収められた大津皇子の著名な漢詩だ。大津は朱鳥元年（六八六）十月三日、訳語田《おさだ》の舎《いえ》で死をたまわったとき、「百伝《ももづた》ふ　磐余《いはれ》の池に　鳴く鴨を　けふのみ見てや　雲隠りなむ」の絶唱とともに、つぎの辞世「臨終一絶」を残した。

金烏　西舎に臨み／鼓声　短命を催す／泉路　賓主なし／この夕　誰が家にか向ふ(66)

（金烏に背負われた日は西空に傾き、時刻を告げる鼓の音が、短いわが命を急きたてる。黄泉路には自分を迎えてくれる主人もなく、この夕べ誰が家に向かえばいいのか）

ご覧のように、皇子は「金烏（太陽）が西に傾き」と詠んでいる。つまり、遅くとも天武朝末年には、太陽のなかに「金烏＝陽烏」が飛んでいるという知識が、少なくとも一部の飛鳥びとに共有されていたことがわかる。したがって、「明日香」の文字から「飛ぶ鳥」をイメージする文学的・思想的環境はととのっていた、と判断できよう。ただし、この推定は、『懐風藻』のテクストどおり、「大津皇子の辞世は天武朝末年の真作」との前提に立っている。ところが、これには諸家のつよい異論がある。大津皇子の「臨終詩」と酷似した詩が、八世紀から二〇世紀にわたってくりかえし、非命に倒れた中国・朝鮮人の「臨刑詩」として詠まれてきたから、先後関係がかならずしも明らかでない。残念ながら、大津皇子の詩でもって、「金烏」の信仰が七世紀後半の飛鳥びとの間に入っていた明証とはしがたいようである[67]。

しかし、大津皇子の辞世がたとえ後代からの仮託・竄入であっても、第二、第三の美術史・考古学上の資料から、飛鳥時代に〈金烏＝陽烏〉信仰が受容されていたことは、十分に想定できるのである。

そこで、②美術史の援軍を求めると、法隆寺の国宝「玉虫厨子」の背面に描かれた「金烏・月兎」図があらわれる。中央に三重の塔に見まがう須弥山がそびえ、その上空の左右に、「陽中の金烏」（図13）と「月中の白兎」が配置される。「玉虫厨子」の制作年代は六五〇年ころとみられるので[68]、天武朝の人びとは、とうぜん「太陽のなかに三足烏が棲む」という中国神話を知っていたはずである。「詩は大津より始まる」と評された大津皇子も、中国伝来の金烏神話を教養としてもっていたと思われる。前川明久は、長編論文「金烏の史的系譜」で想像の翼を奔放に伸ばしている。すなわち六七〇年の法隆寺焼失後、飛鳥の橘寺に保管されていた「玉虫厨子」を、大津は同好の士とともに見た。そのさい、壁面の〈金烏〉から鮮烈な印象を

図13　「玉虫厨子」の背面に描かれた太陽のなかの三足烏（トレース）

受け、養育係の大津造首にその意味を教わった。大津の臨刑詩冒頭にあえて「金烏」のキーワードがおかれたのは、代作者・大津造首がその場に立ち会ったからだ、というのである。[69]

「金烏」を知った飛鳥時代の皇族・貴族は、日月・山川・草木など基礎的な象形文字の字源についても、学ぶ機会があったろう。したがって、「日」字が「⊖」という象形に由来すること、真ん中の「一」形が日中の三足烏をかたどっていることも、知っていたと思われる。

さらに、③考古資料では、法隆寺の西隣、藤ノ木古墳（六世紀後半）から出土した「金銅製冠」があげられる。すでに「扶桑樹への憧れ」でみたとおり、[70]冠の意匠は、海東にそびえる扶桑樹を表したもので、十個の太陽が毎朝一つずつ、烏の背に乗ってこの樹からのぼり、大空をめぐる。巡行中、太陽は烏の体内にいるか、太陽のなかに烏がいると信じられた。いずれにしても、飛鳥時代の人びとは、太陽のなかに棲む三足烏を知っていたことが、冠のデザインでうかがえる。斑鳩宮を営んだ聖徳太子は、藤ノ木古墳の墓主のみならず、金銅冠の意味をも知っていたろう。さればこそ、「日出づる処の天子、書を日没《く》るる処の天子に致す、恙なしや」と推古十五年（六〇七）度遣隋使の国書で宣言しえた。

こうして、飛鳥びとは「明日香」の三文字のなかに「日」字の連なりを見出し、「飛ぶ鳥」のすがたを発見した。「――海よ、僕らの使ふ文字では、お前の中に母がゐる。そして母よ、仏蘭西人の言葉では、あなたの中に海がある。」（三好達治『測量船』）と、近代日本の詩人は歌ったが、古代飛鳥の歌人は「日の中に鳥がゐる、明日香の中に鳥が飛ぶ」と歌うところを、簡潔に「飛ぶ鳥の明日香」と歌いつづめ、枕詞を創作したわけである。

したがって、明日香の空を飛ぶ鳥は、一般の鳥ではなく、太陽のなかの「金烏」であり、太陽そのものである。土橋寛は、「飛ぶ鳥」には「常陸」と同じ神仙思想的・呪的なイメージがあると予測したが、実体は神仙思想の

「金烏」であったのだ。大浜・伊藤のいう三輪三山でなかったにせよ、「飛ぶ鳥の守り鎮め給う明日香」「さきわう明日香」のイメージとも重なってこよう。

それでは、飛鳥びとにとって、「金烏」はどこから明日香の空に飛んでくるのだろうか。大浜や伊藤が幻視するように、やはり飛ぶ鳥型の三輪山からだろうか。それとも、明日香の東につづく「東山」や鳥形山からだろうか。私はむしろ、明日香の東奥にそびえる多武峰と考えたい。なぜなら、七世紀の多武峰《とうのみね》《たふのみね》には二本の槻の木（ケヤキ）つまり「両槻《ふたつき》」の間に「天宮」があって、太陽＝金烏が昇る「扶桑樹」（二本の桑の聖樹）を連想させるからである。おそらく七世紀半ば、斉明女帝をはじめ古代の飛鳥びとは、太陽は多武峰の「両槻宮」＝「扶桑樹」の間から昇り、「金烏」となって明日香の空を飛び、守ってくれると信じたらしい。さればこそ、天武朝末年の「赤雉」の出現が瑞祥とつよく意識され、改元を促したのだろう。聖徳太子の唱えた「日出づる処」から一歩進んで、みずからの国を金烏さきわう「日の本＝日本」とみる意識が、このころ、飛鳥びとのなかに浸透していったと思われる。

(3)結　論

以上、もっぱら国語・国文学者の見解にそって、「飛ぶ鳥の明日香」と「飛鳥」の発生の過程を再考し、私見を述べた。これが正しいとすると、朱鳥元年の「飛鳥浄御原宮」の命名のいきさつについても、新しい解釈ができそうである。

すでにみたごとく、『日本書紀』によると、「朱鳥改元」にともなって「飛鳥浄御原宮」と命名された。遷都から十五年たっているが、その間、宮号はどう称えられていたのだろうか。土橋寛は、朱鳥改元以前から「飛鳥浄御原宮」の宮号はあったと説いたが、ここで古代史家の見解を質してみよう。

今泉隆雄は「〈飛鳥浄御原宮〉の宮号命名の意義」のなかで、「浄御原宮」の宮号じたいが「清浄な原」を意味する一種の嘉号であること、さらに、宮号はふつう遷宮の前後に定められるにもかかわらず、朱鳥元年以前に宮号の伝えのないことに注目して、こう結論した。天皇の不予という不祥を祓い浄めるため、「朱鳥元年」の祥瑞建元とセットにして、「飛鳥浄御原宮」の嘉号命名がおこなわれた。天武元年の遷宮とともに別号があったはずだが、それは「通称」にすぎなかったため、朱鳥元年、宮号の正式命名にさいして記録されなかった、と。[71]

周到な考察のすえに編み出された苦心の解釈である。だが、新たに「飛ぶ鳥の明日香」から「飛鳥」の発生の過程と意味がみえてきたいま、「飛鳥浄御原宮」の嘉号についても、再考できそうである。諸家の高説を参照しながら、私見をまとめると、つぎのようになる。

［1］天武元年（六七二）冬、天武天皇は壬申の乱が終わると、即位に先だって「飛鳥浄御原宮」に遷った。しかし、この段階では、宮名の正書法は「明日香浄御原宮」だったろう。なぜなら天武朝末年の十四年の位階制で「明・浄」が最高位にランクされたように、政治理念でも「明・浄」のキーワードがもっとも尊ばれたからである。推古朝いらいの「阿須迦」に代わって、「明日香」が正書法として採用されたのは、おそらくこのときであろう。

［2］やがて「明日香」のうち「日」の字源から「飛ぶ鳥」のイメージが喚起され、「飛ぶ鳥の―明日香」という結びつき（枕詞）が生まれた。諸家が説くように、「飛ぶ鳥」は生命賦活を表す瑞祥のシンボルとして歓迎されたのだろう。

［3］ついで「飛ぶ鳥の明日香」から「飛鳥（あすか）」の表記・義訓が発生したのは、「長谷のハツセ」「春日の

カスガ」から長谷・春日の表記が発生したのと同じであろう。

［4］ このあと天武十五年（六八六）、（『扶桑略記』によると）瑞鳥「赤雉＝朱鳥」が出現したため、七月二十日、年号は「朱鳥」と改元された。年号にちなんで、宮号の正書法も（「明日香浄御原宮」から、同音異字の）「飛鳥（あすか）浄御原宮」に変わった。命旦夕に迫った天武天皇を守護するために、律令国家は社寺で病気平癒を祈願するなど、さまざまな延命の呪法を動員したが、宮号についても、従来の「明日香」に代わって「飛鳥」の呪的イメージを選んだと考えられる(72)。そして、和銅六年（七一三）、地名を好字二文字で表すようになった結果、「飛鳥」の表記が定着していく。

もちろん、諸家の説かれたように、三輪山から大鳥が飛び来たって明日香を鎮めることも、朝明の明日香に鳥が群れ飛んで生命を賦活することも、常世を思わせる「さきわう明日香」のイメージも、さらに、渡来人の多い国際都市の雰囲気も、そこにはこめられていたろう。これなら、『日本書紀』の記録もそのままで整合的に解釈できる。天武末年の宮名改称が、「明日香浄御原宮」から「飛鳥浄御原宮」への改名であったとすれば、「（アスカ浄御原宮から飛ぶ鳥の浄御原宮でなく、飛鳥《あすか》浄御原宮への変更では）同音反復で改称の理由がない」と、くりかえし反発した本居宣長のこだわりも、クリアできよう。

今日、「明日香」と「飛鳥《あすか》」は、ほとんど同義・同値とみなされている。しかし、飛鳥の原義は「飛ぶ鳥の明日香」にあった。「飛ぶ鳥」は「明日香」の文字に隠された意味をあらわにし、明示し意識させる。その分、飛鳥は「飛ぶ鳥の明日香」という、義（枕詞）と音（地名）の双方を畳みこんだ連語の縮約であり、意味が重層している。太陽と鳥の生命賦活力にも満ちている。「好字」とされた所以であろう。

付：「しきしまの」と「ももしきの」——仙境の表象——

「敷島」は、大和と日本の代名詞というだけではなく、戦前の軍艦名からタバコの銘柄、企業名、関取の四股名にいたるまで、広く愛用されてきた。なにより、「敷島の」といえば、大和と日本の枕詞になり、「敷島の道」はそのまま和歌の道を意味し、日本文化のなかでも中核的な位置を占めてきた。この「しきしま」の語義についても、「飛ぶ鳥の」と同じく、本居宣長が『石上私淑言』でつぎのように解き明かした。(73)

大方地名は多くは借り字《な》にて、……「しきしま」ももとはいかなるゆゑの名ともさだかなることはなけれど、『日本紀』に「磯城島」と書かれたる字の意なるべきにや。そのゆゑは、「磯」は「石」の「伊」をはぶける語なり。……城を「紀」といふは古語にて、「磯の城」といふ意に名づけたる地名と思はるればなり。石もて城を築くなどは、……上古にもありしことにて、（貝原益軒『日本釈名』など）物に見えたり。今おしなべて「敷島」とのみ書くは、もとより借り字なる中に、『萬葉』などにも見えず、後世に書き出だせることなり。かりそめにも「敷」の字に意あることと思ふべからず。

「敷島」の表記は仮のもので、正しくは「磯城島《しきしま》」と書き、もとの意味は「石城《いしき》」にある。後世の「敷島」の文字づかいにこだわってはいけないという。宣長の洞察はあたっているようで、こちらは「飛ぶ鳥の」とはちがって、現在まで異論があるわけではない。『日本国語大辞典　第二版』や『角川古語大辞典』を開くと、宣長説にしたがって、「敷島は、もともと磯城島の意で、イシキ―シマ（石城島）の義。崇神・欽明両天皇の都があった所」と解説している。その「磯城」についても、「イシキ（石城）から語頭のイ音が脱落した形。上代、石で堅固に築いた城、とりで。また、周囲を岩石でめぐらした祭場・場所」とある。角川版では、さらに「三輪山の南西麓の今の桜井市付近にあたる城上郡が中心で、崇神・欽明両天皇の宮があったとされ、大和朝廷の成立に関して重要な意味を持っていたらしい」と説明している。

それでは、なぜ、三輪山の南西麓の桜井市付近が、シキと呼ばれたのか。「もとはいかなるゆゑの名」であったのか。はたして、〈石城〉に相当する堅固な構造物（城・祭場）が古代、この地にあったのだろうか。

候補の一つは、崇神天皇の磯城瑞籬宮《みずがき》（師木水垣宮）が考えられる。この瑞籬宮が石で固めた城や砦のような堅牢な構造だったのかもしれない。いま一つは、同じ崇神朝に建てられたという〈磯城の神籬《ひもろぎ》〉があげられる。『日本書紀』の伝えによると、「崇神天皇の六年、それまで宮中で祭っていた天照大神を豊鍬入姫に託して、大和の笠《かさ》縫《ぬい》の邑《むら》に移し（神人分離）、磯城（石囲い）の神籬を立てた」という。磯城の地名は、この〈磯城の神籬〉に由来するのだろうか。ただし、〈磯城の瑞籬宮〉も〈笠縫の磯城の神籬〉も、まだ発見されていない。したがって、その可能性を否定するわけにはいかないが、もし、現に「石城」のような構造物が発見されているのなら、(74)まずその方から検討すべきだろう。

すでに見つかっている「石城」――とは、私のみるところ、箸墓古墳やホケノ山古墳のような石葺きの奥津城《おくつき》である。『日本書紀』によると、箸墓古墳は、崇神天皇の姑《おば》ヤマトトトヒモモソ姫の墓で、奈良県と大阪府の境にある大坂山から石を切り出し、人民が踵を接して並び、手越《たご》しに（つまりリレー式で）運んだ、と伝えている。じっさい、箸墓の墳丘は近くの河原石や大坂山の石でびっしり葺かれているようだ。長く宮内庁の陵墓委員をつとめた末永雅雄は「石塚のような景観を呈す」と記している。(75)

ホケノ山古墳も、二〇〇〇年春の発掘調査の結果、石室は木槨の上を石で囲んだ特異な「石囲い木槨」の構造で、さらに墳丘全体を石で覆っていたことが明らかになった。(76)磯城の地から離れるけれど、天理市の中山大塚

〈大和古墳群〉の場合も、葺石が大量で石山・石塚を思わせるほどだった。(77) 箸墓やホケノ山にかぎらない。そもそも古墳は、いまでこそ緑の樹木に覆われて、緑の島か山にみえるけれど、もとは、石山古墳・石塚古墳と呼ぶ古墳が各地にあるように、石貼りの要塞のような構造物だった。これが〈石城〉でなくて何だろうか。

三輪山西麓の纒向《まきむく》・箸中古墳群には、箸墓を盟主墳にして、纒向石塚（なぜか、その名に背いて葺石がない）・ホケノ山・勝山・東田《ひがいだ》古墳など纒向型前方後円墳が、累々と重なるように集中していた。おそらく、三世紀前半から半ばにかけて、はじめてこの地に前方後円墳が出現したとき、古代の人びとは、異様な石葺きの景観に驚いて「石城」に見立てたのだろう。葺石をむきだした「石城」のような前方後円墳の連なり――それが「磯城」の原風景だったと思われる。(78) また、中山古墳を含む狭義の大和《おおやまと》古墳群の一帯は、大和国魂神社があって、「大和」の発祥地といわれる。ここも「しきしまの大和」と呼ぶにふさわしい「石城」の景観を呈していたろう。

この葺石は、単なる墳丘の土留め用ではなく、歴とした意味があったことも、すでに第二章「蓬萊憧憬の展開」で述べた。私見では、壺型をした前方後円墳の起源は、不老長寿の仙人が住む壺型の仙境「蓬萊山」のかたちを写したものである。蓬萊山は、方丈・瀛洲とともに、東海の〈三神山（三山）〉と呼ばれ、いずれも壺型で、大亀の背に乗って浮いている。中国の古典『海内十洲記《かいだいじっしゅうき》』によると、とくに瀛洲は「積み石多し」という。(79) 古墳の墳丘が葺石でおおわれているのも、おそらく瀛洲など三神山の姿かたちを写したからだろう。

「敷島」は、磯城《しき》島＝石城《いしき》島の意味だから、「石城」状の前方後円墳（蓬萊山）が島のように浮かぶ地域、つまり〈仙境〉を指したと考えられる。欽明天皇の磯城嶋金刺宮《かなさしのみや》も、「仙境にある金刺宮」の意味であろう。

ちなみに、飛鳥時代の天武天皇の和風諡号《しごう》は「天渟《あまのぬ》中原《なはら》瀛《おきの》真人《まひと》天皇」で、「玉原のつづく瀛洲に住みたまう神仙の天皇」を意味するという。(80) その都・飛鳥浄御原宮（飛鳥京跡）も、明日香村岡の地に復元されたごとく、もとは玉のような河原石で覆われ、天皇の諡号にふさわしい姿をみせていたのだろう。一九九九年に発見された飛鳥京跡苑池遺構の池底も、また、酒船石遺跡の亀形石遺構の周りも、石でびっしりおおわれていた[81]。それはむしろ、輪奐《りんかん》の美を誇る「百敷（百石城・百石木）の」大宮の景観の一部である[82]。「しきしまの」石貼りの古墳から、「ももしきの」石詰めの宮都へと転換していくのだが、ともに、古代びとの夢見た仙境の表象であることに変わりはなかった。ももしきの大宮のなかには、上皇の住まう仙洞御所＝蓬壺があり、女官たちの起居する壺（局）があった。ももしきの大宮びとは、蓬萊仙境の神仙と見立てられたのだ。

宣長の「枕詞」解釈ではじめたこの小考を、ふたたび宣長の「敷島」の歌で結ぼう。

　敷島の大和ごころを人問はば　朝日に匂ふ山桜花

敷島は、宣長の解くごとく「磯城島」すなわち「石城島」であり、それは石におおわれた前方後円墳群＝蓬萊山を意味した。その磯城島から発祥した「大和」のこころを問われたならば、朝日に照り輝く山桜花と答えたい、という歌意である。朝日は、もちろん、海東の扶桑樹から昇る。宣長の歌は、期せずして、蓬萊山（前方後円墳）と朝日を詠みこんでいる。朝日ゆかりの扶桑樹はこの歌にないけれど、代わりに山桜花がある。桜の幹をよく見ると、やさしい花びらに似ず、一木の太い幹のなかで、二本の細い幹が大蛇の絡むごとく荒々しく捩《よじ》りあい、上に伸びている。私ひとりの思いすごしかもしれないが、同根異木の扶桑樹を連想したくなる。そして、古墳時代に植えられた生命の木「扶桑樹」への憧憬が、やがて奈良時代をへて、平安時代以降の桜花賛仰に変わっていくかに思われる。石におおわれた仙境・蓬萊山のような大和、そのこころを何かと問われたなら、朝日に輝きにおう若々しい生命力にあふれた山桜花、つまり扶桑樹と答えたい。これは、漢意を徹底的に除こうとした宣長が、夢想だにしなかった筈であろう。しかし、宣長は、古代に形成された日本文化の特質を、意識下で蓬萊山と扶桑樹に探りあてたのではないか、と考えたいのである。

(1) 森貞次郎「五郎山古墳」の解説（小林行雄編・藤本四八撮影『装飾古墳』、平凡社、一九六四年）。
(2) 森貞次郎『装飾古墳』（教育社歴史新書、一九八五年）、玉利勲『装飾古墳の謎』（大和書房、一九八七年）。
(3) 白石太一郎「古墳壁画の語るもの」（国立歴史民俗博物館編『装飾古墳が語るもの』、吉川弘文館、一九九五年）。
(4) 小田富士雄「彩色壁画考」（福岡大学考古学研究室編『国史跡 五郎山古墳』所収、筑紫野市教育委員会、一九九八年）。『筑紫野市史・資料編(上)考古資料』（筑紫野市、二〇〇一年）にも収載。
(5) 和田萃「古代史からみた装飾古墳」（前掲注3書）。
(6) 辰巳和弘「古墳壁画の世界」（『古墳の思想』、白水社、二〇〇二年）。
(7) 前掲注(4)書。
(8) 百田弥栄子「射日・招日神話にかかわる鍛冶文化の諸相」（『説話・伝承学』、一九八八年）、萩原秀三郎『神樹――東アジアの柱立て』（小学館、二〇〇一年）。民族学者の岡正雄は、「射陽神話」がインドネシア族、タイ・支那族、トルコ・モンゴール族、日本、西部インディアン族に分布するところから、中国からの受入であることを暗示するという。また、古代ギリシアのヘラクレス神話が、スキタイ人の仲介によって中国に移入されたとみる、欧米学者の研究を紹介した（「太陽を射る話」、『異人その他』、岩波文庫、一九九四年、親本・言叢社、一九七九年）。
(9) 金関丈夫「竹原古墳奥室の壁画」（『Museum』215号、東京国立博物館、一九六九年二月号／のち『発掘から推理する』所収、朝日選書、一九七五年／岩波現代文庫、二〇〇六年）。
(10) 小林行雄編前掲注(1)書、森貞次郎解説「竹原古墳」（同上書）。なお、小林らがこの時点で金関の新説を紹介しえたのは、金関の別稿「鞍手郡若宮町竹原古墳奥室の壁画」（『九州考古学』19号、一九六三年）によったからであろう。
(11) 森貞次郎前掲注(1)解説。森じしんは、主題について「怪獣や鳥（朱雀?）が中国ふうの四神図との類似を考えさせるのにたいし、牽馬の図像は貴人の死後の世界での羈旅にあてる供献の意味をもつと見られよう」とした。
(12) 星川清孝注解『楚辞』（新釈漢文大系34、明治書院、一九七八年）。

(13) 星川清孝前掲注(12)書と、藤野岩友『楚辞』「離騒」(漢詩大系3、集英社、一九七七年)の解説による。

(14) 高書林『淮北漢畫像石』「第一章 漢代社会及歴史故事編」「第二章 神話故事編」(天津人民美術出版社、二〇〇二年)。

(15) 靳之林『中国の生命の樹』「第13章　戦国両漢の扶桑樹と后羿射日」(言叢社、一九九八年)。

(16) 佐伯有清『魏志倭人伝を読む・上』「末盧国から邪馬台国へ」(吉川弘文館、二〇〇〇年)。

(17) 梅原末治他編『通溝』下巻(日満文化協会、一九四〇年)は麒麟とするが、本文と写真が一致せず、また、麒麟とおぼしき動物は外にいる。ミスプリントもあるらしい。

(18) 駒井和愛『中国古鏡の研究』「第三章四　星宿文及び雲形文」(岩波書店、一九五三年)。

(19) 徐錫台他編『周秦漢瓦當』(文物出版社、一九八八年)、張文彬編『新中国出土瓦當集録・斉臨淄《りんし》巻』(西北大学出版会、一九九九年)、趙力光編著『中国古代瓦当図典』(文物出版社、一九九八年)、尹国有・耿鉄華『高句麗瓦當研究』(吉林人民出版社、二〇〇一年)など。

(20) 駒井和愛前掲注(18)書。白川静『字通』は「云は雲中にひそむ竜の姿を現す」と説いた。

(21) 小林行雄「蕨手文」(『日本史大事典』第6巻、平凡社、一九九四年)。

(22) 関野雄『半瓦當の研究』(岩波書店　一九五二年)、三上次男「戦国瓦當と秦瓦當」(中国古代史研究会編『中国古代史研究・第三』、吉川弘文館、一九六九年)、土居淑子『古代中国の画象石』「第4章Ⅰ　不死の象徴と神話世界：巨樹の図――扶桑樹」(同朋舎、一九八六年)。ちなみに、一九五〇年から二〇〇七年現在までの著書・論文の表題について、蕨手文・雲文・雲気文の使用頻度を国立国会図書館のデータベースで調べると、つぎのとおりである。雲文6、雲気文3、雲形文0、蕨手文6(ほかに蕨手刀8、蕨手2)、巻雲9(ただし、すべて気象用語として)。タイトルに瓦当のキーワードをもつ論文は321件、装飾古墳の表題をもつもの121件。

(23) 関野雄前掲注(22)書。
『陝西古代磚瓦図典』は雲文を11種に分類する。蝶雲文《ちょううんもん》、蟬《せん》雲文、四葉雲文、樹枝雲文、曲尺雲文、両雲文、蘑菇《まこ》雲文、双雲文、乳釘《にゅうてい》雲文、山雲文、巻雲文。『中国古代瓦当図典』は6種に分類する。蘑菇形雲紋、羊角形雲紋、巻雲紋、S形雲文、反雲文、雲文。『新中国出土瓦当集録　臨淄《りんし》編』は「樹木饕餮紋瓦当」と総称する。

(24) 関野雄前掲注(22)書「第三章第二節(戦国時代)斉の半瓦当／三　樹木文様の意義」。

(25) 三上次男「戦国瓦當と秦瓦當」（前掲注22書）。
(26) 土居淑子前掲注(22)書。石渡美江「臨淄《りんし》出土樹木文半瓦当の文様について」（『比較文化研究』17号、東京大学教養学部、一九七八年）。
(27) 趙力光編集前掲注(19)書。
(28) 安立華「斉国瓦当飾紋研究」（『斉国瓦当芸術』、人民美術出版社、一九九八年）。
(29) 関野雄前掲注(22)書「第三章　斉の半瓦当」、三上次男前掲注(25)論文「第一一　統一時代の秦瓦とその文様」。
(30) 駒井和愛前掲注(20)書「第三章四　星宿文及び雲形文」、申雲艶『中国古代瓦当研究』（文物出版社、二〇〇六年）。ただし、秦瓦当のなかには、陝西省眉県出土の夔文《きもん》瓦当（最大径七八センチ）のように特大の、龍尾をもった蕨手文（夔文）の瓦当がある（劉懐君・賈麦明「眉県出土〝瓦当王〟」、『文博』二〇〇〇年第二期および申雲艶上掲書）。
(31) 林巳奈夫『石に刻まれた世界』「十三　石棺の画像」（東方書店、一九九二年）。
(32) 河森一浩「〈楼閣〉絵画の再検討」（同志社大学考古学シリーズⅨ、二〇〇七年）。
(33) 由水常雄『ローマ文化王国―新羅』（新潮社、二〇〇一年）。
(34) 浜田耕作「新羅の寶冠」（『寶雲』第二冊、一九三二年）。
(35) 樋口隆康「ティラ・テペの遺宝」（『佛教藝術』137号、一九八一年）、V・I・サリアニディ／加藤九祚訳『シルクロードの黄金遺宝――シバルガン王墓発掘記』（岩波書店、一九八八年）。由水常雄前掲注(33)書。
(36) 早乙女雅博「先史・古代中国の工芸」（『世界美術大全集　東洋編』10巻　高句麗・百済・新羅・高麗、講談社、一九九八年）、毛利光俊彦「中国古代北方民族の冠」（『東アジア考古学論叢』、奈良文化財研究所・遼寧省文物考古研究所、二〇〇六年）。
(37) 『新修亀岡市史』（亀岡市役所、一九九八年）。
(38) 江上波夫・佐原真『騎馬民族は来た!?来なかった?!』（小学館、一九九六年）、『立山山13号墳』（八女市教育委員会、一九八四年）。
(39) 『宇陀　北原古墳』（奈良県大宇陀町、一九八六年／増岡清史より恵与）、『石ノ形古墳』（袋井市教育委員会、一九九九年）、『島内地下式横穴墓群』（えびの市教育委員会，二〇〇一年），『考古学ジャーナル』〈特集　蛇行剣〉498号（二〇〇三年）。蛇行剣の実態を知るため、二〇〇一年夏、静岡県袋井市（石ノ形古墳）、栃木県小山市（桑57号墳）、宮崎県えびの市（島内地下式横穴墓群）の出土遺跡・遺物を実見した。袋井市教育委員会の白澤崇、小山市立博物館の栗原淳、えびの市歴史民俗資料館の中野和浩の各氏に懇切な解説をねがい、現地へ案内いただくなど便宜をはかっていただきながら、結果は「蕨手文考」のみで、専論をまとめるに至らなかった。深謝申しあげる。

(40) 石田英一郎「桑原考」（『桃太郎の母』所収、講談社、一九八四年／講談社学術文庫、二〇〇七年）、『続不子語』（『袁枚全集』四所収、江蘇古籍出版社、一九九七年）。「桑刀」はネット上に頻出するが、『漢語大詞典』には載っていない。

(41) 松本清張が『国文学　解釈と教材』一九八五年九月号の共同討議「古代を検証する」でこのアイデアを出している。

(42) 石井昌国『蕨手刀』（雄山閣出版、一九六六年）。

(43) 山本忠尚『唐草紋』（日本の美術358、至文堂、一九九六年）。

(44) 拙稿「祝りの原像」（『毎日新聞』連載「歴史万華鏡」、のち『古代の光―歴史万華鏡』所収、三五館、一九九七年）で、〈はふり〉の語源考古学を試みた。羽を振る鳥装の「シャーマン」の絵姿（奈良県天理市・清水風遺跡、弥生時代）をヒントにして、祝・葬り・屠り・放るなどの〈ハフリ〉系語群が、ともに「羽振り」に由来することを考えた。

(45) 本節は、奈良県橿原市・明日香村地域の同人誌『あざみ』14号（二〇〇一年三月）に発表したエッセー「〈敷島〉の大和、〈飛ぶ鳥〉の明日香」をもとに、その後、管見に入った論著を参照しながら再考し、全面的に加筆・改稿したものである。

(46) 題詞によると、元明天皇の「御作歌」だが、一書では「太上天皇の御製」つまり持統天皇の御製とも伝えられていた。元明御作歌なら、「君があたり」は夫・草壁皇太子の奥津城になる。持統御製なら、飛鳥浄御原宮から藤原宮に遷ったとき（六九四年）の歌で、「君があたり」も夫・天武天皇の御陵をさす。近年、元明天皇歌とみる説が有力だが、伊藤博は、「二代の女帝が（それぞれの遷都にさいして）明日香・藤原と思い出の人びとに切々と別れを告げ、思慕敬仰の情念をこめ」て、くりかえし歌った、と解釈する（『萬葉集釋注』一、集英社、一九九五年）。括弧内の歌意も伊藤による。ただし一部改めた。

(47) 澤瀉久孝「枕詞を通して見たる人麻呂の独創性」（『萬葉の時代と作品』、岩波書店、一九四一年）。

(48) 福井久蔵『枕詞の研究と釋義』（一九二七年初版、一九六〇年新訂増補版〈山岸徳平補訂〉、有精堂）。番号と括弧内の

注記・読み仮名は筆者、また、読点をふやした。

(49) 吉永登「トブトリノ明日香」(『橿原考古学研究所論集・創立三十五周年記念』、一九七五年、橿原考古学研究所／のち『萬葉――その探求』所収、創元社、一九七五年)。

(50) 本居宣長『古事記傳』三十八之巻「若櫻宮巻」および『國號考』(ともに筑摩書房版『本居宣長全集』第十二巻と第八巻、一九七四年)。

(51) 井手至「〈飛鳥〉考」(『萬葉』七九号、一九七二年)。

(52) 土橋寛「古代歌謡と飛鳥」(『明日香村史』中巻、明日香村、一九七四年)、「〈飛鳥〉という文字」(境田教授喜寿記念『上代の文学と言語』、一九七四年／のち『萬葉集の文学と歴史』所収、一九八八年、塙書房)。ただし、「降婁(戌年)」については、六八六年から七七〇年まで諸説がある。東野治之によると、六八六年にあたるとみていいが、それは「銅版」制作の発願の年であって、銘文の撰文と完成は、その用字法からみて、持統朝まで下がるという(「『続日本紀』所載の漢文作品」、『日本古代木簡の研究』所収、塙書房、一九八三年)。今泉隆雄は、東野説にもとづいて、「飛鳥浄御原宮」の宮号が朱鳥元年以前にあった証拠にはならないと説いたが、「朱鳥元年の宮号命名記事は信拠できる」とする(「〈飛鳥浄御原宮〉の宮号命名の意義」、『古代宮都の研究』、吉川弘文館、一九九三年)。従うべきだろう。しかし、浄御原宮の宮号と飛鳥の義訓が朱鳥元年以前にあったとする土橋の推考は、正しいと思われる(後述)。澤瀉久孝は「天武朝には飛鳥(あすか)の表記はなかった」と本居宣長説を補強したが(『萬葉の作品と時代』、岩波書店、一九四一年ほか)、土橋や今泉の推考で崩れよう。

(53) 吉田金彦『古代日本語を歩く』(弘文堂、一九八三年)。

(54) 金思燁『記紀万葉の朝鮮語』(六興出版、一九八九年)ほか。

(55) 大浜厳比古「大鳥の羽易山」(『萬葉』四六号、一九六三年)。

(56) 澤瀉久孝『萬葉集注釋』巻二(二一〇番語注)(中央公論社、一九五八年)。

(57) じつは、大浜はそれより十年前(一九四二年)――したがって、回想の学芸エッセーを発表したときから二十年前――の秋、すでに三輪山と龍王山・巻向山が「飛ぶ鳥」「羽交いの山」の形にみえることに気づいている。そのへんのいきさつもおもしろいので、長いが注記する。前掲注(55)論文によると、大学に進学した大浜は、北島葭江の『萬葉集大和地誌』（一九四一年）を読んで間もなく、澤瀉久孝にしたがって二上山頂に登った。東方の龍王山をはるかに望んだとき、ここも「奈良の羽易山」と同じく、鳥の羽ばたく姿に見えた。そこで澤瀉に「羽易山と見ていいでせうか」と質問したが、肯定されなかったため、せっかくの見立ても「強《し》いごと」の類かとひっこめた。ところが、それから十年後（一九五二年）、こんどは逆に、澤瀉から「龍王山は鳥の形に見えませんかねえ」と尋ねられたので、「オヤオヤと思つた」という。しかし、それがまた新しい刺激となったらしく、飛鳥の橘寺東門から三輪山を眺めたとき、豁然として「大鳥飛翔」の姿に見えたというのである。

(58) 澤瀉久孝『萬葉集注釋』巻一（七八番、飛ぶ鳥の明日香）・巻二（一六七番、飛ぶ鳥の浄の宮）。

(59) 伊藤博「大和は国のまほろば」（『図説日本の古典・萬葉集』、集英社、一九七八年）。なお、伊藤は、金井清一の「枕詞〝飛鳥〟四音考」（『国語と国文学』三九巻三号、一九六二年三月）にしたがって、枕詞としての「飛ぶ鳥」は四音であって、「飛ぶ鳥の」（五音）ではない、とする。

(60) 伊藤博前掲注(46)書。

(61) 伊藤博「飛ぶ鳥明日香」（『大美和』創刊一〇〇号記念特集号、大神神社、平成一三年）。森好央総務部長の高配と、毎日新聞社桜井通信部主任・稲田俊雄記者の厚意をいただいた。

(62) ただし、近年の明日香村は住宅・公共建築がふえたため、天武天皇陵のあたりからは、およそ五十年前の大浜の感動的な原体験、「あゝ、飛ぶ鳥の明日香だ」を実感するのは、ややむずかしい。

(63) 私じしん、前稿（注2参照）では迂闊にも伊藤博の『図説日本の古典・萬葉集』と『萬葉集釋注』一、澤瀉久孝の『萬葉集注釋』巻二の探索を怠っていた。

(64) 劉城淮『中国上古神話』（上海文芸出版社、一九八八年）。

(65) 土橋寛前掲注(52)「〈飛鳥〉という文字」、岸俊男「飛鳥の世紀」（『明日香村史』上巻、明日香村、一九七四年）。

(66) 江口孝夫訳注『懐風藻』（講談社学術文庫、二〇〇〇年）による。

(67) とくに、中国南朝・陳の最後の王（陳後主）叔宝の辞世「臨行詩」や、五代後周の江為の「臨刑詩」は、字句・構成が酷似する。陳後主の詩は、奈良時代の元興寺僧・智光の仏書（「浄名玄論略述」、七五〇年前後に完成）にのみ伝えられ、『懐風藻』（七五一年成立）の大津皇子「臨終詩」との先後関係が注目され、また、江為の詩についても、皇子の詩の影響の有無が論じられてきた。陳後主の詩をはじめて紹介した小島憲之は、艶麗な詩作にたけた「風流君主」の作としてはつたない点があるとして、「この詩も先行する臨刑詩群を改作し、……後主の作と仮託したもの」であろうと考えた。そして、これら初唐以前の臨刑詩群こそ「皇子の詩の原型」となった、とみなした。後出の江為以下の臨刑詩も、同じ先行の詩群にもとづくわけで、「もはや……皇子の詩と親子関係ではなく、時代と国を異にする異兄弟関係に過ぎない」と論じた（「近江朝前後の文学　その二――大津皇子の臨終詩を中心として」、『歴史と人物』八七号、一九七八年／のち『萬葉以前――上代びとの表現』所収、岩波書店、一九八六年）。

中西進はそれより早く、『万葉集』の研究が進んだ鎌倉時代、五山の僧が中国の臨刑詩をもとに作り、「大津皇子の作として『懐風藻』のなかに入れ込んだ」と推定した（「大津皇子の周辺」、中西編『万葉の言葉と心』所収、毎日新聞社、一九七五年）。

小島以後の研究では、七、八世紀の遣唐留学僧・留学生（智光の師の智蔵や淡海三船あたり）が陳後主の「臨行詩」（仮託）を持ち帰り、これをもとに後人が皇子の臨終詩を改作・仮託したか、とみる人が目立つ。前川明久によると、大津皇子はゆかりの元興寺で詩文を学ぶうちに、叔宝詩を愛唱するようになったため、没後、後人（養育係の大津造首）が皇子の愛唱詩を下敷きにして改作・仮託したという（「金烏の史的系譜――大津皇子の臨刑詩をめぐって」、佐伯有清編『日本古代中世の政治と文化』所収、吉川弘文館、一九九七年）。また、金文京によると、大津皇子の詩は、平易な日常語をもちいた陳後主の詩を、ひねった詩語に入れ替えたもので、字句・押韻にも無理があり、中国人には通じない詩になっている。したがって、かりに『懐風藻』が中国に伝わったとしても、その「影響のもとに、五代の江為以下の歴代の臨刑詩が生じたとは到底考えられない」と断じている（「大津皇子〈臨終一絶〉と陳後主〈臨行詩〉」、『東方学報』七三冊、京大人文科学研究所、二〇〇一年）。

(68)　秋山光和『法隆寺　玉虫厨子と橘夫人厨子』（岩波書店、一九七五年）。

(69)　前川明久前掲注(67)論文。

(70)　拙稿「蓬萊山と扶桑樹への憧れ（上・下）」（『人間文化研究』1・2号、京都学園大学、一九九九・二〇〇〇年）↓改編して本書所収。

(71)　今泉隆雄前掲注(52)論文。

(72) 和田萃は、朱鳥改元の理由が明らかでないところから、最近、通説とは逆の新解釈を発表した。すなわち、天武十五年七月、宮号が飛鳥浄御原宮と決まったとき、かつて（天武九年七月）宮門に現れた朱雀の記憶がよみがえり、「朱鳥」の年号が建てられたという。（「朱雀管見」、『季刊・明日香風』80号、二〇〇一年）。

(73) 括弧内の注記とも、新潮日本古典集成・日野龍雄校注『本居宣長集』（一九八三年）所収の「石上私淑言」による。

(74) 清水真一によると、渋谷向山古墳（景行天皇陵）の南に広がる桜井市穴師地区に「ヒボロケ」という小字名がある。これが古代の「ヒモロギ」の名残とみられ、一メートル四方の石垣が残っているという（「纒向遺跡と馬」、同志社大学考古学シリーズⅧ、二〇〇三年）。

(75) 末永雅雄『古墳の航空大観』（学生社、一九七五年）。

(76) 橿原考古学研究所『大和の前期古墳　ホケノ山古墳　調査概報』（学生社、二〇〇一年）。

(77) 橿原考古学研究所『大和の前期古墳　下池山古墳・中山大塚古墳　調査概報』（学生社、一九九七年）。

(78) ただし、私見は地名「磯城」の発生を古墳の発生（三世紀前半）以後と仮定している。もし、それ以前に溯るなら、私見は成立しない。神武紀に磯城県主（エウカシ・オトウカシ）が出てくるが、矛盾すまい。

(79) 『海内十洲記』漢魏叢書本。

(80) 上田正昭「和風諡号と神代史」（『赤松秀俊教授退官記念国史論集』所収、一九七二年／のち『上田正昭著作集』2所収、角川書店、一九九八年）。

(81) 『亀形石造物遺構』（飛鳥古京顕彰会、二〇〇〇年）、『季刊・明日香風』75号（飛鳥保存財団、二〇〇〇年）、橿原考古学研究所『飛鳥京跡苑池遺構調査概報』（学生社、二〇〇二年）。

(82) 千田稔『飛鳥――水の王朝』（中公新書、二〇〇一年）。なお、千田は、アスカをア（接頭辞）―スカ（洲処）と分析し、「水鳥のすだく洲処」から、おのずと「飛ぶ鳥」の枕詞が導き出されると説いている。

[補注] 毛利光俊彦「日本古代の冠――古墳出土冠の系譜――」（奈良国立文化財研究所創立40周年記念論文集『文化財論叢Ⅱ』所収、同朋舎出版、一九九五年）。数字は断片のみの例をも含む。

〔引用図版出典〕

図1―a（全体）・b（部分）　筑紫野市史編さん委員会『筑紫野市史　資料編（上）考古資料』（筑紫野市、二〇〇一年）

図2　小林行雄編『装飾古墳』（平凡社、一九六四年）

図3　高書林編『淮北漢畫像石』（天津人民美術出版社、二〇〇二年）

図4　梅原末治他『通溝』下巻（日満文化協会、一九四〇年）

図5　張文彬主編『新中國出土瓦當集録・斉臨淄巻』（西北大学出版社、一九九八年）

図6　関野雄『半瓦當の研究』（岩波書店、一九五二年）

図7　王世昌著『陝西古代磚瓦図典』（三秦出版社、二〇〇二年）

図8　奈良県田原本町教育委員会『国史跡　唐古・鍵遺跡』（二〇〇三年）

図9　『考古』一九九八年第一二期

図10　『寳雲』第2冊（寳雲舍、一九三二年）

図11　静岡県袋井市教育委員会許可（著者撮影）

図12　著者撮影

図13　著者作成

結章　「文物の儀、備はる」――「国のかたち」の形成――

太陽を畏敬する心性は、歴史とともに古い。神話のアマテラスは太陽神であり、卑弥呼の名は「日御子」に由来しよう。景行天皇の「纒向の日代の宮」は「太陽の輝きにみちた宮[1]」、藤原宮は「高光る藤原の宮」であった。太陽信仰にかかわる考古資料では一九八八年、重要な発見があった。斑鳩の藤ノ木古墳（五七〇年前後の築造）から出土した金銅製の冠である。第三章「扶桑樹のすがた」でみたとおり、藤ノ木冠は、太陽が昇る「扶桑樹」をかたどっていた。藤ノ木古墳の近くに斑鳩宮を営んだ聖徳太子は推古十五年（六〇七）、隋に使を送り、「日出づる処の天子、書を日没《く》る処の天子に致す、恙《つつが》なしや」との有名な国書を呈した。「日出づる処」が「扶桑」を意識した地理観にもとづく国号であることは、見やすい。「日出づる処」から、さらに「日の本」＝「日本」の国号が生まれてくるのは、時間の問題であろう。はたして大宝二年（七〇二）度の遣唐使（大使・粟田眞人《あわたのまひと》）が「倭国」を「日本」と改めたいと申し入れ、皇帝・武則天がこれを承認したという[2]。

大宝元年（七〇一）の元日朝賀の儀にさいして、「烏形《うけい》（三足烏《さんそくう》）」の幢《はた》を中心に、「日像《じっしょう》」「月像《げっしょう》」と「四神《しじん》」の幡《はた》が大極殿の正門前に立った。『続日本紀』の編者は飛鳥・奈良時代を顧みて、これをもって「文物の儀」がはじめて備わった、と宣言している[3]。司馬遼太郎に倣っていえば、古代の「この国のかたち」が整ったのだ。

このあと、幾変遷を重ねて明治三年（一八七〇）、明治政府は江戸幕府いらいの船印「日章旗」を国旗に制定した。そして十年後、こんどは国歌「君が代」を制定した。歌詞は、大山巌が故郷の薩摩琵琶の一曲「蓬萊山」から「君が代は千代に八千代に……」の寿歌を選んだものであった。[4] 偶然とはいえ、(『古今集』や『和漢朗詠集』『新古今集』からではなく) まさに「蓬萊山」の曲から「君が代」の歌詞が採られた点に注意したい。

顧みれば、「蓬萊山」と「扶桑樹」の信仰・思想は、中国文明から古墳文化のなかに摂取され、「日本文化(とりわけ生命・宗教意識)の古層」を形成した。その後、宮都や庭園・文芸・美術などの重要なモチーフとなり、時代を超えてたえず執拗低音を奏でながら、明治維新期を迎えた。この未曾有の転換期に際会したとき、「歴史の古層」がはげしく揺さぶられて隆起・露頭し、[5] 蓬萊憧憬(「君が代」)と扶桑憧憬(「日の丸」)を噴き出した観がある。

いいかえると、明治初年、日本が近代国家として出発するにあたって、古代的な

〈長生き〉の寿歌「蓬萊山」から国歌「君が代」が

〈若返り〉の象徴「扶桑樹」から国旗「日の丸」が

それぞれ制定された。不思議な暗合だが、歴史の女神のはからいを感じずにはおれない。そして(近代史における是非の問題をはなれて)ここにこそ古墳文化の歴史的・現代的意義が認められると思うのである。

(1) 中西進『ユーピア幻想——万葉びとと神仙思想』〈三神山〉(大修館書店、一九九三年)。

(2) 東野治之「日出処・日本・ワークワーク」(『遣唐使と正倉院』、塙書房、一九九二年)。ただし、パリ国立高等研究院教授のシャルロッテ・フォン・ヴェアシュアは、日中の古典を検討した結果、八世紀、阿倍仲麻呂に贈った李白の送別詩などによって、「すでに日本蓬萊観と扶桑観が存在した」ことがわかる。しかし、日本側で日本扶桑観が現れるのは九世紀以降、日本蓬萊観に至っては、奈良・平安時代を通じて確立していなかった。日本蓬萊観も徐福の日本(=蓬萊)到来説も中国の発想による。唐宋代の中国は、不老不死の錬丹術が盛んで、原料の自然水銀を日本から輸入する過程で、

日本蓬莱観と徐福到来説が生まれた、と説く（「唐・宋における日本蓬莱観と水銀輸入について」、『アジア遊学』3号、勉誠出版、一九九九年）。

（3）『続日本紀』文武紀大宝元年元日条。

（4）山田孝雄『君が代の歴史』（宝文館出版、一九五六年）、暉峻康隆『日の丸・君が代の成り立ち』（岩波書店、一九九〇年）、所功『日本の国旗・国歌』（国民会館、一九九五年）、同『国旗・国歌と日本の教育』（モラロジー研究所、二〇〇〇年）、田中卓『「日本」の国号と「日の丸」「君が代」について』（国民会館、一九九九年）など。

（5）丸山眞男「原型・古層・執拗低音」（武田清子編『日本文化のかくれた形』、岩波書店、一九八四年／のち『丸山眞男集』十二巻所収、同上、一九九六年）。

馬王堆漢墓帛画をみる(1989年)
(右上：田辺昭三　左：著者／中国・湖南省博物館で／山田耕司撮影／毎日新聞社提供)

明石海峡に臨む五色塚古墳(神戸市／毎日新聞社機から撮影／1985年)

第Ⅱ部

不老長寿の楽園を求めて

真実の珠はどこに遺《お》ちているかわからない（岸俊男／一九二〇―八七）

第五章　卑弥呼の最期と昇仙

はじめに――『魏志倭人伝』の「以死」をめぐって――

倭の女王・卑弥呼は三世紀半ば、宿敵・狗奴《クナ》国との戦闘のさなかに死んだ。『魏志倭人伝』は、その死を唐突かつ簡潔に「卑弥呼、以死す」と伝えるだけである。このため、女王の死因をめぐって、早くから①自然死説と②戦死説が出ていたが、一九七〇年代から作家・松本清張らの主唱する③王殺し説が加わって、多岐にわたる邪馬台国論争をいちだんとにぎわした。

私は一九九五年、小著『邪馬台国論争――卑弥呼の迷宮』(1)をまとめたとき、とくに「卑弥呼、以て死す」の項をたて、鼎立する三説を整理・紹介した。さいわい二〇〇三年春、「史話日本の古代」シリーズの第二巻『謎につつまれた邪馬台国』（直木孝次郎編）(2)に採録された。その縁であろう、翌秋、『松本清張研究』古代史特集号（出版は〇五年春）に「清張の邪馬台国論」を執筆する機会を与えられたのだが、久々に清張説を再検討した結果、「王殺し」説こそ清張邪馬台国論の最大の学的貢献であること、しかも邪馬台国問題のなかでも重要な位置を占めることに、思い至った(3)。

前稿では、『史記』夏本紀にみえる著名な「鯀《こん》の最期」の表現（「鯀、以死す」）と比較して、いささか清張説の正しさを傍証しえたかと思う。ここでは、「以死す」の用例をいま少し広く日中両国の文献のなかに探り、秘められた「卑弥呼の最期」を明らかにしたい。それは同時に、「卑弥呼とはだれか」「箸墓はいつ造られたか」「鬼道とはなにか」、さらに「対狗奴国戦争の戦場はどこか」など、古代史上の大問題に迫る手がかりもえられる、と期待されるからである。

一　「卑弥呼以死」の真相

(1)「以死」の解釈

『魏志倭人伝』によると、卑弥呼は正始八～九年（二四七～八年）ころ、狗奴国の男王・卑弥弓呼《ヒミココ》との戦いの渦中で死んだ。卑弥呼の最期と前後の情勢は、『魏志倭人伝』にこう記されている。

（ア）其の（正始）八年、（帯方郡）太守の王頎《おうき》、官に到る（帯方郡治に着任する）。
（イ）倭の女王卑弥呼、狗奴国の男王卑弥弓呼と素より和せず。倭の載斯《さいし》・烏越《うえつ》等を遣はして郡に詣り、相攻撃する状を説く。
（ウ）（郡太守は）塞曹掾史《さいそうえんし》の張政等を（倭国に）遣はし、因りて詔書・黄幢《こうどう》を齎《もたら》し、難升米《ナシメ》に拝仮し、檄を為《つく》りて之に告喩せしむ。
（エ）卑弥呼、以死す。
（オ）大いに冢《つか》を作る、径百余歩。徇葬する者、奴婢百余人。

問題の（エ）「卑弥呼、以死す」は、Ⓐ「以に（すでに）死す」と訓むか、Ⓑ「以て（もって／よって）死す」と訓むかによって、意味が変わってくる。死因も(1)自然死、(2)戦病死、(3)王殺し（殺害）の三様の解釈が生まれる。

さらに、Ⓒ「死するを以て」と訓む人もいる（なお、この場合、かつては「卑弥呼死するや」とも訓まれた）。訓み方と意味・死因を整理すると、表1のようになろう。

表1　「以死す」の読み方

訓み方	文節関係	意　味	死因	主　唱　者
Ⓐ以に死す	連続・継起	すでに死んだあと	(1)自然死	内藤湖南・三木太郎・諸家
Ⓑ以て死す	発語・強調	死んだ	(1)自然死	本居宣長・石原道博・諸家
	因果関係	その時死んだので	(2)戦病死	水野祐
		その結果、死んだ	(3)王殺し	栗原朋信・阿部秀雄・松本清張・奥野正男
Ⓒ死するを以て	独立・時間	その後、死んだ時	(4)不特定	伊瀬仙太郎・三品彰英・笠井倭人

Ⓐ「以に死す」なら、(1)「自然死」を意味する。(ウ)の「檄を為りて之に告喩せしむ」と(エ)「卑弥呼、以に死す」の前後二文の間には、直接の因果関係を認めず、時間的な継起をしめすものとする。段落も「告喩せしむ」で変わる。内藤湖南・上田正昭・佐伯有清・三木太郎ら、多くの文献史家がこう読む[4]。

Ⓑ「以て死す」なら、発語の場合、(1)「自然死」を意味する。岩波文庫版『魏志倭人伝』の編訳者石原道博・直木孝次郎・原田大六・山尾幸久をはじめ、多くの研究者の読み方である[5]。前文との因果関係を認める場合、(2)「戦病死」を意味する。(イ)「倭の女王卑弥呼、狗奴国の男王卑弓弥呼と素より和せず。倭の載斯・烏越等を遣はして郡に詣り、相攻撃する」渦中に、戦死または過労死したと考えられる。段落は(ウ)の「告喩せしむ」で終わらず、(エ)「卑弥呼、以て死す」をへて(オ)「大いに冢を作る、……」までつづく。

卑弥呼の死は二四七～八年、七十歳代のことらしい。戦時で高齢という点からみて、(1)自然死（老衰・病死）と

(2)戦病死の双方のケースが考えられよう。(3)は次節でとりあげる。

Ⓒ「死するを以て（死するや）」なら、死因は特定できない。後文の（オ）「大いに冢を作る」にかかり、「卑弥呼が死んだので（死んだとき）、大塚を作った」の意となる。伊瀬仙太郎・三品《みしな》彰英《あきひで》・笠井倭人《わじん》・小林行雄らが主張した。(6)

(2)「王殺し」説の登場

このように、訓みも解釈も帰一しなかったが、一九七一年、在野の古代史研究家・阿部秀雄が『卑弥呼と倭王』ではじめて(3)「殺害」説を唱えた。(7)「以死」を「以て死す」と訓む点では、本居宣長や石原道博の(1)「自然死」説、水野祐の(2)「戦病死」説と同じだが、直前の一句、（ウ）の「檄を為り之に告喩す」との間に直接の因果関係を認め、「郡使が檄を示して告喩した結果、死んだ」と解釈した。なぜなら、『三国志』鮮卑伝には「解喩」という表現があって、「普通では承服できない事柄を説得して承服させる」難事件解決の場合に使われているからだ。しかも、『魏志倭人伝』では、それを受けて、「以（もつて／それにて）死す」と書かれている。したがって、卑弥呼や難升米も郡使から、無理無体に「狗奴国王に倭王の位を譲るよう告喩」され、「その結果、卑弥呼は死んだ」と読むべきだ、というのである。

じつは、これより早く（一九六四年）、東洋史家の栗原朋信が「以て死す＝殺害」説に言及していた。まず「卑弥呼、以て死す」と読みたいところだが、こう「読むとなると、魏が檄を為つて難升米を告喩したために卑弥呼が死んだことになつて、魏と女王卑弥呼との接近関係が、反対の結果を招来したことになるので理解に苦しむ」として、これを採らなかった。かわりに内藤湖南の「已に」説にしたがったという。(8)栗原のためらいは、示唆的である。表1では、「王殺し」説の主唱者に入れた。

ついで、作家の松本清張が阿部の「殺害」説に与し、民族学上の「王殺し」の習俗とつがえて解釈した。すなわち対狗奴国戦争の敗北の責任を問われ、部族長らに殺された、と「王殺し」説に押しひろげた。考古学者の奥野正男は、卑弥呼に告喩・問責して死に追いやった、と考えた。なかで、清張はもっとも詳しく、かつ繰りかえし説きつづけた結果、邪馬台国論争に新しい争点をすえた、といえよう。今日、古代史家のなかで支持する人は、かならずしも多くないけれど、在野の古代史研究者・ファンの間では、共鳴する人が多いように見受けられる。

清張が論拠としたのは、つぎの三つの事例である。(9)

第一に、『倭人伝』にみえる「持衰《じさい》」。倭人は航海の間、持衰を選んで、垢まみれのまま謹ませた。もし、船が暴風に遭ったり、航海者が病気になった場合、たちまち持衰を殺した、と記す。清張はこの持衰に注目した。失敗の責めを負って殺される持衰のように、卑弥呼もまた、倭国安寧のため持衰として生き、持衰として責めを負って殺された、とみた。

第二に、『魏志』夫余伝にみえる麻余王殺害の記事。「旧《もと》、夫余の俗に、水旱調《すいかん》はず五穀熟《みの》らざれば、輒《すなは》ち咎を王に帰し、或いは当《まさ》に易ふべしと言ひ、或いは当に殺すべしと言ふ」とある。そこで、麻余王は死に、六歳の王子が後を継いだという。この一事によって、古代朝鮮でも「王殺し」の風習があったことがうかがえる。しかも、『魏志』夫余伝／倭人伝では、「共立」された王／女王が責めを問われて死んだあと、幼少の王子／宗女が立つ、という文章の構造と情況の設定が共通している。「卑弥呼の殺害」を暗示するかのようである。

第三に、古代世界に広くみられた「王殺し」の習俗。周知のとおり、民族学者J・G・フレーザーの『金枝篇』によると、古代の王は呪術師・魔術者・祭司王であり、健康や勢力が衰えはじめると、いつでも後継者によって殺され、とって替わられた。とくに旱魃、飢饉、敗戦などのような公的災禍が王の生命力の衰退を示すようにみえる場合には、殺されることが多かったという。

清張は、右のような倭・夫余を含む世界的な「王殺し」の習俗を引いて、大胆に推定した。「狗奴国との敗戦によって彼女の力が衰退したことが証明された。もっとも、老齢でもあったから、呪力もおとろえていたであろう。かくて卑弥呼は重大な敗戦の責めにより、諸部族長たちに殺された」と。

(3)「王殺し」への賛否

清張らの「女王殺し」説をめぐって、もちろん、反論も出た。

医師で古代史家の白崎昭一郎は、同じ『魏志』傅嘏《ふか》伝に「今（孫）権、以死し」とある例をあげ、孫権は殺されたのでも詰め腹を切らされたのでもなく、自然に病死したのであって、卑弥呼の場合も自然死ととるほかない、と説いた。(10) 民族学者の大林太良は、倭国でも夫余型の「王殺し」つまり「神聖弑逆《しぎゃく》」がおこなわれたとは即断できない、と留保した。(11) 中国人学者の謝銘仁は「以て死す」を「訓読みによるまったくの間違い」と一蹴した。(12)

これにたいして、奥野正男は清張に同調・補強した。「檄」で示し、口頭で内容を「告喩」し、そのつぎに結果を記す文例を、『三国志』などからあげたうえ、「以死」は「よって（それがために）死す」つまり「死に追いやられた＝殺された」と解釈した。(13) 奥野はさらに、「檄」の内容は、倭国の王位交替（王のクビのすげかえ）をつよく求めたもので、魏（帯方郡）が軍事力をちらつかせながら、倭国内の安定をはかろうとしたとみた。(14)

のちに大部な『邪馬台国研究大事典』をまとめる三木太郎は、阿部・清張・奥野の新説にたいして再三、きびしい批判をあびせた。郡使・張政の任務は、倭国の指揮官・難升米に詔書と黄幢を授け、檄によって難升米に対狗奴国戦の方策を与えることであって、阿部が「狗奴国王を倭王に擁立するため、卑弥呼を殺害させた」と説くのは、謬説もはなはだしい、と責めた。また、「告喩」の例を『三国志』のなかから博捜し、強制して刑罰を科する信賞必罰より、信賞懐柔のケースが多い。「告喩によって卑弥呼が死に追いやられたと判断することは、幻想に過ぎない」と退けた。さらに、それほど重大な告喩が、なぜ難升米ではなく卑弥呼に向けられなかったのか。以（すでに）死んでいたからだ。「魏朝から死をたまわった」などの臆測を生じる可能性は皆無、と斬り捨てた。(15)

奥野もくりかえし自説を補強している。はじめに掲げた『魏志倭人伝』の記事（前掲のア〜オ）をいま一度追うと、正始八年（二四七）以後の倭国内と帯方郡の緊迫した情勢がよくわかる、という。すなわち、

（ア）郡太守王頎が急遽、洛陽の官に上り、倭国情勢を報告・協議した。

（ただし、ここは、帯方太守・弓遵の戦死したあと、新任の王頎が帯方郡の官衙に着任した、と読むのがふつう）(16)

（イ）卑弥呼が帯方郡に特使を派遣、狗奴国戦争の状況を訴えたからだ。

（ウ）太守は帰任すると、ただちに塞曹掾史の張政等を倭国に特派した。

（エ）郡使は詔書・黄幢を難升米に授け、檄を作って難升米に告喩した。

そして、問題の（オ）「卑弥呼、以死す」とつづく。さらに、このあと、

（カ）男王を立てたが国中が服さず、千余人の死者をだす争乱となった。

（キ）ふたたび宗女の台与《とよ》を立てて王に戴くと、ついに国中が定まった。

（ク）郡使は台与に檄で告喩し、平和回復を見届けたあと、郡に帰った。

奥野によると、『倭人伝』のこの一節は「時間の流れにしたがって一連の事件を順次記し」たもので、告喩以前に卑弥呼が死んでいたと深読みする根拠はない。魏の対朝鮮政策が徹底した軍事支配につらぬかれていたと同様、

対倭政策も重装備の兵士団を率いて倭王の交替を迫るものだった、と解釈した(14)。

賛否両論の最後に、共感をしめす佐伯・直木の見方と、中国の沈仁安の否定論をあげておこう。

佐伯は先の『魏志倭人伝を読む』で、「卑弥呼、以に死し、大いに冢を作る」と読み下し、「老衰」とみているようだ。ただ、「卑弥呼の死」の項でまっさきに「王殺し」説をあげ、「原始的国家の王には、何らかの咎によって殺された例が多い」と記したうえ、つぎのように「王殺し」の蓋然性も示唆している。

詔がだされた「正始六年の段階で、すでに狗奴国とのあいだの関係は、一触即発の危機的状況にあった。倭の女王卑弥呼を盟主とする倭国諸国間の動揺がきざしはじめていたのであろう。いな、すでに戦乱ははじまっていたかもしれない。動乱の季節に倭国が入りつつあったのは、卑弥呼の〈鬼道〉による呪術的権力が、病気や老齢などによって弱体化したためではなかろうか」(抄出)(17)。

直木は一貫して「以て死す」と訓む。早くから清張の邪馬台国論(位置論や一大率《いちだいそつ》論)に共感をしめしたが、清張主唱の「王殺し」説についても大きな関心を寄せ、とくに前掲の小著『邪馬台国論争』の一節を編著『謎につつまれた邪馬台国』に採用した。「以て死す」を「卑弥呼の死の政治的な意味と、卑弥呼の王権の構造」をさぐるキーワードの一つとみている(18)。

沈は、卑弥呼の最期にかんする記述が、死亡よりも葬儀に重きをおく点に注目して、こう主張した。「葬儀の盛大さはまた、卑弥呼が狗奴国に対する戦争に偉大な功績をたてたことを物語っている。……倭人伝の、こうした簡潔かつ寓意のある書き方は、卑弥呼の異常な死という、さまざまな推測を否定しているのである」と(19)。

二　中国正史にみる用例

(1)鯀の治水と最期

阿部・松本・奥野の「王殺し」説はまことに興味津々で、右のように賛否とりまぜて反響をよんだ。私も先の小著で清張説を中心に紹介したが、その資料収集の過程で、たまたま『史記』冒頭の「鯀《こん》の治水」伝説のなかに「以て死す」の類例を見出した。そして、先ごろ清張論執筆のため、あらためて検討したところ、「王殺し」説を支持する重要な史料と気づいた次第である。

これまで、「以て死す」が平たい言葉のゆえか、「告喩」とちがって、どんな場合につかわれたかといった、ごく基本的な議論さえなかったように思う。清張没後、新たな展開がみられないいま、膠着状態を破る手はじめに、『史記』五帝本紀第一と夏本紀第二、『書経』洪範にみえる「鯀の治水」伝説から検討してみよう。まず、その要約を記す。

帝堯の時、黄河の洪水が天まであふれんばかりになった。堯は治水のできる人物を求めた。群臣の意見を聴きいれて、黄帝の孫・鯀を登用して治水にあたらせた。九年たっても、洪水は治まらず、まったく成果があがらなかった。堯はさらに人材を天下に求めて舜を得た。舜は天下を巡幸したところ、惨憺たるもので、かえって水嵩がましていた。そこで、舜は鯀を東方辺境の羽山におしこめて、死にいたらしめた（五帝本紀では「羽山に流し、東夷に変えた」となっている）[20]。

神話学者・袁珂は、古代の地理書『山海経《せんがいきょう》』などにみえる神話から、「鯀の治水」神話の断片を集めて、つぎのように復元した[21]。

鯀は治水の切り札として黄帝の命をうけたものの、なす術がなかった。たまたま「黄帝の秘宝〈息壌〉を使えば、土がかぎりなくふえ、洪水を治められる」と教えられた。ひそかに黄帝の息壌を盗みだし、大地に投ずると、山をなし堤防を築き、逆巻く洪水もついに干上がってしまった。それと知った黄帝は激怒し、ただちに火神の祝融を下界に送って、鯀を北極の羽山で殺させた。このため、洪水はふたたび勢いを盛りかえし、氾濫をひきおこした。

死んだ鯀は、その体内に禹《う》を宿した。禹を生むと、みずからは黄龍に化した。

治水は鯀の子・禹が引き継いで成功し、夏王朝の始祖となる。

このように、鯀は長年、困難な治水につとめながら失敗したため、羽山に放逐されて死んだ。鯀の最期について、『史記』夏本紀の原文は簡潔にこう記した。

乃殛鯀於羽山、以死　（乃ち鯀を羽山に殛し、以て死せしむ）[20]

舜（または祝融）の問責を受けて殺された鯀と、帯方郡の郡使に告喩された卑弥呼と。情況と文脈は、まことによく似ている。

	登場	難問	成否	処置	結末	死後	継承
鯀	群臣の支持	黄河の治水	治水に失敗	舜に殛さる	もって死す	黄龍に化す	禹王が継承
卑弥呼	諸国の共立	狗奴国戦争	内戦長期化	郡使の告喩	もって死す	大冢を作る	台与が継承

その結果、鯀は死に追いやられた。卑弥呼の場合も、「殛」のような死因を示す文字こそないけれど（おそらく「告喩」がこれにあたろう）、死に至らしめられたかにみえる。『三国志』の著者・陳寿は「卑弥呼、以て死す」と書

いたとき、『史記』冒頭のよく知られた「鯀の最期」の記事を、念頭に浮かべたにちがいあるまい。もし、そうなら、卑弥呼の死もまた、殛される（放逐されて死ぬ）に近い状況（自死・殺害）だったと、陳寿は認識していたであろう。東洋史家の古賀登は、この鯀と禹の治水伝説を下敷きにして、『出雲国風土記』の「天の下造らししオホナモチの父スサノヲのイメージが造形された」という。[22]『風土記』の編者にしてしかり、まして『三国志』の著者なら、鯀の責任のとらされ方にならって、卑弥呼の責任のとり方を理解することは、十分にありえよう。

陳寿は、「春秋の筆法」ならぬ「三国志の筆法」で、『史記』夏本紀を重ねながら、隠約のうちに「卑弥呼の最期が自然死でない」ことを伝えようとしたのだろうか。

（2）中国史書の「以死」

「以死」の辞句は、『史記』にかぎらず、しばしばこうした含意のもと、いわば成語的表現（熟語）として使われたようである。ちなみに、『史記』『三国志』など二十五史と、『春秋左氏伝』など十三経の電子テキスト版について、「以死」の用例を検索したところ、つぎの結果が得られた。二十五史全体で七六一段、十三経で一三〇段にのぼる。[23]

［二十五史］	史記38	漢書14	後漢書28	三国志33	旧唐書36	新唐書56	その他556	計761
［十三経］	書経9	詩経9	儀礼13	礼記23	左氏伝46	孟子5	その他25	計130

『史記』から『三国志』までの四史と、いくつか他の史書の例を通覧するかぎり、Ⓑ「以て死す」と読む場合が、Ⓐ©を圧して断然多い。しかも、「鯀の悲劇」と同じく、自然死ではない。刑死や賜死・諫死・戦死・自死・遭難・殉職・奔命（過労死）・事故死などで、「その結果、非業の死を遂げた」ものばかりである。

ただし、「以死」の用例の多くは、漢文訓読法でいえば、「以死報国」「敢以死陳」「継之以死」などのように、「死を以て（す）」と名詞形で訓む。章末の〔参考資料〕『三国志』にみえる「以死」を参照（二二〇頁以下）。動詞形の「以て死す」が、じっさいに死んでしまうのにたいして、名詞形の「死を以て」の方は、死を賭した決死の覚悟（誓死）・強調をしめすにとどまるが、「非常・非業の死」を含意する点で変わらない。

そもそも、「以死」の「以」は、漢語文法の「虚詞」のひとつで、副詞・介詞（前置詞）・連詞（接続詞）などのはたらきをもつ。「以て死す」という読み方は、日本語としては「副詞＋動詞」だが、漢語では「介詞（連詞）＋動詞」で、この場合、「以て」は原因結果（これによって、その結果）・方法・手段（これを用いて）をあらわしている。漢語「以」の副詞用法は、時間副詞（すでに）、程度副詞（はなはだ、おおいに）、範囲副詞（ただ）にかぎられ、原因副詞の用法はないようである。[24] また、日本語の「以て」には、強調の語気をあらわす副詞のはたらきがあるが、漢語の「以」にも「語気助詞」の用法があって、「夫（それ）」と同じ意味で、とくに訳（語釈）はいらないという。[25]「卑弥呼以死」は、語気強調の場合、本居宣長いらい「以て死す」と訓みならわされてきたが、むしろ「卑弥呼、それ死す（るや）」と訓んだ方がいいかもしれない。

このように「以て死す」と訓めば、「以て（その結果、それによって）死す」の意で、因果関係や手段・方法をあらわすとみるほかないが、じっさい、「以死」の用例を探ると、そう解してほとんど矛盾しないのである。「関羽・張飛以死」や「伯宗之以死」（後出）という表現から推しても、また「必死」や「決死」並の使用頻度の高さからみても、「以死」は「非業・覚悟の死」を意味する熟語とみなしてよさそうだが、中国の『漢語大詞典』にも、諸橋轍次編『漢和大辞典』にも、「以死」は熟語として採録されていない。

このⒷ「以て死す」に比べると、Ⓐ「以に死す」と時間副詞的に訓む例は、きわめて少ない。『三国志』にかんしては全三三段の用例中、問題の「卑弥呼、以死す」と、先の『魏志』傅嘏伝の本文「今（孫）権、以死し、孤《みなしご》を諸葛恪に託す」の計二例だけのようである。このうち、後者の孫権の場合、「今、権、以に死す」と訓むことに異論がない。すぐあとの裴注《はいちゅう》（南朝宋の歴史家裴松之の注解、ただし、司馬彪《ひょう》『戦略』からの引用）に、「今、権、已に死し、孤を諸葛恪に託す」の文章がみえ、「以死」が「已死」と同義であることを明示しているからだ。しかも、これとよく似た例が『後漢書』にあって、「以に死す」の訓みの正しさを補完しているように思われる。それは二世紀末、黄巾の乱のさい、黄巾軍のかかげたスローガン「蒼天已に死す、黄天当に立つべし」（皇甫嵩伝）である。この合言葉は、周知のとおり、それいらい現代に至るまで、革命や変革、選挙による政権交替を求めるときに援用されてきたが、しばしば「蒼天以死」のかたちで用いられる。この場合も「孫権以死／已死」と同じく、「蒼天すでに死す」と訓む例に数えられよう[26]（後述）。

倭人伝の「卑弥呼、以死す」の場合も、白崎昭一郎が「孫権以死」にかんする裴注の例を引いて、「以に死す」の確証としていらい、支持者がふえたようである。もちろん、「以に死す」の訓み方は、近代邪馬台国論争に火をつけた畿内大和説の元祖・内藤湖南の「卑弥呼考」（一九一〇年）にはじまるが、東洋学の巨匠には自明の理だったのだろう、倭人伝本文を逐条注解するさい、さりげなく「以《スデ》に」とルビをふるだけで、「なぜ、そう訓むのか」について例証まであげていない。しかし同時に、湖南は、本居宣長のように「以て死す」と訓めば、「その結果、死んだ」と解釈しなければならぬことも、熟知されていたろう。むしろ、「スデニ」と訓むことによって、あえて面妖な事故死を想定の外に追いやった、とも考えられる。

はたして、「以に死す」説にたつ湖南いらいの諸家の考え方に、疑問の余地はないのか。浅学非才の身を顧みず、後段（四節）で事例を検証したい。

Ⓒ「死するを以て（死するや）」と訓む例も、多くはないようである。『三国志』のなかでは、倭人伝と同じ巻三十の烏丸伝の例がこれに該当しようか。烏丸の葬送儀礼について、「特に犬は、死者の神霊を護って赤山まで導いてゆく役目を負わされている」と記したあと、「如中国人以死之魂神帰泰山也（ちょうど中国の人が死ねば魂が泰山に帰すのと同じように考えられているのである）」と説明したくだりである。(27)

さて、具体的に著名な歴史上の人物・事件を中心に「以死す」の例を表2にあげ、その意味するところを通時的に再確認する。主な事例については、周知のことながら、前後の文脈を示す。

表2　中国古典のなかの「以死」

番号	人物	「以死」を含む本文	死因	出典
①	楚・屈原	屈原、於是懐石、遂自投汨羅以死	自死	史記・屈原伝　列伝二十四
②	燕・田光	荊軻遂見太子、言田光已死、……以死明不言	封殺	史記・荊軻伝　列伝二十六
③	呉・伍子胥	呉王聞之大怒、賜子胥属鏤之剣以死	賜死	史記・太伯世家　世家一
④	楚・子重（爾）	爾多殺不辜、余必使爾罷於奔命以死	奔命	春秋左伝・成公七年
⑤	梁・人民	厚斂于民以養禽獣、而使民饑以死	餓死	孟子、孟子集注
⑥	晋・伯宗	伯宗之以死	殺害	潜夫論・賢難
⑦	漢・賈誼	使忠臣以死、社稷之志比於金城也	忠誠	漢書・賈誼伝（注）
⑧	魏・楊修	修臨死、謂故人曰……「我固自以死之晩也」	身代	三国志・陳思王（曹）植伝
⑨	蜀・諸葛亮	臣敢竭股肱之力、効忠貞之節、継之以死	挺身	三国志・孔明伝
⑩	呉・孫権	今、権以死、託孤於諸葛恪（注では今権已死）	病死	三国志・傅嘏伝（注）
⑪	宋・范曄	蔚宗（＝范曄）……遂被誣害以死	刑死	中范

①屈原、汨羅《べきら》の淵に死す（前二七八年ころ）

『史記』の屈原列伝によると、戦国時代、楚王一族の屈原は、賢者や有能な者を抜擢し、国務に精励したが、讒言にあって王から疎んじられ、ついに左遷された。さらに、迫害をうけたため、放浪のすえ、汨羅の淵に身を投じた。死に臨んで屈原は「懐沙（石を抱いて沈む）」の賦を作り、最後をこう結んだ。「世溷《にご》りて吾を知らず、心謂《なづ》くべからず。……明らかに以て君子に告ぐ、吾将に以て類（手本）を為さんとす、と」。そして、賦題のごとく「是に於いて石を懐き、遂に自ら汨羅に投じ（沈み）て以て死す」と伝えられる。(28)

②田光、自らの口封じのため、命を絶つ（前二二三年）

有名な壮士・荊軻《けいか》が三顧の礼をもって、秦王（のちの始皇帝）暗殺計画への加担を求められたときの悲話。燕の太子・丹は、秦の侵略を防ぐため、秦王暗殺の秘策を練り、知謀にとんだ田光に助力を求めた。すでに年老いた田光は、かわりに若い友人荊軻を推薦し、みずから説得役を引きうけた。そのとき、太子は不用意に「この計画は国家の重大事。他言無用に願います」と念をおした。田光は固辞する荊軻を口説きながら、こう依頼するのだった。「田光は已に死にました。死を以て、他言しないあかしとしたのです。どうか、太子にそうお伝えください」と。荊軻から伝え聞いた太子は、涙を流して「どうして私がそんなことを願うでしょうか」と悔やんだ。(29)

ここでは、「已に死す」と「死を以て」不言を担保したことが、使い分けられている。

⑤人民、苛斂誅求《かれんちゅうきゅう》のため餓死す（前三三六年）

孟子が遊説して梁（魏）の恵王に会ったとき（恵王三十五年）の、よく知られた対話。孟子が「刃をもって民を殺すのと、悪政を行って民を死にいたらせるのと、相違があるでしょうか」と尋ねた。恵王が「相手を殺すということで、どちらも相違はない」と答えると、孟子は質した。「王の台所には肥えた肉があり、厩には肥えた馬がつながれている。しかも民には飢えた気配があり、野には飢えた行き倒れがある。これは民の食うべき食物を獣が食っているからで、獣を率いて行って人を食ませているようなものだ。どうして民の父母たるの道であろうか。……どうして、生きている人民をば、餓死させてよかろうか」

『孟子』の原文は「民有飢色、野有餓莩《がひょう》。此率獣而食人也。……如之何、其使斯民飢而死也」で、「以死」そのものはみえないが、南宋・朱熹《しゅき》の『孟子集注』は、「厚斂于民以養禽獣、而使民饑以死」（人民から収奪して禽獣を養い、人民を飢え死に追いやる）と端的に言い換えている。「以死」の意味がよく出ていよう。[30]

⑧曹植の補佐役・楊修、処刑される（二一九年）

曹操の長子・曹植（陳の思王）は、詩文に秀で父に愛されたが、奔放不羈の言動がたたって、結局、太子の芽をみずからつぶした。あるとき、天子専用の道と門を車で通りぬけて外出した。怒った太祖は責任者の公車令を処刑し、やがて（魏随一の切れ者で知られた）補佐役で詩友の楊修にも罪をかぶせて処刑した。楊修は死を前にして、友人に向かってこういった。「わしは実際自分では死ぬのがおそかったと思っている」[31]――つまり、もっと早く自決すべきだった、というのだ。

⑨蜀・諸葛孔明の覚悟（二二三年）

章武三年（二二三）春、劉備は永安で重体に陥ったため、諸葛亮を成都から呼び寄せ、後事を託して言った。「君の才能は魏の曹丕の十倍はあり、きっと国家を安んじ、最後には大事業をなしとげることができよう。もしも後継ぎ（劉禅）が輔佐するに足る人物ならば、これを輔佐してやってほしい。もしも才能がないならば、君は国を奪うがよい」

亮は涕泣して言った。「臣は敢へて股肱の力を竭《つく》し、忠貞の節を効《あらは》し、之を継ぐに死を以てせん（最後には命を捨てる覚悟です(32)」

⑪范曄の冤罪（四四六年）

『後漢書』の著者范曄《はんよう》（蔚宗《うつそう》）は元嘉二十二年十二月（四四六年一月）、大逆事件にかかわった罪で処刑された。いささか長くなるが、その経緯を、吉川忠夫「『後漢書』解題」によってたどっておこう(33)。

時は劉宋・文帝の「元嘉の治」の世。范曄は太子詹事《せんじ》（東宮職の衆務を総攬）の要職にあったが、孔熙先《こうきせん》なる首謀者にだきこまれ、病弱の文帝に代わって弟の彭城王劉義康（当時、政争に敗れて失脚、江州諸軍事・江州刺史に左遷されていた）を天子に奉戴する計画に加わった。しかし、王族のなかから密告者が出たため、党与は一網打尽に逮捕・投獄され、建康の市において公開処刑された。とくに、范曄の場合、一族あわせて一二名が犠牲となり、族滅に近い処罰をうけた。のみならず、世々の歴史家からも指弾され、范曄といえば「救いようのない反逆者」の印象をうえつけられた、という。

范曄の冤罪を晴らそうとする史家が現れるのは、ようやく清朝にいたってからである。そのひとり、王鳴盛は「范曄の謀反事件はでっちあげだ」と弁護して、こう主張した。「蔚宗は性軽躁にして謹まず、妄人《ねいじん》の孔熙先と往還せしは是れ其の罪なる耳《のみ》。決して当に謀反の事有るべからざるなり」と。

ついで、陳澧《ちんれい》も范曄の冤罪を晴らすため『申范』（一八六八）を著し、序文でつぎのように弁じた(34)。

ああ、千古の至冤、いまだ范蔚宗のごとき者あらざるなり。……一の不備なきも、当時の人これを誣《し》ひ、後の史家これを載せ、史を読む者従ひてこれを唾罵《だば》すること、ここに千百余年たり。澧、宋書・南史を読みてその冤なるを疑ふ。……けだし、蔚宗才を負《たの》み、俗に嫉まれ、驟々《しゅうしゅう》恩寵を蒙り、而して自ら防検せず。其の甥謝綜、孔熙先と謀反す。蔚宗之を知るも、其の小児なるを軽んじ、以て上聞せず。遂に誣害《ふがい》せられて以て死す。

三　日本古典にみる「以死」

つぎに、『記・紀』を中心に、「以死」の用例を検討する。国文学研究資料館の「本文データベース検索システム」で『記・紀』の電子版テキストを開き、「以死」の字句を検索したところ、古事記三例、日本書紀五例を数えた。ただし、「以死」のほかに「以崩」を加えた。「以薨」の例はなかった。(35)

表3　日本古典のなかの「以死」

⑫	天若日子	矢、……中天若日子寝朝床之高胸坂、以死	返矢	古事記・日本書紀神代巻
⑬	仲哀天皇	是夜、天皇忽発病以崩之	神罰	神功紀・住吉大社神代記
⑭	田道	田道、為蝦夷所敗、以死于伊峙水門	敗死	仁徳紀(五五年条)
⑮	海人男狭磯	男狭磯、抱大蝮而泛出之、乃息絶、以死浪上	水死	日本書紀・允恭紀(一四年条)
⑯	葛城円大臣	故、以刀刺殺其王子、乃切己頸以死也	刎頸	古事記・安康天皇段
⑰	楠木正成	吾未可以死也	戦死	日本外史
⑱	永山弥一	軍敗れて自ら腹を割り、以て死す	割腹	近世名誉英雄伝
⑲	基頓《マケドニア》王非立《フィリポス》	其臣巴烏沙尼亜斯忽刺非立、而非立以死	弑逆	小林虎三郎・求志洞遺稿
参考	板垣退助	板垣可以死、自由不会死	遭難	板垣退助・遺訓名言

⑫天若日子、高天が原の返し矢に中《あた》って死す（神代）

「返し矢畏るべし」の諺とともに、よく知られた日本神話。高天が原から葦原中国（出雲）につかわされた天若日子は、大国主神の女・下照比売《したてるひめ》を娶って、八年たっても復命しなかった。そればかりか、特命をおびてやってきた雉を射殺してしまった。矢は雉の胸を通りぬけて、天の安の河原にいます神々のもとに落ちた。高木神は、「もし、天若日子が邪心をもってこの矢を放ったなら、矢に中って災いをうけよ」と、矢をつき返すと、「ニムロッドの矢」のごとく葦原中国に飛んで行き、朝寝をしている天若日子の、高い胸板に中って以死させた。(36)

⑬仲哀天皇、神の怒りにふれて急死す（仲哀九年）

仲哀八年、仲哀天皇が神功皇后とともに筑紫に遠征、熊襲を討とうとした。『書紀』神功皇后紀の一書によると、このとき、皇后が神がかりしてこう託宣した。「御孫尊《みまのみこと》（天皇）の所望の国は、たとへば鹿の角のごとし、無実《うつけ》たる国なり。もし、よく我を祭らば、（海北の）金銀多《さは》なる、眼炎《まかがや》く国を以て御孫尊に授けむ」と。しかし、天皇は「どこにそんな宝の国があろうか」と信じなかった。その夜、天皇は忽ちに病いがおこって崩《かむあが》りました。(37)

『書紀』一書の原文では「是夜、天皇忽発病以崩之」と記す。また、『住吉大社神代記』(38)もほぼ同文（「是夜天皇忽発病以崩」）である。ただ、そのあとに、「於是皇后與大神有密事俗曰夫婦之密事通」と、謎めいた一句をつけくわえる。いっぽう、『古事記』では「御琴の音聞えず。即ち火を挙げて見れば、既に崩りまし訖りぬ（既崩訖）」と書く。(39)神功紀の「以崩之」が、ここでは「既崩訖」と変わっている。ちょうど、先の孫権の場合の本文（以死）と裴注（已死）の関係に比べられそうで、興味深い。

孫権の最期	孫権以死（三国志傅嘏伝）	孫権已死（裴注）
仲哀の最期	仲哀発病以崩之（神功紀一書）	仲哀発病既崩訖（仲哀記）

もし、『三国志』本文の「孫権以死」の意味を、裴注の「孫権已死」が注解していると見なしてよいならば、『日

本書紀（神功皇后紀）』『住吉大社神代記』の記事（天皇以崩之）を、あたかも先に完成した『古事記』（天皇既崩訖）が注解しているかにみえる（いや、事実はもちろん逆で、後に完成した『書紀』などが「崩」の意味を鮮明にするため、『古事記』の「而崩」を「以崩」と書き改めたのであろう——後出）。

ただし、同じ崩御の記事が、仲哀紀の本文では、三カ所とも「崩」とだけ書かれている。『日本書紀』（日本古典文学大系本）によると、仲哀九年春二月五日の条は、こう記す。

天皇忽有痛身、而明日崩。……即知、不用神言而早崩。一云、天皇親伐熊襲、中賊矢而崩也。

（天皇、忽ちに痛身《なやみ》たまふこと有りて、明くる日に崩りましぬ。……即ち知りぬ、神の言を用ゐたまはずして、早く崩りましぬることを。〈一に云はく、天皇、親ら熊襲を伐ちたまひて、賊の矢に中りて崩りましぬといふ〉）

このように、同じ事柄を「以崩」とも「而崩」とも書き表している。つまり、「而崩」には「以崩」を意味する場合があるが、逆に「以崩」とあれば、尋常の崩御ではなくなる。なぜなら、つぎのとおり、他の『記紀』の「以死」の例が、すべて「水難」や「敗死」にかぎられ、中国古典の用例にしたがっているとみえるからだ。

⑭田道、蝦夷に敗れて死す（仁徳天皇五五年）

この年、東国の蝦夷が叛いたため、田道（上毛野君の祖の一族）を遣わして撃たせた。二年前、新羅問責のため遣わされたときは、新羅軍を潰走させ、人民を虜にして帰ったが、こんどは蝦夷に敗れ、伊峙水門《いしのみと》（陸奥国石巻?）で以て死んだ。形見の手纒（ブレスレット）を届けられた妻は、首をくくって夫の後を追った。(40)

⑮海人の男狭磯《をさし》、明石の深海で大鰒をとり、息絶える（允恭一四年＝四二五）

允恭天皇が淡路島で猟をしたところ、獲物は山谷に満ちているのに、一頭も獲れない。じつは島の神の祟りで、「赤石《あかし》の海底に真珠がある。それを我に祀らば、獣をことごとく得させてやろう」とお告げがあった。そこで、海人を集めたが、海が深くて底まで潜れない。ただ一人、男狭磯という阿波の海人が、命綱をつけて潜り、海底に光る大蝮《おおあわび》を見つけた。「神のお求めの真珠は、大蝮の腹のなかにあるらしい」。諸人のどよめくなか、男狭磯は深く潜って、蝮を抱えて浮上したが、息絶えて波の上で以て死んだ(41)。

⑯葛城円《かつらぎのつぶら》大臣、救いを求める王子を助けて戦い、自ら頸切って死す（安康天皇三年＝四五六）

安康天皇は、讒言を信じて大日下王《おおくさか》を殺し、その妻を奪って皇后とした。秘密を聞いた遺児・目弱王《まよわ》（眉輪王）は、天皇の昼寝のすきをねらって、大刀で天皇の頸を斬り、円大臣の家に逃げこむ。天皇の弟・大長谷王子《おおはつせ》（雄略天皇）は、優柔不断な兄二人を血祭りにあげたうえ、軍勢を率いて目弱王の隠れた円大臣の家を囲む。大臣は懐に飛びこんだ窮鳥の王子を守って戦うが、矢も力も尽きる。目弱王も「今は吾を殺せ」という。そこで、大臣は刀で王子を刺し殺し、己の頸を切って以て死す(42)。

⑰楠木正成の赤坂城脱出（元弘三年＝一三三三）

頼山陽『日本外史』（巻之五）は、鎌倉幕府軍に包囲された正成が、赤坂城を脱出するさいの策略と心情を、つぎのように叙している。

正成、衆に謂ひて曰く、「吾天下に先んじて大事を挙ぐ。固より生を図らず。然りと雖も、天子在せり。吾未だ以て死す可からざるなり。吾今佯《いつは》り死せば、敵則ち去らん。去らば則ち復起りて、彼をして奔命に疲らしめん。是れ軀を全くして、敵を亡すの術なり」と(43)。

⑱西南戦争で自死した永山弥一（明治一〇年＝一八七七）

岡田良策編輯『近世名誉英雄伝』は、西郷隆盛ら幕末維新期の英雄五十人を簡潔に論評したものだが、旧薩摩藩士の永山弥一について、つぎのように記している(44)。

旧藩の茶道を勤めけるが、其性剛邁、頗る武術に長じたり。……戊辰の役には……軍功あり。平定の后、陸軍少佐に拝せられ、開拓屯田兵を設けられける時、長となる職を辞して故山へ帰り、十年西郷暴挙の時、其徒に加はり、軍敗れて自ら腹を割り、以て死す。

花も皆ちりての後は誰をかも語りもやらぬうたて世の中

⑲マケドニア王フィリポス、弑逆される（前三三六年）

小林虎三郎（一八二八～七七）は、山本有三の戯曲「米百俵」や小泉純一郎総理大臣就任所信表明演説（二〇〇一年）での引用「米百俵の精神」によって知られる、明治維新期の越後長岡藩の教育家。遺文集『求志洞遺稿』（長岡市立中央図書館蔵）のなかで、古代マケドニア王国のフィリポス王とのちのアレクサンドロス大王の父子を「馬基頓の二英主の伝」としてとりあげた。フィリポスは英邁な君主でギリシア世界統一の壮図をいだいていたが、娘の結婚披露宴で逆臣に刺殺された。虎三郎は古代の英主の死を惜しみながら、やはり「以死」と表現している。［補注］

（参考）板垣退助の遭難（明治一五年＝一八八二）

検索エンジン「グーグル」で「以死」を検索していたところ、中国のサイトのなかに、「板垣死すとも、自由は死せず」の中国語訳が出ていた。参考欄にあげた「板垣可以死、自由不会死」だ。板垣は、もちろん「畳やベッドの上で死ぬ」自然死をいっているのではない。「板垣雖死」という和文直訳のわかりやすい例もみられたが、『遺訓名言』の「板垣可以死」は、まさに不慮の遭難・事故死を表す的確な訳語であろう。(45)

以上、日本史の事例でも明らかなように、「以て死す」と訓むとき、ほとんどすべて尋常の自然死ではないといえよう。すなわち（a）不慮の事故死・遭難か、（b）覚悟の自決・諫死・過労死か、（c）非業の戦死・殺害か、（d）その他、殉職・賜死・刑死をふくむ、さまざまな原因による死をさしている。それでもなお、先にみたとおり、同じ事例が「以死（崩）」とも「而死（崩）」とも言い表されることがあって、「以」には「そして」くらいの順接接続詞的な意味しかないのではとの不安が残る。この不安をぬぐいさってくれるのが、表2にかかげた⑥「伯宗之以死」の例である。

⑥伯宗之以死（前五七六年）

『春秋左伝』によると、春秋時代の成公十五年、晋の伯宗は郤氏《げきし》一族に憎まれ、中傷によって殺された。彼の妻は日ごろ、伯宗が晋侯に朝見するたびに、こう戒めていた。「盗人は家の主人が留守でないのを憎み、治者がいるのを悪むと申します。子は直言がお好きだから、必ず憎しみを買って難に遭われますよ」[46]

原文は「晋三郤害伯宗、譖而殺之（晋の三郤、伯宗を害《にく》み、譖《しん》して之を殺す）」[47]だが、後漢の王符が著した『潜夫論』賢難第五[48]では、これを縮約して「伯宗之以死」と記す。同様に、非命に倒れた人びとの死を説明するさい、「関羽・張飛以死」のように、簡略に「以死」と表現する。これらの場合、「而死」では意味をなさない。「以死」が異常な最期を意味することは、この二例によって明らかであろう。

もっとも、この『春秋左伝』と『潜夫論』の関係とは逆の例もある。『魏志倭人伝』の「卑弥呼以死」にたいして、『太平御覧』所引の『魏志』ではただ「卑弥呼死」とあるだけで、「以」の字がない。やはり「以」字には特別の意味というより、強調程度の差異しかないかにみえる。この点について、「以死」の特別なニュアンスにいち早く注意した栗原朋信は、こう説いて惜しんでいるのである。「陳寿が、わざわざ〈以〉字を入れているのは、……事件の推移を極めて正確に、しかも簡明に描いているのである。したがって……御覧の倭人伝関係の記事は、この部分に関するかぎり、史料としては内容が不完全である」と。[8]

栗原の指摘は的確かつ重要である。それなら、いっそ直截に、「以に死す」ではなく、「以て（それでもって＝告喩されたのが原因で）死す」であると明言していただきたかった思いがする。こんなしだいで、表1では、栗原を「以て死す＝殺害・事故死」派の筆頭においた。

四　孫権と卑弥呼の場合――内藤湖南説の再検討――

以上、電子テキスト版の古典で「以死」の用例を採り、検証した結果、いずれも「事故死」のカテゴリーに入ることを帰納しえたかと思う。考古学の世界では、一つの発見で通説がひっくり返ることも少なくない。語彙の用例研究も同じで、一つの反証で無に帰することもあろう。それを恐れて、際限なく用例を検索すれば、無間地獄に落ちてしまいそうだ。「電子テキストによる用例研究の泥沼化」であり、「〈どこまで行っても努力賞〉の体力仕事」[49]である。ここはひとまず大局を捉えられたことに満足し、つぎに進もう。「卑弥呼、以に死す」の根拠となった「孫権、以に死す」（『魏書』傅嘏《ふか》伝）の訓み方について、いよいよその可否を問う時である。

これまで見てきたところでは、「以に死す」という訓み方は、他にほとんど見当たらなかった。つまり内藤湖南いらいの訓み方は、『三国志』のみならず、古代史書中の孤例といえよう。しかし、前後の文脈からすれば、とくに孫権の場合、「以に死す」の方が自然である。逆に反問すれば、そもそも「以て死す」と訓めるだけの因果関係が読み取れるのだろうか。そこで、まず問題の傅嘏伝を見、ついで裴注の性格を考えてみよう。

傅嘏（魏朝の尚書）伝によると、傅嘏は魏の太傅《たいふ》・司馬宣王（司馬懿《しばい》）に抜擢され、無官の身から従事中郎将・河南尹を経て尚書に昇進した。二五一年、宣王が薨じ、翌年四月、宿敵の孫権が世を去った。このとき、呉を討伐すべしとする「征呉論」がおこり、毌丘倹《かんきゅうけん》ら三人の将軍が各人各様の戦略を献策した。詔勅によって意見を求められた傅嘏は、つぎのように答えた。

昔（春秋時代）、呉王夫差は斉を抑え晋に勝ち、威光を中国に行きわたらせましたが、姑蘇で（みずから頸を切って）最期をとげました。（戦国時代の）斉の閔《びん》王は領土を併せ国土を拡げましたが、身は国家転覆の憂き目にあいました。最初はうまくいっても、最後を飾れるとはかぎらないのは、（このように）古代に明証がございます。(50)

古代の栄枯盛衰のならいを述べたあと、傅嘏は当代の「征呉論」に及んだ。

孫権は関羽をうち破り、荊州を併合してからのちは、野心にあふれ、欲望をふくらませ、凶悪さは頂点に達しました。それゆえにこそ、（相国の）宣文侯（司馬懿）は広い見とおしのもとに大軍勢を動かす策略（大挙の策）を深くうち立てられたのです。今、孫権は死に、みなしごを諸葛恪に託しました。

ここで、陳寿は「今（孫）権以死」と書いた。それが、裴注では「今（孫）権已死」とある。これによって「以死」もまた、日中両国で「已に死す」の意と解釈され、疑われることがなかった。(51) たしかに見やすい道理だが、はたして本文の解釈として正しいだろうか。裴注に「已死」とあるから、本伝の「以死」も同義である、と機械的に解してよいのだろうか。

まず第一に、傅嘏の論理では、孫権の境涯が、前段の古代の王たちと対比するかたちで語られている。孫権もまた、栄枯盛衰のならいに漏れず、平穏な最期を迎えられなかった、という文章構造である。無残な最期こそ免れたけれど、孤児の行く末を案じる境涯が、没落の象徴として書き記されたのであろう。そして第二に、孫権の野心をくじき、哀れな境涯に追いこんだのは、「まさに宣文侯が生前にめぐらした〈大挙の策〉である。その結果、孫権は以死した」と、傅嘏は説いているのである。さらに第三に、「孫権は〈大挙の策〉に追いつめられて進退きわまり、窮死するかっこうで世を去った」という傅嘏の論理に共鳴して、陳寿もまた、つよい因果関係をしめす

「以死」の表現を選んだわけである。『三国志』の「以死」は「ほとんど事故死にかぎられる」とくりかえし述べてきたが、おそらく陳寿は原史料の「已死」をあえて「以死」に替えたと考えられる。

ここで「原史料」というのは、裴注によると、司馬彪の『戦略』である。本伝よりくわしいので「全文掲載してその内容をすべて示す」と裴松之は注記している。本伝と裴注に紹介された傅嘏の答弁を比べると、文章の構成・表現が酷似しているので、おそらく陳寿（二三三～二九七）が司馬彪（二四〇?～三〇八?）の『戦略』から、かなり忠実に（多少の前後入れ替えはあるものの）摘録したと推定される。ところが、陳寿は「孫権已死」を「以死」と書きかえただけではない。陳寿の修辞上の好みであろうか、「已」字をふくむ他の句もすべて「以」字に書きかえているのだ（「元凶已極」「自治兵已来」の二カ所。「形勢已交」は引用せず）。同時代の二人の歴史家が、「以の字の陳寿」と「已の字の司馬彪」に分かれたのもおかしいが、陳寿は「已」字を「以」字に替えるだけで、司馬彪の評伝をそっくり引用した。今日風にいえばパクリだが、「孫権以死」と書きかえることでみごと換骨奪胎し、傅嘏の孫権観をくっきりと浮かびあがらせることに成功したといえよう。

ただし、もともと『戦略』にも「以死」とあったのかもしれない。それでこそ、傅嘏の主張も筋が通り、司馬彪の称揚もわかろうというものだ。「已死」では、なぜ、ここに宣文侯の「大挙の策」をはさんだのか、必然性が薄れるように感じる。もし、原史料ももとは「以死」だったとすると、逆に「已死」に替えたのは、全文引用した五世紀の裴松之か、むしろ、十一世紀以降の宋版での改変なのか、というテキスト上のむずかしい問題が生じるが、手に余るので、ここまでにとどめる。(52)

先に、黄巾の乱のスローガン「蒼天已に死す、黄天当に立つべし」（『後漢書』）が、しばしば「蒼天以死、黄天当立」と書きかえられ、やはり「以に死す」と読まれることに触れた。しかし、これとてじつは、「已死」を「以死」と書きかえることによって、「(悪政の結果) 蒼天以て死す (殺された)」という両義的な意味をもたせているのではあるまいか。

むすび——卑弥呼、箸墓より昇仙す——

もし、「孫権以死」の意味を上のように解してよければ、「卑弥呼以死」もまた、「以に死す」ではなく「以て死す」と訓み、不慮か覚悟か非業の死であったとみるべきであろう。卑弥呼の場合、非常死の原因と直接の死因はなんであったのか。長引く狗奴国戦争のストレスか、郡使張政の告喩の内容か、それとも不慮の事故か。

『日本書紀』の編者たちは、『魏志倭人伝』の卑弥呼を大和朝廷の神功皇后にあてた。共通点も多いが、しかし、肝心の「卑弥呼以死」にかんして、神功皇后には「以死」に相当する記事がない。その代わり、夫の仲哀天皇が神に暴言をはいたかどで急死し、「以崩」と書かれている。編者たちは「以崩」と記したとき、とうぜん「卑弥呼以死」の記事と重ねあわせていたろう。神功皇后を卑弥呼にあてる以上、少なくとも皇后の周辺に朝廷を揺るがす「以崩=以死」事件がなければならなかった。編者たちは「卑弥呼以死」の意味を正しく認識していた、と考えられる。

もとより、卑弥呼の死因が戦死か殺害か自死か、それとも過労死か事故死か、わからないけれど、たんなる老衰や病死でなかったことは、ほぼ確かであろう。されば、清張のいう「持衰」のごとく一身に戦争責任と罪障を背負い、犠牲となって従容と死についたのかもしれない。奥野正男のみるとおり、「告喩」の内容に驚いて死んだとも想像されよう。森浩一の説くように、対狗奴国戦争に心身のエネルギーを消耗して死んだとも考えられる。(53)

古代史家の水野祐は、大著『評釈　魏志倭人伝』のなかで、檄でしめした告喩の内容を推定・復原したうえ、卑弥呼の最期について「想像による結論」を下している。「卑弥呼は告喩を受けたために死んだのでもなく、また対戦中に戦死したのでもない。ひたすら宮殿内の斎場において戦勝を祈り、荒業をつづけていたはずである。そして和平が成立すると、過労の老巫はホッと安堵して死んだか、戦争の責任をとって自ら死の道を選んだのであろう」（抄出）と。(54)

私の結論も、ほぼこれに近い。「以死」の用例を検討した結果、卑弥呼は奔命に疲れ、告喩によるショックも重なって、死んだのではないか、と推定するところまできた。いずれにせよ、卑弥呼の死と前後して、戦争は終結し、卑弥呼は「径百余歩」の大冢――おそらく直径約一五〇メートルの後円部をもった大型前方後円墳――に葬られ、百余人の殉死者に従われたのであろう。

「卑弥呼、以死す」をこのように理解するとき、卑弥呼とはどのような女人がふさわしいのか、卑弥呼の墓はどこに求められるのか。そもそも、卑弥呼と初期ヤマト政権の関係はいかなるものか。古代史と考古学の成果に学びながら、つぎに追究しよう。

(1)崇神の時代と箸墓の年代

第十代崇神天皇（ミマキイリヒコ）は、御肇国天皇の諡《おくりな》をもち、初代神武天皇（カムヤマトイワレヒコ）の別号「始馭天下之天皇」と同じく、ともに「はつくにしらす・すめらみこと」と称えられた。初期ヤマト政権の実在の初代大王であったことを疑う人はいない。しかし、その在世年代がいつかをめぐって、いぜん、古代史家の間では大きな隔たりがある。

崇神から推古まで一五代の天皇につけられた、『古事記』の崩年干支によると、崇神は戊寅年に崩じた。これを信用する研究者の間でも、二五八年説と三一八年説が対立している。そればかりか、近代の邪馬台国論争が幕を開けた明治末期（一九一〇年）から昭和戦前期にかけては、一九八年にあてる文献史家さえあった。畿内大和説の始祖・内藤湖南がその代表で、崇神朝の内乱（武埴安彦《たけはにやすひこ》の謀反）と四道将軍の派遣などを、『後漢書』の「倭国大乱（後漢桓・霊帝の間＝一四七～一八八年）」とむすびつけ、崇神の在位を二世紀後半（おそらく崩年の戊寅を一九八年）とみたうえ、卑弥呼を一二代景行朝の倭姫に比定したわけである。それでも、明治・大正期の古墳時代観と大きく矛盾しなかったのだ。(55)

　戦後、古墳時代のはじまりが、それまでの三世紀初めから三世紀末に下がると、さすがに戊寅一九八年説を採る人はいなくなったが、代わりに崩年干支の信憑性を認めず、また、考古学の成果をとりこみながら、独自の年代観（三世紀第3四半期説、四世紀初頭説、同中葉説）をうちだす研究者が現れて、事態をいっそう混沌とさせてきた。

ⓐ四世紀初頭説（小林行雄）　戦後の考古学を革新した小林行雄は、古墳発生の時期を定めるにあたって、基準を崇神天皇陵（行燈山《あんどんやま》古墳）に求めた。おりから発表された笠井倭人の論文「上代紀年に関する新研究」にもとづいて(56)、崇神の崩年を三一八年とみなし、崇神陵の築造時期をここに据えた。そして、三二面の三角縁神獣鏡をもっていた椿井大塚山古墳や典型的な大型前方後円墳・箸墓古墳は、明らかに崇神陵より古く、三世紀末（二九〇年ころ）の築造と推定して、「ここに古墳時代はじまる」と宣告した。卑弥呼が二三九年、魏帝から贈られた〈銅鏡百枚〉についても、各地の古墳から出土する三角縁神獣鏡をあて、「約五〇年間、畿内某所において保管（伝世）されたあと、後継の初期大和政権の手で各地の首長に分与された。古墳の発生とともに、貴族の権威のシンボルは、古い伝世の後漢鏡から新しい前方後円墳へと革新された」と説いた。(57)

　同じ鋳型でつくった三角縁神獣鏡（同笵鏡）を、各地の古墳が有《も》ちあう。この古墳群を線で結ぶと、同笵鏡の分有関係という政治的ネットワークが浮かびあがる。ここから邪馬台国と地方豪族との連合関係・政治構造を論じた小林の新古墳時代論（同笵鏡論）は、考古学界を席巻し、古代史学界をも風靡した。その結果、古墳時代の「倭の女王卑弥呼」は、弥生時代の「倭の女王卑弥呼」に祭りあげられ、古墳との関係を断たれた。「卑弥呼の冢」は弥生墳丘墓となり、大型の前方後円墳に求める研究者は、ほとんどいなくなった。

そのなかで、いち早く異議申し立てをしたのが、文献史家で「前方後円墳＝壺型古墳」説をとなえた三品彰英だった。三品は『魏志倭人伝』の一節、「卑弥呼以て死す、大いに冢を作る。径百余歩」に着目して、この記事があるかぎり、「卑弥呼の時代をもって古墳時代と考える文献史家と、それを否定する考古学者との間には、その見解において今後とも平行線をたどってゆくことと思われる」と、あえて反時代的な予測をした。(58)

その後、古墳発生前後の土器や古墳出土の三角縁神獣鏡の研究がすすむと、古墳発生の時期が、小林の時代のように崇神陵と『記紀』にたよらずとも、考古学の自力で推定できるようになった。一九九〇年代にはいると、都出比呂志や春成秀爾らが小林理論を超克する論文を発表した。(59) そして、ふたたび古墳の発生時期はくりあがり、三世紀半ばから前半に傾きつつある。「卑弥呼の冢」も、ブーメランのごとく古墳時代に回帰し、箸墓古墳をはじめ大和《おおやまと》古墳群のなかに見出そうとする考古学者・古代史家がふえている。(60)

しかし、その大勢にのるだけでは、振り子が元に戻ったにすぎまい。古代史家・鎌田元一のように、小林の依拠した笠井倭人の『日本書紀』の紀年論を検証することも必要だろう。(61)

ⓑ戊寅二五八年説　古代史家の田中卓は、『住吉大社神代記』を調査・研究する過程で、崇神の子・垂仁の崩年干支「辛未」（西暦三一一年）を発見した。歴代天皇のなかで最長命と伝えられる垂仁より、親の崇神が長生きするはずがないから、崇神の崩年は、これによって三一八年が消え、二五八年と決まる、と説いた。つまり崇神と

卑弥呼は同時代人とわかった。原秀三郎は、「この結果、大和朝廷の崇神天皇と邪馬台国（倭）の女王卑弥呼が、同時・同所に共存することはありえず、大和朝廷と邪馬台国が同時・異所に併立したことが明らかになった」と考えた。(62)

森浩一も田中卓説と箸墓古墳の調査結果にもとづきながら、同志社大学の最終講義（一九九九年）で「箸墓古墳はミマキイリヒコ（崇神）の墓」と推定した。私は、卑弥呼と崇神が『魏志倭人伝』にみえる女王と男弟、つまりヒメヒコ共治の関係にあれば、同時・同所に共存しうると考え、ひそかに箸墓を卑弥呼と崇神の共同の墓（のちに崇神は行燈山古墳に分離）と臆測した。

しかし、この田中卓説（垂仁の崩年干支）についても、先の鎌田元一が「『住吉大社神代記』の編者が、別系統の独自の古伝によって記したのではなく、『書紀』垂仁紀の記事から垂仁の崩年を割り出したにすぎない」と批判し、「戊寅年＝二五八年」の支証になりえないという。(61)

(2)古墳時代開始の実年代

では、考古調査の結果、箸墓の実年代（暦年代）はどう変わったのか。

直接、箸墓の周濠や周辺の調査にたずさわった寺沢薫によると、箸墓の築造年代の決め手は、基礎工事（地山掘削作業）中に捨てられた「布留0式古相の土器」の実年代評価にある。ただし、「現在、土器様式の相対年代を考古学的手法によって実年代に置き換える作業は至難のわざである」と告白したあと、第七次調査（一九九四～九五年）直後よりやや繰り上がって、二六〇～三〇〇年ころと幅をもたせる。箸墓古墳の築造開始から埋葬に至る年代については、二六〇～二八〇年ころと推定し、「現状でこの最初の巨大定型前方後円墳の歴史的評価を行う上での一つの基点となる」と自信を示した。つまり「箸墓古墳が卑弥呼の墓である可能性は薄いと言わざるをえない」と断をくだすのである。(63)

ならば、箸墓の墓主はだれか。泰始二年（二六六）、西晋に朝貢した倭国王は、ふつう卑弥呼の宗女・壹與《いよ》（臺《と》與《よ》）とみられているが、寺沢はそのつぎに即位した「男王」と見なし、箸墓古墳の被葬者もこの「男王」だ、と考える。和田萃《あつむ》はいっそう具体的に「箸墓は最初の王墓、すなわち実在した最初の王ミマキイリヒコの墓」と推定している。(64)

これにたいして、古墳時代のはじまりを三角縁神獣鏡によって割りだそうとする福永伸哉は、この鏡の特徴（長方形鈕孔《ちゅうこう》と外周突線）に着目して、まず「三角縁神獣鏡は魏晋の工人によって華北東部地域で製作された」と結論する。また、景初三年鏡（二三九年）・景初四年鏡・正始元年鏡（ともに二四〇年）の示すところ、これらの紀年鏡をふくむ三角縁神獣鏡群は、卑弥呼の朝貢にたいする恩賜の特鋳鏡（「銅鏡百枚」）とみる従来の舶載鏡説が、もっとも蓋然性に富む、とする。ついで、三角縁神獣鏡の図像のモチーフは神仙思想にあるが、これは前代の画文帯神獣鏡と同じで、その系譜をつぐものであり、その「入手・流通管理を通じてエリート層の階層秩序を形成していった」と独自の主張を展開する。さらに、三角縁神獣鏡による邪馬台国政権・初期大和政権の政治戦略は、単なる舶来貴重品の配布ではなく、独占入手・コピー制限・鏡使用法の普及によって、「倭人エリート層の儀礼をコントロール」した、と説く。

この舶載三角縁神獣鏡の年代観から、古墳時代は三世紀半ばにはじまり、それ以後三五〇年間、古墳時代がつづくが、それは（道路整備・耕地開発より）墳墓造営に社会の膨大なエネルギーを投入し、儀礼や威信財を中心に社会統合を実現しえた特異な時代であった、と総括する。(65) 福永の主張のなかでとくに注目されるのが、「神仙思想の神々をモチーフにした画文帯神獣鏡・三角縁神獣鏡によって、社会統合がおこなわれた」という視点である。聖武天皇の時代、鎮護国家を説く仏教によって国家を統合するべく、東大寺を頂点とする国分寺・国分尼寺を全国に建立した。古墳時代は神仙思想にもとづく古墳造営と儀礼によって、社会を統合しようとしたわけだ。奈良時代が仏教文化の時代なら、古墳時代は神仙思想（仙道）文化の時代と措定しても、過大評価ではないだろう。

（3）「卑弥呼以死」からのアプローチ

このように、なお崇神の時代は確定できず、古墳時代の開始時期も二〇〜三〇年の開きがある。物理学の「繰り込み理論」ではないけれど、しばらく崇神の崩年問題を括弧にくくって、他の視点から考えてみよう。それは「卑弥呼、以死す」からのアプローチである。「卑弥呼のように、古代の女王・皇女・王女で不慮の死を遂げた人物」といえば、だれしも思い浮かべるのは、崇神の姑《おば》で箸墓古墳の墓主と伝えられる倭迹迹日百襲姫《やまとととひももそひめ》であろう。[66]じっさい、近年ふたたび卑弥呼を百襲姫とみなす研究者が少なくないが、早くも大正末年、考古学者の笠井新也が「卑弥呼即ち倭迹迹日百襲姫命」と同定し、その根拠を①卑弥呼の時代、②宗教的女王、③墳墓築造記事、④殉葬、⑤箸墓の規模、⑥墳形の六箇条にわたってあげている。これを中心にしながら、共通項をまとめると、つぎの表4の一七箇条になろう。[67]

表4　卑弥呼と百襲姫の対照
（笠井新也、一九二四「卑弥呼即ち倭迹迹日百襲姫命」・一九四二「卑弥呼の冢墓と箸墓」を中心に）

	共通項	卑　弥　呼（魏志倭人伝）	百　襲　姫（日本書紀）
年代	①時代	一八〇（一九〇）?〜二四八年	崇神朝（〜二五八／三一八年?）

王権と資質	②宮都	邪馬台国	磯城瑞籬《しきのみずかきの》(水垣)宮
	③宮室	宮室、楼観・城柵、持兵守衛	宮室に大物主神が通う
	④身分	親魏倭王	皇女
	⑤主権	祭祀(巫女王)	祭祀(巫女王)・大物主神を祀る
	⑥男王	男弟(佐治国)	甥・崇神(ミマキイリヒコ)
	⑦結婚	年已に長大、夫婿無し(未婚)	大物主神の神妻(独身)
	⑧呪力	鬼道に事へて 能く衆を惑す	聡明叡知、予言・神語を伝える
事跡	⑨外交	遣魏使・難升米/魏使・張政	(垂仁朝の田道間守派遣/崇神朝の大加羅の王子来朝)
	⑩戦争	狗奴国との対戦	武埴安彦の叛乱 四道将軍派遣
	⑪死因	以て死す(事故死・自死?)	箸でホトを突いて死す
	⑫没年	二四七/八年	(二五八/三一八−α)年?
	⑬造墓	大作冢、殉葬者奴婢百余人	(大坂山より)石を手逓伝《たごし》に運ぶ(二万人超=笠井)
	⑭規模	径百余歩:(一四四+α)m	箸墓・後円部直径一五八m
	⑮築造	寿墓?/急造?	日は人作り夜は神作る(急造?)
	⑯殉葬	徇葬者奴婢百余人	殉葬の習俗
	⑰後継	宗女・台与(壹与)	豊鍬入姫

卑弥呼と百襲姫は(同時代人?で)、人物・事跡・環境が一致する。そのうえ、新たに「以死=不慮の死」が加わった。すなわち、よく知られた箸墓伝説だが、百襲姫は自分のもとに通ってくる夫(オホモノヌシ)の正体を知りたいと願ったところ、夫(神)から小さな櫛笥《くしげ》を渡された。後朝《きぬぎぬ》の別れのあと、櫛笥のなかをのぞくと、小蛇が

とぐろを巻いていた。驚いた姫が尻餅をついた拍子に、箸でホトをつき身まかった、という。まさに「不慮の死（以死）」である。笠井のあげた共通項以外に、特異な細部の一致が見出されたわけで、「偶然の一致」とかたづけるには惜しい。むしろ「古代の重大な秘密が開示された」とみるべきではないだろうか。

もとより、史実と伝承を短絡したうえ、そこから伝承の年代を類推し、史実と混同することは許されない。しかし、第八章で田道間守・浦島子の伝説についてみるように、伝説の背後に史実の影が揺曳しているように思われてならないのである。また、第七章の高松塚と壁画の年代についても、諸説入り乱れたが、被葬者を石上麻呂と特定することによって、『続日本紀』の薨年記事からピンポイントの正確さで「七一七年三月の築造・制作」と割りだせた。同様に、箸墓の場合も、築造年代が三世紀の中・後葉（一〇〜二〇年の幅）に収斂しつつある現在、二人の女人の共通項を比較し、「特異な最期」を媒介にして、卑弥呼＝百襲姫と同定し、築造年代を卑弥呼没年から逆に二四七／八年と推定することも、許されていいのではなかろうか。

箸墓は「橋墓」ともいわれる。[68] さらに臆測を重ねるならば、卑弥呼＝百襲姫は、みずからの「鬼道（外来の神仙道教と土着のシャーマニズムの混合宗教）[69]」の祭式にしたがって「壺型の蓬萊山」のミニチュア・箸墓古墳に葬られ、ここを「あの世（常世＝蓬萊山）」にかかる橋として昇仙していったのであろう。

（1）拙著『邪馬台国論争――卑弥呼の迷宮』（講談社選書メチエ、一九九五年）。

（2）拙稿「卑弥呼、以て死す」（直木孝次郎編『謎につつまれた邪馬台国――史話　日本の古代・二』、作品社、二〇〇三年）。

（3）拙稿「松本清張の邪馬台国論」（『松本清張研究』六号「特集　清張古代史の軌跡と現在」、松本清張記念文学館、二〇〇五年）。ただし、ここでは『史記』の「緜以て死す」の一例しかあげられなかった。

（4）内藤湖南「卑弥呼考」〈難升米〉の項（『藝文』一―二・三・四号、一九一〇年／『讀史叢録』所収、弘文堂書房、一九二九年／『内藤湖南全集』第七巻所収、筑摩書房、一九七〇年／佐伯有清編『邪馬台国基本論文集Ⅰ』所収、創元社、一九八一年）、三木太郎『魏志倭人伝の世界』（吉川弘文館、一九七九年）。ただし、清張の提唱後、「以て死す」から「以に死す」に変わった人も少なくない。

（5）本居宣長『馭戎慨言』上之巻上（一七七八年、『本居宣長全集』第八巻、筑摩書房、一九七二年）。

（6）三品彰英編『邪馬台国研究総覧』「以死」注解（創元社、一九七〇年）。

（7）阿部秀雄『卑弥呼と倭王』（講談社、一九七一年）。

（8）栗原朋信「魏志倭人伝にみえる邪馬台国をめぐる国際関係の一面」〈四　卑弥呼の死をめぐる諸問題〉（『史学雑誌』七三―一二、一九六四年、のち佐伯有清編『邪馬台国基本論文集Ⅲ』所収、創元社、一九八二年）。

（9）松本清張『邪馬台国――清張通史①』（講談社文庫、一九八六年）。文庫版は元版（一九七六年）・全集版をもとに大幅に改稿・添削されている。ここでは文庫版によった。J・G・フレイザー『金枝篇』（岩波文庫、一九五一年）。

（10）白崎昭一郎「邪馬台国は何万石?」（『季刊邪馬台国』六号、一九八〇年）ほか。なお、後述第四節参照。

（11）大林太良『邪馬台国』（中央新書、一九七七年）。

（12）謝銘仁『邪馬台国　中国人はこう読む』（立風書房、一九八三年）。

（13）奥野正男『邪馬台国はここだ』（毎日新聞社、一九八一年）。

（14）奥野正男『邪馬台国はやっぱりここだった』（毎日新聞社、一九八九年）。

（15）三木太郎前掲注（4）書、同「『魏志』倭人伝の〈告喩〉と〈以死〉」（『北海道駒沢大学研究紀要』一七号、一九八二年）。後の論文は一九八四年、私が「景初三年」鏡の解説記事を『毎日新聞』の担当コラムに書いたさい、恵与された。氏は「以死」の全用例についても当時、手作業で集めようと準備をすすめておられたと聞く。『邪馬台国研究大事典』全六巻も、インターネット活用の典拠論がはじまる前の、眼疾を押しての労作だった。二〇年を経て、旧稿「倭の女王卑弥呼の最期――〈以死す〉再考」（京都学園大学紀要『人間文化研究』15号、二〇〇五年）をお目にかけようとしたとき、すでに登仙しておられた。

（16）松本清張・奥野正男のほか、武光誠編『邪馬台国辞典』（同成社、一九八六年）、鳥越憲三郎『中国正史　倭人・倭国

伝全釈』（中央公論新社、二〇〇四年）も、「王頎が洛陽の朝廷に報告した」とする。『漢語大詞典』2〈到官〉の項参照。
(17) 佐伯有清『魏志倭人伝を読む・下』（吉川弘文館、二〇〇〇年）。
(18) 直木孝次郎「一大率」（『ゼミナール日本古代史』上、光文社、一九七九年）、直木編注（2）前掲書、直木『日本古代国家の成立』（講談社学術文庫、一九九六年）。
(19) 沈仁安『倭国と東アジア』（六興出版、一九九〇年）。
(20) 吉田賢抗注解『史記』本紀（新釈漢文大系、明治書院、一九八一年）など。
(21) 袁珂『中国の神話伝説』上（青土社、一九九五年）。
(22) 古賀登『神話と古代文化』（雄山閣、二〇〇四年）。
(23) 大東文化大学の公開する台湾・中央研究院「漢籍電子文献（資料庫）」http://chinaic.daito.ac.jp/handy/new/2005/02/14による。同じ段のなかで、同一の語句がくりかえされる場合は、あわせて一回と数え、異なる語句の場合は、異なり語数のとおりカウントする。また、「以死者」のような本来の「以死」の意味から外れるものも、本稿では数に含めた。
(24) この項は、虚詞辞典として定評のある何楽士編『古代漢語虚詞詞典』（語文出版社、二〇〇六年）、王政白編『古漢語虚詞詞典（増訂本）』（黄山書社、二〇〇二年）をはじめ、呉慶峰主編『《史記》虚詞通釈』（斉魯書社、二〇〇六年）、何楽士著『《左伝》虚詞研究（修訂本）』（商務印書館、二〇〇四年）、黄珊著『《荀子》虚詞研究』（河南大学出版社、二〇〇五年）、何麗南『《三国志》和裴注句法専題研究』（南京師範大学出版社、二〇〇四年）などを参考にした。
(25) 王政白編注（24）前掲書「以：語気助詞」の項による。
(26) 二〇〇四年三月の台湾総統選を前にして、国民党側のキャンペーンのなかで、この黄巾軍のスローガンがとりこまれた。興味深いことに、パンフでは「蒼天以死、黄天当立、歳在甲子、天下大吉！　民進党大勢已去、……天意民心不可逆！」と書きながら、街頭デモ用の（『三国志』の時代をおもわせる）幢には、「蒼天已死」と大書してあった。『魏志』の「孫権以死／已死」の使い分けとともに、これは単なる偶然か修辞上の工夫であって、まったく同じ意味なのだろうか。
(27) 小南一郎訳『三国志Ⅱ』烏丸伝（世界古典文学全集、筑摩書房、一九八二年）。
(28) 水沢利忠注解『史記』屈原夏生列伝（明治書院、一九九三年）。

(29) 福島吉彦訳『史記列伝』刺客列伝(世界文学大系19、筑摩書房、一九七六年)。
(30) 内野熊一郎注解『孟子』(新釈漢文大系、明治書院、一九八一年)、朱熹『孟子集注』巻一(斉魯書社、一九九六年)。
(31) 小南一郎訳『三国志Ⅱ』陳思王植伝(前掲・筑摩版)。
(32) 井波律子訳『三国志Ⅱ』諸葛亮伝(前掲・筑摩版)、二十四史『三国志』蜀書諸葛亮伝(中華書局、一九九五年)。
(33) 吉川忠夫校注『後漢書』第一冊(岩波書店、二〇〇一年)。
(34) 陳澧『申范』http://www.geocities.co.jp/HeartLand-Hanamizuki/1426/chin_rei.htm/2004/12/11 に原文と訓読・現代語訳と簡単な補注が載っている。
(35) 『続日本紀』は長屋王・藤原広嗣・橘奈良麻呂・藤原仲麻呂・藤原種継ら、冤罪・内乱・事件関係者の最期の記事についてチェックしたが、「以死」の表現はみられなかった。漢詩集『懐風藻』『文華秀麗集』にも用例はなかった。ちなみに、「以卒」については、このかたちのままでの用例はない。太安万侶墓誌には「以癸亥年七月六日卒之　養老七年十二月十五日乙巳」と刻まれているが、むろん、この場合の「以」は時間(年月日)を指定する介詞で、「以卒」と熟するわけではない。
(36) 日本古典文学大系『日本書紀』上「神代下」(岩波書店、一九七四年)。
(37) 同右「神功皇后紀」と「仲哀天皇紀」。
(38) 『住吉神社神代記の研究』(田中卓著作集7、国書刊行会、一九八五年)。
(39) 日本思想大系『古事記』中巻「仲哀天皇段」(岩波書店、一九八二年)。
(40) 前掲注(36)『日本書紀』上「仁徳天皇紀」。
(41) 同右「允恭天皇紀」。
(42) 同右「安康天皇紀」。
(43) 頼山陽『日本外史』巻之五(小宮水心註解、立川文明堂、一九一二年)。
(44) 岡田良策編輯『近世名誉英雄伝』(辻岡金松堂、一八八四年)。http://www.kounan.wu.ac.jp/`kikuchi/reki/isin.htm/2005/02/21
(45) http://www.content.edu.tw/vocation/forein_language/ks_ss/famous/banhan.htm/2005/02/21 による。中国語訳の

「板垣可以死」は「可-以死（以て死すべし）」というより、「可以-死（死んでもよい／死ぬ価値がある）」の意かもしれないが、上にみてきた「以死」の原義と通じる訳語と思われる。ちなみに、他のサイトでは「板垣雖死、自由不死（不亡）」の訳がある。北京大学歴史学系 http://www.hist.pku.edu.cn/club/dispbbs.asp?/BoardID=31&ID=3142&page=1/2005/02/21 など。

(46) 小倉芳彦訳『春秋左氏伝』中（岩波文庫、一九八九年）。

(47) 鎌田正注解『春秋左氏伝』（新釈漢文大系、明治書院、一九八一年）。

(48) 王符著（汪継培箋）『潜夫論箋』賢難篇（中華書局、一九七九年）。

(49) 谷本玲大「和漢比較文学の典拠論におけるインターネット活用」（『人文学と情報処理』25号、勉誠出版）。

(50) 今鷹真訳『三国志Ⅱ』魏書・傅嘏伝（前掲・筑摩版）による。一部、括弧のなかに注記を加えた。

(51) たとえば、大部な注解書『《三国志》今注今釈』（蘇渕雷主編、湖南師範大学出版社、一九九一年）では、「以：同〝已〟」と簡単に注記されている。

(52) 尾崎康『正史宋元版の研究』（汲古書院、一九八五年）、太田次男『旧鈔本を中心とする白氏文集本文の研究』（勉誠出版、一九九七年）。前者について、山尾幸久は、『三国志』のテキスト問題を論ずる場合の必読書、と推奨する（『古代王権の原像』、学生社、二〇〇三年）。後者に関連して、神鷹徳治は「日本現存の（唐代詩文テキストの）旧鈔本資料についての長年に亘る研究の結果、唐代の写本（旧鈔本）と宋代の刊本（宋版本）との間には、断絶ともいうべき本文の改変がみられる」ことが明らかになった、と指摘し、宋版本の信憑性に注意を促している（「激動の隋唐帝国」、『東方』二〇〇六年一月号）。

(53) 森浩一『記紀の考古学』「第三章　箸墓伝説と纏向遺跡」（朝日新聞社、二〇〇〇年）。

(54) 水野祐『評釈　魏志倭人伝』（雄山閣、一九八七年）。

(55) 内藤湖南前掲注（4）論文。

(56) 笠井倭人「上代紀年に関する新研究」（『史林』三六―四号、一九五三年／のち『古代の日朝関係と日本書紀』所収、吉川弘文館、二〇〇〇年）。笠井は、『日本書紀』の編年記事に空白の年次が多いことと、年紀が大幅に延長されていることをつなげて、おもしろい着想をえた。空白部分を省いて縮めると、いまの『書紀』編纂以前の『原書紀』の紀年が再構成できるのではないか、というのだ。もともと、『書紀』が手本にした中国の正史『漢書』『後漢書』『三国志』などは、いずれも「帝王本紀は元年から崩年まで連年必ず何等かの記事」があって、「記事のない空白の年」はない。中国の史籍を範とした『書紀』の場合も、「連年記載の体裁を取ったであろう。いまみる書紀に空白が多いのは、第二次的な体裁であり、紀年延長の結果である」と想定した。じっさい、空白年次を除き、微調整を加えたところ、矛盾のすくない『原書紀』の紀年が復元された。それによると、崇神天皇の治世年数は、記事のある年数（一七年分）どおり一七年で、辛酉年の三〇一年即位、三一七年崩御となった。辛酉革命説による修正があるにしても、じっさいの在位は八〜五年（允恭天皇の場合に生じた誤差）の範囲でくりあげた「三世紀末から四世紀初頭に至る間」と考定した。小林は大学院生時代の笠井と親しく、笠井の合理的な新研究（五年くりあげた三一二年崩御）を採用して、古墳の編年を組み立てたらしい。笠井倭人の直話（二〇〇六年八月）と小林行雄「古墳がつくられた時代」（『世界考古学大系3・日本Ⅲ・古墳時代』、平凡社、一九五九年）、春成秀爾「考古学と記紀の相克」（『国立歴史民俗博物館研究報告』70集、一九九七年）、大村直「卑弥呼の古墳」（武光誠・山岸良二編『邪馬台国を知る事典』所収、東京堂出版、一九九九年）による。

なお、『日本書紀』の紀年は、周知のごとく、那珂通世いらいの定説では、推古天皇九年（西暦六〇一）の辛酉年を起点にして、一蔀二十一元（一二六〇年）さかのぼった紀元前六六〇年の辛酉年を、神武天皇の即位元年と定めた。辛酉年には革命がおこるという讖緯《しんい》説由来の「辛酉革命説」にしたがったものだ。その結果、古代日本の紀年はじっさいより約六〇〇年、延長されたという。

私は茫々、半世紀前の学生時代、三品彰英の学部・大学院共通講義（「日本書紀の朝鮮関係記事考証」）を受講したとき、笠井の新研究について聴いた。それが小林の古墳時代観の基準になったと知ったのは、ずっと後のことで、二〇〇六年夏、京都大学から文学博士号を授与されて間もない笠井にインタビューし、教えを乞うた。

(57)「古墳の発生の歴史的意義」（『史林』三八―一号、一九五五年／のち『古墳時代の研究』所収、青木書店、一九六一年）。
(58)三品彰英編著『邪馬台国研究総覧』注解〈径百余歩〉の項（創元社、一九七〇年）。
(59)都出比呂志『古代国家の胎動』（日本放送出版協会、一九九八年）、「小林行雄論」（『弥生文化研究への熱いまなざし――森本六爾、小林行雄と佐原真』、弥生文化博物館、二〇〇三年／のち『前方後円墳と社会』所収、岩波書店、二〇〇五）、春成秀爾前掲注(56)論文。

(60) 戦後、公開の場で箸墓古墳を「卑弥呼の墓」と明言したのは、石部正志がはじめてであろう。一九八五年、奈良大学で開かれた第52回日本考古学協会大会のシンポジウムで、「卑弥呼」を名指ししたため、参加者を驚かせた。「歴とした学会で被葬者の固有名詞をあげるヤツがあるか。大胆すぎる」と、あとで先輩から叱責されたという。その後も『考古学万華鏡』（新日本出版社、二〇〇四年）など、さまざまな媒体で自説を述べている。

(61) 鎌田元一「『古事記』崩年干支に関する二・三の問題」（『日本史研究』四九八号、二〇〇四年）は、晩年の論文だが、笠井倭人説にたいして共感を示しつつ、厳密な批判を加えている。

(62) 田中卓『住吉大社神代記の研究』（『田中卓著作集』7、国書刊行会、一九八五年）、同「私の古代史像」（同前11—Ⅱ別冊、一九九四年）、原秀三郎「日本古代国家の起源と邪馬台国——田中史学と新古典主義——」（國民會館叢書51、二〇〇四年）。

(63) 寺沢薫『箸墓古墳周辺の調査』（橿原考古学研究所、二〇〇二年）。

(64) 寺沢薫『王権誕生』（講談社版『日本の歴史』2、二〇〇〇年）、和田萃「日本古代・中世の陵墓」（森浩一編『天皇陵古墳』、大巧社、一九九六年）ほか。

(65) 福永伸哉『三角縁神獣鏡の研究』「終章　三角縁神獣鏡の歴史的意義」（大阪大学出版会、二〇〇五年）。

(66) もちろん、百襲姫以外にも、ヤマトタケルの妃弟橘媛《おとたちばなひめ》（東征の途上、走水湾で船が進まなくなったため、海神への犠牲となって入水した）や垂仁天皇の皇后狭穂《さほ》姫（謀反をおこした兄に殉じて稲叢の炎のなかに消えた）があげられる。

(67) 笠井新也「卑弥呼即ち倭迹迹日百襲姫命」（『考古学雑誌』一四—七、一九二四年）、同「卑弥呼の冢墓と箸墓」（同前三二—七、一九四二年）、ともに佐伯有清編『邪馬台国基本論文集Ⅰ』所収（創元社、一九八一年）。

(68) 大和岩雄『箸墓は卑弥呼の墓か』（大和書房、二〇〇四年）。

(69) 重松明久『邪馬台国の研究』（白陵社、一九六九年）、大林太良前掲注(11)書、福永光司「卑弥呼の鬼道と中国の道教」（『アジア文明国際シンポジウム・鬼道』、福岡県、一九九四年）。

〔補注〕小林虎三郎『求志洞遺稿』（長岡市立中央図書館ホームページ）http://www.e-net.city.nagaoka.niigata.jp/museum/kyushidouikou/2007/12/30

〔参考資料〕『三国志』にみえる「以死」

魏書

	巻	人名	「以死」をふくむ文節
1	2	文帝丕	輔國將軍等曰：「奉上有逆鱗固争之義、臣等敢以死請」(計4回重出)
2	3	明帝叡[二]	誰當為陛下盡言事者乎？又誰當干萬乘以死為戲乎？
3	4	三少帝／齊王芳	鎮東將軍毌丘儉上言……詔曰：「……齊路中大夫以死成命、……」
4	6	李傕郭汜[二]	允曰：「安國家、吾之上願也、若不獲、則奉身以死」
5	6	劉表[二]	表謂嵩曰：「今天下大亂…」、嵩対曰：「夫事君為君、君臣名定、以死守之」
6	8	公孫淵[五]	淵乃俛仰歎息、自傷無罪。……臣等維持、誓之以死、……。
7	9	曹真	臣言：「萬一有不如意、臣當以死奉明詔」
8	11	田疇	疇上疏陳誠、以死自誓。
9	12	崔琰	琰露板答曰：「蓋聞春秋之義、立子以長、宜承正統、琰以死守之」
10	14	劉放／孫資[二]	耳之曰：「臣以死奉社稷」
11	16	蘇則	則稽首曰：「愚臣以為不可、敢以死請！」
12	16	杜畿	畿曰：「固等勢專、必以死戰、討之不勝」
13	17	徐晃	晃言於太祖曰：「二袁未破、……今日滅易陽、明日皆以死守、……」
14	18	李通	通按劍以曰：「曹公明哲、必定天下、……吾以死不貳」即斬紹使。
15	19	陳思王植[三]	楊脩…臨死、謂故人曰：「我固自以死之晚也」其意以為坐曹植也。
16	19	陳思王植[二]	雍門狄曰：「今越甲至、……而臣獨不可以死越甲邪？」遂刎頸而死。
17	21	劉廙	廙上疏謝曰：「子不謝生於父母、可以死效、難用筆陳」
18	21	傅嘏	是以宣文侯深建宏圖大舉之策、今權以死、託孤於諸葛恪。
19	25	楊阜	阜流涕諫曰：「阜等率父兄子弟以義相勵、……阜以死守之」
20	27	胡質	質曰：「此士無讎而有少妻、所以死乎！」
21	28	諸葛誕[二]	誕表曰：「臣奉國命、以死自立」
22	30	烏丸[二]	特屬累犬、使護死者神靈歸乎赤山、……中國人以死之魂神歸泰山也。

23	30	倭	遣張政等…拜假難升米為檄告喩之、卑彌呼以死、大作冢、徑百餘歩。
蜀書			
24	35	諸葛亮	亮涕泣曰：「臣敢竭股肱之力、效忠貞之節、繼之以死！」
25	41	霍弋[一]	弋曰：「今道路隔塞、未詳主之安危、……若萬一危辱、吾將以死拒之！」
呉書			
26	47	呉主權	權與淩統等在津北、為魏將張遼所襲、統等以死扞權、權乘駿馬越津橋得去。
27	47	呉主權[二]	權新裝大船、時風大盛、谷利跪曰：「船樓裝高、邂逅顛危、是以利輒敢以死爭」
28	48	太史慈[二]	慈對曰：「古人報生以死、期於盡節、沒而後已」
29	51	孫韶[二]	孫高、傅嬰涕泣答言：「受府君恩遇、所以不即死難者、以死無益」
30	54	呂蒙	既徹兵、為張遼等所襲、蒙與淩統以死扞衛。
31	57	駱統	統上疏曰：「臣統之大願、足以死而不朽矣」
32	57	朱據	赤烏九年、遷驃騎將軍。遭二宮搆爭、據擁護太子、……守之以死、遂左遷新都郡丞。
33	64	諸葛恪[一]	恪歔欷流涕曰：「臣等皆受厚恩、當以死奉詔」

◆用例の通し番号のつぎは『三国志』の巻数。[一][二]の漢数字は、裴注の番号をしめす。列伝の人名は、複数連記の場合、関係する人名だけをあげた。用例は電子テキストのままとし(ただし、一部新字体が混る)、伏せ字(?)は中華書局版『三国志』で正した(用例2の二つの?は疑問符)。

第六章　雄略時代の神仙信仰

一　稲荷山鉄剣銘の発見

(1)金文顕現《けんげん》

歴史の女神は気紛れだ。「クリオ」とギリシャ人が呼んだこの神さま、同時に運命の神でもあって、さりげなく私たちに近づき音もなく去ってゆく。後ろ髪がないし、振り向いてもくれないから、チャンスは一度、女神の前髪を把むしかない。

昭和五三年七月末、奈良県生駒市にある元興寺《がんごうじ》文化財研究所の埋蔵文化財処理センター。もし、そのとき、大崎敏子さんが芥子粒《けしつぶ》ほどの金泥の輝きに目を止めなかったなら、鉄剣の秘文は、銹《さび》におおわれたまま金輪際《こんりんざい》、陽の目を見なかったにちがいない。しかし、大崎さんはその瞬間、「あらッ、金の粒!?」と叫び声を上げて、クリオの前髪をしっかり把んだ。すかさず西山要一さんが「象嵌《ぞうがん》かもしれない」と、クリオの腕にすがりついた。――もっとも、そのときは、クリオの胸もとから古代史の白い肌《はだ》がのぞいていようとは、大崎さんも、西山さんも、そして室長の増沢文武さんも、つゆ気づかなかった。

四〇余日後の九月一一日、奈良・猿沢池の南にある元興寺文化財研究所ではじめて鉄剣をレントゲン撮影にか

図1　復元された稲荷山古墳(著者撮影)

けた。フィルム現像。やがて――、思いがけず、鉄剣から一筋の金文字がくっきりと立ち現れた。発掘されてから十年。だれが草深い東国・埼玉《さきたま》の古墳の剣から、古代の金文字が出現すると予期しえたろうか。それは、もう「金文顕現《けんげん》」としか形容のしようがない、不思議な一瞬だった。元興寺の付属研究所だからというわけではないが、〈神仏の冥合〉という古風な言葉さえ、思い浮かぶ。

考古学は、いうまでもなく、人類史像の再構成を目指す歴史科学の一分野だ。ヘラとハケで土を掘り、過去の遺物を採り上げ、図面におこす。根気のいる、きつい作業だ。しかし同時に、ひらめきがないことには、どうにもならないのが、この学問の特徴である。エジソンは「天才の条件は?」と尋ねられて、「99%の発汗《パースピレーション》と1%の直観《インスピレーション》」と答えたそうだが、考古学はまさに99%の汗と1%のひらめきの結晶である。

考古学の発掘現場を訪ねると、しばしば「金文顕現」と同じような霊妙な〈時間〉のあることを、教えられる。

たとえば、木簡の発見の場合。昭和三六年一月二六日、はじめて平城宮跡の泥のなかから木簡が見つかった。発掘調査部の田中琢《みがく》氏(現・埋蔵文化財センター指導部長)は、泥につかった木片を手にしたとき、ハッとひらめきが走った。中国では早くから秦・漢時代の竹簡《ちっかん》・木牘《ぼくとく》が出土することが知られていたが、まさか日本でも泥田の底から千二百年前の墨書が朽ちずに現れようとは、夢想だにされなかったのだ。「もしや木簡では?」と直観したとおり、これが事実上、日本の木簡発見第一号となった。それいらい、平城宮跡をはじめ難波宮・飛鳥古京・藤原宮・長岡京や全国各地の国衙《こくが》・城柵の跡地から続々と木簡が見つかった。ついさきごろ(五四年四月)木簡学会が発足したが、とにかく三万点にのぼる木簡は奈良以前のまったく新しい文字資料で、それまで枯渇しかけていた古代史学界にみずみずしい生気を満たした。古代史・考古学ブームはそのころから開花する。

いま一つ、銅鐸の場合をあげよう。

四天王寺女子大学の藤澤一夫教授は、戦後間もなく、東大阪市の古道具屋の店先で銅鐸を見つけた。箱書きを見ると、豊中市(大阪府)の原田神社境内から天明年間に出土したものという。藤澤さんの奔走で、めでたくこの銅鐸は原田神社に納められるのだが——その発見の顚末《てんまつ》は、氏の一文「宝鐸《ほうたく》顕現」に記録されている——、話はそれで終わらなかった。

それから二五年後の昭和四九年一〇月、茨木市東奈良のマンション建設地の事前調査で、銅鐸の鋳型が出土した。考古学者が夢にまで見た銅鐸の鋳型が、それも完全な姿で発見されたのだ。そのうえ、鋳型片の一つは奇《く》しくも原田神社鐸の鋳型とわかり、しかも発見者が藤澤さんの次男、真依《まより》さんとくるのだから、偶然を通りこして神慮の働きを覚えずにはおれない。

なにも神がかりの学問を吹聴するのではない。考古学者の汗とひらめきに感応するかのごとく、いま全国の地底から修羅や山城・金石文が一斉に声をあげて立ち現れつつあることを、いいたいのだ。「草木みな物言ふ」と古代の日本人はいい表したけれど、地中の文物が一斉に「物言ふ」時代、そして一波が万波を呼び、こだまがつむじ風をおこして、いまや考古学上の発見は、〈疾風《しっぷう》怒濤《どとう》の時代〉に入った——そんな予感にとらわれる。

(2)「百年に一度」の大事件

さて、レントゲン写真の解読は、元興寺文化財研究所で藤澤一夫教授が中心となって独自に進める一方、奈良国立文化財研究所に委託された。同研究所では、京都大学の岸俊男教授、平城宮跡発掘調査部長の狩野久氏、埋蔵文化財センター長の田中稔氏らが担当した。レントゲン写真は、鉄剣の表と裏の両面にきざまれた銘文を透過撮影したものだから、表の正文字と裏の逆文字（左文）が二重写しになっている。そこで、いったん銘文をトレースしたうえ、表裏両面のコピーをつくり、右肩上りの画をなぞって表と裏の文字を分離した。ボロボロに錆びた鉄剣のなかを、象嵌の部分がズレて動くので、文字の点・画が一部ゆがんだり飛んだりしている。これらを拾いながら銘文一一五字をほぼ完全に復原し、全文の意味を解読しおわったのは、一週間後の九月一八日だった。

岸・田中・狩野・藤澤の四氏をはじめ、奈良国立文化財研究所（坪井清足所長）、元興寺文化財研究所（田沢坦所長）、さらに委託者の埼玉県教育委員会（石田正利教育長）とさきたま資料館（野村鍋一館長）、調査責任者だった斎藤忠大正大学教授ら関係者を驚かせたのは、次の二点だ。第一、銘文のなかに「獲加多支鹵大王」という大王名

図2　稲荷山古墳出土鉄剣の「獲加多支鹵大王」銘（文化庁保管／写真提供：埼玉県立さきたま史跡の博物館）

が現れ、どうやらワカタケル大王（雄略天皇）と読みとれること。第二、これと連動して、熊本県・船山古墳の大刀に刻まれた銀象嵌銘も一挙に解読できたこと。これだ。斎藤教授は「百年に一度の大発見だ」と表現したが、船山古墳の大刀が出土してから一〇六年、まさしく古代史学界を揺り動かす、それは「世紀の大事件」であった。

毎日新聞は、さいわいこのニュースをスクープすることができた。手前味噌を申せば、これまた創刊いらい百年にわたる先輩の蓄積とあたたかい愛読者・支持者の理解のたまものであった。新聞記事そのものは、怱卒《こっそつ》の早書きでしかないけれど、稲荷山鉄剣銘文の発見とその意義について簡略に報道されている。以下の議論の導入をかねて転載することをお許しいただきたい。

※　　※　　※

奈良国立文化財研究所と元興寺文化財研究所は、埼玉県行田《ぎょうだ》市、稲荷山古墳出土の鉄剣から、雄略天皇の名前と思われる「獲加多支鹵（ワカタケル？）大王」など金象嵌《きんぞうがん》の文字一一五個を発見、十九日までに全文の解読に成功した。近く埼玉県教育委員会から正式に発表されるが、全文解読の結果、これまでホットな論争がつづいていた熊本県・江田船山古墳の大刀銘「獲□□□鹵大王」も雄略天皇と解けるほか、広く古代史の解明全般に大きな影響をおよぼすことは確実で、関係者は「高松塚に勝るとも劣らぬ、百年に一度の大発見」と、どよめいている。

稲荷山古墳は、行田市埼玉《さきたま》にある長さ一二〇メートルの前方後円墳で、付近に密集している「埼玉古墳群」のいわば盟主格。昭和四十三年、斎藤忠大正大学教授（元東大教授）が調査を行い、後円部から粘土槨《かく》と礫槨《れきかく》を発掘、主体部の粘土槨はすでに盗掘にあっていたが、かたわらの礫槨からボロボロになった鉄剣をはじめ、鏡・挂甲《けいこう》・帯金具《おびかなぐ》・馬具などを発見した。

出土品は、「さきたま風土記の丘」の県立さきたま資料館が保管し、今春、保存処理のため、鉄剣を元興寺文化財研究所に委託した。

同研究所で調べたところ、さびた鉄剣（長さ約七三センチ）から小さな金泥粒が三カ所、見つかった。そこでレントゲン撮影を行い、くわしく分析すると、剣の両面から計一一五文字の銘文が、鮮明に浮かび上がってきた（次頁参照）。釈文（解読文）をつくり、さらに奈良国立文化財研究所の狩野久平城宮跡発掘調査部長と田中稔埋蔵

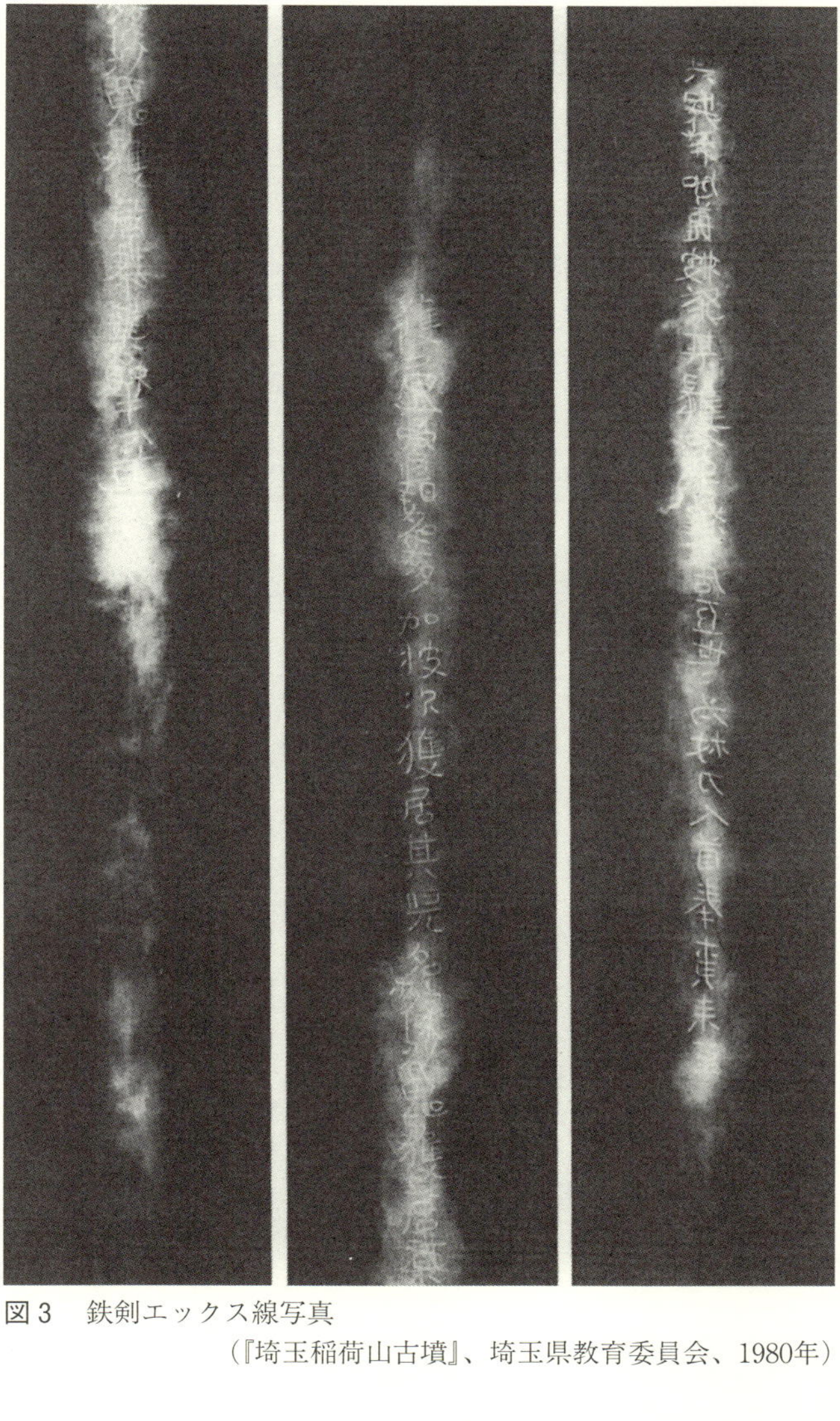

図3　鉄剣エックス線写真
（『埼玉稲荷山古墳』、埼玉県教育委員会、1980年）

文化財センター長、古代史の岸俊男京大教授らが検討した結果、ほぼ全文の解読にこぎつけた。各方面の話を総合すると、銘文の大意は――

辛亥《しんがい》の年七月中記す。オオヒコの八代目の孫オノワケノオミは、世々〈杖刀人首〉としてつかえ来たり、いまに至る。獲加多支鹵（ワカタケル？）の大王の寺（役所のこと）斯鬼（しま、または、しき）の宮に在る時、吾れ、治天下を左《たす》く。百練利刀を作らしむ。記すは□□（人名）なり。

というもの。

「獲加多支鹵大王」は難読で、関係者らを悩ませたが、「獲居」（ワケ＝古代の姓《かばね》の一つ）という形でも銘文のなかに出てくるので、「ワカタケル大王」と推定した。「鹵」は「歯」によく似ているが、「鹵《ロ》」という文字の異体字だから、「ル」と読める。もし「ワカタケル大王」なら、まず雄略天皇（本名オオハツセ・ワカタケ）しか考えられないが、そのうえワカタケル＝雄略とすると、雄略在位中の四七一年の干支がまさに辛亥の年で、天皇名と干支（年代）とがピタリ一致する。

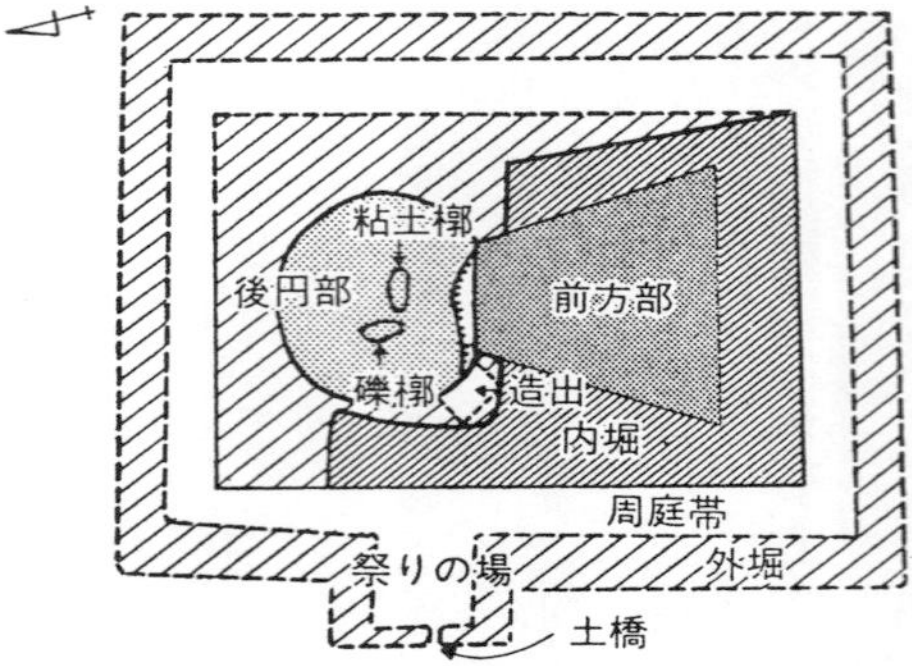

図４　稲荷山古墳平面図
（1979年ころのさきたま資料館のパンフから）

つまり、「この鉄剣は、雄略天皇の在世中（推定四五六―四七九年）、八代前から大和朝廷の〈杖刀人首〉としてつかえてきた、武蔵の国の国造（知事）オノワケノオミが作らせた」と解釈できる。

一方、「獲加多支鹵」がワカタケルすなわち雄略天皇なら、熊本県玉名郡菊水町の江田船山古墳から出土した銀象嵌の大刀銘「獲□□□鹵大王」もワカタケルと解読できる。船山古墳の大刀銘は、これまで

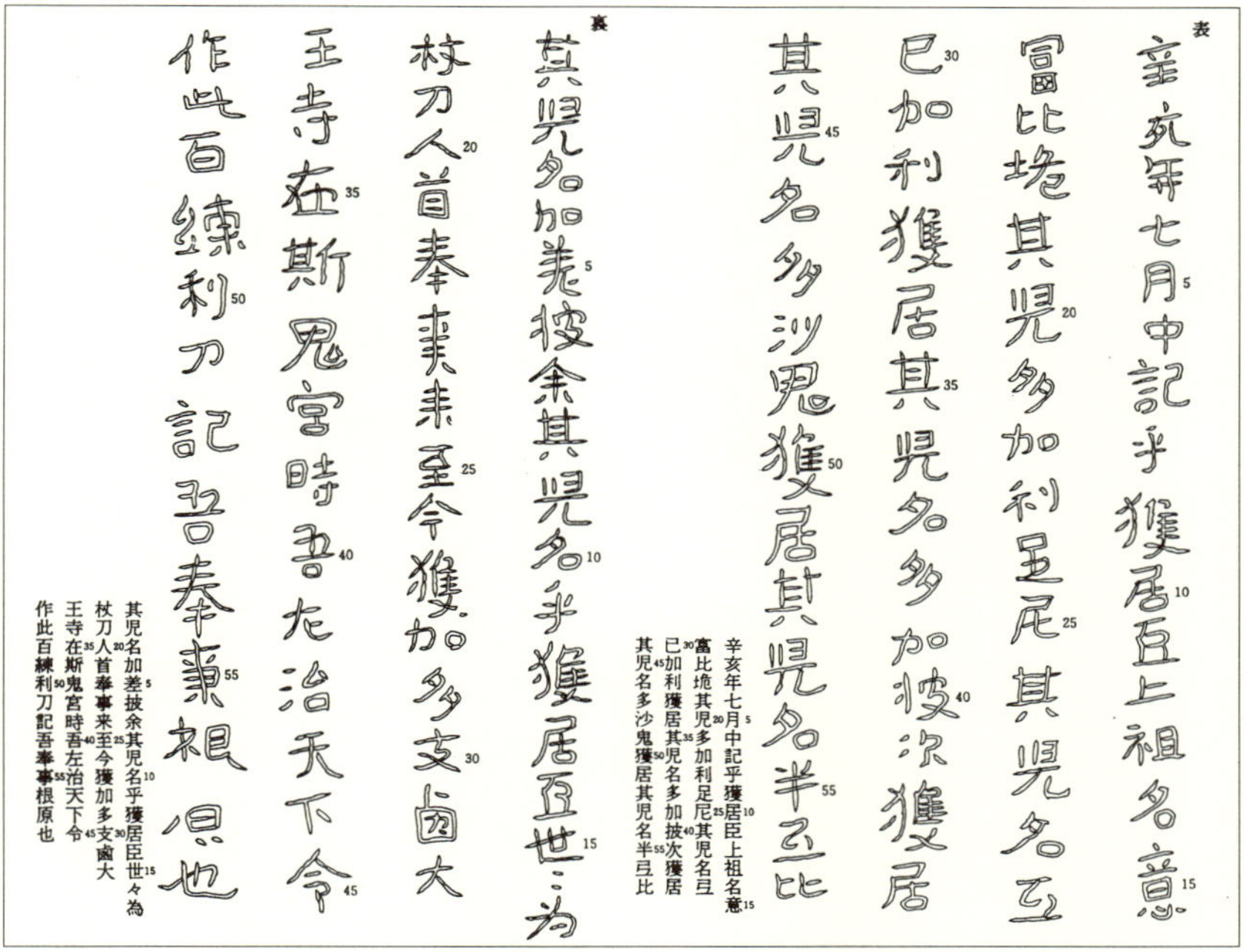
表
裏
辛亥年七月中記乎獲居臣上祖名意
富比垝其児多加利足尼其児名弖
已加利獲居其児名多加披次獲居
其児名多沙鬼獲居其児名半弖比
其児名加差披余其児名乎獲居臣世々為
杖刀人首奉事来至今獲加多支鹵大
王寺在斯鬼宮時吾左治天下令
作此百練利刀記吾奉事根原也

図５　金象嵌銘文トレス図（前掲『埼玉稲荷山古墳』）

「蝮宮弥都歯《たじひのみやのみづは》（別）《わけの》大王」と読み、多遅比宮《たじひのみや》の反正天皇（書紀による在位四〇六―四一一年）の世に作ったという学説が有力。最近、古代朝鮮・百済《くだら》の蓋鹵王《こうろおう》の世に百済が作り、北九州の王に下賜した、という反論が出ているが、新発見の銘文とつきあわせると、これは反正天皇でも蓋鹵王でもなく、まさしくワカタケル＝雄略天皇という、いままで予想もされなかった結論に到達する。

　これにより、〔〝通説〟の天武・持統朝より二百年も早い〕雄略天皇の時代、大和朝廷の勢力が西は肥後（熊本）、東は武蔵（埼玉）にまで伸びていたことを示す重要な物証が、二つそろったことになる。

　雄略天皇は中国・南朝に使を送った「倭の五王」の一人。「宋書倭国伝」によると、倭王武（雄略）は「わが先祖はみずから甲冑《かっちゅう》に身を固め、山川を跋渉《ばっしょう》し、身を休めるいともまなかった。東は毛人を征すること五十五国、西は衆夷を服すること六十六国、渡りて海北を平げること九十五国」という、有名な上表文をさし出している。関係者は、金と銀の象嵌銘の入った二振りの刀剣を、この上表文を裏づける貴重なモニュメント、と評価する。

数年来、「倭の五王」は大和朝廷の天皇ではなく、それとは独立した九州王朝の大王だ、とする新説が、一部で反響を呼んできた。また、古代の日朝・日韓史の研究者の間には、船山古墳の大刀銘や奈良・石上《いそのかみ》神宮の七支刀銘を、朝鮮から日本へ下賜したもの、と読む人が多かった。そうした新説や通説をご破算にして、古代国家形成の〈ナゾの五世紀〉の再考を迫る発見、というのが、多くの古代史家・考古学者の意見のようだ。

同古墳の発掘調査をした斎藤忠教授は「高松塚にならぶ大発見で、考古学上、百年に一度あるかないかのもの。発表までは何もいえない」とコメントを避けながらも、〈金文字〉発見の感激を抑え切れない様子。

横瀬庄次・文化庁記念物課長の話　埼玉県教委が中心になってやっているので詳しい内容はまだ知らないが、稲荷山古墳の出土品をレントゲン撮影した結果、非常に古い文字が見つかった、という話を以前に聞き注目していた。事実なら大変な発見だ。（昭和五十三年九月十九日付『毎日新聞』夕刊・大阪本社版＝誤記・脱字など一部訂正、注は省略）

（3）波紋を呼んだ記事

この記事には、「日本統一は雄略天皇」「通説（天武・持統朝）より二百年早く」という大きな横見出しがついた。よかれあしかれ、これが強烈な印象を読者に与えたらしく、通説・新説双方の先生がたから批判をいただく結果になった。私自身はかつて、「（西）日本の国家統一は四世紀前半」と教わった世代に属する。右の第一報を補足する意味で、翌九月二〇日付『毎日新聞』（大阪）の記事を、いま一度、転載させていただこう。

ちょうど一カ月前、熊本県菊水町江田の船山古墳を訪ね、完工したばかりの菊水町歴史民俗資料館を見学した。船山古墳から銀象嵌の銘文をちりばめた大刀（国宝）をはじめ、金銅製の飾り沓《くつ》や銅鏡など、絢爛《けんらん》たる遺物が出土したのが、明治六年（一八七三）。それ以来、実に一〇六年ぶりに、この出土品が収蔵先の東京国立博物館から〝里帰り〟するというので、町は古代のロマンにわきかえっていた。記念講演会に招かれた森浩一同志社大学教授は、船山古墳の鏡の型式と大刀の銘文をめぐる研究史を整理、紹介したあと、こう結んだ。

「獲□□□鹵大王が、通説のように蝮宮《たじひのみや》の瑞歯別《みずはわけ》の大王、すなわち反正天皇を指すのか、朝鮮・韓国（系）の学者がいうように、百済の蓋鹵《こうろ》王を意味するのか、あるいは、九州王朝論者のように、九州内の、第三の王者を考えるべきなのか、――まだ結論は出せない。しかし、発見いらい一〇六年かかって、ようやくここまでわかったのです。結論を急ぐ必要はありません。これから三十年、四十年かかって、みなさんが解いてゆけばよろしいのです」と。

※　　※　　※

それからわずか一カ月。遠く千キロ余りも離れた埼玉県から金象嵌銘の剣が出現、金と銀の銘文が東西から感応しあい、〈薄明の五世紀〉に光の矢を射し込んで、「ワカタケル大王」治世下の日本列島を浮かび上がらせようとは――夢にも想像できない〝事件〟であった。「歴史を書き換える、なんて軽々にいうな」と、最近、高名の歴史家の苦言を読んだ。しかし、いま目の前で、歴史が書き換えられる、というたしかな実感を感じずにはおれない。

十年あまり前までの古代国家像は、かなり鮮明だった。船山古墳の大刀銘や、奈良・石上神宮の七支刀の銘文（推定三六九年）、そして高句麗の広開土王《こうかいどおう》陵碑（四一四年）の碑文などから、大和朝廷は四世紀のはじめには西日本の統一を終え、海外進出を企てた、と考えられた。ところが、考古学者の李進熙《イジンヒ》氏が爆弾学説を発表した。広開土王碑の碑文は明治十七年以後、参謀本部が石灰を塗布、日本の海外侵略を正当化する作戦を展開した、というのだ。七支刀もまた、百済王から倭王に〈献上〉されたのではなく、反対に〈下賜〉されたのだ、という新説が登場した。こうして、古代史の磐石《ばんじゃく》の〈定点〉とみられていた金石文が揺らぎ出し、「クラゲなす漂《ただよ》い」はじめたのだ。古代国家像は蜃気楼《しんきろう》のように消えかけた。「大学入試から六世紀以前の古代史の問題をはずせ」という声も、あちらこちらで聞かれた。

こんどの銘文は、こうした最近の古代史学界に、衝撃を与えた。岸俊男京都大学教授、狩野久平城宮跡発掘調査部長らの解読が正しいとすると、「辛亥年」(四七一年)に、大和朝廷のワカタケル大王が、東は武蔵の国から西は熊襲《くまそ》の国までを「大王の傘」の下におさめていた、という映像が浮かび上がってくる。

※　※　※

国家の成立や国土の統一は、実にやっかいな問題だ。「国家」概念の中身しだいで変わってくるし、そもそも

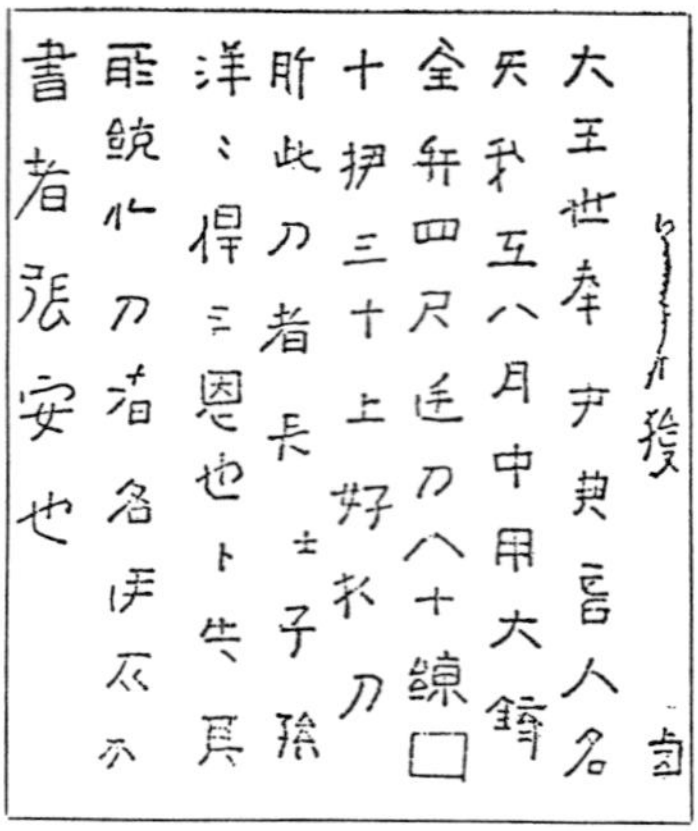

図6　船山古墳大刀銘文・模写
(末永雅雄氏『古墳の航空大観』、学生社、1975年)

表1　稲荷山の金文と船山の銀文

古墳＼銘文	大王名	人制	奉職	節気	鍛造
稲荷山	獲加多支鹵	杖刀人	奉事	七月中	百練利刀
船山	獲□□□鹵	典曹人	奉事	八月中	八十練

表2　古代の金石文　（二〇〇八年一月二一日補訂）

	金石文名	製作年	銘文（字数・象嵌材質）	出土（伝世）地	発見年
1	「漢委奴国王」金印	五七	漢委奴国王（5）	福岡市志賀島	一七八四
2	「中平年」銘鉄刀	一八四〜一八九	中平□年五月丙午造作支刀百錬清剛上應星宿□□□□（24・金）	東大寺山古墳（奈良県天理市）	一九六二
3	「青龍三年」銘方格規矩鏡	二三五	青龍三年顔氏作鏡成文章左龍右乕辟不詳朱爵玄武順陰陽八氏九孫治中央壽如金石宜矦王（39）	大田南5号墳（京都府京丹後市） 安満宮山古墳（大阪府高槻市） 出土地不明（個人蔵）	一九九四 一九九七 二〇〇二
4	「赤烏元年」銘神獣鏡	二三八	赤烏元年五月廿五日丙午造作明竟……（29）	鳥居原古墳・山梨県三珠町	一八九四
5	「景初三年」銘神獣鏡	二三九	景初三年陳是作詺銘之保子宜孫（14）	和泉黄金塚古墳・大阪府和泉市	一九五一
6	「景初三年」銘三角縁神獣鏡	二三九	景初三年陳是作鏡自有経□本是京……壽如金石兮（41）	神原神社古墳・島根県加茂町	一九七二
7	「赤烏七年」銘神獣鏡	二四四	赤烏七年大歳在丙午……富貴長楽未央……（約44）	安倉古墳・兵庫県宝塚市	不詳
8	「景初四年」銘斜縁盤龍鏡	二四〇	景初四年五月丙午之日陳是作鏡吏人詺之位至三公母人詺之保子宜孫壽如金石兮（35）	広峯15号墳・京都府福知山市 伝持田古墳群・宮崎県西都町（辰馬考古学資料館蔵）	一九八六 一九八六
9	「正始元年」銘三角縁神獣鏡	二四〇	正始元年陳是作鏡自有経……杜地命出壽如金石…（28）	森尾古墳・兵庫県豊岡市 御家老屋敷古墳・山口県南陽市	一九一七 一九八〇

10	「元康元年」銘神獣鏡	二九一	元康元年八月廿五日氏作鏡……（字数不明）	伝京都府山城町・上狛古墳	不詳
11	「泰和四年」銘七支刀	三六九	泰和四年五月十六日丙午正陽造百錬□七支刀……（62・金）	石上神宮（奈良県天理市）	伝世
12	広開土王碑（拓本）	四一四	…百済新羅旧是属民由来朝貢而倭以辛卯年来、渡海破百残□□新羅以為臣民……（約1800）	中国吉林省集安市	一八八四収集
13	「王賜」銘鉄剣	五世紀	（表）王賜□□敬安（裏）此廷刀□□□（12・金）	稲荷台古墳・千葉県市原市	一九八八
14	「治天下」銘大刀	五世紀	治天下獲□□□鹵大王世奉事典曹人名旡利弖八月中…（75・銀）	江田船山古墳・熊本県菊水町	一八七三
15	「辛亥年」銘鉄剣	四七一	辛亥年七月中記乎獲居臣上祖名意冨比垝……獲加多支鹵大王……（115・金）	埼玉稲荷山古墳・埼玉県行田市	一九七八
16	「額田部臣」銘鉄刀	六世紀	各田卩臣□□□素□大利□（12・銀）	岡田山1号墳・島根県松江市	一九八四
17	「癸未年」銘銅鏡	五〇三	癸未年八月日十大王年男弟王在意柴沙加宮時斯麻念長……（48）	隅田八幡宮・和歌山県橋本市	伝世
18	「戊辰年」大刀	六〇八	戊辰年五月中（6・銅）	但馬箕谷2号墳・兵庫県村岡町	一九八四
19	「丙子椒林」銘大刀	七世紀？	丙子椒林（4・金）	四天王寺・大阪市	伝世

注：奈良国立博物館編『特別展　発掘された古代の在銘遺宝』（一九八九年）、佐藤長門「有名刀剣の下賜・顕彰」付表（『文字と古代日本1』所収、岩波書店、二〇〇四年）、高槻市教育委員会編『邪馬台国と安満宮山古墳』（吉川弘文館、一九九九年）、梅原末治『漢三国六朝紀年鏡図説』（桑名文星堂、一九四三年）による。

「時代区分」と同様、歴史学の最終目標の一つなのだ。さきごろ（五十四年一月）東京で開かれた「古代史シンポジウム　国家成立の謎《なぞ》」（朝日新聞社・全日空主催）でも、出席者の意見が分かれた。司会の松本清張氏が「常識的に考えて古代国家の成立時期はいつか」と集約をはかったところ、日本史・考古学者の側は、ほぼ「六世紀」説に傾いたが、中国史の西嶋定生東大教授が異議を申し立てた。日本古代史の国家論をあてはめると、「中国では戦国時代に至っても、まだ国家が成立していなかったことになって、都合がわるい」というのである。

こんなわけで、難問の「国家成立」や「国土統一」はしばらく措《お》き、銘文の語るところにじっくり耳を傾けることにしよう。

二　乎獲居臣八代の系譜

(1)一一五文字の解読

鉄剣の銘文一一五字をいかに解読するか――発見いらい、いろんな読み方が提案されたが、出来るかぎり漢文として読み解こうとする点では、諸説とも一致している。ここでは、岸俊男・田中稔・狩野久・三氏の読みとり（釈文）と岸教授の読み下し文を掲げ、その横に異説を並べ、さらにいちじるしく違った訓読法がある場合は、これを最後に注記しよう。岸教授らの釈文と読み下し文は『埼玉県稲荷山古墳出土鉄剣金象嵌銘概報』と『毎日新聞』五四年一〇月二七日付の岸論文によった。

（出典は掲載の新聞・雑誌・書名を記した）

一、作成の時

辛亥年七月中記＊

しんがいのとし・しちがつ・ちゅう・しるす
かのとゐ　　なかば[1]　しるさく[3]
に[2]

二、作成者

乎獲居臣

ヲワケノ臣（オミ、シン）

巨（コ）[4]

直（アタヒ）[5]

ヲグヮヰ[6]

コノカキノオミ[7]

カリワケノオミ[8]

三、八代の系図

(1)上祖名　意富比垝

かみつおや、なはオホヒコ

イフヒキ[9]

(2)其児　多加利足尼

1　諸家（ちゅう説は有坂隆道『毎日新聞』五三年一一月二〇日、「古代史の研究」創刊号）
2　村山七郎『毎日新聞』五三年一〇月九日
3　西宮一民『言語生活』五四年二月号
4　直木孝次郎『鉄剣の謎と古代日本』
5　佐伯有清『同右書』
6　門脇禎二『歴史と人物』五四年一月号
7　古田武彦『歴史と人物』同右
8　坂名井深三『鉄剣銘百十五文字の謎』
9　古田武彦『言語生活』（前出）

そのこ（なは）タカリノスクネ[a]

(3)其児名　弖已加利獲居

そのこ、なはテヨカリワケ

テイカリワケ[10]

テシカリワケ[11]

テコカリワケ[12]

(4)其児名　多加披次獲居

そのこ、なはタカヒシワケ

タカハシワケ[13]

タカヒミワケ[14]

(5)其児名　多沙鬼獲居

そのこ、なはタサキワケ

（ササキワケ）[15]

(6)其児名　半弖比

そのこ、なはハテヒ

(7)其児名　加差披余＊

そのこ、なはカサヒヨ

カサハヤ[16]

---

a　藤澤一夫「稲荷山鉄剣の金象嵌銘」は「タケリノスクネ」と訓む（追記参照）

10　埼玉県教委発表資料（第一回）

11　黛弘道『鉄剣文字は語る』

12　私見

13　大野晋『鉄剣の謎と古代日本』

14・門脇（前出）

15　大野（前出）

16　大野（前出）、藤堂明保『言語生活』（前出）

カサヒレ[17]
カシハデ[18]
カタブコ[19]
(8)其児名　乎獲居臣
そのこ、なはヲワケノ臣

四、杖刀人首

世々為杖刀人首
よよ・ぢゃうたうじんの・をさとなり
たちはき[20]　かみ[21]

奉事来至今*
ほうじしきたり・いまにいたる
つかへまつりきて[22]
ほうじ・らいしす[23]

五、ワカタケル大王

獲加多支鹵[b]大王寺*
ワカタケルだいわうの・ぢ

17　門脇（前出）
18　私見・角林文雄（本節末尾の追記参照）
19　坂名井（前出）
20　大野（前出）
21　田中卓『古代天皇の秘密』
22　諸家
23　古田（前出）
b　藤澤（前出）は銘文の「鹵」を「西」の異体字と見る。訓みは「ワカタケシ」

ワカタキルのおほきみ[24][25]
ワカタキロ[26]
　カタシロだいわう・ヂ[27]
在斯鬼宮時
しきのみやに・あるとき
　　ありしとき[28]
　　いますとき[29]

六、天下輔佐

吾左治天下
われ・てんかを・さぢし
　　をさむることを・たすく[30]
　　たすけて・てんかををさむ[31]

七、刻銘の目的

令作此百練利刀
この・ひゃくれんの・りたうを・つくらしめ
記吾奉事根原也

24　村山七郎（前出）
25　田中（前出）
26　門脇（前出）
27　古田（前出）
28　大野（前出）
29　藤堂（前出）、小島憲之『毎日新聞』昭和五四年一月二九日
30　諸家
31　直木（前出）

わが・つかへまつる・こんげんを・しるすなり ―

＊ 宮崎市定京都大学名誉教授は、「記」を氏《うじ》の名（紀）と見て「記の乎獲居臣」とする。「加差披余」は「加差披《カサヒ》。余《われ》は其の児にして」と下につづける。「奉事」以下は「奉事して、今の獲加多支鹵大王に至る。寺（侍）して斯鬼宮に在りし時、天下を左けんが為に」と読む（『毎日新聞』五三年一一月一一日付）。

＊＊ 古田武彦氏は「獲下カタシロ大王寺、在二斯鬼宮一時上」、カタシロ大王・寺（大王の漢風一字名）磯城宮（栃木県藤岡町大崎）にある時を獲て、と訓む。

＊＊＊ 「寺在」を「侍在」の略体字とみる人は多い。藤堂明保氏は「侍在」イマスと読み、小島憲之氏は「ヲワケノ臣が斯鬼宮にはべっていた時に、ワカタケル大王が吾をして天下を治めることを助けしめ、百練の利き刀《と》を作らしめた」の意とする（『毎日新聞』五四年一月二九日付、『文学』一九七九年五月号）。

［追記］ 元興寺文化財研究所で解読の中心となった藤澤一夫氏の論文「稲荷山鉄剣の金象嵌銘――その読みと解――」が校正段階で発表された（『古代研究』16号、一九七九年）。中国・日本の金石文や古写本を博捜して、銘文の文字を同定し意義を解明した労作で、創見に富んでいる。「奉事し来り、今のワカタケシ大王に至る。侍して磯城宮に在る時」と読む点は、宮崎・藤堂説と同じだが、獲加多支鹵（くずした鹵の字を鹵や卤の字形で報道した）をワカタケシと読む点、諸家と異なる。藤澤説はａ・ｂとして注記した。

（2）和習と漢文志向

さて、文体の特徴として、岸教授と西嶋教授は、次の二点を指摘している。一つは、全体として漢文表現で統一されているが、系図を中心とする前段は、中国の墓誌類には見られぬ表現（其児名など）を含んでいて、和習《わしゅう》が強い。いま一つは、系図部分を除くと、ほとんど五言と七言の句からなっていて、リズムをととのえた漢文への志向が認められる。

以下、この節では（一）銘文作成の時と（二）八代の系図について逐条的に見ていくことにしよう。

(一)銘文作成の時

書き出しの「辛亥年」は、後で触れるとおり、四七一年と五三一年の両説が対立している。次の「七月中」は、「なかば」とみて〝七月中旬〟と解く人と、古代朝鮮の金石文を例にあげて、これを朝鮮語の後置詞〝において〟と読む人、さらに暦法上の用語で、節気を表すとする人がある。「中」の用例は、次の六例が知られている。

〈朝鮮の金石文〉

○新羅・慶州、瑞鳳《ずいほう》塚出土の銀合杅《ごうう》銘

延壽元年太歳在卯三月中

〈日本の金石文〉

○江田船山古墳の銀象嵌大刀銘

治天下獲□□□鹵《ワカタキル》大王世、奉事典曹人、名旡利弖、八月中……

○法隆寺金堂釈迦造像銘

癸未年三月中

〈日本書紀〉

○神功皇后四十六年条

甲子年七月中に百済人久氐《くてい》……の三人、我が土《くに》に到りて曰《い》はく

○応神天皇十三年条

秋九月中に、髪長媛《かみながひめ》、日向より至れり

〈正倉院文書〉

○天平十八年の暦（断簡）

　穀雨三月中

『日本書紀』にみえる「七月中」と「九月中」は古来、「なかのとをか」と訓みならわされている。この例から推して、稲荷山鉄剣の銘文も、法隆寺釈迦像の造像銘も、「なかのとをか」または「なかば」と読むべし、という意見が多い。これに対して、関西大学の有坂隆道教授は、従来知られていた釈迦造像銘の「三月中」と船山古墳大刀銘の「八月中」、それに新出の稲荷山古墳鉄剣銘の「七月中」を合わせ判断すると、暦法上の「節気」を表す用語と解するのがもっとも妥当だ、との新説を出した。有坂説によると、鉄剣の「七月中」は〈処暑《しょしょ》〉、大刀の「八月中」は〈秋分〉に当たる。「中」の日を決めるには、複雑な暦の知識が必要だから、中国の暦を輸入して使っていたに違いない。五世紀の日本人が暦を使いこなし「中」を知っていたとすると、文化的にはかなり高度な段階に達してたと推定できる、という。

(二)八代の系図

つぎに系図へ移ろう。銘文の系図の段は、上祖意冨比垝《オホヒコ》にはじまり、当代の乎獲居臣《ヲワケノ》まで八代にわたっている。この八代の代数をそのまま実数とみる説と、「八継《やつぎ》」という観念が働いて、めでたい八代の数にととのえたとみる説がある。

　実数説の主な論拠は、オホヒコ―タカリノスクネ―テヨカリワケというふうに、系譜のカバネ（姓）がヒコ―スクネ―ワケと変わっているところが、カバネ変遷の一般的な通則にうまく合致する、という点にある。この立場をとる人は、皇学館大学の田中卓氏、北海道大学の佐伯有清氏らで、一世代二十年（佐伯氏）あるいは三十年（田中氏）として計算すると、七代前のオホヒコは――辛亥年を四七一年におく場合――西暦三三一年あるいは二六一年となる。医師で古代史家の白崎昭一郎氏は一世代二十五年とおいて算定しているが、いずれにしても、八代の系譜は、最大限、西暦二六〇年前後までさかのぼる。つまり、古墳時代の天井を突き抜けて、弥生時代末期に到達するという、驚くべき射程距離をもつことになる。

ここで一つの神話を紹介しよう。『山城国風土記』によると、上賀茂《かみがも》神社の祭神・賀茂別雷《かもわけいかづち》は、母・玉依姫《たまよりひめ》が賀茂川を流れてきた丹塗矢《にぬりや》（雷神）に感じて生んだ子だが、ある日、外祖父（玉依姫の父）の建角身《たけつのみ》に「お前の父と思う人にこの酒を飲ましてみよ」といわれる。別雷は酒杯《さかづき》をささげて、屋根を突き破り天に昇っていった。この結果、別雷は、天にいる雷神の子であることがわかった、と記されている。

考えてみれば、銘文のヲワケノ臣も、はるか雲の上の大彦命《オホヒコノミコト》を、わが「上祖」と名ざしたわけで、さながら賀茂別雷の神話を目の当たりに見る感がする。ついでながら、『山城国風土記』の原文を引くと、

外祖父《おほぢ》・建角身命《たけつのみのみこと》、八尋屋《やひろや》を造り、八戸《やと》の扉《とびら》を竪《た》て、八腹《やはら》の酒を醸《か》みて、神集《かみつど》へ集《つど》へて、七日七夜《なぬか・ななよ》楽遊《うたげ》したまひき。しかして子と語らひて言《の》らししく、「汝《な》が父と思はむ人にこの酒を飲ましめよ」

とあって、系譜語りの道具立てが「八」の数と関係があることを暗示するかのようである。

さて、二六〇年代といえば、中国の史書によると、邪馬台国の女王が卑弥呼から宗女臺与《とよ》（壹与《いよ》）に代わって間もないころであり、臺与が晋に最後の遣使をしたのと同じころである。また、国内の天皇系譜によると、開化・崇神天皇の時代（林屋辰三郎京都国立博物館長）であり、あるいは神武天皇の時代（安本美典産業能率短大教授）である。このように、いわゆる「欠史《けつし》八代」「大和闕史《けつし》」の時代に手が届こうというのだから、八代を実数の真系図とみるか、切継ぎの偽系譜とみるかは、きわめて重大な分岐点だ。

八継説の立場に立つ人は、関西大学の薗田香融《そのだこうゆう》教授をはじめ数多い。明らかに「八継」を意識したと思われる

ものは、八世紀の金石文で二例ある。

○宇治宿禰銅板墓誌（七〇五年／京都市西京区塚原）

□前誓願物部神□八継孫宇治宿祢□大平子孫安坐□雲二年十二月□

○金井沢碑（七二六年／群馬県根小屋町金井沢）

上野国群馬郡下賛《しもさぬ》郷高田里三家《みやけの》子孫、為七世父母、現在父母……

（岡崎敬氏「日本の古代金石文」、『古代の日本』9による）

これらの例に照らしてみると、稲荷山鉄剣銘の乎獲居臣も、上祖意冨比垝《オホヒコ》から教えて「八継孫《やつぎのまご》」に当たるわけで、八代が実数であるかどうか、たしかに慎重に取り扱わなければならない問題だ。五世紀の日本と百済は、宋王朝のカサ（冊封体制）の下に入るとともに、系譜至上主義の宋の影響を受けて、系譜づくりに励み出したといわれる。ことに、反正天皇の治世は、姓氏をいつわるものが多く、虚実を正すために「盟神探湯《くがたち》」——熱湯のなかへ手を入れて神判を受ける〝原始裁判〟——を行った、という名高い伝説さえ生まれた。もしそれが事実なら、乎獲居臣の系図が例外であったといえる保証は、なにもない。

しかし、むずかしい系図の真贋論争は専門家の究明に委ねて、さきへ進もう。問題の核心は、むしろこの八代の系図が何氏の系図か、という一点にある。東国の武蔵国造家か、それとも、中央の豪族・阿倍氏またはその一族か、さらに第三者の系図である可能性があるのか。

系図の素姓を割り出すためには、面倒でも八代の系図のうち、主だった人物の名を洗い直す必要がある。

(1)オホヒコ

まず、上祖のオホヒコは、諸家ほぼ一致して四道将軍の大彦命《おおひこのみこと》に当てる。大彦は孝元天皇（第八代）の皇子だから、その子孫はいわゆる〝皇別〟で、「ワケ」のカバネを持つものが多い。鉄剣銘のオホヒコの方は、⑴名前が大彦に一致するばかりでなく、⑵子孫も皇別にふさわしく「ワケ」を名乗るものが目立つ。さらに、⑶オホヒコはヲワケノ臣からさかのぼって八代前、大彦の方は雄略天皇から数えて九代前で、大きく矛盾しない。この三点が「上祖オホヒコ＝四道将軍大彦命」説の論拠である。

大彦は、弟にイクメ・イリヒコ（第九代・開化天皇）、妹にヤマト・トトヒ・モモソヒメがいる。彼女が邪馬台国（大和説）の女王・卑弥呼の最有力候補にあげられていることは、いまさら触れるまでもあるまい。また、開化天皇は、実は卑弥呼を「佐治」したと『魏志倭人伝』に記されている、あの「男弟」であった、という説も出されている（林屋辰三郎氏『日本の古代文化』）。

『日本書紀』と『古事記』によると、四道将軍は、崇神天皇の十年、北陸・東海・山陰・山陽の四道に発遣された。大彦は北陸道を平定し、東海道はその子の武渟河《たけぬなかわ》が、東下《あずまくだ》りをつづけて、結局、大彦父子は東国の会津で相会した。したがって、会津は父子相会の津という意味だ――と、こう『日本書紀』は会津の地名の由来を説明している。大彦の子孫と称するものは、阿倍臣・膳臣・筑紫国造・越臣・伊賀臣ら七族。このほか、東国には武渟河の子孫がいたという。

この大彦をめぐっても、学界の意見は、実在説と虚構説に分かれる。田中卓氏や有坂隆道氏のように、銘文の出現で大彦の実在性が裏づけられたと主張する人もあるけれど、大勢は、「やはり大彦は伝説上の人物である」と慎重な解釈に傾いている。ただ、雄略朝に大彦ら四道将軍伝説がすでに口伝として成立していたことが、確実になった意義は大きい。これまで、『記紀』の原史料となった〈旧辞〉（物語群）の古層は、継体・欽明朝（六世紀の前・中期）の筆録開始とともに成立したといわれてきたが、五世紀後半の雄略朝にまでさかのぼることがハッキ

古代王統系譜①（林屋辰三郎氏『日本の古代文化』〈岩波書店〉による。一部追加）

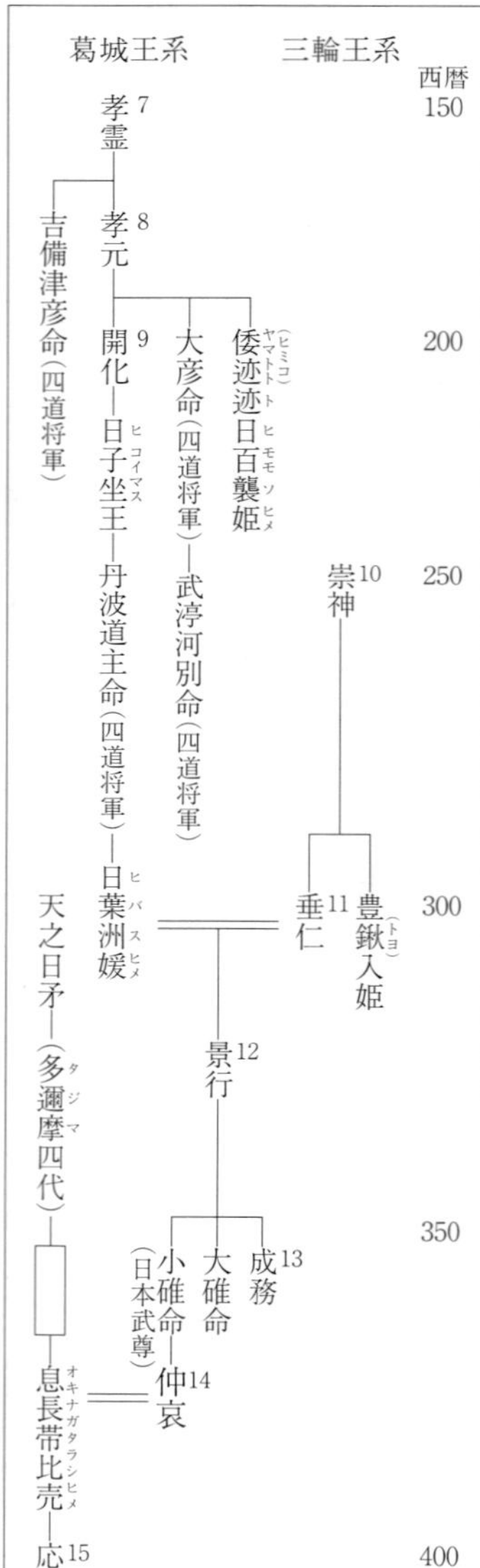

リ証明されたからだ。

(2)(3)タカリノスクネとテヨカリワケ

つぎのタカリノスクネと三代目のテヨカリワケは、大野晋学習院大学教授によると、それぞれ大彦の子の田心命《タコリノミコト》と孫の豊韓別《トヨカラワケ》の訛伝であろうという。しかも、テヨカリワケのテヨという言葉（語根）は、古代日本語（中央語）には存在しないから、東国方言による訛《なま》りと見なければならないという。まことに説得力に富んだ見解で、これに従うべきであろう。しかし、その結論に従う前に、弖已加利はたしてテヨカリとしか読めないのか、他の可能性をさぐっておくことも、無駄ではないと思われる。

弖已加利獲居は、はじめ埼玉県教育委員会の発表によると、テイカリワケと読まれていた。しかし、岸教授らがレントゲン写真を周到に観察した結果、はじめ巳と判読された部分は已であることが確定した。已なら、推古朝遺文（等已弥居加斯支移比弥《トヨミケカシキヤヒメ》＝推古天皇）に照らして、ヨと読める。こうして、弖已加利獲居の訓みが「テヨカリワケ」に決まった。

しかし、岸教授も注意しておられるように、巳・已・己の三字はきわめて混同しやすい文字だ。事実、古代の金石文の例をあげると、上野《こうづけ》三碑の一つ「山ノ上碑」（六八一年）には、

○辛己歳集月三日記

とあって、「巳」とあるべきところが「己」と書かれている。また、中国でも混同されていたことを例示してみよう。時代はずっと下って明朝だが、『文選』の胡刻本をみると、

○獲車巳実、楽不極盤

○巳事而踆、……（分注・巳、止也）

とあって、已（すでに、やむ）が巳に誤刻されていることがわかる。雄略朝においてこの銘文を刻んだものは、おそらく中国か朝鮮の渡来人であろうが、すでに巳・已・己の厳格な弁別はなかったかもしれないのだ。そうすると、弓已加利は、いっそ弓己加利、すなわちテコカリと読んでもいいのではないだろうか。

テコカリといえば、すぐに思い出されるのは、

われも見つ人にも告げむ　葛飾《かつしか》の真間《まま》の手児奈《てこな》が奥津城《おくつき》どころ　（『万葉集』巻三―四三二）

とうたわれた、伝説的美女、真間の手児奈であろう。あるいは、「和気氏系図」に現れる「宮手古別君《テコ・ワケ》」であろう。

このほか、テコという名をもった人物は、

○菅手古《スガテコ》王（聖徳太子伝補闕記）

○鉄師《かなし》手古《テコ》（法隆寺金堂二天造像記）

らがいるが、ただ残念なことには、手児であれ手古であれ、児・古が上代特殊仮名遣いのコ甲類（ko）であるのに

対して、己はコ乙類（kö）であって、平仄《ひょうそく》が合わない。五世紀の金文においてすでに上代特殊仮名遣いが厳格に書き分けられていたとすると、これは決定的な障害である。上代特殊仮名遣いの鉄則を破って、弓己加利《テコカリ》を手古雁にあてるか、それとも弓已加利《テヨカリ》を東国方言の訛《なま》りと仮定して豊韓《トヨカラ》に当てるか――どちらにしても、国語学上の矛盾か、不確定要素をはらんでいるわけで、こんごとも十分な検討を要する問題であろう。

(4)タカハシワケ

この音から「高橋」の名が連想されるが、七代目の加差披余（カシハデ――後述）とともに、この八代の系図が阿倍氏一族のものか他氏のものかを考えるうえで重要な意味をもちそうである（(7)(8)を参照）。

(5)タサキワケ

五代目の多沙鬼獲居《タサキワケ》は、村山七郎京都産業大学教授によると、多沙城別《キワケ》であるという。多沙城とは、任那《みまな》の一国・多沙を指し、ここに「多沙の城《サシ》」が置かれた。村山教授はさらに、雄略天皇に美女の妻を狙われ多沙城の将軍に追いやられた下道臣田狭《タサ》の例をあげて、多沙鬼獲居はすなわち任那の多沙城を分封されたワケ（地方長官）であった、と解釈した。

神功紀によると、武蔵国出身の千熊長彦《チクマナガヒコ》がこの多沙城に駐在していて、三七二年、「七枝刀」（石上神宮に伝わる国宝「七支刀」）を将来したという。しかも、この千熊長彦は、辛亥年を四七一年とした場合、（乎獲居臣から三代約百年前の）多沙鬼獲居の活躍した時代（三七〇年前後）とピタリ重なる。したがって、銘文に刻まれた系譜が武蔵の豪族のものとすると、多沙鬼獲居がすなわち千熊長彦である公算は、たしかに村山教授の指摘どおり高くなる。

このような任那駐在の将軍を出した家柄なら、「世々、杖刀人首として天下を佐治してきた」と誇っても、あながち誇張ではないだろう。私も、村山教授の「多沙鬼獲居＝多沙城別」説をうかがったとき、まっさきに思い浮かべたのが、この千熊長彦のことであった。

千熊長彦は、よくよく古代の金石文と因縁の深い人物で、この七枝刀や稲荷山鉄剣ばかりでなく、隅田《すだ》八幡宮の国宝・人物画像鏡も、千熊長彦が鋳造したものともいわれる。この鏡には、

　癸未年八月日十大王年男弟王、在二意斯柴加《オシサカ》宮一時

という有名な銘文が刻まれ、つづいて

　斯麻念長寿

という句がみえる。ふつう、「斯麻《しま》（のちの百済・武寧《ぶねい》王）が長寿を念じて」この鏡を作った、と解読されているくだりだが、西田長男氏らは、「癸未年」を三八三年としたうえ、この「斯麻念長寿」を「斯麻念長彦」と読みとり、さきの千熊長彦に当てたのだ。

しかし、人物画像鏡の製作年代（癸未年）は、今日、五〇三年または四四三年とする説が有力で、三八三年説は影が薄い。七枝刀の年代も、銘文の「泰和四年」を東晋の太和四年（三六九）に当てる福山敏男氏らの説が、鉄案として支持されてきたが、近年、これを北魏の太和四年（四八〇）とみる李進熙氏の新説が出、さらに最近、百済の蛇行鉄剣と比較して、「七支刀の年代は考古学的には五世紀末から六世紀中葉に編年される」との仮説が出された。七支刀の年代観はこのように流動的であって、多沙鬼獲居＝千熊長彦説は、きわめて魅力的であるけれど、留保せざるをえないのだ。さらに、後で見るとおり、この系譜が武蔵の豪族のものではなく、中央豪族の系図であるとすると、多沙鬼獲居＝武蔵国人・千熊長彦説は、推定の根拠を失うことになる。ただし、村山教授の多沙鬼獲居＝多沙城別説は、正鵠《せいこく》を射たものとして支持する人が多い。

(6)ハテヒ

次に、六代目の半弖比は、ハテヒと読んで異論がない。ハテヒといえば、すぐ引き合いに出されるのが、朝鮮の虎退治で有名な膳臣《カシハデノ・オミ》巴提便《ハテヒ》だ。『日本書紀』(欽明天皇六年＝五四五)によると、巴提便は任那救援のために朝鮮に派遣されたが、このとき、わが子を虎に喰われた。悲劇の巴提便は虎を追い、ついに左手で舌を把み、右手で刺し殺したという。後年の加藤清正をしのぐ豪傑である。ハテヒは、古代史においても、決してポピュラーな名前ではない。まして、この系図が——のちに見るとおり——膳氏の系図とすると、半弖比はすなわち膳臣巴提便ではないか、とだれしも一度は考えてみるだろう。その場合、二代あとの乎獲居臣は、少なくとも六世紀末まで下げなければならず、銘文の「辛亥年」も五九一年になる。しかし、稲荷山古墳の年代観は五世紀末から六世紀前半であって、六世紀末まで下げることは、むずかしいようである。したがって、考古学の年代観を尊重するかぎり、辛亥年を五九一年とおいたり、半弖比を膳臣巴提便に擬する見方は、残念ながら成立の余地がなさそうである。

(7)加差披余はカシハデ?

最後に、七代目の加差披余に触れよう。加差披余は一、二の例外を除いて、カサヒヨまたはカサハヤと読まれている。大野晋氏は、このカサハヤをカサハラの音転(安羅《アラ》を安倻《アヤ》というように、ラとヤは音通)と解釈し、笠原に当てる。笠原氏は武蔵国造家で、『日本書紀』によると、一族は五三〇年ごろから北武蔵に本拠を置く笠原直《カサハラノ・アタヒ・》使主《オミ》と、南武蔵の笠原直小杵《ヲキ》の両派に分かれ、国造職をめぐって内紛をおこした。小杵は隣国の上毛野の国造、上毛野《カミツ・ケノ》君小熊《ヲクマ》に頼って使主を圧迫したが、使主は大和朝廷に訴え、最後は小杵を倒して国造職を守った。鉄剣の「加差披余」は、まさにこの笠原氏の名を表し、その子の「乎獲居臣《オミ》」は、笠原直使主《オミ》その人である。鉄剣の銘文はこの紛争の過程で、本宗家の血脈と功業を誇るために刻まれた——と断定した。大野氏の解釈は、国語学の枠を超えて鉄剣銘の背景まで洞察した明快な仮説であって、支持者が多い。

さて、大野説の根拠は、

①加差披余《カサハヤ》は笠原氏の訛転である

②弖已加利獲居《テヨカリワケ》は豊韓別《トヨカラワケ》の東国方言である

の二点に集約されるようである。②については先に触れた。ここでは①について考えてみよう。

結論を先にいえば、加差披余はカサハヤの音を写したものではなく、カシハデと読むべきものだと思われる。通説との違いは、差をシと訓《よ》み、余をデと訓む点にある。もっとも、だしぬけに一見、奇異な仮説を出しても、まさか、といぶかられるだけであろう。そこで、いささかわずらわしいけれど、差と余の上古音（漢魏音）をたしかめてみよう。

まず、差はふつうサとしか発音しないが、参差と熟すると、シンシと読むように、シという音をも持っている。参差といえば、『詩経』巻頭の「関雎《かんしょ》」——

関関たる雎鳩《しょきゅう》は
河の洲に在り
窈窕《ようちょう》たる淑女は
君子の好《よ》き逑《つれあい》

の第一聯につづいて、

参差《しんし》たる荇《こう》の菜《な》は
左に右に之を流《もと》む

窈窕たる淑女は
寤《さ》めても寐《ね》ても之を求む

の第二聯を思い出す人が多いだろう。参差は、「長短入りまじって不整《ふぞろ》いなさま」を表す擬態語だ。藤堂明保氏編『学研漢和大字典』によると、差の上古音は、

差　ts'ïar　シ

である。上代日本語のサ行音は、

ts音

だから、差《シ》ts'ïarは、上代日本語のシの音を写すにふさわしい文字だ。こんなわけで、差をシの字音仮名とみることは、簡単に同意していただけよう。

問題は余の音だ。これも、さきの藤堂大字典によると、余の音は、次のように上古音から中古音へ変化する。

余　diag ―― yio　ヨ

一方、居の音は、

居　kiag　ケ― kio　コ

と変わる。余と居の上古音どうしを比べると、

余　diag　デ

と読めそうだと見当がつく。

以上によって、加差披余は、

加差披余　カシハデ

と読んでも、さしつかえがなさそうである。

(8)ヲワケ――中央豪族か地方豪族か

いささか千鳥足で迂路をたどってきたが、これまでの吟味で確認できたことは、次の三点だ。

一、乎獲居臣の系譜は、四道将軍・大彦命の子孫である。

二、乎獲居臣の父は、カシハデの名を持っていた。

三、世々、大王宮の杖刀人首（近衛隊長）となった武門の棟梁である。

これだけの事実を踏まえて、はじめの問題――鉄剣の系図が中央豪族のものか、武蔵豪族のものか――に立ち返ろう。

大彦命を始祖とする中央・地方の豪族は、

〈中央〉阿倍臣、膳氏、阿閉《アベ》臣、狭々城《ササキ》山君

〈地方〉筑紫国造、越国造、伊賀臣

の七族だ。このうち、「武門の棟梁（杖刀人首）」の条件にかなうものといえば、阿倍氏が最有力候補として浮かび上がる。しかし、

加差披余＝カシハデ

と見てよければ、ズバリ、阿倍氏の同族・膳氏とみるのが、至当ではないだろうか。系図に見えるタカリノスクネとテヨカリワケの名は、膳氏の祖・磐鹿六雁《いはか・むつかり》を彷彿《ほうふつ》とさせるが、鉄剣の系図が膳氏のものなら、決して〝他人の空似〟でなかったわけだ。また、系図のハテヒが欽明朝の膳臣巴提便に通じるのも、偶然でないだろう。朝鮮に出陣した膳臣斑鳩《いかるが》、巴提便《はてひ》、傾子《かたぶこ》らの顔ぶれからして、膳氏は厨房のことばかりでなく、武門の棟梁（杖刀人

首）と自称する資格があったといってよいだろう。このうえ、タカリとテヨカリの前後にムツカリの名が入っていたら、もう間然するところがないのだが、残念ながら、そうは問屋が卸してくれない。

もちろん、ほかに問題がないわけではない。もし膳氏の「氏」名の発生が、雄略朝の直前、ヲワケノ臣より一代前の加差披余《カシハデ》にしかさかのぼらないとしたら、膳氏の賜姓伝説＊と食い違う。反対に、加差披余以前から膳氏と称していたとしたら、加差披余は「膳臣膳」という妙チキリンな名前になってしまう。穏当な「加差披余カサヒヨ・カサハヤ」説に比べると、「加差披余カシハデ」説はいかにも奇矯であるし、膳氏系図に引き寄せすぎであるかもしれない。さらに、不安定な人名の読み方や対音の比定だけで、複雑に入りくんだ系譜や氏姓制度を解きほぐそうとするのは危険であろう。ただ、いわば思考実験として以上の推定が許されるなら、乎獲居臣の実名は、膳臣小別（雄別）であったろう。

＊膳臣の賜姓伝説　『日本書紀』と『高橋氏文』によると、景行天皇五十三年、天皇が東国に巡幸したとき、膾《なます》をつくるものがいず、天皇の機嫌が悪くなった。このとき、磐鹿六雁《いはか・むつかり》が白蛤の膾をつくって奨めたため、喜んだ天皇から「膳」の氏の名をさずかった。以後、膳氏は、東国出身の「膳夫《かしはでべ》」を従え、宮中の食膳をつかさどることになった。この六雁は大彦の孫に当たる。のち（天武朝）高橋朝臣の氏姓を賜わるが、律令時代に入ってからも、内膳司の長官（奉膳）の地位についた。この「高橋」の氏名《うじな》も、先祖の(4)タカハシワケに由来するのだろうか。

〔追記〕　本書（毎日新聞社編『古事記の証明――ワカタケル大王と太安萬侶――』一九七九年）第一刷出版後に出た専門誌『続日本紀研究』二〇三号（一九七九年）で、角林文雄オーストラリア国立大学教授も「加差披余カシハデ」説を提唱された。

三　「獲加多支鹵《ワカタケル》」の由来

獲加多支鹵大王が雄略天皇と解読された論拠――それは、こうだ。

「大王」「斯鬼宮」「(左)治天下」という〈王権の三要素〉がそろっているところからみて、獲加多支鹵大王は、まず、地方の諸王朝の大王の一人ではなく、中央の磯城宮《しきのみや》の大王であった、と考えられる。そのうえで、銘文の「辛亥年」を四七一年と置くと、「辛亥年」は大泊瀬幼武《オホハツセ・ワカタケ》(雄略天皇)の治世に含まれ、獲加多支鹵と幼武の名がピタリ一致する。さらに雄略の朝倉宮は磯城の中心にあって、磯城宮と呼んで矛盾しない。以上の諸点から、獲加多支鹵は大泊瀬幼武すなわち雄略天皇と考えられる。船山古墳の大刀にも「獲□□□鹵大王」と刻まれているが、これを獲加多支鹵と解すると、船山古墳の年代観(五世紀末)にうまく合致する。東国・稲荷山鉄剣の「獲加多支鹵大王」と西国・船山大刀の「獲□□□鹵大王」という連立方程式を、同時に満足できる〈解〉――それは、いまのところ、大和朝廷(ヤマト政権)のワカタケル大王(雄略天皇)をおいてなさそうである。

(1)出典は名作「西京賦」か

獲加多支鹵大王とは、それにしてもなんとむずかしい文字を選んだことか。奈良時代の万葉仮名や六〜七世紀の推古朝遺文《いぶん》を見ても、ワを表す音に「和」「丸」「倭」「王」などの文字はあるけれど、「獲」の字は含まれていない。また、「鹵」の字はわずかに『日本書紀』の一部(いわゆる百済史料)に使われているものの、その場合もロと読んで、ルと読む例は見当たらない。このように、きわめて特異な文字が、なぜ大王の名に登場するのであろうか。

井上光貞東大名誉教授は、『シンポジウム　鉄剣の謎と古代日本』のなかで、次のように説明する。現代の五十

表3　稲荷山鉄剣銘からみた字音仮名

ワ	ラ	ヤ	マ	ハ	ナ	タ	サ	カ	ア
獲		余		披 半		多	差 沙	加	
ヰ	リ	イ	ミ	ヒ	ニ	チ	シ	キ	イ
	利			披 比			(差) 斯 次	鬼 支(ケ)	
ウ	ル	ユ	ム	フ	ヌ	ツ	ス	ク	ウ
	鹵						足 クス		
ヱ	レ	エ	メ	ヘ	ネ	テ	セ	ケ	エ
					尼	(余デ) 弖		(加) 居	
ヲ	ロ	ヨ	モ	ホ	ノ	ト	ソ	コ	オ
乎		已 余		冨				(巨・己) 垝	意

出典：『シンポジウム　鉄剣の謎と古代日本』（新潮社、1978年）

音図に代わるものとして、当時すでに、漢字の音を借りた一字一音の字音仮名表（たとえば表3に類したもの）があった。その表のなかから獲・加・多・支・鹵という五文字を機械的に選んだものであろう、と。

稲荷山の鉄剣銘文一一五字には、全部で二四個の字音仮名が含まれている。獲加多支鹵をはじめ斯鬼《しき》宮、意冨比垝《オホヒコ》などの固有名詞を表記した部分である。これで字音仮名表、すなわち、五〜六世紀の〝伊呂波《いろは》五十音図〟とでもいうべきものを復原すると、表3のようになる。しかし、はたして獲加多支鹵はこの〝五十音図〟から機械的に文字を拾い綴り合わせたにすぎないのだろうか。つまり、獲加多支鹵は単に漢字の字音を借りただけで、もっと普通の文字の組み合わせ、たとえば和加多計流や、片仮名のワカタケルと同音同義だったのであろうか。

答えは、否、だ。少なくとも「護」と「鹵」には、漢字の表意的な側面、ないしは視覚的なイメージが託されていたと思われる。哲学者の梅原猛氏は近著『万葉を考える』で、柿本人麻呂の用字法と視覚的効果に触れて次のようにいう。人麻呂の万葉歌は聴覚の芸術・音声の芸術であるとともに、視覚の芸術・文字の芸術であって、漢字をかなに置き換えて読むだけでは、十分とはいえない。漢字に塗りこめられた豊かなイメージを読み解かねばならないのだ、と。同様に、獲加多支鹵大王の名前にも、特別の意味が籠められていたのではないだろうか。古田武彦氏は、獲加多支鹵大王の読み方そのものを退け、「加多支鹵《カタシロ》大王」と独自の読みを与えたうえ、「多きを加え、鹵《ろ》（鹵簿《ろぼ》＝天子の行列）を支える」という字義を持つと指摘した。加多支鹵大王説には、遺憾ながら与《く》みしえないけれど、大王名の表記法に、表音と表意の両面を見ようとされてところは、さすがに炯眼《けいがん》といわねばならない。

そこで、「獲」と「鹵」にどんな意味があるのか、諸橋轍次博士の『漢和大辞典』によって調べてみよう。「獲」はいうまでもなくトルであり、「鹵」は天子の行列（鹵簿《ろぼ》）を表す。「鹵」の原義は盾《たて》で、この盾をつらねて行列するのが鹵簿である。この点からみても、大王の名前に「鹵」の字を選んだのは、字義を踏まえた適切な用字法だといってよいだろう。しかも、獲・鹵の意義は、それにとどまらないのである。「鹵」にはいま一つ、カスメトルの意味があって、鹵獲（品）と熟すると、「分捕り・戦利品・獲物《えもの》」を指す。鹵獲品という言葉は、今日の日本でこそ死語になっているが、戦時中はこの軍隊用語が一般社会でもよく使われた。鹵獲がひっくりかえって獲鹵となっても、意味に変わりはない。さて、通説どおり獲加多支鹵大王が雄略天皇に当たるとすると――雄略朝までに国土の統一が進んだといわれるだけに――、ワカタケル大王が、〝戦利品〟とか〝分捕る〟といったイメージを持つ「獲―鹵」の文字の組み合わせを、自らの名の上下に据えていることは、まことに意味深長といわねばなるまい。

しかし、「獲鹵」のイメージを、そうした漢字の表意性に探るだけでは、まだ十分とはいえないようである。

ちょうど、歴代の天皇号が中国の典籍から選ばれ、子供の名前が現代でもしばしば『万葉集』などの古典から採られるように、獲加多支鹵大王の場合も、しかるべき典拠があった、と想像されるのである。

そこで、さらに諸橋大漢和で「獲鹵」の用例をさぐると、『文選』の「西京賦《せいけいのふ》」に「獲鹵」の熟語が出てくるという。念のため、「西京賦」の用例を繙《ひもと》くと、「獲鹵」は次のくだりに見える。

（天子の遊猟が終わると）長楊の宮に集まる。……獲鹵《かくろ》を頒《わか》ち賜《たま》ひ、……勤《きん》を犒《ねぎら》ひ功を賞す。五軍六師、酒車もて醴《れい》を酌《く》み、駕《が》を方《なら》べて饔《くひもの》を授け、……既に釂《のみつく》せば鐘を鳴らす。……炙炰《しやほう》夥《おほ》く、清酤《せいこ》𡖖《おほ》し。皇恩溥《あまね》く、洪徳《こうとく》施《ほどこ》す。徒御《とぎよ》悦《よろこ》んで、士は罷《つかれ》を忘る。

小尾郊一氏の通釈を借りると、この段は、

――この時に当たり、後宮の女官たちは、常に天子の乗輿につき従い、……天子の田猟に従って、その楽しみを尽くしています。さて、鳥獣が尽き、見るものがなくなると、人々は辺りを眺めながら引き返し、長楊宮に集まって来ます。そこに勇士を休息させ、車馬を並べ、獲物《えもの》を集め並べて、その数を競い、それを割いて肉掛けに掛け、人々に獲鹵《えもの》を分かち与えます。そこで新鮮な肉を割いて野で料理し、労をねぎらい功を賞めるのです。五軍・六師の兵士たちは、千人の列が百重にも重なっているので、酒車で酒をくんで歩き、馬車を並べて肉を配って回り、觴《さかづき》を取る合図に燧《のろし》を揚げ、飲み尽くせば鐘を鳴らします。膳夫（料理番）は馬を乗り回して、空になったところはないかと調べて回ります。炙炰《あぶりもの》は山と積まれ、清き酤《さけ》はあふれこぼれ、天子の恩徳はあまねく施され、かごかきや御者たちも喜びにあふれ、勇士も疲れを忘れてしまいます。（全釈漢文体系『文選』一より。ただし一部改めて引用）

「西京賦」は、コラム①のとおり、後漢の張衡（平子）が、前漢の都、長安の栄華をうたったもので、とくに右のくだりは、君臣ともに狩猟や野宴を楽しむ、君臣豊楽の情景を描いたところである。「獲鹵」はこの〈長安の春〉をことほいだ、綴錦のような文章のなかに織り込まれている。しかも、そのすぐ後ろに、

駕　夥　敍

という文字がつづくことに注意してほしい。冠《かんむり》と旁《つくり》の部分を取り出すと、

加　多　支

の三字が得られる。さきの「獲鹵」と組み合わせると、

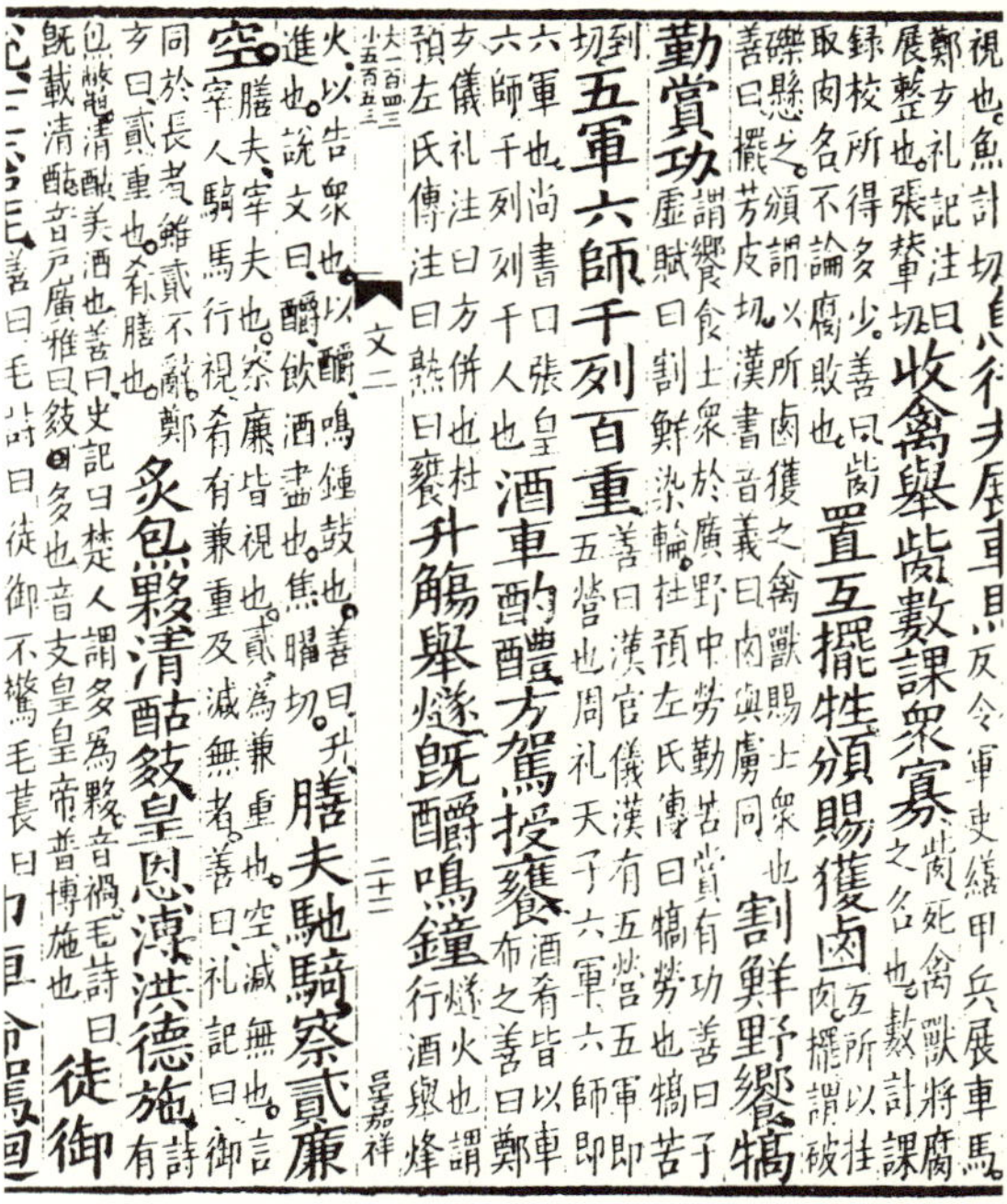

図７　３行目に「獲鹵」が見え、そのあと、「駕」「夥」「敍」の文字がこの順に並んで現れる。ただし、版本によっては、「獲鹵」の２字は「獲虜」に変わり、「敍」も「敍」につくられる。もし、ワカタケル大王朝に伝わった「西京賦」の原文が、すでに「獲虜」や「敍」であったなら、大王名の典拠を「西京賦」に求めることは、まったく意味をなさない。しかし、初唐以前の『文選』では「獲鹵」が正しく、また、「敍」は（つぎの分注にみるとおり）まぎれもなく「敍」であって、以上の推察は決しておかしくないはずである（張平子「西京賦」、『索引本胡刻文選』、中文出版社、1971年）。

と、大王の名ができあがる。これはまったくの偶然の結果にすぎないのであろうか。ありようは、「西京賦」のこのくだりから、ワカタケル大王の治世にふさわしい〝好字〟を採って集めたものではないだろうか。

以上の推理で浮かびあがってきたことは、次の三点だ。

一、「獲加多支鹵」の五文字は、ワ・カ・タ・ケ・ルの音を写すほかに、字義や典拠を踏まえて、特定のイメージをつくり出そうとしたものである。

二、「獲鹵」は、トル・盾（天子の行列）のほかに、「分捕る」「戦利品」の意味を含む。

三、「獲加多支鹵」の文字の組み合わせは、『文選』の「西京賦」から採字したものであるらしい。

もちろん、これはまだ私の恣意的な推測にすぎないから、専門学者の判断を仰がねばならない。そこで冬の一日、国文学者の小島憲之大阪市大名誉教授を京都の龍谷大学に訪ねた。氏は、日本の古典と漢籍との比較研究に関する第一人者で、大著『上代日本文学と中国文学』全三巻の業績によって、昭和四〇年度の学士院恩賜賞を受賞した碩学である。学生時代いらい久々にお目にかかった先生は、往年の風霜烈日のきびしさが消え、白髪の穏やかな温顔に変わっていられる。その日の、長時間にわたる懇切な〝講義〟から要点のみを記すと、

一、「西京賦」は『文選』六十巻のうち、はじめの第二巻に収められている。採字は、ふつう巻頭に近いところで行うから、獲加多支鹵大王の名を『文選』の「西京賦」から集字したことは、十分考えられる。

二、「西京賦」は、かの「洛陽の紙価を貴《たか》めた」左思の「三都賦」と並んで、もっとも人口に膾炙《かいしゃ》した作品だから、『文選』成立以前に日本へ伝来したことも想定できる（のちに触れる）。そこから直接、採字することもありえよう。

■コラム①　『文選』■

『文選』は、百科事典風にいえば、中国・六朝時代の半ば、六世紀の二十年代に編まれた詞華集だ。撰者は南朝・梁の皇太子蕭統（昭明太子／五〇一―五三一）。周から梁まで千二百年にわたる歴代王朝の詩文のなかから、「沈思翰藻」つまり独創的・個性的な感情と発想（沈思）を、華麗多彩な文飾（翰藻）によって表現した、名詩・名賦・名文を選び、三十七の類に分け、時代に従って配列した。全三十巻（現行本は六十巻）、収めるところ、古今の文人一三一人の作品と〝読み人知らず〟の古詩・古楽府、合わせて約八百編。屈原の「離騒」、宋玉の「神女賦」など『楚辞』所収の作品群にはじまり、秦の始皇帝暗殺のために、秦の宮廷に乗りこんだ刺客、荊軻《けいか》の〝辞世〟――

風蕭々《しょうしょう》として易水《えきすい》寒し
荘士ひとたび去ってまた還らず

をおさめ、さらに『宋書』の編者、沈約《しんやく》ら梁代文人の近作に至る。

もっとも有名な作品が、第一部の「京都《けいと》」篇にまとめられた「両都賦」「両京《りょうけい》賦」「三都賦」だ。晋の左思（太沖、西暦三〇〇年ごろ）の「三都賦」はベストセラーのはしりで、洛陽中の読書人が争って購い求めたため、紙が不足して「洛陽の紙価を貴《たか》からしめた」というベストセラー伝説さえ生まれた。張衡（平子）の「両京賦」は西京・長安をよんだ「西京賦《せいけいのふ》」と東京・洛陽をうたった「東京賦《とうけいのふ》」からなり、十年がかり、精魂を込めて練りあげた苦心の作品だ。かたわらにいつも筆と紙を用意し、佳句が浮かぶと素速く書きとめた、と自らいう。西暦一〇七年、――『後漢書』によると、「倭の国王帥升等、生口百六十人を献じ、請見を願う」た、あの年の成立だ。

長編の賦を作るには、豊かな漢字の知識と、古今にわたる博学と、時代を風刺する批判精神を備えていなければならない、という。難解な賦には、早くから注釈がつけられた。「西京賦」「東京賦」をはじめ「両都賦」「三都賦」などの名篇には、呉の注釈家薛綜《せっそう》が詳注を施した。したがって、ワカタケル大王の宮廷文庫にあった「西京賦」と「東京賦」は、この薛綜注の写本であったはずだ。

名詩名賦を集めた詞華集、いわゆる「総集《そうしゅう》」は、『文選』以前にもかなり存在したらしいが、今日、『文選』以前の総集は伝わらない。『文選』出でて、他の総集ことごとく顔色を失ってしまったためらしい。やがて北朝の隋が中国全土を統一すると、南朝の文化遺産『文選』は脚光を浴びる。唐代に入ると、李善が全巻にわたって詳密な注釈をつけ（六五八年）、文選学を興した。李善は博覧強記、その博識は古今にわたったけれど、あまりに知りすぎて文章が書けず、「書簏《しょろく》」（本の捨て箱）とアダ名された。わが国でも奈良時代以後、『文選』が爆発的に流行するが、この李善注文選・六十巻がテキストであった。

「文は文集・もんぜん」と清少納言も書いているように、『白氏文集』（白楽天文集）と『文選』が平安時代の貴族・官女の必読書であった。とくに『文選』は奈良時代から律令官人必須の教養とされた。なぜ、これほどまで『文選』が重んじられたのか。その背景として、三つの事情があげられる。

一つは、官吏登用試験に『文選』の暗誦と読解が課されたこと。二つは、大学の文学科（文章道）で『文選』が三史――『史記』『漢書』『後漢書』――とともに教科書に採用されたこと。三つに、作文と詠詩の手本として重用されたこと。この三点だ。いずれにしても、『文選』は、文例と故事の宝庫だから、初学者には〝読み書き・ソロバン〟の初等教科書として、また教養人には詠詩作文のための〝世界文学全集〟として、活用されたのだ。

したがって、下級官人も、せっせと『文選』を暗誦したり手習いのテキストに使ったりした。平城宮跡の地下からときどき『文選』の一節を手習いした木簡が見つかる。これまで二万余点の木簡が平城宮跡から出土しているが、『文選』の表題や章句を抜き書きしたとはっきり確認できるのは八点だ。おもしろいことに、宮内の兵衛府の詰所後からも、『文選』の手習いをした木簡が見つかっている。兵衛をたどっていくと、奈良時代初めの授刀舎人から、さらに雄略朝の杖刀人へとつながる。地方から都に上ってきた兵衛たちは、勤務のひまに『文選』を学び、年季奉公が明けると、『文選』の何巻かを笈《きゅう》におさめて国許へ持ち帰ったであろう。そのかみの杖刀人も、都づとめの記念に、「両京賦」の写しや、金象嵌の大刀・鉄剣を伝えたのかもしれない（東野治之氏『正倉院文書と木簡の研究』、『文選』全釈・新釈両本の解説による）。

図8　挿図：『文選』の手習い。李善の上表文の冒頭の一節「臣善言、竊以道光〻九野〻」を〝手習い〟した木簡＝平城宮跡（東野治之氏『正倉院文書と木簡の研究』、塙書房、一九七七年）

三、古典から採字するとき、同時にその周辺から他の文字を選ぶことがよくある。旁や冠など漢字の一部の画を利用する場合も、なきにしもあらずだ。

どうやら、「西京賦」から「獲鹵」の二字を選び、その次の句から部分的に「加多支」の三文字を採ることは、ありうるのである。もし、この推定が短絡でないなら——いくつか重要な結果を引き出せるであろう。「獲加多支鹵」という五文字の表記から豊かな時代相が描きうるし、鉄剣の製作年代や製作地についても、かなり決定的な示唆が得られそうである。しかし、その前に、「獲加多支鹵大王」の名が「西京賦」に由来することを、さらに傍証する必要があるように思われる。

(2)「西京賦」と倭王武の「上表文」

「西京賦」が「獲加多支鹵大王」名の出典といえるなら、当然、雄略朝以前に「西京賦」が伝来していなければならない。『文選』そのものは五三〇年ごろの編纂だから、もちろん雄略朝に将来《しょうらい》される道理がないけれど、「西京賦」はなにしろ「三都賦」とともに「洛陽の紙価を貴《たか》からしめた」屈指の名篇だ。『文選』以前に単独で、あるいは他の詞華集(いわゆる〝総集〟)に収められて、日本に入ったと考えても、あながち無稽《むけい》の推測ではないだろう。しかし、単なる状況からの推理では、説得力が乏しい。他に「西京賦」伝来を証明する明快な方法は、ないものだろうか。

こんなことを、とつおいつ考えるうちに、一案が浮かんだ。

倭王武(雄略天皇)から中国・宋の皇帝に差し出された有名な上表文が(コラム②参照)、『宋書』倭国伝に収められている。絢爛たる対句を駆使した駢儷体《べんれいたい》、『春秋左氏伝』など漢籍の章句を借りたモザイク風の措辞。もし、この上表文が、通説どおり、雄略朝の原文のままであるのなら、ここに「西京賦」からの引用が認められるかどうかを検証すればよい。引用が確かめられたなら、「西京賦」の伝来は一目瞭然となる（左の写真は、最善本といわれる胡刻本・文選）。

そこで、『訳注中国正史日本伝』（石原道博編、国書刊行会、一九七五年）の付録に収められた『宋書』倭国伝の影印版を開き、『文選』の「西京賦」とつき合わせた。その結果は——両者に同じ字句は出てくるけれど、明らかに「西京賦」からの引用と認められるものは、残念ながら見出せなかった。つぎに、同じ作者の手になる「西京賦」の対篇「東京賦」（西京賦と合わせて両京賦という）に目を走らせた。これも類句はあるけれど、決定的なものは見当たらない。さらに、班固（漢書の編者）の「二都賦」（西都賦と東都賦）を調べて、ようやく「西都賦」に一致点が認められるように思われた。

〈上表文〉　〈西都賦〉
○控弦《こうげん》百萬　○弦不再控（弦ふたたび控《ひ》かず）
○義《ぎ》士虎賁《こほん》　○虎賁贅衣

しかし、この程度の近似では、「西都賦」からの直接引用と結論するわけにはいかない。たとえば、上表文の「控弦百萬」は、「西都賦」より『史記』匈奴伝の「控弦之士三十余萬」や『漢書』婁敬伝の「冒頓単于《ぼくとつぜんう》兵彊、控弦四十萬騎」（いずれも『漢和大辞典』に拠る）の方が、はるかに直截な語句を含むからだ。

ところで、『文選』には、本文のほかに詳しい注が分注のかたちでついている。唐の注釈家李善のつけた李善注が名高いが、班固の「両都賦」や張平子の「両京賦」などの名作は、『文選』に結集される前から注がつけられていた。三国時代、呉の薛綜《せっそう》が施したもので、旧注と呼ばれる。李善注・文選は、この薛綜の旧注を生かしながら、足らざるところを補ったという。したがって、五世紀に「両都賦」や「両京賦」が伝わり、倭王武の上表文と「獲加多支鹵大王」名の典拠となったとしたら、この旧注のついた作品であったはずだ。

■コラム②　倭王武の上表文■

順帝の昇明二年（四七八）、使を遣わして表を上《たてまつ》る。曰く、封国は偏遠にして、藩を外に作《な》す。昔より祖禰《そでい》躬《みずか》ら甲冑を擐《つらぬ》き、山川を跋渉《ばっしょう》し、寧処《ねいしょ》に遑《いとま》あらず。東は毛人を征すること五十五国、西は衆夷を服すること六十六国、渡りて海北を平ぐること九十五国。王道融泰《ゆうたい》にして、土《ど》を廓《ひら》き畿《き》を遐《はるか》にす。累葉《るいよう》朝宗して歳に愆《あやま》らず。臣、下愚なりと雖《いえど》も、忝《かたじけ》なくも先緒を胤《つ》ぎ、統《す》ぶる所を駆率《くそつ》し、天極に帰崇し、道百済を遙《へ》て、船舫《せんぼう》を装治す。而るに句驪《くり》無道にして、図りて、見呑を欲し、辺隷《へんれい》を掠抄《りゃくしょう》し、虔劉《けんりゅう》して已《や》まず。毎《つね》に稽《けい》滞を致し、以って良風を失い、路に進むと曰うと雖《いえど》も、或は通じ或は不《しか》らず。臣が亡考済、実に寇讎《こうしゅう》の天路を壅塞《ようそく》するを忿り、控弦《こうげん》百万、義声に感激し、方《まさ》に大挙せんと欲せしも、奄《にわ》かに父兄を喪《うしな》い、垂成の功をして一簣《いっき》を獲《え》ざらしむ。居りて諒闇に在り、兵甲を動かさず。是を以って、偃《えん》息して未だ捷《か》たざりき。今に至りて、甲を練り兵を治め、父兄の志を申《の》べんと欲す。義士・虎賁《こほん》、文武功を効《いた》し、白刃《はくじん》前に交わるとも、亦《また》顧みざる所なり。若し帝徳の覆載《ふくさい》を以って、此の彊敵《きょうてき》を摧《くじ》き克《よ》く方難を靖《やす》んぜば、前功を替えること無《な》けん。竊《ひそ》かに自ら開府儀同三司《かいふぎどうさんし》を仮《か》し、其《そ》の余《よ》は咸《み》な仮授《かじゅ》して、以って忠節を勧む。

（『宋書』倭国伝　岩波文庫版から。傍線部分は「東京賦」によった個所）

大意＝倭国は周囲の諸国を平定し大宋皇帝のみいつを高める一方、歴代、朝貢をつづけてまいりましたが、高句麗が周辺の諸国を侵略し、かつ行く手を妨害して参朝することができません。帝徳の庇護によって高句麗を摧くことができれば、いっそう忠節を尽くすでございましょう。「開府儀同三司」の称号と、「使持節、都督倭・百済・新羅・任那・加羅・泰韓・慕韓七国諸軍事、安東大将軍、倭国王」の爵号を自称し、臣下にも将軍・太守号を仮授しておりますが、どうか除正たまわらんことを。

五世紀後半、高句麗が新羅・百済を圧迫した。とくに百済は首都・漢城を落とされ、存亡の危機に見舞われた。こうした東アジアの緊張関係のもとで、倭王武は、朝鮮半島での権益を確保しつつ、高句麗に対抗し、百済の支援体制を固める必要があった。武が上表文で、爵号の除正（公認）を中国に強く求めたのは、このためだ。

上表文に「海北九十五国を平定した」というのは、誇大宣伝という見方と、事実とする見方があって、対立している。これよりのち、唐代の日本観では「日本の使節は多く自ら矜大《きょうだい》で実をもって対《こた》えない。ゆえに中国はこれを疑っている」（旧唐書倭国日本伝）というあんばいだから、ひょっとすると、倭王武の上表文も、額面どおりには受けとられなかったのかもしれない。

そこで、もう一度――こんどは注の部分と本文を合わせて読んでみた。はたせるかな、まず、上表文に現れる「（高）句麗無道」の無道が、「東京賦」の注から見つかった。つづいてすぐあとに、次に示すような構文と字句の一致を見出すことができた。

〈上表文〉

1　句驪無道而（句驪無道にして）

2　亡考済実忿㆔寇讎壅㆓塞天路㆒
（亡考済＝允恭《いんぎょう》天皇＝寇讎《こうしゅう》の、天路を壅塞《ようそく》するを忿《いか》り）

3　控弦百萬、義声感激

〈東京賦〉

1'　天子有道守在海外
（分注）准南子曰、若天下無道、守在四夷、天下有道、守在海外

2'　我世祖忿㆑之（わが世祖＝後漢光武帝＝これを忿り）

3'　抗義声於金商（義声を金商に抗《あ》げ）

字句の一致度は、あまり高くはない。しかし、上表文の「無道―忿―義声」という一つづきの表現が、「東京賦」の本文と注のなかに同じ順序に並んで現れ、しかも、上表文の「亡考」に対して、「東京賦」の「世祖」が対応する。上表文が「東京賦」のこのくだりを下敷きにしていることは、この構造的な一致に照らして、もはや

疑う余地がないであろう。

志水正司慶応大学教授（「倭の五王に関する基礎的考察」、『史学』三九巻二号）によると、上表文の出典として、『春秋左氏伝』をはじめ、『詩経』『書経』『周礼《しゅらい》』『荘子』があげられるという。右の証明によって、いまやこれに「東京賦」を加えなければならないが、さらに、「東京賦」が「西京賦」と一対の作品であることを考え合わせると、東西両京賦がそろって雄略朝以前に伝来していたことは、ほとんど間違いないと思われる。

以上の追跡の結果、「獲加多支鹵大王」の名は、すでに雄略朝以前に舶載されていた「西京賦」から〝好字〟を選んでつけられた、と考えてよいであろう。

右の仮説が正しいとすると、さしあたり次の三つの結論が引き出せる。

(1)　まず、稲荷山鉄剣に象嵌された獲加多支鹵大王と、船山古墳の大刀に鏤《ちりば》められた獲□□□鹵（ワカタケルと推定）大王が、東国王朝や九州王朝の別々の大王を指す可能性は、きわめて乏しくなる。遠く武蔵と火国（肥後）に相隔たった二人の大王が、たまたま同じ「西京賦」から名前を選ぶとは考えにくいからだ。

(2)　逆に、獲加多支鹵大王を大和朝廷（ヤマト政権）の雄略天皇に当てた場合、雄略天皇は、外は中国に向かって「武」と名乗り、「東国・西国・海北（朝鮮）の二一六国を平定した」（上表文）と主張する一方、内には「獲加多支鹵」という表記法を定めて、大王の力と富と栄華を誇示した――このようなシンメトリカルな思想が雄略朝にあった、と想定できる。

(3)　当然ながら、獲加多支鹵大王の宮廷文庫には、「西京賦」「東京賦」のほか、『春秋左氏伝』『詩経』など上表文の典拠となった漢籍がそろっていたはずで、これを自由にあやつる文筆のスタッフ（のちの文人《ふひと》）もいたであろう。したがって、雄略朝の文化水準はかなり高度な段階に達していた、と推定できるのである。

(3)和風諡号の意味

古代の天皇は、漢字二文字からなる尊号(漢風諡号《しごう》)と大和言葉による追《おく》り名(和風諡号)を持っている。元明・元正女帝以前の漢風諡号は、七六二〜四年ごろ、淡海三船が、その天皇の治績や伝承にふさわしい章句を中国の古典から選び、二字に縮約したものだ。

森鷗外の『帝諡考』から出典(推定)を例示すると、

神武　聰明神武、有超世之才(晋書)
崇神　天皇既壮……、崇重神祇(崇神紀)
応神　皇天報応、神光竝見(漢書)
仁徳　太子仁徳素著(梁書)
雄略　武(帝)雄略其焉在(文選・西征賦)
継体　高祖創業、継体承基(文選・西京賦)
天智　以天下之智慮(淮南子)
天武　天事武、地事文、民事忠信(国語)
持統　持其統而不絶也(宋書)
……………………………
昭和　百姓昭明、協和万邦(書経)

もう一つの和風諡号の方は、生前の実名(皇子名)や地名を核にしながら、尊称や美称でくるんで壮厳したものが多い。たとえば、

神武　カムヤマト・イワレヒコ
崇神　ミマキ・イリヒコ・イニエ
神功　オキナガ・タラシヒメ
応神　ホムダワケ
仁徳　オホサザキ
雄略　大泊瀬幼武《オホハツセ・ワカタケル》
欽明　天国排開《アメクニオシハラキ》・広庭《ヒロニワ》
崇峻　泊瀬部《ハツセベ》（長谷部若雀《ワカサザキ》）
天智　天命開別《アメミコト・ヒラカスワケ》
天武　天渟中原瀛真人《アマノヌナハラオキノマヒト》
持統　高天原広野姫《タカマノハラノヒロノヒメ》
……………………………
昭和　裕仁《ヒロヒト》（出典『書経』康誥裕乃以民寧）

このうち、雄略天皇は実名ワカタケルに宮居のあった泊瀬朝倉宮の地名をかぶせたもの、欽明天皇も、黛弘道学習院大教授によると、実名ヒロニワに天国排開をつけて壮厳したものという。それなら、これらの和風諡号の表記法には、漢風諡号や獲加多支鹵の場合のような、漢籍の典範がなかったのであろうか。また、雄略天皇の獲加多支鹵は、いつ、なぜ幼武に変わったのであろうか。以下、この二つの問題を考えてみることにしよう。

天智天皇の天命開別や持統天皇の高天原広野姫の追号《おくりな》は、大和言葉を逐語的に漢字（字訓）に置き換えられたものであろうが、天武天皇の天渟中原瀛真人の場合は、いかにも典拠がありそうに見える。事実、最近、この「真人」の文字に注目して、道教との関連が指摘されている。上田正昭京都大学教授、福永光司東京大学教授らによると、真人は「神仙」を意味する道教の用語であって、道教の影響が古代日本文化の深層にまで及んでいる証左であるという。そうすると、「瀛」の字（大海・大洋の意）も、大海人皇子（天武）の「大海」に由来することは疑いないが、同時に、神仙思想の「瀛洲《えいしゅう》」（東方神仙世界）に掛けたものでもあったろうという。

このように、天武天皇の和風諡号は、道教のイデオロギーにもとづくと思われるが、それなら天渟中原瀛とは、いったいどのようなイメージをもつのであろうか。通説によると、「天の大海原」であり、さらに「天の沼の原の奥」と「天の瓊の原の奥」の両義を含む、と解釈されている。しかし、それだけではない。天武天皇のこの追り名もまた、次のように『文選』から採字したものであって、〝第三のイメージ〟を蔵していると考えられる。

やはり張平子の、晩年の作「南都賦」を開くと、天・渟・中・原・真人の字が見える。もちろん、長編の賦は絢爛多彩な漢語の綴錦かステンド・グラスみたいなものだから、京都《みやこ》をよんだ任意の賦を開けば、これだけの文字は簡単に見出せるかもしれない。しかし、「南都賦」に関するかぎり、これを読めば、天武天皇とのっぴきならぬ因縁《えにし》の糸で結ばれていることが、うかがえるのである。

「南都賦」は、洛陽の南にあった後漢・光武帝の旧都南陽の景観をよんだ作品で、まず、光武帝自身が「真人」（天地の道を体得した人）として登場する。

○真人革命の秋《とき》

○真人南巡す

一方、天武天皇（大海人皇子）は、壬申の乱の旗上げのさい、漢室のシンボルである紅旗を掲げて戦った。すでに坂本太郎東京大学名誉教授ら諸家の指摘されているとおり、天皇みずから漢王朝を開いた高祖にあやかろうとする意図があり、その後においても「朱鳥」の年号を採用して、漢の赤色が天武朝のシンボル・カラーであることを示している。『日本書紀』でも、天皇は漢の高祖や後漢の光武帝（新の王莽《おうもう》を倒して漢を再興した）になぞらえて表現されている。たとえば、天武紀を即位前の上巻と即位後の下巻に分けた上下二巻の構成は、漢書・高帝紀や後漢・光武帝紀に範をとったものといわれるし、天武紀の、

旗幟《はた》、野を蔽《かく》し、埃塵《ちり》、天に連なる。鉦鼓《かねつづみ》の声、数十里に聞ゆ。列弩《つらなれるゆみ》、乱れ発《はな》ちて、矢の下ること雨の如し

は、後漢書・光武帝紀の、

旗幟蔽野、埃塵連レ天。鉦鼓之声、聞二数百里一。……積弩乱発、矢下如レ雨

にもとづくものである（日本古典文学大系『日本書紀』下）。

ついでながら、『日本書紀』では、天武天皇の皇后（持統天皇）も、高祖の皇后（呂后）をなぞって造形されている。直木孝次郎大阪市立大学教授（『飛鳥奈良時代の研究』）によると、持統紀の、

天皇を佐け天下を定む

皇后、臨朝称制《みかどまつりごと・きこしめす》

は、それぞれ高后紀の、

佐二高祖一、定二天下一。

太后、臨朝称制

を借りたものだ。そして、これは書紀編者の借用であるのみならず、持統天皇自身、呂后にならって振る舞うと

ころがあったという。

こうしてみると、後漢の光武帝（真人）とその故郷・南陽をよんだ「南都賦」が、天武天皇の和風諡号選定のさい、典拠に選ばれたとしても、なんら不思議でないだろう。

第二に、「南都賦」によると、南陽は、

帝都洛陽の南に位置して、漢水の北に都する。地は高く気は澄み、危岩が互いに相迫り、谿谷は迷路のごとく入り組んで屈曲する。その隅に仙草の芝房が生え、その隅に玉の脂があふれて流れる。

（中島千秋氏『文選』新釈漢文大系から抄出）

というもので、そのさまは、吉野・宮滝の景観を彷彿させる。吉野川は宮滝あたりで深沈たる翡翠か青磁の色をたたえ、青山と奇岩の影を映しながら、たゆとうている。まことに神仙境のおもむきがあって、宮滝を訪ねた人には忘れえぬところである。持統天皇が三三回、行幸したというのも、たしかに吉野・宮滝が神仙境と観念されていたからに違いない。のみならず、吉野は、天武・持統夫妻にとって、壬申の乱前夜、近江大津宮から抜け出して剃髪《ていはつ》し隠棲した、潜龍時代の故地である。しかも宮滝は、飛鳥の都（浄御原宮・藤原京）の南に位置し、まさしく南都というべき土地であった。吉野が南都であり、光武帝の南陽の地になぞらえられていたとすれば、天武・持統の吉野行は、光武帝の行為をそのまま反復することにほかならない。宗教民族学のエリアーデが説くとおり、〈祖型の反復〉は、古代人の心意に根ざした根源的な行為であり、決して逆境の時代への感傷旅行や物見遊山ではなかったのである。

このように、「南都賦」は、措辞・景観・理念の三点において、天武天皇の和風諡号を採字する原典となった蓋然性がきわめて高い。このうえ「瀛」の字がそろえば、ほとんど間然するところがないのだが、惜しむらくは、

「南都賦」には「瀛」の字は見当たらない。おそらくこれは、さきに記したとおり、大海人皇子の「大海」を同義語の「瀛」に置き換えたものと思われる。

いずれにしても、「天渟中原瀛真人」という天武天皇の和風諡号は、『文選』的・道教的世界の投影であって、天皇のイメージは、

大君は神にしませば　水鳥のすだく水沼《みぬま》を　都となしつ（『万葉集』巻十九―四二六一）

のイメージ、すなわち、

天の沼の原

の〝第一のイメージ〟と、さらに碧玉が吉野・宮滝のごとく翡翠色に輝く、

天の瓊《に》の大海原

の〝第二のイメージ〟を合わせもち、かたがた、

南都、吉野の神仙境にすまう真人（神仙）

の〝第三のイメージ〟が、重層しているといえるのである。

このように見てくると、雄略天皇の「獲加多支鹵」の名が「西京賦」に負うているとしても、決して古代史上の孤例でないことがわかる。天武天皇の場合と違うところは、前者が一字一音の音仮名であり、後者が一字多音の訓仮名である点だ。そして、天武の追号（天渟中原瀛真人）が六八六年崩後につけられたとすると、――獲加多支鹵大王の場合は、辛亥年（四七一）以前に表記法が固まっていたのだから――これより二百年余りもさかのぼることになる。この点が私たちの常識を大きく破り予想をはるかに超えるもので、思わずみずからの結論にたじろがされる。しかし、いまは虚心に、この「獲加多支鹵」の出典が指し示すところにしたがって、「雄略天皇の時

古代王統系譜②（林屋辰三郎前掲書）

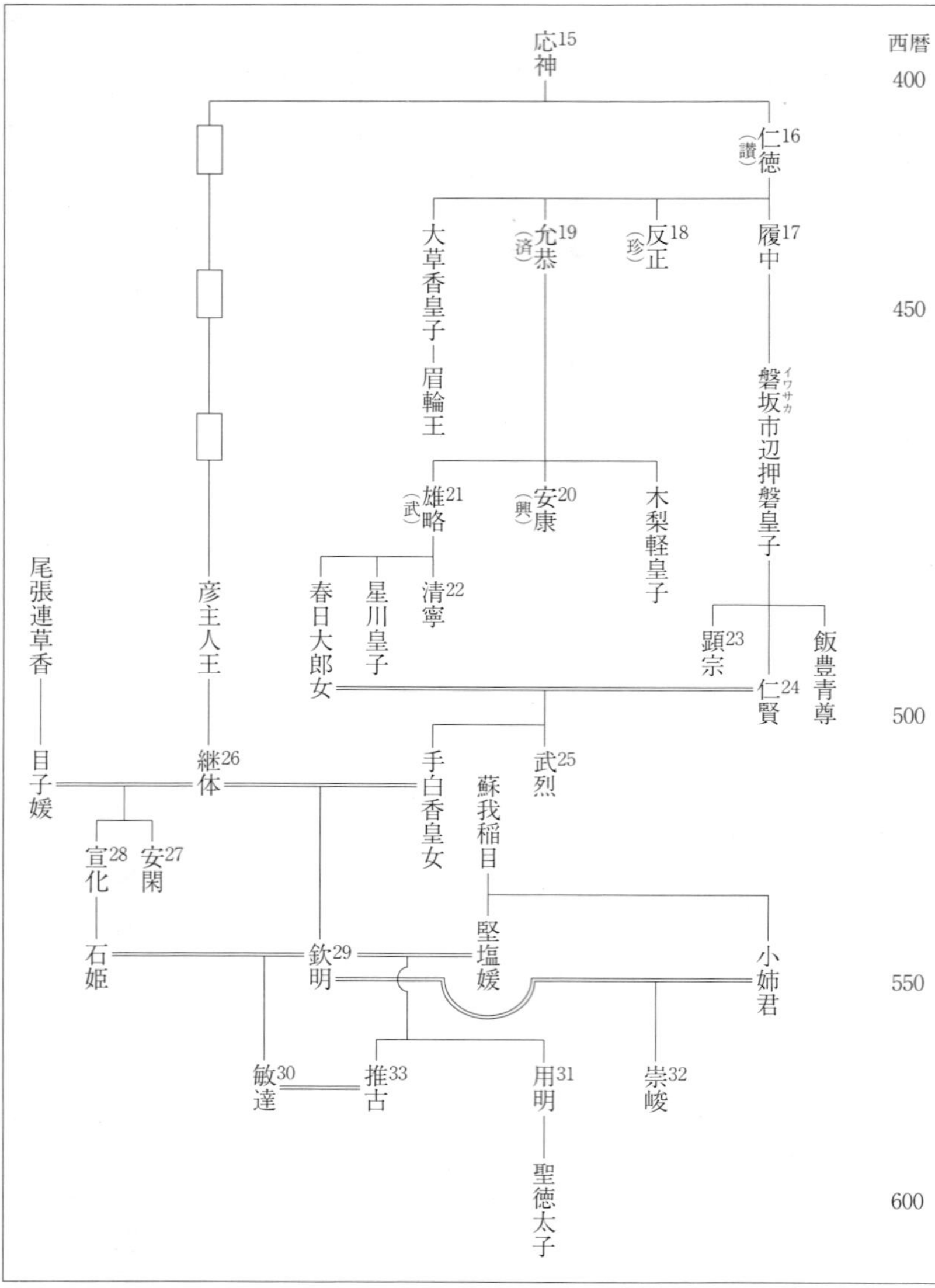

注：天皇名の左横の「倭の五王」名は通説にしたがって比定した

代」を再検討すべきときではあるまいか。

その前に、「獲加多支鹵」から「幼武（若建）」の表記へ変わっていく過程について、一言触れよう。

一般論としては、訓仮名の発明とともに、一字一音節の古い音仮名表記から、一字多音節の新しい訓仮名表記に移ったといえようが、これに関連して、『日本書紀』の欽明天皇二年三月条の分注が注目される。

帝王本紀に、多《さは》に古き字《みな》ども有りて、撰集《えらびさだ》むる人、屡《しばしば》遷《うつ》り易《か》はることを経《へ》たり。後人《のちのひと》習ひ読むとき、意《こころ》を以《も》て刊《けづ》り改む。

津田左右吉博士が早く指摘したように、これは『漢書』の顔師古注・叙例から引き写した文章であるが、『日本書紀』の原史料となったこの「帝王本紀」では、まだ「獲加多支鹵大王」と書かれていたのかもしれない。しかし、それは「古き字」であって、すでに読みにくく、やがて訓仮名が発生すると、幼武や若建にとってかわられる運命にあったと思われる。

(4)古代の文明開化期・雄略朝

ワカタケル大王の治世は、早くから〈古代の画期〉として仰ぎみられたと指摘したのは、金文字の解読にあたった岸俊男京都大学教授である。政治的には地方国家の〈王の時代〉から統一国家の〈大王の時代〉へ移る変革期であり、文化的には〈古代の文明開化期〉であったといえそうだ。『記紀』を中心に、雄略朝をデッサンすると――。

ワカタケルは四五六年、兄・安康天皇のあとをついで即位するが、『宋書』倭国伝によると、四七七年に倭王興すなわち安康天皇が遣使朝貢したフシがある。そこで、「倭の五王」の研究水準を飛躍的に高めた京都府立大学の坂元義種助教授は、鉄剣銘の「辛亥年」(四七一年)はまだ興の時代であって、武の時代ではない。したがって、獲加多支鹵＝雄略天皇＝武という図式は成り立たない、という。このあたり複雑な問題がひそむようだから、専門家の検討にまつとして、しばらく『書紀』の記録にしたがうと、雄略は四七九年まで二四年にわたって在位する。この間、雄略は国内統一の勢いを駆って――倭王武の上表文によると、東国五十五国、西国六十六国を征服したあと――、父・允恭いらいの宿願であった高句麗追討を企てた。けれど、天皇の崩御とともに沙汰止みとなり、「倭の五王」の南朝外交も事実上、終わる。

雄略朝の対中国外交を担当したのは、大王の特別補佐官、身狭村主青《むさの・すぐり・あを》と檜隈民使博徳《ひのくまの・たみのつかひ・はかとこ》の二人で、ともに朝鮮系漢人の子孫だ。また、この時代、陶部《すゑつくり》・鞍部《くらつくり》・画部《ゑかき》・錦部《にしごり》・訳語《をさ》などの「今来《いまき》の手伎《てひと》」が渡ってきた。ちょうど、明治文明開化期の〈お雇外人〉にも相当する技術者集団だが、稲荷山の鉄剣や船山の大刀、あるいは金銀の象嵌も、これら「今来の手伎」の手になったかと思われる。

内政面でも、官司制度が整備された。典馬《うまかひ》(馬官)・鳥養人《とりかひ》・虞人《やまのつかさ》・湯人《ゆゑ》・史部《ふみひと》・直丁《つかへのよぼろ》などの職制があったらしい。おもしろいのは「武蔵の直丁」が登場するところで、この武蔵から出仕してきた男、宿直の夜、雄略天皇のことを「悪行の主《きみ》」とそしったばかりに、罪をくらって鳥養部に編入されている。稲荷山の被葬者は、「杖刀人(首)」として磯城《しきの》宮に上番中、ひょっとすると、この同郷の「武蔵の直丁」と顔を合わせていたかもしれない。ついでながら、仁徳天皇の世に茨田堤《まんたのつつみ》(淀川堤防)が築かれたとき、愚直な武蔵人・強頸《こわくび》が人柱に立っている。かれもまた、「杖刀人」の一人であったとすると、稲荷山の被葬者のように、めでたく任期を終えて故郷に錦を飾る者ばかりではなかったようだ。

国庫、つまり三蔵《さんぞう》(斎蔵《いみくら》・内蔵《うちくら》・大蔵)が創設され、財務官僚の秦《はた》氏が登場してくるのも雄略朝からで、秦酒公《さけのきみ》

の才覚で朝廷に絹織物が満ち溢れたという。『古事記』の雄略天皇の段は、ことに歌物語の観があるが、

百敷《ももしき》の　大宮人《おほみやひと》は
……
庭雀《にはすずめ》　踞集《うずすま》りゐて
今日もかも　酒漬《さかみづ》くらし
高光《たかひか》る　日の宮人

と、宮廷人が酒びたりになっているさまが歌われている。「西京賦」の、「獲鹵《えもの》」を分け与えてにぎやかな野外パーティーを催したという雰囲気を彷彿させるようだ。

このように、雄略の治世は、舶来の珍しい文物や技術が宮人《みやびと》たちの目を奪う〈ワカタケルの栄華〉ともいうべき時代であった。薄田泣菫《すすきだきゅうきん》の絶唱（「ああ大和にしあらましかば」）を借りるなら、雄略朝こそ、

珍《うづ》の剣《つるぎ》の黄金《こがね》文字《もぢ》、
百済緒琴《をごと》に、斎《いは》ひ瓮《べ》に、彩画《だみゑ》の壁に
……
美酒《うまき》の甕《みか》のまよはしに

と歌われるにふさわしい、古代の文明開化期であった。さればこそ、雄略は有徳・悪行かねそなえた大王でありながら、『万葉集』の巻頭にその歌（籠《こ》もよ美籠もち　掘串《ふぐし》もよ……そらみつ　大和の国は　おしなべて　われこそ居《を》れ　しきなべて　われこそ座《ま》せ）がすえられ、また、『日本霊異記』の冒頭に、雄略朝にまつわる説話（小子部巣軽《ちいさこべのすがる》の物語）が置かれて、つねに回想されたのであろう。ワカタケル大王の治世は、文字どおり古代の黄金時代であったのだ。

四 「杖刀と典曹」の典拠

(1)杖刀人首

乎獲居臣《ヲワケ》は、金文の後段で言挙《ことあ》げして、次のようにいっている。

「わが家は先祖代々、杖刀人の首として大王家に仕え、その警固の任に当たってきた。とりわけ自分の代になってからは、磯城《しき》宮で天下を治めたまうワカタケル大王を、輔佐もうしあげている」と。

それでは、この「杖刀人首」とは、そもそもいかなるポストなのか。治天下という大王の大権を輔佐することは、いったいどんな内容をもつのか。また、稲荷山鉄剣の「杖刀人」の登場に合わせて、船山古墳の大刀に刻まれた「典曹人」があらためて脚光を浴びるようになったが、この「典曹人」とはいかなる職掌であったのか。以下、「杖刀人と典曹人のイメージ」を、文献史料と考古資料の両面からさぐってみよう。

「杖刀人」という言葉は、このままのかたちでは『記紀』や他の金石文に出て来ない。字義どおりに解釈すると、「刀を杖つく人」であり、後世(奈良時代)の「帯刀《たちはきの》(=授刀)舎人《とねり》」や「兵衛(府)」の前身とみられる。律令以前の舎人は、東国国造の一族・子弟が都に上って、宮門の警備や貴人の護衛と身辺の雑事にしたがったもので、一口でいうと、東国の豪族出身者で固めた親衛軍、近衛兵である(「杖刀」の表記例は正倉院文書などにも見え、実物も正倉院にあって、儀仗用の仕込杖にあたるという――武井睦雄氏「〈杖刀〉考」、『日本歴史』一九七九年六月号)。

新衛軍にはもう一つ、「靫負《ゆげい》」という西国出身者の軍事集団があった。文字どおり靫《ゆぎ》に弓を入れて背負った射撃兵だ。こまかくいえば、舎人と靫負は、出身地が截然と東西に分かれるものではなかったらしいが、概念的には日本列島の東と西からそれぞれ舎人と靫負が中央の都に上り上番した、といっても許されよう。

図９　雄略朝のヒト・モノ・コトの交流

画文帯神獣鏡
▲稲荷山鏡のグループ（Ⓐ～Ⓕ　計6面）
●船山鏡のグループ（①～⑭　計14カ所17面）

Ⓐ稲荷山古墳（埼玉）
Ⓑ八幡観音塚古墳（群馬）
Ⓒ大多喜古墳群（千葉）
Ⓓ塚原古墳（三重）
Ⓔ石塚山古墳（大分）
Ⓕ山ノ坊古墳（宮崎）

①船山古墳（熊本）
②持田古墳（宮崎）
③高塚古墳（広島）
④茶臼山古墳（岡山）
⑤勝福寺古墳（兵庫）
⑥東塚古墳（大阪）
⑦丸山古墳（福井）
⑧茶臼山古墳（三重）
⑨神前山古墳（三重）
⑩八代神社（三重）
⑪亀山古墳（愛知）
⑫奥の原古墳（静岡）
⑬下川路古墳（長野）
⑭牛塚古墳（栃木）

注１：船山鏡グループは現在、全国20カ所から23面（他に出土地不詳３面）が出土している（コラム③参照）。
　２：上図は井上光貞・直木孝次郎・有坂隆道・岡崎敬の論文による。

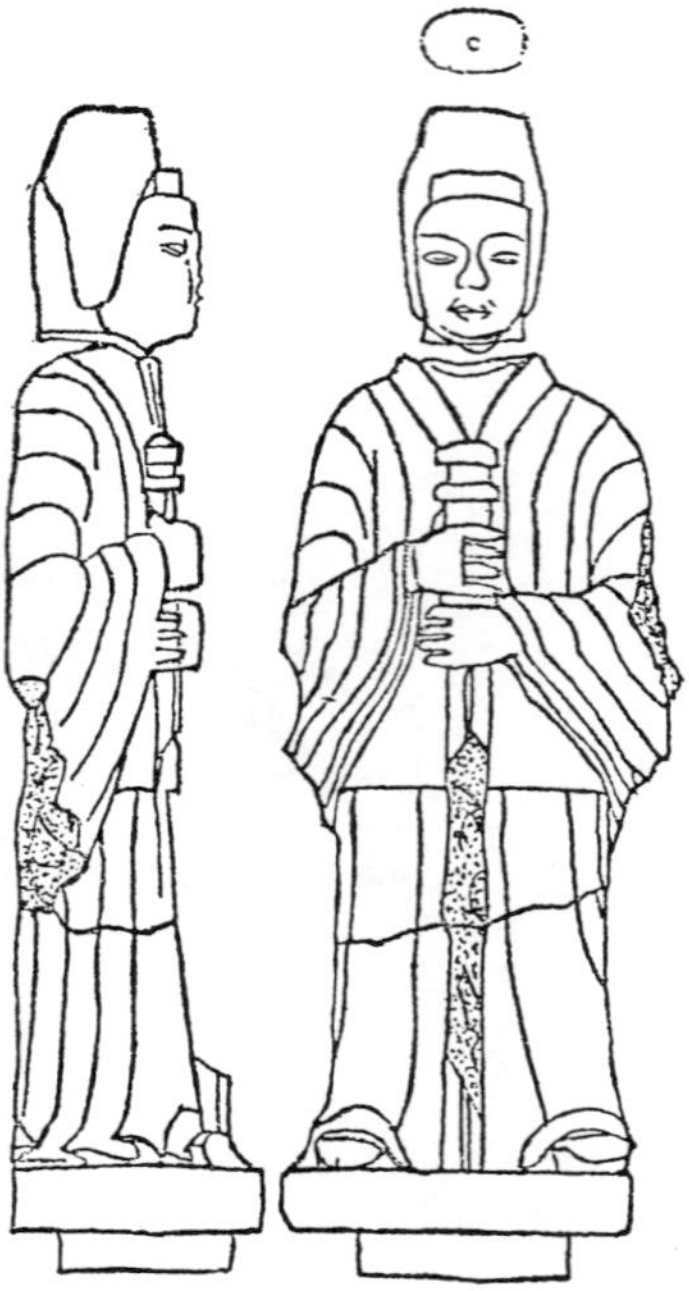

図10　洛陽郊外にある北魏・青陵（敬宗）の石人（531年築造／『文物』1978年6期）。わが「杖刀人（首）」も、あるいはこんなポーズをとっていたのかもしれない。

奈良時代の兵衛府や近衛府の兵士（兵衛・舎人）の例から推して、「杖刀人」（舎人）は二十歳ぐらいで都に出て、朝廷に仕えたと思われる。長い場合は四十歳前後まで出仕する者もあったが、〝年季奉公〟をすませると、国に帰った。「杖刀人」は地方豪族の子弟だから、都に上った「杖刀人」は、同時に〝人質〟でもあった。ちょうど、江戸時代の参観《さんきん》交代の制度によって江戸に滞在した大名や家臣と同じ立場に置かれていたわけだ。この参観交代にともなって江戸から藩へ中央の文化が流れたように、「杖刀人」たちもまた、都の文化を草深い東国に伝えた。古墳から出土する金銅冠や金製の耳飾・沓《くつ》、さては官職のシンボルでもあった帯金具から、農業にかかせぬ暦まで、上等舶来の文物がこのベルトに乗って運ばれた。都における年季奉公のモニュメントとして、刀剣に金文字・銀文字を象嵌することもあったろう。

「杖刀人」を天皇の親衛軍と見る〝通説〟に対して、これを杖部《はっせべ》（＝丈部）と解釈する人も多い。推定の理由は、次の二点だ。一つは、「部」の省画字が「卩」で、刀に似ているところから、「杖刀人」は杖卩人＝杖部人ではないかとみられること。いま一つは、東国など辺境地帯にいた杖部直が、やはり大彦命を始祖とする伝承を持っていて、鉄剣銘文の系譜とうまく符合することだ。そこで、杖部直すなわち乎獲居直は中央の阿倍氏と主従関係をもちつつ、大和朝廷（ヤマト政権）にまつろわぬ東国北辺の、守りについた警備隊の隊長であった、ともいわれる（佐伯有清・前川明久・井上辰雄氏ら）。

（2）「左治天下」の解釈

「杖刀人首」は、要するに中央の近衛師団長か地方の国境警備隊長と解されるが、それではなぜ「大王の天下統治を輔佐した」と、おおげさに言挙げしたものだろうか。井上光貞氏は「天皇（大王）の近衛兵という栄光感を、田舎者にありがちな誇張のしかたで表現したものだ」と説明する。悪くいえば「夜郎自大の主観的表現」という解釈だが、これに対して、多くの古代史家は、「杖刀人首」といい「左治天下」という以上、単なる誇張ではない、実質的な重責を担っていたはずだ、と説く。古田武彦氏は、礫槨《れきかく》が粘土槨《ねんどかく》に対して陪葬の位置にあることを重視し、粘土槨の被葬者が東国王朝の大王であり、礫槨の被葬者がこれを「左治」した「杖刀人首」である、と推定した。

いずれも傾聴すべき見解だ。しかし、古田氏のように、稲荷山古墳の現状から礫槨と粘土槨の関係を厳密に解釈するには、一抹の危惧を感じないでもない。埼玉古墳群を訪ね、この稲荷山古墳の、残された後円部墳丘に上った人なら、礫槨と粘土槨のほかに、もう一個所、槨が埋もれていそうに思われたであろう。これはなにも見学者の無責任な感想ではない。専門家の間にも、「墳丘の上にいま一人、被葬者が眠っている可能性がある」とにらむ人がいるのである。したがって、礫槨と粘土槨の被葬者どうしの関係を考える場合、多少のユトリを残しておく必要があるのではないだろうか（コラム④参照）。

以上の解釈は、「杖刀人首」を在地の豪族と考えたうえでの話で、もし、「杖刀人首」乎獲居臣が阿倍臣のような中央豪族であったと見る場合は、「左治天下」を〝田舎者〟の揚言と片づけるわけにはいかない。「杖刀人首」として国政を分掌した、と言葉どおりに解すべきであろう。

参考までに、金石文に刻まれた古代豪族の矜持《きょうじ》の例をあげておこう。「上野《こうづけ》三碑」と並んで有名な那須国造碑《なすのこくぞうひ》は、国造韋提《いで》の頌徳碑で、西暦七〇〇年、その子・意斯麻呂《おしまろ》らが建てたものだが、碑文は韋提のことを「国家の統領」と讃えている。そこには、那須国造が「国家の統領」として世々、天下を左治した、という口吻がうかがえる。この「棟梁」は、武内宿祢《たけうちのすくね》の伝説にも見えるところで、景行紀によると、五十一年八月四日、ワカタラシヒコ（成務天皇）立太子の日に、武内宿祢を「棟梁の臣」に任じた、という。「棟梁」とは、棟と梁のように重任にたえる大臣（日本古典文学大系『日本書紀』上）、執政の臣のことだ（岸俊男氏「たまきはる内の大臣」、『日本古代政治史研究』所収、塙書房、一九六六年）。

（3）典曹人

つぎに、船山古墳の大刀に見える「典曹人」の問題に移ろう。直木孝次郎教授は、「杖刀人」と「典曹人」は大化前代の官制である「人制《ひとせい》」の先駆をなすもので、舎人《とねり》や倉人《くらひと》・手人《てひと》・酒人《さかひと》に準じて考えられる。「杖刀人」が武官であるのに対して、「典曹人」はおそらく文官であり、文人《ふひと》（史）の前身であろう。中国・宋王朝の部局「曹」と百済の官制「人」（旨為人・書人・作上人などの職掌があった）に由来するポストであろう――と明快に論じられた。

余談ながら、鉄剣の金文が発見された直後の、まだ興奮さめやらぬころ、こんな噂ばなしが関西の若手研究者の間に流れた。「こんどの大発見でいちばん喜ばれたのはだれか。一に井上光貞さん、二に岸俊男さん、そして三番目が直木孝次郎さんだ」。噂ばなしにコメントをつけるとは、野暮な話だけれど、学界の消息をご存じない一般の読者のために一言すると——岸教授は銘文解読者だから当然として、井上・直木両氏の場合は、ともに古典的な学説の提唱者という事情があったからだ。

井上氏は、「大和国家の軍事的基礎」と題した論文で、いち早く（昭和二十四年）「杖刀人」の存在を〝予見〟した。この節のはじめに紹介したように、五～六世紀の大和朝廷（ヤマト政権）には東国の舎人、西国の靫負からなる親衛軍制度があって、武蔵や肥《ひの》国など地方の国造一族の子弟が選ばれて都に上り、朝廷に仕えた。舎人・靫負を出す国は、出さない国（毛野・筑紫など）に比べて、相対的に独立性が弱かった。逆にいうと、大和朝廷（ヤマト政権）の勢威が強く及んでいた——という学説だ。『日本書紀』など後代の文献史料に現れる人名を分析した結果、導き出された理論だったが、それが「五世紀の金文字」という同時代の史料によって、三十年ぶりにみごとに証明されたわけだ。しかし近年、井上学説への批判はきびしかった。氏自身「旧説の私」となかば開き直っておられただけに、百余字の金文は百万の援軍にも相当したらしく、率直に「欣快とする」と喜びを表現していられる。

直木氏は、論文「人制の研究」で、大化前代の官制として広く「人制」ともいうべき政治組織の発達していたことをつきとめ、たとえば東軍の舎人の場合、舎人の下に舎人部があり、かれらは中央の舎人臣などに率いられて朝廷に上番したことを明らかにした。「杖刀人」も「典曹人」もこの「人制」の原型であって、乎獲居臣は「杖刀人首」として「杖刀人」を率い朝廷に出仕したのだろう。直木氏の「人制」論を絵に描いたようなかたちで「杖刀人」が登場したから、氏が小躍りされたというのも、うなずける。

さて、この「典曹人」の場合も、「杖刀人」同様、『記紀』や金石文では他に例がない。令制でも典膳・典侍・大典・将曹など、典や曹のついた官司・官職はあるけれど、「典曹」そのものは見当たらない。そこで中国の官制に目を向けると、「曹」は「漢代から南北朝に至る官庁内部の部局」を表す言葉で、たとえば、宋王朝の場合、倉曹・賊曹・法曹・田曹などの官司名があがっている。しかし、宋にも漢にも、「典曹」という官司はなかったらしい（『シンポジウム・鉄剣の謎と古代日本』西嶋定生氏発言）。

さきごろ、『文選索引』を見せていただくため、大阪大学文学部の中国哲学研究室（日原国男教授）を訪ねた。たまたま書架の『漢書』『後漢書』『三国志』の各索引を検索したところ、意外にも、『三国志』蜀志・呂乂《りょがい》伝に、

典曹都尉

というポストのあることがわかった。他に、

典軍校尉　典農都尉　典学校尉

などの職制が魏志・蜀志・呉志に見えるけれど、典曹都尉は、蜀志呂乂伝の一箇所に現れるだけだ（後述）。もちろん、蜀漢のみにあった官制とも思われないが、くわしくは専門家の指摘に俟つとして、とにかく典曹都尉がいかなる職掌であったのか、呂乂伝によってうかがってみよう。

蜀志の呂乂伝によると、

呂乂は南陽の人である。……先主（劉備）が塩府校尉を置き、塩鉄の利を較ぜしめた。塩府校尉の王連は呂乂および南陽の杜祺《とき》、南郷の劉幹らに請うて、ならびに典曹都尉とした。……諸葛亮（孔明）が連年出軍し諸郡を調発したが、呂乂は兵五千人を募って亮のもとに駆けつけた。

つまり、塩府校尉の下にあるポストが典曹都尉であることがわかる。それなら、塩府とはなにか。蜀漢史の専

門家、狩野直禎京都女子大学教授によると、蜀では井戸の水を汲みあげて塩を採った。これを井塩といい、蜀の重要な国家財源となった。この塩の製造と専売をつかさどる役所が、すなわち塩府である。その長官が塩府校尉、次官が典曹都尉。平たくいえば、典曹都尉は（旧）専売公社の副総裁か局長クラスであり、あるいは（旧）大蔵省や国税局の次官か局長といったポストであったらしい。

索引によるかぎり、「典曹都尉」は『漢書』にも『後漢書』『宋書』にも見えないようである。『三国志』でも魏志・呉志には現れないし、さらに『晋書』職官志にも出てこない。かりに『晋書』や『宋書』全巻にまったく見えない場合、いったいどのような経路で日本に伝わり、官制のなかに採りいれられたのだろうか。これは、邪馬台国問題とも関連して、きわめて興味深いテーマである（なお、電子版テクストで中国の正史『二十五史』を検索したところ、『後漢書』に「各典曹文書」という句が見つかった。「文書を典曹する」という動詞形で、職名ではない）。

記録に照らしても遺物に徴しても、蜀と倭国（邪馬台国）とは通交がなかったから、蜀から直接、日本に入ったとは思われない。記録にこそ残っていないが、魏や呉にも典曹都尉の職掌があって、それが卑弥呼や臺与の遣使を介して持ちこまれたのか。それとも、蜀の典曹都尉がいったん朝鮮を経て五世紀の日本に伝わったのか。

なお、杖刀人や典曹人は、大化前代の酒人・倉人・手人などの職掌、いわゆる「人制《ひと》」の原型で、ともに新羅の官制にルーツがある、と説かれてきたが、藤澤一夫教授は、『周礼』に見える中国古代の「人制」（四百のポストのうち約百職に「人」がつく）から学んだもの、と新見を出した。

(4)椿井大塚山古墳の被葬者も「典曹人」？

ひるがえって、こんどは考古学の側から「典曹人」を考えてみよう。

問題の「典曹人」は船山古墳の被葬者で、銀象嵌の大刀のほか、中国・江南製の画文帯神獣鏡《がもんたいしんじゅうきょう》三面など計六面の銅鏡を副葬していた。そのうちの一面（画文帯重列式神獣鏡）と同文同型の、いわゆる同型鏡（同笵鏡《どうはんきょう》）は、近畿から伊勢湾沿岸、東海・関東にかけて一九面（出土地不明の鏡を含む。現在は計二六面）も見つかっているが、京都大学の樋口隆康教授はかつてこの画文帯神獣鏡の輸入経路を考察した結果、大和朝廷の「倭の五王」が南朝に通交して得ただけでなく、九州中・南部の豪族——たとえば、船山古墳の被葬者や熊襲《くまそ》——が江南貿易を行って入手した可能性の高いことを、明らかにした（コラム③参照）。

いま、この仮説と「典曹人」の職掌をつがえて考えてみよう。肥国の豪族（船山古墳の被葬者）は、一方で大和のワカタケル大王に奉事する経済官僚「典曹人」であり、他方で江南貿易にしたがう〝商人〟であった。してみると、「典曹人」の営む江南貿易は、純然たる私的貿易でなく、ある程度公的な性格をもった交易ではなかったか、と推測される。「典曹人」は公人の側面であり、〝商人〟は私人の側面であるとみるより、むしろ、「典曹人」の職掌そのものが、江南貿易の管理と主宰にあったと解する方が、正しいのではないだろうか。

問題は、「典曹人」のポストが五世紀の南朝通交とともに置かれたのか、それとも三国時代にまでさかのぼりうるか、という点だ。もし三国時代にさかのぼるものなら。あの椿井《つばい》大塚山古墳（京都・南山城）の被葬者も、ひょっとすると「典曹人」であったのかもしれない。椿井大塚山は、三国時代の魏鏡といわれる三角縁《さんかくぶち》神獣鏡を三二面も副葬していて、同種の鏡（同笵鏡）をもつ全国の古墳群に対して盟主的な位置に立っている。小林行雄京大名誉教授によると、椿井大塚山の被葬者は水上交通（木津川—淀川—瀬戸内海）をつかさどる豪族で、大和朝廷から中国の舶載鏡を全国の豪族に配ることを委ねられたという。もしそうなら、椿井大塚山の主人公は、邪馬台国の「典曹人」と呼ぶにふさわしく、中国貿易を管理する立場にあった、とまで想像できそうである。

■コラム③　画文帯神獣鏡の分布■

図11　稲荷山古墳の鏡
（前掲『埼玉稲荷山古墳』）

稲荷山古墳と船山古墳は、ともに画文帯神獣鏡を副葬しており、これまでその同型鏡（同笵鏡《どうはんきょう》）がそれぞれ六面と三種三九面、見つかっている。

稲荷山鏡（画文帯環状乳神獣鏡Bタイプ）は直径一五・五センチ。まんなかの鈕《ちゅう》（つまみ）の周り（内区）に八個の環状乳を等間隔に置き、その間に神仙と霊獣（竜虎）を配する。竜（虎）は口に棒（巨《きょ》）をくわえ、その背に神仙（東王父・西王母・伯牙弾琴）を載せる。竜（虎）が後ろを振り向きながら、時計回りに走っている点に稲荷山鏡の特徴がある。内区の周りに半円と方格の帯があって、それぞれに四字の吉祥句を鋳出す。外区の画文帯は、竜が太陽の車を引き、飛禽・走獣・亀と神仙・月像を描く（樋口隆康氏）。

稲荷山鏡の同型鏡は、次の五面だ。

1　群馬県高崎市　八幡観音塚鏡
2　千葉県大多喜町　大多喜古墳群出土鏡
3　宮崎県新田村　山ノ坊古墳出土鏡
4　（伝）豊前国京都郡（福岡県）の古墳出土鏡
5　三重県大王町　塚原古墳鏡

一方、船山鏡は、直径二〇・九センチの画文帯重列式神獣鏡Cタイプ、一九・九センチの画文帯周列式神獣鏡、一四・八センチの画文帯環状乳神獣鏡Aの三種三面（他に神人車馬画像鏡一面）。そのうち前者の同型鏡（二六面）の分布は、西は宮崎から、畿内、伊勢湾沿岸を経て東国に及んでいる（図9参照）。

なお、画文帯神獣鏡は三角縁神獣鏡についで同型鏡が多く、九種六四面にのぼる。同型鏡のデータは川西宏幸『同型鏡とワカタケル』（同成社、二〇〇四年）によって補正した。

＊［追補］　一九九八年、奈良県天理市の黒塚古墳から計三三面の三角縁神獣鏡が出土した。三角縁神獣鏡は卑弥呼に贈られた「銅鏡百枚」の最有力候補だったが、魏鏡（舶載鏡）か倭鏡（国産鏡）かをめぐって論争がつづいている。

ちなみに、倭（邪馬台国）の女王卑弥呼は「親魏倭王」に叙され、魏の都洛陽に使《つかい》した正使・難升米は率善中郎将《そつぜんちゅうろうしょう》に、副使・都市牛利《としごり》は率善校尉《そつぜんこうい》に任じられた。倭国の使たちのなかには、本来、蜀の官制であった「典曹都尉」の肩書きを、もらったものがいたかもしれない。

しかし、これまたあまりに飛躍しすぎた議論である。「典曹人」は、邪馬台国の官制にもつながる重大な問題をはらんでいることを示唆するにとどめて、さらに鏡以外の出土品によって「杖刀人」と「典曹人」のイメージを肉づけしてみよう。

（5）五世紀の「英雄」から六世紀の「官僚」へ

船山古墳の副葬品を見ると、銀象嵌の大刀のほか、金銅製の冠・沓《くつ》、金製の耳飾に金の耳環《みみわ》、さらに甲冑や中国製の銅

図12　稲荷山古墳から出土した画文帯環状乳神獣鏡のトレース（部分）＝竜に乗った西王母。シンボル・マークの耳飾りと宝冠をつけ、虎の尻尾を生やしている。左右に神仙を守る侍神と聖獣が乗る。他の部分に東王父・伯牙らの神仙群がみえる。西王母の両側のリングが環状乳（原図：樋口隆康京都大学教授作成・提供）。

鏡六面などが含まれていて、まことに絢爛多彩、全国の古墳文化のなかでも超一級の内容だ。これにくらべると、稲荷山古墳の場合は、いたって簡素だ。金象嵌の鉄剣と豪華な帯金金具以外では、画文帯神獣鏡一面、挂甲《けいこう》、銀の耳環が目ぼしいもので、「杖刀人」と「典曹人」との間にかなりの格差があることは否めない。

その後、稲荷山出土の帯金具は元興寺文化財研究所と奈良国立文化研究所で復原された。埼玉県立さきたま資料館の小川良祐氏によると、帯金具は、尾錠（鉸具《かこ》＝バックル）から帯飾りの銙《か》、先端の帯先《おびさき》金具まで、ほぼ完全にそろっている。とくに銙がみごとなもので、透し彫りの竜文を刻み、鈴を三個さげている。これとよく似たものに、京都・穀塚古墳（西京区松尾）出土の帯金具があって、透し彫りの竜文といい、大きさといい、稲荷山の帯金具に酷似するとして、樋口隆康教授らは注目している。

この帯金具については、京都大学の小野山節助教授と奈良国立文化財研究所の町田章氏に、すぐれた考察があるので、それを借りよう。

小野山氏によると、古代官人のイメージは、五世紀の「英雄」から、六世紀の「官僚」へと展開するという。五世紀の古墳から出土する装身具をみると、眉庇付冑《まびさしつき・かぶと》と挂甲（または短甲）、それに帯金具がセットになっている。帯金具は挂甲の腰の上から締め、前に垂らした。この典型的な例が、先にあげた穀塚古墳の場合である。ところが六世紀になると、冑と帯金具が嫌われ、これにかわって冠と耳飾と沓が、官人のニューモードとして流行する。その典型が滋賀県の鴨《かも》稲荷山古墳の場合だ。これは、琵琶湖の西北部（高島郡水尾町）に蟠踞《ばんきょ》した豪族の古墳で、ひところ継体天皇の父・彦主人王《ひこうし》がその被葬者に擬されたこともあった。亀甲文を打ち出した金銅製の冠と沓・魚佩《ぎょはい》（腰飾り）、それに金製の耳飾・大刀・馬具類と豊かな副葬品を納めていたが、甲冑や帯金具は含んでいない。

それでは、船山と稲荷山は、どのように位置づけられるのか。小野山氏は、両古墳とも「英雄」から「官僚」

表4　古墳の副葬品

古墳＼副葬品	刀剣類	鏡	冠 沓	耳飾	環	帯金具	甲冑	馬具
稲荷山(埼玉)	金象嵌鉄剣(他)	画文帯神獣鏡1			銀環	竜文透彫	挂甲(小型)	銀杏葉・環鈴・轡・鐙
鴨稲荷山(滋賀)	鹿角製柄頭大刀	銅鏡(破片)1	金銅製冠 金銅製沓(亀甲文)	金製耳飾2		(魚《ぎょ》佩《はい》)		鞍・杏葉他一式
穀塚(京都)	直刀	銅鏡(破片)1				竜文透彫		杏葉・轡他
船山(熊本)	銀象嵌大刀他(計23)	画文帯神獣鏡3 神人車馬画像鏡他3	金銅製冠3 金銅製沓(亀甲文)	金製耳飾4	金環2	竜文透彫	衝角付兜・短甲	轡・鐙・環鈴

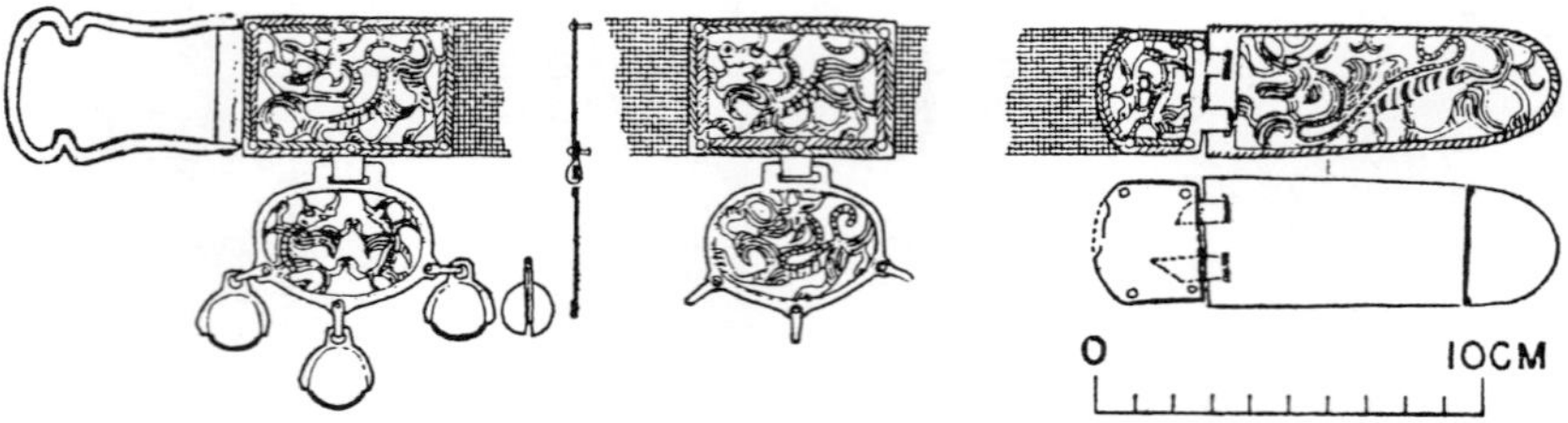

図13　穀塚古墳の帯金具(町田章「古代帯金具考」、『古代東アジアの装飾墓』所収、同朋舎、1987年)

への変換期（五世紀末〜六世紀初）に出現した古墳だと説いた（『古代史発掘』6所収「帯金具から冠へ」）。

次に、町田氏の「古代帯金具考」（『考古学雑誌』56巻1号）によると、三世紀から六世紀までの帯金具は形によって大きく三種に分けられ、さらに時代と着用方によって一一類に細分される。この分類法に当てはめると、穀塚古墳と船山古墳の帯金具は、ほぼ同じタイプに属し、五世紀末から六世紀初め、武人の装具として挂甲の上から着用された。また、中国の帯金具が単なる装身具ではなく、着帯者の身分・序列を表すシンボルであったことに鑑《かんが》みると、日本の帯金具も身分を象徴している可能性がつよい。そうすると、穀塚と船山タイプの帯金具は、中国・宋王朝の「将軍号ないしは他の武官号に除正された」有力豪族の着用したものであろう。町田氏はこのように結論した。

もし稲荷山古墳の帯金具が穀塚古墳のそれに近いとすると、穀塚・船山・稲荷山の被葬者または着帯者は、三人とも同じクラスの将軍号または武官号の除正者であった、ということになる。「倭の五王」は南朝に使を送り、「安東将軍倭国王」などの将軍号を賜わっているが、倭王ひとりが官爵号を授かったのではなかった。卑弥呼の遣使のとき同様、他にも中国の官爵号を許されたものがいたのである。珍（反正天皇に当てられる）のときには「倭隋《わずい》ら十三人」（大王の一族や国内の有力豪族）が平西《へいせい》将軍、征虜《せいりょ》将軍などの将軍号を与えられたし、済（允恭天皇）のときには二十三人が「軍郡」（将軍号と郡太守号）に叙せられている。想像をめぐらせば、この二十三人に授けられた「軍郡」号のなかに、蜀の官制であった「典曹都尉」が含まれていたのかもしれない。

「杖刀人首」は近衛隊長だから、当然、武官といえるけれど、船山古墳の「典曹人」までが武官というのは、どうしたことか。直木孝次郎教授は「文人《ふひと》（史）の前身」といわれ、私もさきに経済・通商担当の官人と推定した。これは帯金具からの帰結と一見、矛盾するかのようである。しかし、「典曹都尉」を文字どおりに解すると、単なる経済官僚ではなかった。都尉はむしろ一般に武官を表す場合が多かったし、この「典曹都尉」に任じられた呂乂の場合も、のちに巴西《はせい》太守に移ってから、名将・諸葛孔明の戦略を助けて兵五千人の調発に当たっている。船山の「典曹人」がこの「典曹都尉」の職掌をどこまで受け継いでいるのか定かでないが、「典曹人」もまた、経済官僚兼武官であったとみるとき、船山古墳の被葬者が、文官のシンボルである金銅の冠と沓と金の耳飾を着け、同時に武官のシンボルである帯金具を締めたという、二つの顔の持ち主であったことも、きれいに解けると思われる。

(6) 欽明天皇か崇峻天皇かもしれない

以上、二―四の三節にわたって「一一五の金文字」をめぐる謎を追ってきたが、最後にこれをまとめ、あわせて鉄剣流伝の謎に触れて終わることにしよう。

(1) まず、乎獲居臣家の系図を検討した結果、大彦命の子孫で阿倍氏一族の、膳臣の系図と推定された。したがって、乎獲居臣のフルネームは、膳臣小別《カシハデノオミ・ヲワケ》(雄別)であったと思われる。

(2) 「獲加多支鹵大王」の名は、後漢の張平子の作品「西京賦」から採字された。倭王武から宋朝に差し出された上表文と合わせ考えると、五世紀後半の雄略朝には中国の古典がかなり伝来しており、当時の文化はこれを消化するだけの水準に達していた。大和朝廷(ヤマト政権)の政治的・文化的な影響は九州・東国にまで及んでいた。

(3) 雄略朝には、すでに杖刀人・典曹人をはじめ官人組織が整いつつあった。「典曹人」は江南(対宋)貿易を管理する通商担当官で、たぶん倭王珍または済が宋朝に遣使したとき、「典曹都尉」の官号と銙帯《かたい》を授けられたと思われる。

(4)　中央貴族の「杖刀人首」膳臣小別は、東国の国造一族の子弟からなる親衛軍「杖刀人」を率い、雄略天皇の磯城宮の警備と雑事に従った。雄略朝の膳臣斑鳩《いかるが》や欽明朝の膳臣巴提便《はてひ》らのように、朝鮮に派遣されたことがあったかもしれない。その間に「左治天下」と言挙げするだけの文・武の功をたてたようだ。あるいは、四七一年、「杖刀人首」に叙任され、その記念にこの金錯銘《きんさくめい》の鉄剣を作ったのであろうか。

(5)　膳臣小別は、四七一年（辛亥年）、大王家に対する功業と、大彦命にはじまる譜第を鉄剣に刻み、金象嵌を施した。その後、親衛軍のメンバーであった武蔵国造家の笠原直某が帰国するとき、小別臣またはその子孫が鉄剣と鐸帯をとくに下賜した。鉄剣と鐸帯は、笠原直某の死とともに、稲荷山古墳の礫槨に副葬された。それとも、小別臣その人が東国に分封され、死後、稲荷山古墳に葬られたのであろうか。

(6)　ただし、稲荷山古墳は名《な》うての曲者《くせもの》だ。もし、年代観が大きく変わることがあれば、「辛亥年」は五三一年（場合によっては五九一年）にズレこみ、「獲加多支鹵大王」も雄略天皇から欽明天皇（場合によっては崇峻《すしゅん》天皇）に変わるかもしれない。

もし、五三一年、欽明天皇即位の歳《とし》に鉄剣銘が象嵌されたとすると、「辛亥の変」――いわゆる「継体・欽明朝の内乱」の史実性が、劇的に証明されることになる。欽明天皇の実名は「広庭」だからワカタケル大王と呼ぶはずがない（黛弘道氏『鉄剣文字は語る』）ともいわれるが、天皇の呼び名は、天智天皇の例（中大兄と葛城と開別）が示すように、一つとは限らない。欽明は「広庭」のほかに、すでにいわれているとおり、異母兄・安閑、宣化に対して、「ワカタケル」（末弟の意）と呼ばれた可能性がある。その場合、「杖刀人首」膳臣小別は、欽明擁立に抜群の功績があったはずで、これを「左治天下」と表現したのであろう。

また、もしかりに、年代観が大幅に五九一年にまで下るものなら、獲加多支鹵大王は崇峻天皇を指すのかもしれない。崇峻天皇は「長谷部《はつせべ》」と呼ばれ、雄略天皇の名代《なしろ》の名を負うているから、もう一つの実名（あるいは通称）が、雄略と同じくワカタケルでなかったとはいえないのだ。

(7) これを表示すると、表5のようになる。文献史家・考古学者・国語学者の究明によって、金文字の謎の解かれる日を刮目《かつもく》して待つことにしよう。

表5 稲荷山鉄剣銘・諸説一覧

銘文／提唱者	辛亥年	七月中（処暑）	獲加多支鹵大王	斯鬼宮	系図	被葬者	獲□□□鹵（船山古墳）	製作地
岸俊男他	471	7・19	雄略天皇	磯城宮（泊瀬朝倉宮）河内磯城宮	阿倍氏 膳臣 宍人直・杖部直（＝笠原直）	乎獲居臣（?）乎獲居直	獲加多支鹵（雄略天皇）	大和
大野晋	531	7・22	雄略天皇	磯城宮	武蔵国造（笠原直）	笠原直	雄略天皇	東国
諸氏	531	7・22	欽明天皇	磯城嶋宮	阿倍氏	武蔵国造	欽明天皇（?）	大和
	591	7・25	崇峻天皇	倉梯宮	膳臣	武蔵国造	?	大和
古田武彦	471	7・19	カタシロ大王	磯城宮（栃木）	東国王朝	カタシロ大王と乎獲居臣	九州王朝の大王	東国

■コラム④ 「治天下」の宣言――発見25周年のシンポジウムから■

稲荷山古墳（埼玉県行田市埼玉《さきたま》）の鉄剣から一一五個の金文字が現れ、学界と世間を驚かせたのは一九七八年。満二十年を記念して、さきごろ大東文化大学と埼玉県立さきたま資料館がそれぞれシンポジウムを開いた。「なぜ、ワカタケル大王は〈治天下《ちてんか》〉を宣言したか」などをめぐって古代史・考古学・言語学の専門家が新しい研究をもちより、討議した。主な論点と成果を二回に分けて紹介する。

大東文化大学（東松山学舎）の国際シンポジウムには、古代史の上田正昭（京大名誉教授）・和田萃《あつむ》（京都教育大）と考古学の大塚初重（明大名誉教授）・白石太一郎（国立歴史民俗博物館）・金井塚良一（大東大）らのみなさん、海外から中国の王仲殊（考古研究所）、韓国の申敬澈《シンギョンチョル》（釜山大）の両氏が参加した。

一　埼玉古墳群の成立

埼玉古墳群は現在、稲荷山をはじめ二子山など大小八基の前方後円墳と、全国でも最大の円墳・丸墓山など二基の計十基から成る。

築造の順は、はじめ丸墓山―稲荷山―二子山と見られたが、その後の調査・研究の結果、ガラリと変わった。近くの榛名山二ツ岳の火山灰（六世紀初頭）が降る前、五世紀末に突如、稲荷山が現れ、ついで六世紀初め二子山が築かれた。丸墓山の築造は火山灰降下後の六世紀前半と分かった。

これに対して、韓国の申教授が異議をはさんだ。稲荷山出土の須恵器《すえき》と（そのルーツの）韓国の陶質土器を比べると、六世紀前半まで下がるという。

こうした異論があったけれど、最近の稲荷山の年代観にもとづいて、銘文を刻んだ「辛亥《しんがい》」の年は、発見当時の推定どおり、四七一年（雄略朝）に落ち着き、六〇年後の五三一年（欽明朝）の可能性は薄れた――と、コーディネーターの金井塚さんは集約した。

二　ヲワケの臣の出自

鉄剣銘によると、銘文を刻んだ「杖刀人首《じょうとうじんしゅ》＝近衛隊長」乎獲居臣《ヲワケノオミ》は、上祖・大彦から数えて八代目。このヲワケの出自をめぐり、①大彦（第八代孝元天皇の皇子）の血筋を引く中央豪族（阿倍氏か膳《かしわで》氏）説と②北武蔵の地方豪族説が対立してきた。

シンポジウムでは、ヲワケを中央豪族とする見方がつよかったが、作刀者のヲワケと、稲荷山古墳に葬られた主人公の関係については、解釈が分かれた。

①ヲワケ＝中央豪族説

（a）近衛隊長ヲワケが、近衛兵として活躍した武蔵豪族の子弟に剣を与えた。子弟は故郷で没後、鉄剣とともに稲荷山に葬られた。

（b）ヲワケその人が大和から武蔵に下り、没後、己の功績を記した鉄剣とともに稲荷山に葬られた。

②ヲワケ＝地方豪族説

若き日のヲワケは大和に上り、近衛隊長として手柄をたてた。帰郷する前、記念に銘文鉄剣を作り、没後遺愛の剣とともに葬られた。

こう整理した古代史の和田さんは「己の功績を記した鉄剣を他人に与えるはずがない」との立場から、「被葬者は作刀者ヲワケその人。毛野（群馬）勢力に抗して大和王権の橋頭堡《ほ》を武蔵に築くため、中央から派遣された。阿倍・膳氏から分かれた枝族」と説いた。

これに対して、考古学の白石さんは、被葬者を北武蔵の新興軍事豪族の子弟と考える。軍事担当の中央豪族ヲワケが武蔵の有力豪族との関係を強めるため、大和に上ってきた武蔵豪族の子弟に鉄剣を授けた。子弟は故郷に錦《にしき》を飾り、没後、稲荷山の（未発見の）父の棺のそばに葬られたという。

三　大王の「治天下」

銘文の「治天下」の意義と大王号の成立について、古代史家の上田さんと和田さん、中国の王仲殊さんの三人が期せずして新見解を発表、「雄略朝の画期性」をあぶりだした。

ワカタケル大王は有名な「倭《わ》の五王」の一人・武。南朝・宋に朝貢した武は、父祖以来の宿願である朝鮮半島南部（百済と新羅・任那《みまな》など五国）の軍事支配権と、外国の王としては最高の官職「開府儀同三司《かいふぎどうさんし》」を要求した。しかし、最後まで百済の支配権と「開府儀同三司」のポストは許されなかった。授かった安東大将軍号も、高句麗・百済王より下位だった。

東アジアにおける倭国の実力と地位の表れだが、宋朝の世界システム（冊封《さくほう》体制）下にあるかぎり、倭国は高句麗・百済の下風に立つほかない。そこで、武は六世紀初め以来の外交戦略を見直し、冊封体制からの離脱を決意、倭国（南九州―北関東）を天下として治める大王、つまり「治天下大王」を宣言。この呼称は七〇一年の大宝令までつづく。

長老の大塚さんは近年、各地で古代の文字資料が続々発見されることに注目して、「五世紀の東国はもはや辺境ではない。銘文はすべて中央の先進地域で製作されたという固定観念を改めよう」と総括した。

◇　◇　◇

稲荷山古墳（埼玉県行田市埼玉）の鉄剣から金象眼の銘文が発見されて、昨年で満二〇年。埼玉県大宮市で開かれた記念シンポジウム「ここまでわかった！　稲荷山古墳」（主催・埼玉県立さきたま資料館）では、パネリストたちが「金文字を刻んだヲワケは北武蔵の豪族」とみる新説を発表、先の大東文化大学のシンポときわだった違いをみせた。

パネリストは古代史の狩野久（岡山大）・吉村武彦（明大）と服飾史の武田佐和子（大阪外大）・考古学の橋本博文（新潟大）・柳田敏司（埼玉古墳群保存整備協議会）、それに言語学の森博達《ひろみち》（京都産大）のみなさん。さきたま資料館長の小川良祐さんが司会した。

一　銘文の解釈

稲荷山鉄剣の銘文は一九七八（昭和五三）年秋、奈良市の元興寺文化財研究所で保存処理のさい、発見された。鉄サビのすき間からのぞく金糸を女子研究員が見つけ、X線撮影で金象眼の文字が浮かび上がった。

当時、奈良国立文化財研究所にいた狩野さんは、岸俊男さん（当時・京大教授）らとともに、銘文の解読にあたった。写真フィルムには、剣身の裏表に刻んだ金文字が二重写しになっていたが、これを分離、一一五文字を読み取った。

銘文中のキーワードは、王名「獲加多支鹵《ワカタケル》大王」と年代「辛亥（四七一）年」、宮号「斯鬼《しき》（磯城）宮」の三語。そこから、ワカタケル大王は四七〇年後、ヤマト朝廷（磯城の長谷《はつせ》朝倉宮）に君臨したワカタケル＝雄略天皇、と割り出されたのだった。

狩野さんは、二〇年前の解読の経過をこうふりかえったあと、銘文を記した杖刀人《じょうとうじん》首（近衛隊長）ヲワケの臣《おみ》の出自について、「師匠の岸先生の中央豪族（大彦系の阿部・膳氏）説に刃向かい」、中央に出仕した北武蔵豪族の一族、と主張した。

根拠は①ヲワケが中央豪族なら、由緒ある刀を地方豪族に下げ渡すはずがないし、②また、ヲワケが中央から武蔵に下って客死したとしても、異郷の地に葬られるはずがなく、故郷に帰ってくるからだ。

古代史の吉村さんも、考古学の柳田・橋本・小川さんもみな、これに同調したから、大東文化大学のシンポジウムと対照的に、地方＝武蔵豪族説が息を吹き返すかっこうになった。

二　銘文のアクセント

これを言語学の立場から支援したのが、森さんだ。近年『日本書紀』の万葉仮名研究が進んだ結果、奈良時代の音韻・アクセントがくわしく推定できるようになった。森さんは最近、平安時代の『源氏物語』のアクセントを復元したばかりだが、余勢を駆って、鉄剣銘にみえる倭《わ》国語（古代日本語）のアクセント解明に挑んだという。

銘文の倭国語は、一〇個の固有名詞（人名・宮号）。一音ずつ漢字音（古い万葉仮名）を借りて写してある。これを細かく調べると①「獲加多支鹵」大王の名と「足尼《すくね》（宿祢）・獲居《わけ》（別）」などのカバネ（尊称）部分は、中央の大和地方でつくられた万葉仮名を用いて、アクセントまで書き分けた。

②ところが「乎獲居《ヲワケ》」など一族の名と「斯鬼宮」の宮号は、万葉仮名の用い方に混乱があって、アクセントを書き分けていない——ことが明らかになった。

しかも、ヲワケの先祖の名（テヨカリワケ）には、東国方言（駿河・遠江方言）の特徴もまじる。「それをどう解釈するか。彼らは駿遠地方から武蔵に移ってきた可能性もある」と、森さんは新しい問題を投げかけた。

これまで、銘文はヤマトで象眼したとみられてきたが、森説は通説をくつがえし、武蔵での現地製作を示唆する。

三　埴輪の服装

最近、積極的に古代服の復元に取り組んでいる武田さんは、「パリの国際会議から帰る途中の機内でひらめいた」という、ホットなアイデアを披露した。

武田さんによると、倭国（邪馬台国）の女王・卑弥呼《ひみこ》は、中国・魏《ぎ》王朝の皇帝から「親魏倭王」に任命されたとき、金印とともに中国風の礼装をも贈られたにちがいない。ただ、当時の中国には女帝の例がなかったから、男王の服装だったはず。つまり「卑弥呼は男装の麗人だった」という。

同様に、ワカタケル大王＝倭王武が、宋朝から「安東大将軍・倭国王」の官爵を贈られたとき、これに見合う衣服を授かったろう。他の有力豪族も、将軍号に対応する軍服を与えられたろう。甲冑《かっちゅう》にだぶだぶズボンをはいた男子の埴輪《はにわ》像は「こうした宋朝の衣服を表している」と、武田さんは大胆に推理する。

結び——眠る稲荷山の主

小川さんは早くから「稲荷山の後円部には、もう一つ、主体部（墓）があるはず」と考えてきた。金文字発見の直後、私も小川さんからひそかに洩らされた。

二〇年後、さきたま資料館と大東文化大学の二つのシンポジウムを通じて、パネリストがこもごもに語ったのは「第三の墓主こそ、稲荷山を築いた北武蔵の初代首長」という点だ。大塚初重さん（明大名誉教授）も、「せめてレーザー探査だけでも早くやってほしい」と期待を寄せた。その点が確かめられたとき、古代東国の実像と金文字の意味が、さらに鮮明となるだろう。

《稲荷山古墳と鉄剣銘》稲荷山古墳は一九六八（昭和四三）年、さきたま風土記の丘づくりの一環として調査、後円部の礫《れき》敷きの石室（礫槨《れきかく》）から銅鏡と刀剣、金銅製ベルト・馬具などが、また墳丘から人物埴輪が出土。鉄剣の一本から金象眼の文字が現れた。後円部には粘土でおおった木棺（粘土槨）もあった。銘文は「辛亥（四七一）年七月中記す、ヲワケの臣」にはじまり、「上祖・大彦」から当代の「ヲワケの臣」まで八代の系譜、歴代の大王に杖刀人首としてつかえてきた家の誉れと、ワカタケル大王を補佐する己の手柄を記す。

第七章　高松塚の主石上麻呂

「何刻かが過ぎた。突然烈しい声が行賀の頭上に降った。……行賀は自分のいまの気持を誰にも伝え得ないのがもどかしかった。行賀はなおも眼を瞑っていた。すると、……一切の映像が、忽ち焦点を失ってぼやけて行った。涙は行賀の眼に溢れ、滂沱として頬を流れ落ちた」
（井上靖『僧行賀の涙』(1)）

「行蔵は我に存す。毀誉は他人の主張、我に与からず我に関せずと存候」
（勝海舟「瘠我慢の説（福澤諭吉）への返書」(2)）

はじめに

石上麻呂《いそのかみのまろ》（六四〇〜七一七年）は八世紀初めに活躍した律令国家の官人政治家である。古代の名門豪族・物部氏の棟梁で、天武朝（七世紀末）に石上と姓をあらためたあと、文武朝の右大臣、元明・元正両朝の左大臣として廟堂の首班に立った。右大臣藤原不比等の陰に隠れて目立たないが、終始その上席にあって、内乱・抗争・粛清のうちつづく八世紀史のなかで、もっとも平穏な一時代をもたらした政治家、と評しうるのではないだろうか。

しかし、己自身は波瀾にみちた人生を生きた。前半生は壬申の乱で近江朝廷方につき、最後まで大友皇子の身辺を守ったものの、主君自害の地獄を見た。後半生は天武系王朝に仕えて一転、栄進を重ね、「百姓に追慕、痛惜」されながら世を去ったのだった。

ところが、戦後、古代の皇位継承戦争「壬申の乱」の研究が全面解禁されるとともに、古代史家は、数奇な運命をたどった麻呂の行蔵についても、きびしい目を向けるようになった。最近の黒岩重吾『石上朝臣麻呂　闇の左大臣』(3)にいたるまで、古代史家と歴史小説家たちは、くりかえし「主殺しの裏切り者、老獪な政治家」の烙印をおし弾劾をつづける。総じて「近江朝廷方の大友皇子の首を天武方に差し出し、己の延命と猟官をはかった」というのが、史家・作家たちの描く「事件の構図」である。(4)だが、はたしてそれは正しい見方だろうか。さいわい、その人となりを弁護する篤学の歴史家も現れて、この歴史裁判に判決が下ったわけではないが、(5)いかんせん、毀誉褒貶の渦に巻きこまれ、「二君に仕えた明哲保身の変節漢」のイメージが広まっている。もちろん、千三百年前の一政治家にかんする褒貶など、どちらに転んでもいい、という冷めた見方が支配的だろうが、私には「石上

図1　「聖なるライン」に載る高松塚と古墳群

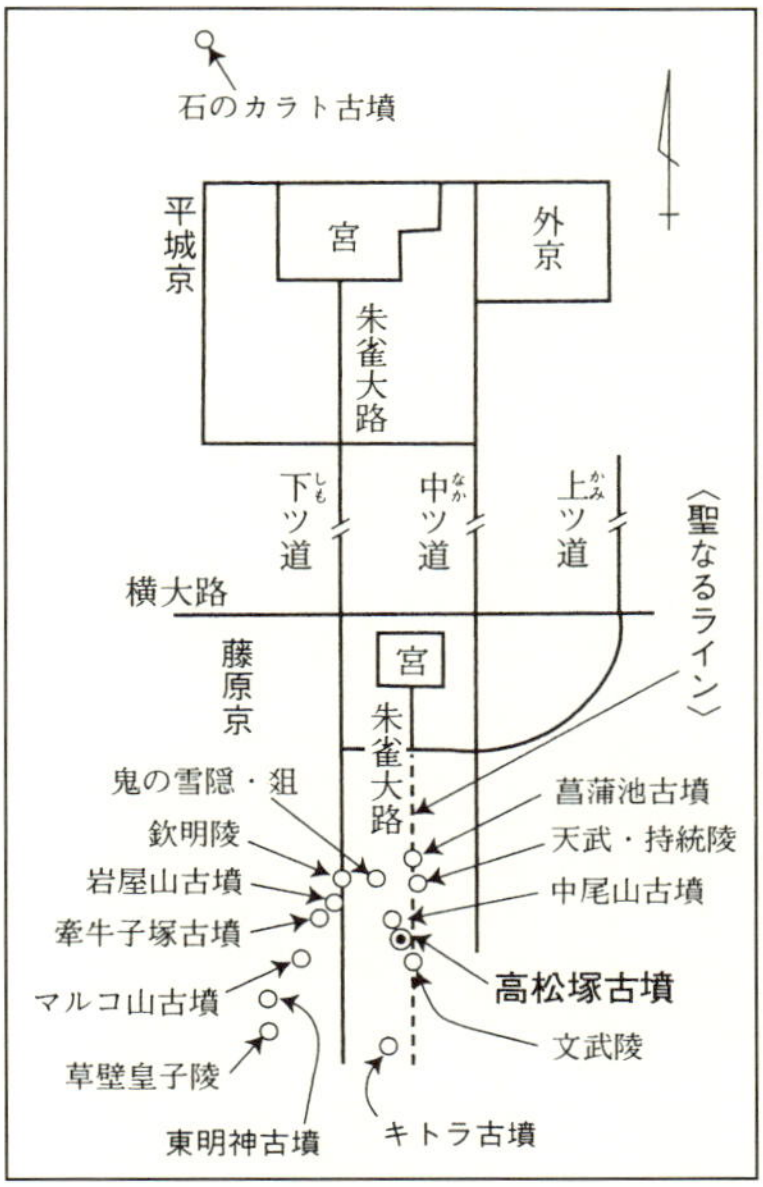

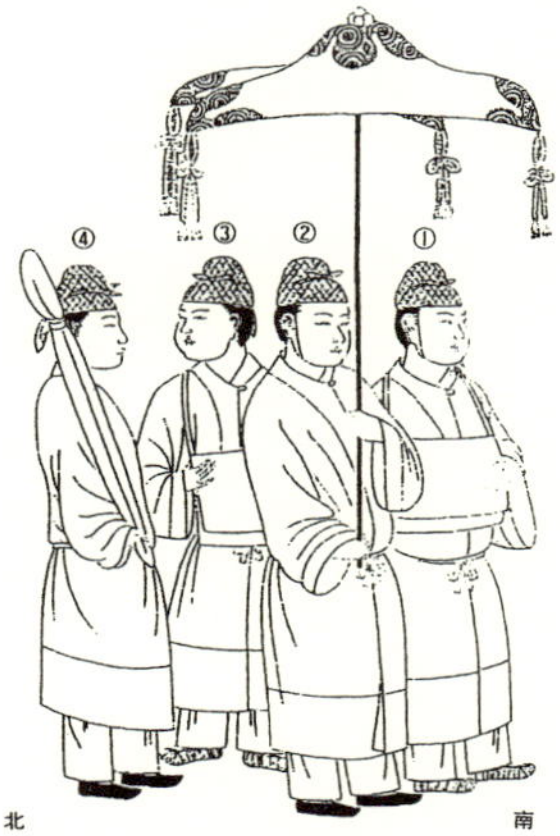

図2　高松塚壁画——東壁の男子像と蓋

麻呂は遠い過去の無縁の人」として見過ごすわけにはいかない。「石上麻呂こそ高松塚壁画古墳の主人公」と見定めていらい、すでに三十余年。ようやく近年、石上麻呂説は支持者がふえ、通説の忍壁《おさかべ》親王説や他の天武系皇親説と学界を三分しつつあるからだ(6)。

いったい、飛鳥の丘辺の奥津城のなか、美しい壁画につつまれて眠る主人公が、じつは、まんまと世間を欺き通した「主殺し」だった、などということがあっていいのだろうか。同時代の史料や後代の物語からうかがうかぎり、石上麻呂は天下の万民に慕われたばかりか、あの気強《ぎごわ》いカグヤ姫にさえ心を動かされ、同情を寄せられている。私もおりふし、その剛毅・朴訥、忠誠・敢為の生き方に古代人の典型をみてきた。

残念なことに、色鮮やかだった高松塚壁画が黒黴に侵襲され、往年の輝きを失ったすえ、ついに二〇〇七年の春夏、石室ごと解体された。その間、被葬者も情容赦なく降りかかる汚名にまみれた。高松塚壁画の若々しい男女群像に心躍らせ、その報道と解説に駆けまわった一記者として、これはいたたまれぬ事態である。死者に口なし、地下の石上麻呂は無言のままだが、目は無念の涙に濡れていよう。いや、「行蔵は我に存す。毀誉は他人の主張」、我関せず焉《えん》と言い放ち、泰然自若としているのだろうか。

無用の腕立てかもしれないが、石上麻呂の名誉挽回のため、非力ながら歴史法廷に出て弁護を試みることにした。したがって、小稿は、麻呂の官人・政治家としての行動と徳義の検証を目的とするが、あわせて石上政権の再評価と『万葉集』麻呂歌群の再構をもめざしたい（なお、一・二節では、壁画発見当時の考古学界とマスコミの文化財報道の状況を、ややくわしく記した。諸家の肩書はおおむね当時の所属機関のままとし、敬称は一部を除いて省略させていただいた）。

一　「高松塚壁画顕現す」

(1) 発見と報道

奈良県明日香村の飛鳥高松塚古墳から極彩色の壁画が発見されたのは、昭和四七年(一九七二)三月二一日のことである。発見のあと、橿原考古学研究所の初期調査と内部検討を経て、二六日、新聞・テレビに発表されると、「考古学史上戦後最大の発見」として内外に大々的に報道された。九州や中国、近畿、関東地方では早くから、原始的な彩色絵画・線刻で飾った数百基の「装飾古墳」が知られていたが、[7]高松塚壁画にはそれとは異質・高次元の男女群像と日月・星宿・四神《しじん》図が極彩色で描かれていたため、空前の大反響を呼びおこしたのであった。

考古学は、それまでかぎられた少数の専門家の学問にとどまっていたが、高松塚壁画の発見以後、広く一般の人びとにも親しまれる学問に変わった。思いがけず色鮮やかな飛鳥美人が現れたため、ネクラな「墓掘りの学問」のイメージがぬぐわれ、ネアカな「地域に勇気を与える学問」(考古学者・森浩一)として市民権を得たわけである。[8]

とはいえ、本格的な「壁画」の検出は、考古学界にとってもマスコミにとっても初体験だったから、古墳の年代観や新聞の第一報で多少の混乱が生じた。高松塚の築造時期は、いちおう七世紀末～八世紀初に絞られたものの、学界では七世紀第3四半期(飛鳥時代)説から八世紀第2四半期(天平時代)説まで、さまざまな異見が唱えられた。新聞報道も評価がバラバラで、全国紙は一面のトップ(朝日・産経)から、中段(毎日)、社会面トップ(読売)と紙面扱いが分かれた。極端だったのは地方紙の無報である。発表当日(日曜日)は全国注目の奈良県橿原市長選挙の投・開票日と重なったため――いまでは(いや、当時だって)考えられないことながら――、通信社が壁画発見のニュースを見送り、加盟各社に配信しなかったというのである(9)。

立ち上がりにはそんな混乱や判断ミスがあったけれど、第二報からは連日、洪水のような情報が流された。文化財・考古学報道をめぐって、事件・事故報道と同じく夜討ち朝駆けの取材合戦がおこなわれたのは、おそらく高松塚報道が最初であろう。考古学や古代史・美術史をはじめ、解剖学・保存科学・分析化学・植物学など、関連分野の専門家も、つぎつぎマスコミに押しかけられた。辟易した専門家たちは、異口同音に皮肉をまじえて、若い私どもにアドバイスされたものだった。「君たち新聞記者は熱しやすく冷めやすい。どうせ、人の噂も七十五日、すぐに忘れてしまうんだろうが、願わくは、この騒ぎを一過性のものとせず、ひきつづき熱心に報道してもらいたいものだね」と。

私事にわたって恐縮ながら、学芸部記者一年生の私は、奈良支局発の第一報のあと、前線の奈良支局に投入された。文化財報道で鳴らしたベテランの学芸部デスク・青山茂と奈良支局次長・石倉明の指導を受けながら、主として連載記事の企画・執筆にあたった。その過程で右のような批判と助言を聞き、肝に銘じた。毎年三月、高松塚壁画発見の春がめぐってくるたびに、過去一年間の学際的な研究成果を取材して一ページ特集を組もうと心がけたのも、その苦言・忠告にもとづく。学界の関心事は、壁画の系統論（高句麗・百済系か唐系か）と保存問題だったが、マスコミと世間の素朴で第一義的な興味は、この類例のない「孤高の壁画古墳」（装飾古墳研究の第一人者斎藤忠・元東大教授のコメント）が、いったい、いつ・だれのために造られたのか、という疑問、つまり年代観と被葬者論に集中していた(10)。

だが、考古学者・森浩一が後年、述懐したように、「あのころの考古学は、終末期古墳の研究が緒についたばかりで、まだ被葬者を論ずるほど緻密な学問ではなかった」のだ。「高松塚研究の究極の課題は、被葬者を明らかにすることである」と明言したのは、高松塚古墳調査の指揮者・末永雅雄（橿原考古学研究所長）だったが、「しかし、それはあくまで文献史家の仕事である」とつづけて、考古学の分を守った。これにたいして、文献史家は「墓誌が出土しないと、被葬者は決められない」と禁欲し、やはり文献史学の矩を超えなかった。

双方の譲りあいのなかで、マスコミの要求に積極的に答えたのが、ごく少数の古代史家と多数の作家、そして学際的な哲学者だった。系統論を含めて、高松塚の論議は百家争鳴し、Ⓐ天武天皇の皇子（高市《たけち》・草壁《くさかべ》・忍壁《おさかべ》・弓《ゆ》削《げ》）や、Ⓑ皇親（蚊屋皇子《かやのみこ》・葛野王《かどのおう》）、Ⓒ高官（石上麻呂・大伴御行《おおとものみゆき》・百済王善光《くだらおうぜんこう》）など、十指にあまる主人公の名があげられた（三一一頁の表1参照）。

そのなかでもっとも明快で、多くの支持を集め、今日まで通説の位置を保っているのが、古代史家・直木孝次郎（大阪市立大学）の忍壁親王説である。精密な画像分析と大胆な史料解釈で炙《あぶ》りだした、近世史家・有坂隆道（関西大学）の蚊屋皇子説は、独創性・意外性に富んで忘れがたい。私も取材と調査をつづけるうち、だれからもノミネートされない左大臣石上麻呂の存在に気づいた。それぞれ藤原京、飛鳥《あすか》浄御原宮《きよみはらのみや》、平城京の時代に薨じた被葬者候補の代表である。推論の過程と候補の経歴については、すでによく知られているが、行論の必要上、その要点を再説することをお許しねがいたい。

(2) 被葬者候補

ⓐ忍壁親王

直木孝次郎の忍壁親王説は、高松塚の位置――マスコミのいわゆる「聖なるライン」――に着目したもので、きわめて直截・明快である。「聖なるライン」は藤原京の朱雀大路の南延長線（正中線）で、この上に八角墳の天武・持統天皇合葬陵をはさんで、北から菖蒲池《しょうぶいけ》古墳―天武・持統天皇陵（野口王墓《おうのはか》）―中尾山—高松塚—文武天皇陵（塚穴古墳）が並ぶ。[11] ちなみに、その後、さらに南の延長線上にキトラ古墳が載り、壁面に天文・日月・四神図と十二支像の描かれていることが確かめられた。

このように、高松塚は藤原京朱雀大路の真南にあって、しかも、天武・持統天皇陵（古代陵墓のなかでもっとも確実とされる）と一直線に並ぶ。中尾山はその後の調査で、天武・持統天皇陵と同じく八角五壇の特異な古墳とわかり、築造年代も八世紀初めと推定された。その結果、文武天皇陵（七〇七年築造の火葬墓）の可能性がつよまった。[12]「聖なるライン」は天武・持統天皇一族の奥津城《おくつき》が整列するライン、と推定されたわけである。

高松塚の築造年代は、まず、この藤原京の正中線上にあることから、藤原京時代（六九四～七一〇年）と考えられる。また、出土遺物の海獣葡萄鏡《かいじゅうぶどうきょう》は、考古学者の樋口隆康が中国西安郊外の唐墓「十里舗３３７号墳」（築造年代未詳）の同型鏡と比較して、六九〇年代に鋳造された、と推定した。[13] さらに、男女像の衣服の襟元が左前（左衽《さじん》）になっていることから、七一九年の「左衽禁止令」以前に描かれたこともわかった。

被葬者の個人情報として、石室（石槨）に遺された人骨から、男性で熟年（データ上では熟年以上と判定されたが、古代人はおおむね短命だから、熟年とみてよい）と鑑定された。[14]

総合すると、被葬者の条件は、①天武天皇の皇子で、②熟年（四〇～五〇代）、③六九四～七一〇年に他界した人物、の三点に絞られる。この三条件にかなう人物は、七〇五年、四十歳代で薨じた、天武天皇の皇子で知太政官《ちだじょうかん》事《じ》の忍壁親王ただひとりとなる。[15]

以上が、壁画発見の直後、いち早く示された直木説の骨子である。数学の方程式を解くような厳密さと明晰さがあって、支持者を集めたのは当然だろう。[16]

それから十年、中国考古学者の王仲殊（社会科学院考古研究所）が、唐都・長安（西安）郊外で発見された新資料をもって来日し、直木説を補強した。六九七年に亡くなった官人・独孤思貞《どっこしてい》の墓（翌年改葬）から、高松塚鏡と同型・同大つまり同笵の海獣葡萄鏡が見つかり、これによって高松塚鏡の制作年代も、より精密におさえられるようになったというのだ。すなわち「高松塚鏡は七世紀末、独孤思貞墓鏡などとともにつくられたあと、七〇四年帰国の遣唐使によって将来され、七〇五年に忍壁親王墓（高松塚）に納められた」と、王は説いた。ここに国際的な支持を得て、直木の忍壁親王説は定説の地位をいちだんと固めた。(17)

橿原考古学研究所で講演した王仲殊は、自作の短歌を一首、披露して驚かせた。直木もこれに和して四首の歌を詠んで応えた。日中学術交流史を飾る、美わしいコラボレーションである。(18)

檜隈《ひのくま》の草葉の陰に光りしは高松塚の宝の鏡　　　王仲殊

外《と》つ国の鏡かがき高松の塚に眠りし人を顕す　　　直木孝次郎

唐国《からくに》ゆ渡り来りし宝鏡を皇子は愛でけり奥津城までも

なお、王仲殊は二〇〇四年秋、京都・祇園歌舞練場で開かれた東アジア文化財シンポジウム「古墳壁画」（京都橘女子大学主催）に出席し、忍壁親王説を再説するとともに、「日本国内で支持を得つつある」石上麻呂説を批判した。(19)

ⓑ蚊屋皇子

これにたいして、壁画の主題と細部の分析から年代と身分を割り出そうとしたのが、有坂隆道の蚊屋皇子説である。(20)「飛鳥美人に目を奪われた議論は、迷妄に陥ったもの。壁画の主題は、地味ながら天井の星宿図にある」と喝破した。天井の中央は、天帝一族の「北極五星」と、これを輔佐する「四輔四星」が占め、まわりに「二十八宿」がとり囲む。この天帝の命（天命）をうけて天下を治めるのが、地上の天子（帝王）だ。星宿図は「治天下」の大権を授けられた帝王の、至高のシンボルである。ただし、天命が革《あらた》まれば王朝は交替する（易姓革命）。王者たるもの、鞠躬如《きっきゅうじょ》として天体の変化を観測し、天意をうかがわねばならない。ここに東洋独自の天文学が発達した理由がある。

このように、星宿図は重大な「治天下」のシンボル・マークだから、だれにでも許されるものではない。天皇か皇族、せいぜい政府高官にかぎられる。また、精密な「星宿図」が描ける時期は、天文観測が発達し、みずから「天文遁甲をよくした」天武天皇の時代をおいて外にない。さらに、男女人物像の衣服・持物の特徴を、こまかく服制の変化とつきあわせたうえ、とくに時代の流行を敏感に映す女人のヘアモードに注目した。後ろ髪をポニーテール状に結い、反転して紐で束ねている。飛鳥時代以前の伝統的な下げ髪（垂髪）でもなければ、唐風の開化的な上げ髪（結髪）でもない。これこそ下げ髪から上げ髪へ、上げ髪から下げ髪へと、結髪令が揺れ動いた、天武朝末年（六八五年ころ）の過渡期のヘアモードにちがいない――と有坂は結論した。

では、被葬者はだれか。六八五年前後に亡くなった天皇・皇族といえば、天武天皇（六八五年崩）と草壁皇太子（六八七年薨）だが、陵墓は、宮内庁によってそれぞれ天武・持統合葬陵（野口王墓）、岡宮天皇陵に治定されている（その後、真弓の丘から八角形の墳丘をもった束明神《つかみょうじん》古墳が発掘調査され、事実上、真の草壁皇太子墓と同定された）。他に目ぼしい候補はいない。そこで有坂が『日本書紀』から「書き漏らされた貴人」を探りだしたのが、天智・天武両天皇の皇弟・蚊屋皇子だった。

蚊屋皇子にかんする記録・伝承がないので臆測になるが、皇子は骨肉の皇位継承争いから身をひいて、早く摂津三島の本貫・賀陽に隠棲したらしい。やがて蚊屋皇子が薨ずると、天武天皇（または持統天皇）がその出処進退の潔さと気働きを嘉して、摂津・賀陽から故郷の飛鳥へ帰葬させ、唐式の壁画古墳を作って国葬並みの待遇で手厚く葬った――と有坂は想定した。海獣葡萄鏡の年代観とややズレが生じるため、積極的な支持者は少ないが、文献史家・科学史家らしいあざやかな推理である。

ここで、あえて忍壁親王説のアキレス腱を指摘すれば、発見直後のデータにもとづいて組み立てられたためか、壁画の内容や被葬者の個人情報よりも、立地条件に重きが置かれている点であろう。

ⓒ石上麻呂

被葬者を決めるには、当然のことながら、身分・性別・年齢という個人情報が必要不可欠だ。さいわい、高松塚の場合、個人情報は十分そろっている。もう一つは、古墳の示す年代観である。

まず、身分を特定できる材料は、男子群像（東壁）のかざす方形・深緑の「蓋《きぬがさ》（絹傘）」だ。濃緑の地に同色の総《ふさ》を垂らし、頂《いただき》と四隅に赤錦の裂を貼っている。「大宝儀制令」の規定によると、この形制は一位の大臣（太政大臣または一位の左右大臣）にかぎられ、皇族（紫）や二・三位（紺）、四位（縹）の貴族ではありえない。[21]

個人情報は人骨鑑定によるしかない。性別は男子一体。身長は約一六三センチと推定された。問題は年齢で、「熟年」（大阪市立大学・島五郎）または「熟年以上、それも高齢者ほどよい」（京大・池田次郎）とされる。島は鑑定の過程でくりかえし「熟年以上」としながら、「古代人はおおむね短命だから、高齢者は除いてよかろう」と常識的な予断を加え、最終結論では「熟年」に絞ったのだった。それが一人歩きして、多くの古代史家・考古学者を惑わせることになった。[22]当然ながら、奈良時代にも高齢の著名人は少なくないし（行基八二歳、良弁八五歳、吉備真備八三歳）、庶民の間にも長寿者はいた。七一七年（霊亀三年）、「養老の滝」に近い美濃・多度山で醴泉《れいせん》が発見されたのを機に、年号を養老と改元するが、このとき、高齢者のなかでも八十歳以上、九十歳以上、百歳以上の人びとは、それぞれ特別に表彰され、織物をたまわっているのである。[23]したがって、高松塚の人骨の場合も、島の本来の鑑定に戻し、「熟年以上」とするのが正しいだろう。

問題は、これらの条件を満たす人物が、はたしているのか、である。残念ながら、一位の大臣は藤原京時代にはいない。これは当初から気づかれたことで、さればこそ、蓋の地も総も変色した可能性もあるとして、「深緑の蓋＝一位のシンボル」の条件を外し、幅をもたせた被葬者探しがつづけられたわけである。(24)

しかし、高松塚が藤原京の南延長線に載るからといって、藤原京時代にこだわる必然性が、そもそもあるのだろうか。ここで問題になるのが、古墳の示す年代観だ。石室の構造や葬法から年代を決めることも、もちろん重要だが、細かな年単位の年代観は、いまのところ得られそうにない。(25) むしろ、壁画人物の服装の方がシャープな年代を示す。すでにみたとおり、女子群像の襟元はみな左前だが、これは七一九年（養老三年二月三日）に禁じられ、右前に変わる。また、男子の白袴《びゃっこ》（白ズボン）は、美術史家・石田尚豊（東京国立博物館）によると、六九〇～七〇一年、または（左前の時期とあわせて）七〇六～七一九年の風俗だ。つまり、壁画制作の下限は七一九年まで下がりうる。藤原京時代にとどまらず、平城京時代に入っても、しばらくの間は許されそうだ。(26)

そこで、やや幅をとって、大宝令施行（七〇一年）から平城遷都後の七一九年までの間に、該当者がいないかと探すと、ふさわしい人物がただ一人、存在する。七一七年（霊亀三）三月三日、七八歳で薨じた左大臣・贈従一位石上麻呂である。生前は、たしかに正二位で該当しないが、死後ただちに朝廷が弔賻使《ちょうふし》（長屋王）を遣わし、従一位を贈っている。年齢も高齢で、むしろ適合する。(27)

では、新都の平城京に遷都したあと、なぜ、わざわざ旧都の藤原京の南、正中線上に葬られたのか。しかし、これも特別のゆかりが見つかれば、不都合はなかろう。石上麻呂の場合、平城遷都のさい、藤原京の留守《るしゅ》を命じられた。(28) 翌年には藤原宮が焼亡しているので、(29) 留守官を解かれ平城京に移ったとみられるが、(30) おそらくその縁で、死後も藤原京南の「聖なるライン」上に帰葬されたのであろうか。それとも、別の理由によるのか。石上麻呂は敗れた近江朝廷方の舎人《とねり》でありながら、異例の抜擢を受け、文武朝（七〇一年）では中納言、つづいて三日後に大納言、さらに右大臣に昇進して、廟堂の首座にたった。元明・元正朝では左大臣に昇りつめるのだが、あつい恩顧をこうむった文武天皇の側に死後も仕えるかのごとく、御陵（中尾山）の近くに葬られたかと想像される。

以上によって、高松塚の被葬者は、左大臣石上麻呂とみて差し支えないであろう。高松塚の築造年代も、壁画の制作年代も、逆に石上麻呂の没年から七一七年と決まる。(31)

忍壁親王・石上麻呂・蚊屋皇子以外の被葬者候補をあわせまとめると、つぎの表1のようになる。また、それぞれの推定根拠を「高松塚被葬者の年代と身分」にまとめ、注(32)に示した。

表1　被葬者候補（二〇〇七・九・三〇改訂）

	候補	没年（年齢）	身分（官位・皇親）	主唱者（数字は発表年）
高官	石上麻呂	七一七（78）	左大臣　贈従一位	岡本健一73・秋山日出雄85・勝部明生93・森浩一97・白石太一郎98・安本美典00
	紀　麻呂	七〇五（47）	大納言　正三位	岸俊男（直話）72
	大伴御行	七〇一（56）	贈右大臣　贈正二位	黛弘道77
天武系皇親	忍壁親王	七〇五（？）	知太政官事　三品　④	直木孝次郎72・王仲殊82・猪熊兼勝01・諸家
	葛　野　王	七〇五（45）	式部卿　正四位上　皇孫	和田萃97
	弓削皇子	六九九（？）	浄広弐　⑧	梅原猛72
	高市皇子	六九六（43）	太政大臣　①	原田大六72・大浜厳比古72・土淵正一郎91
	草壁皇子	六八九（28）	皇太子　②	諸家
	蚊屋皇子	？（？）	天武皇弟	有坂隆道72
	天武天皇	六八六（65？）	天皇	吉永登72
渡来	百済王善光	六九三（？）	百済王族　正広参	今井啓一72・司馬遼太郎72・千田稔01

注：身分欄の数字は、天武系皇子の出生順（荻原千鶴『日本古代の神話と文学』、塙書房、一九九八年）

二　左大臣の数奇な生涯

(1)経　歴

『日本書紀』『続日本紀』『万葉集』と『扶桑略記』によって、石上麻呂の経歴を年譜的に追うと、表2のとおりである。

『続日本紀』の薨伝から誕生年を逆算すると、石上麻呂は六四〇年の生まれ。雄略朝の大連・物部目《もののべのめ》の後裔で、難波・孝徳朝の衛部《えぶ》・大華上（令制の正四位相当）・物部宇麻乃《うまの》（宇麻呂）の子である。

麻呂が正史に登場するのは、六七二年（弘文元）七月二十三日、壬申の乱の最後の局面だ。

（主将の村国連）男依等、近江の将犬養連五十君《いきみ》及び谷直鹽手を粟津市《あはづのいち》に斬る。是に、大友皇子、走げて入らむ所無し。乃ち還りて山前《やまさき》に隠れて自ら縊《くび》れぬ。時に左右大臣及び群臣、皆散《あら》け亡せぬ。唯し、物部連麻呂、且一、二の舎人のみ従へり。(33)

近江方の将軍二人が斬られたため、大友皇子は進退に窮した。そこで、「山前」に隠れて自縊《じい》したという。山前は近江大津宮に近い長等山《ながらやま》（大津市三井寺）、摂津―山背間の山崎（今の京都府大山崎村）、大津京付近の山端など諸説があるが、地理的には後者が妥当とされる。皇子はそこを死に場所と定めて、みずから縊首したという。(34)

つづいて、二十六日の条には、

将軍等、不破宮に向《まう》づ。因りて大友皇子の頭を捧げて、営の前に献りぬ。

とあって、大友皇子の首級が不破行宮の大海人皇子の前に捧げられたことを記す。

この間、麻呂はどうしたのか。『日本書紀』の記事が簡潔すぎて真相をおおっているため、かえって歴史家の揣

表2　石上麻呂の経歴（○数字は月を、＊は石上麻呂以外の被葬者候補を示す）

年代	年齢	石上（物部）麻呂関係／高松塚関連	政治・社会／被葬者候補／キトラ古墳関連
六四〇	1	誕生、父は衛部・大華上・物部宇麻乃	
六七二	33	⑦壬申の乱の最後まで大友皇子に従う	⑦大友皇子自害
六七三	34		①大海人皇子即位
六七六	37	⑩遣新羅大使（翌年②帰国） 大乙上（正八位上）	
六八一	42	⑫小錦下（従五位下）	
六八四	45	⑪石上朝臣の氏姓をたまわる	⑩八色の姓を定める
六八五	46		①明浄・正直等の冠位制
六八六	47	⑨天武の殯宮に誄を述べる、直広参（正五位下）	⑨＊天武天皇崩（天武持統陵）、このころ＊蚊屋皇子薨？
六八九	50	⑨河内王に位記を贈る使、筑紫の新城の監	④＊草壁皇太子薨（東明神古墳）
六九〇	51	①物部朝臣麻呂、朝賀に大楯を建てる	
六九一	52	③～⑤伊勢行幸に随従 万葉歌三首（？）	③三輪高市麻呂、行幸に諫言
六九三	54		①＊百済王善光卒
六九六	57	⑩直広壱（正四位下） 資人五〇人をたまわる	⑦＊高市皇子薨
六九九	60		⑦＊弓削皇子薨
七〇〇	61	⑩筑紫総領・直大壱（正四位上）	＊ 僧道昭没（火葬のはじめ）
七〇一	62	③中納言・正三位、大納言	①＊大伴御行薨
		⑦左大臣多治比嶋を弔賻	⑦多治比嶋薨 ⑧大宝律令完成
七〇二	63	⑧大納言兼大宰帥	⑥遣唐使粟田真人出発 ⑫持統太上天皇崩（火葬）
七〇三	64	閏4右大臣阿倍御主人を弔賻	閏4阿倍御主人薨（キトラ古墳？）
七〇四	65	①右大臣・従二位、封戸二一七〇戸	⑦遣唐大使帰国、高松塚鏡将来か
七〇五	66		⑤＊忍壁親王薨 ⑦＊紀麻呂薨 ⑫＊葛野王薨
七〇六	67	唐・懿徳太子・章懐太子・永泰公主墓改葬	

七〇七	68		③遣唐副使帰国　⑥文武天皇崩（中尾山古墳）
七〇八	69	①正二位　②詔発布で宮門に楯を建てる	②平城遷都の詔
		③左大臣	⑦忠勤の勅
七一〇	71	③藤原宮の留守	③平城京に遷都
七一一	72	③多胡碑に「左大臣石上尊」の刻銘	
		この歳、藤原宮の留守解ける？	この歳、藤原宮が焼亡（扶桑略記）
七一七	78	③麻呂薨、贈従一位、弔賻使長屋王、廃朝	
		⑪麻呂邸に賜物	⑪養老改元
七一九			②左衽禁止、これ以前に高松塚築造
七二〇			⑧右大臣藤原不比等薨（火葬）、廃朝、贈太政大臣正一位
一九七二		③高松塚から壁画と遺骨・遺物を発見	
一九八三			⑪キトラ古墳で玄武図発見
一九九六		④飛鳥池遺跡から「物部麻呂」名木簡	
一九九八			③キトラ古墳で四神図・天体図発見
二〇〇三		⑫高松塚壁画に黒黴発生	
		⑦黒岩重吾『石上朝臣麻呂　闇の左大臣』	
二〇〇四		⑥高松塚壁画の劣化判明	②以後、キトラ古墳の開封調査
二〇〇七		④以後　石室解体	②朱雀剝ぎ取り

摩臆測を呼び、毀誉褒貶を生んできた。旧説を含めると、⑴殉死・⑵警護・⑶殺害の三説がある。国学者伴信友いらいの殉死説[35]は、この物部連麻呂と後の左大臣石上朝臣麻呂を別人とみたうえ、『日本書紀』の「従ふ」を「殉ふ」の意に解したために生まれたもので、両者を同一人物とみて異論がない現在、消えたとみてよいだろう。

問題は、つぎの二説のいずれか、という点にある。警護説は、「麻呂が大友皇子の側に従い、最期まで警護にあたった」と読めるところから、遺体に付き従った、とする。これにたいして、殺害説は、皇子の首をはね、天武方に差し出して、みずからの命乞いをした、とみる。

議論の是非は後に譲って、しばらくこの後の麻呂の経歴をみると、年譜のとおり、天武朝に登用されて間もなく遣新羅大使に抜擢される。六八四年、「石上朝臣」の氏姓をたまわるが、朝賀の儀には、従来どおり、旧伴造氏族の職掌として物部を率い、みずからも物部朝臣麻呂の名乗りで宮門に大楯《おおだて》を建てた。持統朝に入ると、目覚ましい栄進を重ねる。文武朝の七〇一年には大納言（贈右大臣）大伴御行の没後、中納言から筆頭の大納言に昇り、左大臣多治比嶋《たじひのしま》、右大臣阿倍御主人《あべのみうし》についで、廟堂のナンバースリーとなった。左右大臣はともに高齢で、嶋は四カ月後、七八歳で、また御主人は二年後の七〇三年閏四月、六九歳で亡くなったから、それ以後、筆頭大納言の麻呂が首座を占める。壬申の乱からすでに三十年を経たとはいえ、異例の人事であろう。あたかも、箱館・五稜郭で官軍に降った榎本武揚が、大久保利通ら維新の元勲三人があいついで世を去ったあと、筆頭参議になったほどの――もちろん、明治維新期には起こりえなかったことが、文武朝では起こった――驚くべき時代の転変である。そして翌年正月、麻呂は右大臣（左大臣は空席のまま）に、ついで元明朝の七〇八年三月、左大臣に昇りつめた。

それより早く二月、平城遷都の詔が発布された。麻呂は遷都に消極的だったらしいが、物部を率いて楯をたて宮門を固める、古来の伴造の職務を忠実に果たしている(36)。二年後の七一〇年三月、平城京に遷都すると、麻呂は藤原京の留守に任じられ旧都に留まった。それを最後に、麻呂生前の消息は絶えるが、幸か不幸か、翌年、藤原宮が焼亡したのを機に、平城京へ移ったらしい。おりから麻呂は古稀をすぎ、右大臣藤原不比等が名実とも政治の主導権を握っていたから、麻呂の容喙する余地は、もはやなかったろう。

『続日本紀』七一七年（霊亀三）三月三日の薨伝は、つぎのように記す。

左大臣正二位石上麻呂薨《こう》しぬ。帝深く悼み惜み、これが為に朝《ちょう》を罷めたまふ。詔して、式部卿正三位長屋王……を遣して、第《てい》に就きて弔賻《ちょうふ》せしめ、従一位を贈りたまふ。……太政官の誄《しのひこと》を為す。……五位以上の誄を為す。……六位已下の誄を為す。百姓《はくせい》追慕して、痛み惜まずといふこと無し。大臣は泊瀬《はつせ》朝倉朝庭《あさくらのみかど》の大連物部目《め》が後、難波朝《なにはのみかど》の衛部《えぶ》大華上《たいけじょう》宇麻乃《うまの》が子なり。

また、十一月十日条には「故左大臣従一位石上朝臣麻呂の第」に、絁《あしぎぬ》・糸・白綿・布の「別勅賜物」を贈っている。

薨伝にみえる「帝深く悼惜、百姓追慕、痛惜」の表現は一見、常套句に近いが、じつは廃朝の例は多くない。『続日本紀』の廃朝（罷朝）記事全二八件のうち、[37]二三件が元日朝賀の儀をとりやめたもので、持統・聖武太上天皇の諒闇と皇族の服喪によるもの八件、風雨積雪によるもの九件（ほとんど順延）。残り五件が平日の廃朝で、うち皇族と大臣の薨去が各二件。この大臣薨去による場合は、石上麻呂と藤原不比等の二人だけである。この点でも特別に礼遇されたことがわかる。

(2)行　蔵

天武天皇による戦後処理が、いかに寛大であったにせよ、石上麻呂の栄進は、日本史上でも稀有な例に属するであろう。敗れた大友皇子の舎人（親衛隊）が、乱のあと、許されて天武朝に登用されたばかりか、筆頭閣僚の左大臣にまで昇りつめたからである。類例としてただちに思い浮かぶのは、いましがた触れた明治維新期における幕臣榎本武揚の場合であろう。

周知のことながら、榎本は旧幕府海軍副総裁で、新政府にたいする幕府艦船のひきわたしを拒み、一八六八年八月、軍艦開陽丸など艦船八隻をひきいて品川沖から脱出する。箱館から江差にまわったが、嵐で開陽丸を失ったため、箱館の五稜郭にこもって抗戦、新政権樹立を宣言した。いったんは玉砕を覚悟するけれど、翌年五月、官軍に降伏、獄にくだった。福沢諭吉らの助命運動が実って一八七二年出獄すると、間もなく政府に出仕、ロシア・清国の各全権公使をへて逓信・農商務・文部・外務の各大臣を歴任、最後に枢密顧問官をつとめた(38)。このように、箱館戦争で敗れながら、新政府で累進をとげたのは、榎本にはオランダ留学で仕込んだ語学・軍事・国際法・科学技術の新知識があったからだ。五稜郭で玉砕しようとしたとき、オランダ語の『万国海律全書』が焼失することを憂え、新政府側に贈ったエピソードは、戦中の美談としてよく知られている。それが結果的に、博大な新知識を惜しんだ福沢らの助命運動とその後の栄進につながるのだが、ひるがえって石上麻呂の場合、なにが新政府・天武朝での特進の要因となったのだろうか。

この点は、壬申の乱の研究者の関心をひき、さまざまな見方を生みだしてきた。さいわい近年、古代史家・木本好信（甲子園大学）が『律令貴族と政争――藤原氏と石上氏をめぐって(39)』を著し、「石上麻呂と藤原不比等」で諸説を整理・論評している。以下はこれによりながら、歴史小説家の代表として、黒岩重吾『石上朝臣麻呂　闇の左大臣』の新解釈をとりあげ、検討する。

まず、天武側の戦後処理が全体に穏便であったことをあげねばならない。重罪極刑に処された近江朝廷の高官はわずか八人。しかも斬に処せられたのは右大臣中臣連金《なかとみのむらじかね》ただ一人で、左大臣蘇我赤兄《そがのあかえ》以下七人は配流という軽い処罰ですまされた。刑罰はこれ以外に及ばず、ことごとく赦されたという。大友皇子の長子・葛野王《かどのおう》も許され、やがて朝政に参加しているくらいだ(40)。

つぎに、石上麻呂にとって幸いだったのは、（先の榎本武揚における福沢諭吉らのような）援護者がいたことだ。木本によると、同族の物部朴井連《もののべのえのゐのむらじ》雄君《をきみ》は、壬申の功臣のひとりで、近江朝廷の策謀を察知して、大海人皇子《おほあまのみこ》に東国への避難を勧め、舎人として同行した。乱後、物部氏の再起をはかるためにも、同族の麻呂を必要と考え、助命を天武天皇に請うたのではないかと推測される。雄君の没後、物部氏の氏上を麻呂が引き継いでいる点も、その傍証になろうという。(41)

さらに、大友皇子の最期にかかわった石上麻呂の行動が、重用の要因とみる研究者が少なくない。大友皇子の最期は、『日本書紀』の記事によると、先にみたとおり、①皇子じしんが縊首したことになっている。しかし、古代史家の踏みこんだ解釈によると、まず、②随従していた物部麻呂が介錯して首をはね、これを天武朝側に差し出し、皇子最期の状況を通報した功で立身をとげた、という（直木孝次郎・北山茂夫）。そればかりか、③大友皇子は自害したのではなく、麻呂がはじめから天武朝側の恩賞を目当てに皇子に近づき、殺害しようとした、とみる人さえある（大塚泰二郎、宮澤和穂）(42)。裏切りによる謀殺であり、王殺しである。

直木は「この人物の行動は甚だ興味がある」とコメントし、進んで、壬申の乱と神武東征伝説との関連に及んでいる。すなわち、物部麻呂の祖先は饒速日《ニギハヤヒ》で、大和の王者長髄彦《ナガスネヒコ》（登美彦）の女婿にあたるが、神武東征伝説によると、神日本磐余彦《カムヤマトイハレヒコ》（神武天皇）が大和に攻めこんだとき、舅の長髄彦を殺して帰順した。この「饒速日伝承」の部分は、壬申の乱における麻呂の行動とその後の重用と「筋道において一致している」と説いた。(43)この投影説は、たしかに状況がよく似ていて、説得力がある。

作家・黒岩重吾の遺作『石上朝臣麻呂　闇の左大臣』も、（旧作『天の川の太陽』(44)とちがって）参考文献があがっていないけれど、この直木説を下敷きにして構想した小説とみてよいだろう。惹句によると、「蘇我馬子との戦いに破れた物部の血筋をひく石上朝臣麻呂。壬申の乱を挟む戦乱の時代、最下級の官人から左大臣にまで昇りつめたこの男の謎の生涯に迫る。古代ロマンの巨匠が最後に挑んだ長編小説」である。

『天の川の太陽』は天武天皇＝大海人皇子を主人公にした作品だが、「新天皇」大友皇子の最期については、『日本書紀』の記事どおり、大友皇子が喉を刀で刺して果てたあと、麻呂が遺命によって首を大海人皇子に渡している。しかし、『闇の左大臣』では、山城国の山前で自決を覚悟した皇子が、警護隊長の石上麻呂に首をはねるよう命じるが、麻呂がためらうと、こんどは決闘を言い渡し、「剣の達人」麻呂の一撃を腹部に受けて倒れる。麻呂は主の首を腰紐で締め、天武方に届ける――というふうに変わっている。

作中の麻呂は、大友皇子と逃避行のさなか、ニギハヤヒの霊魂から、「皇太子（大友皇子）を裏切れ。殺して、首級を大海人皇子に持参せよ」と告げられ、しだいに殺意をいだくようになる。大友皇子も麻呂の殺気を感じて、ついに山前で「吾を斬るのだ、吾の首を叔父上（大海人皇子）に届けよ」と命じる。乱後、麻呂は「祖先譲りの裏切り者」とののしられる。また、みずからも「ニギハヤヒの血が主君の首をはねさせた」と苦しむが、暗い過去を闇のなかに封じて出世をめざす。立身するのは天武天皇の崩後で、「麻呂が大友皇子を殺した」と信じる持統女帝に、目をかけられたからだという。

このように、古代史家も作家も、石上麻呂の立身栄達の真因を、〈主殺し〉と首級の差し出し、通報に求めているかにみえる。もっとも、史家の実証的な論文と作家の奔放な創作を等し並みに扱うことに、違和感をおぼえられた方もあろう。だが、黒岩の古代史小説群は、見瀬丸山古墳の石棺二基の謎を追った『斑鳩王の慟哭』[45]のように、近年の考古学・古代史学界の成果にもとづきながら、「作家の目」（黒岩の常用語）と想像力で歴史の内奥と人間の行動に迫ろうとするものが多く、伝奇的な作品とはまるでちがう。とくに、戦場の極限状況における物部麻呂の進退について——「是に、大友皇子、走げて入らむ所無し。乃ち還りて山前《やまさき》に隠れて自ら縊《くび》れぬ。時に……物部連麻呂、且一、二の舎人のみ従へり」という——、わずかな史料（原漢文で四三字）によって検断しようとする場合、史家と作家の立場はかぎりなく近い。社会的影響力にいたっては、雲泥の差がある。「小説家の創作だから」と避けては通れないのである。なにより、敬慕する歴史家からも小説家からも、そろって〈王殺し〉の烙印をおされる麻呂に、悲哀を感じずにおれなかった。死者に口なし、非力ながら「冤罪」を雪《そそ》がねばと一念発起したしだいである。

三　古代史にみる君臣観

(1)古代日本

それにしても、飛鳥時代は「主殺し（弑逆《しぎゃく》）」に寛容な時代だったのだろうか。当時の「主殺し」観をうかがえる格好の例が『古事記』にみえる。「履中記」冒頭の伝承によると、こうである。[46]

履中天皇（イザホワケ王）が難波宮で大嘗祭の酒宴（豊楽）を催したとき、酒に酔って寝た。弟の墨江中王《スミノエノナカツミコ》は天皇を殺そうとして大殿に火を着けた。倭漢直《ヤマトアヤノアタヒ》の祖・阿知直《アチノアタヒ》が天皇をこっそり助け出し、馬で大和の石上神宮に脱出した。

急を知った弟のミヅハワケ王（反正天皇）が駆けつけ、拝謁しようとしたが、墨江中王との同心を疑われ、墨江中王を殺して来るよう命じられた。そこで、ミヅハワケ王は難波に帰ると、墨江中王の近習の隼人ソバカリを謀って、「私の命に従ったら、私が天皇になり、お前を大臣にして天下を治めよう」ともちかけた。隼人が応じると、褒美を与え、「汝の王を殺せ」と命じた。隼人は主人が厠に入るのを伺って、矛で刺し殺した。

ミヅハワケ王は大和に急ぐ途中、思い迷った。「隼人のソバカリは自分のために大功をたてたけれど、己の主君を殺したことは、臣下としての忠義に反する。しかし、私がその功に報いないならば、主君としての信義にもとる。といって、そのとおり信義を守って実行すれば、こんどはソバカリの凶暴な性情を恐れることになろう」。信義と忠義を両立させるには、どうすればいいか。「ならば、その功に報いたうえ、本人は殺してしまおう」と決断したのだった。

王は大坂山の入口の近つ飛鳥にとどまって、さっそく仮宮を造り、即位の酒宴（豊楽）を催した。隼人に大臣の位を与え、百官に拝礼させたあと、先に王が大盞《おおさかづき》で飲み、後で隼人が飲んだ。大盞が隼人の顔を覆ったとき、王は敷物の下に隠しておいた剣を取り出し、隼人の首を斬った。

王が石上神宮に参って天皇に報告するのは、翌々日のことである。

左大臣石上麻呂が薨じたのは霊亀三年（七一七）三月。『古事記』編纂から五年後のことである。「履中記」にみえるミヅハワケ王の忠義観は、『古事記』編纂のすすんだ天武朝から元明朝にかけてのモラル、とみてさしつかえないであろう。壬申の乱の最終局面で、輔弼《ほひつ》の責めを負うはずの左右大臣以下がみな散亡したのにたいして、舎人の麻呂らは職務に殉じるように大友皇子の身辺に随従した。麻呂の行動を律したのは、同時代の君臣観とは無縁でなかろう。端から皇子の首を掻き切って論功行賞にあずかろうという魂胆だったとは、とても考えられないのである。

右の「履中記」で、天皇を救ったのは倭漢直の祖・阿知直だが、その子孫・倭漢直駒《コマ》は五九二年、蘇我馬子に命じられて、崇峻《すしゅん》天皇を弑逆する。臣下による大逆事件第一号である。倭漢直一族は、その後も近江朝にいたるまで謀略を事としたため、天武朝はついに六七七年六月、倭漢直一族に詔して、「七つの大罪を責め、罪すべきところだが、大恩をもって許す。これ以後、罪を犯せば赦さぬ」と戒めた(47)。

それだけではない。天武王朝の政治理念は、天武十四年（六八五）の冠位制（諸王以上の「明・浄」十二階、諸臣の「正・直」等四十八階の制）が示すように、二心のない明・浄と正・直の徳目におかれた。その後も、官人たちは「明らけく浄き心を以て」仕えることを求められた。このように、政治倫理がきびしく問われた時代に、物部麻呂の「主殺し」のみ、不問に付されるばかりか、逆に称賛されたなどと、はたして考えられようか。大宝律では、むろん「八逆」の第一、謀反（国家＝天皇にたいする殺人予備罪）で極刑の斬に処された。

(2)古代世界

東西の歴史を顧みると、秦の趙高《ちょうこう》、漢の王莽《おうもう》、戦国・下剋上時代の陶晴賢《すえはるたか》・明智光秀ら、「主殺し」の例は山ほどある。しかし、大義なき弑逆ははげしく弾劾された。シェークスピアの『マクベス』の場合、国王ダンカンを殺害したあと、妻は狂死し、みずからも「何ということだ、この手は？　ああ！　今にも自分の眼玉をくりぬきそうな！　大海の水を傾けても、この血をきれいに洗い流せはしまい？　ええ、だめだ、のたうつ波も、この手をひたせば、紅一色、緑の大海原もたちまち朱と染まろう」と、罪を償えないことに煩悶し、やがて絶望的な一騎打ちのすえに敗死する(48)。

大友皇子―物部麻呂主従の場合と酷似した悲劇もあった。古代イスラエル王国のサウル王最期の物語。王はペリシテ軍に敗れ深傷を負ったため、従者に殺すよう命じるが、従者は恐れて手を下せない。そこで、王は剣のうえに倒れて自決する。従者も後を追って殉死する。サウルの陣営からやってきたアマレク人の若者が、ダビデの前で最期の様子を得々と話す。「サウルに頼まれて、彼を殺しました。もう助からないと分かったからです」。ダビデは嘆き悲しみ、夕暮れまで断食したあと、若者に言った。「ヤハウェの油注がれた者を、恐れもせず手にかけて滅ぼすとは、どういうことか」と。そして、従者を呼んで若者を打ち殺させた。(49)

主君に殉ぜず、敵の王に仕えて宰相になった例もある。たとえば、春秋時代の斉の名宰相管仲《かんちゅう》（前七二〇年ころ～前六四五年）だ。管仲といえば、「管鮑《かんぽう》の交わり」の故事でなじみ深いが、いっぽうで「二君に仕えた」として後世の批判をあびてきた。孔子・孟子をはじめ、韓非子《かんぴし》・司馬遷《しばせん》・蘇軾《そしょく》・郭沫若《かくまつじゃく》、さらに日本の伊藤仁斎・荻生徂徠まで、批判者は数えきれないといわれる。

『論語』憲問篇のやりとりによると、こうである。

> 子貢がいった。「管仲は仁義のある人間ではありません。主君に殉死することができなかったばかりでなく、そのうえ、自分の主君を殺した桓公に仕えています」
>
> すると、孔子は答えた。「管仲は桓公を輔けて、諸公を指導し、天下の平和を維持させた。庶民たちは今でもその恩恵を受けている。もし管仲がいなかったら、とうの昔にわが中国は夷狄に占領され、今頃、われわれはザンバラ髪に左前というエビスの風俗を強制されていたであろう(50)」

孔子その人は「管仲は仁義を超えた大義のために生きた」とみたのだろう。

管仲の思想と言行を記した『管子』（戦国時代から漢初の編）によると、管仲の君臣観は、つぎの言葉にうかがえよう。親友の鮑叔《ほうしゅく》が公子・小白《しょうはく》（のちの桓公）の守り役を命じられたとき、これを辞退し、仮病をつかって出勤しなかったので、心配した管仲が召忽《しょうこつ》といっしょに出かけ、鮑叔に語った言葉である。

> 自分の臣下としてのあり方は、主君の命令をうけたまわり、社稷《しゃしょく》を維持し、宗廟を安んじ守ろうとすることにある。決して一人の糾《きゅう》（管仲の仕える公子）のために命を投げ出すようなことをしない。自分が命を捨てる

のは、社稷が敗れ、宗廟が滅び、祭祀が絶えたときで、そうなれば命を捨てよう。しかしこの三つの場合以外は、自分は生きのびよう。自分が生きのびれば、斉の国は利益を得られよう。自分が死ねば、斉の国は不利益となろう

臣下たるものは、主君に対して力を尽くさなければ、主君から親しまれ信任されることはない。……そもそも主君に仕える者は、二心を持ってはならないのだ(51)。

やがて主君を取るか、社稷（国家）を選ぶか、管仲に決断をせまる事態が起こる。後継をめぐって斉に内乱が発生したため、鮑叔は公子小白を奉じて莒の国に逃げ、管仲と召忽は公子糾を奉じて魯の国に逃げた。その後、小白が斉に戻ると、魯は公子糾を斉に入れ（即位させ）ようとして出兵したが、大敗した。小白は桓公として位につくと、ただちに魯におどしをかけて糾を殺させた。

桓公は鮑叔に斉国安定の方策をたずねた。鮑叔は進言した。管仲が敵国・魯でこのまま召し抱えられると、魯が強大になり、斉が危うくなる。急いで取り返すべきです、と。鮑叔はそのあとただちに、「逆賊」の二人（管仲と召忽）を斉に返すよう、魯につよく申し入れた。

帰国にあたって、召忽は管仲に告げる。「主君を殺した相手（桓公）の臣下に取り立てられるのは、潔しとするところではない。君は生きのびて斉のためをはかれ。私は死を選ぼう。大国斉の宰相に迎えられると知りながら、しかも死を選べば、世間は『糾さまは殉忠の臣をもった』といって、ほめはやすだろう。君が生き残って斉の覇業を完成すれば、世間は『国のために命を全うした臣下をもった』といって、やはり糾さまを讃えるだろう。糾さまのためにも、それぞれふさわしい道を選ぼうではないか」

国境を越えて斉に入ると、召忽は首を刎ねて死んだ。管仲はそのまま斉都に帰りついた。

君子（識者）たちはこの話を聞いて、こう批評した。

「召忽の死や、その生に賢《まさ》るなり。管仲の生や、その死に賢るなり」（召忽が死を選んだのは生きのびたよりはりっぱだ。管仲が生を選んだのは死ぬよりりっぱだ）[52]

『管子』の解題で「管仲の治政は、小は斉一国の強大化から、大は天下の平和維持へと、大きな実績を残すことができた」と説いている。[53]はたして管仲の没後、指南役を失った桓公は、覇者とはおもえぬ迷走をくりかえした。そのあげく、管仲の遺言に従わなかったため、自身の死後、五人の公子たちの相続争いをひき起こすのである。管仲生前の「平和の維持」と没後の「斉国の相続争い」は、麻呂の功績を考えるうえでも示唆的であろう（後述）。

長々と管仲の出処進退を追ってきたが、管仲と石上（物部）麻呂の軌跡がよく似ていることに気づく。ともに宰相として国政を担い、平和を維持した。『日本書紀』の編者たちは舶載書の『史記』『論語』『管仲』をとおして管仲の言行を知っていたろう。国文学者小島憲之は『上代日本文学と中国文学』で「『管子』そのものも伝来書の可能性がある」とつとに指摘している。[54]『管子』の名句が、単に文章表現の手本や典拠として利用されただけではなく、その思想と行動も、飛鳥・奈良時代の人びとの賛仰の的となり、規範となったのではないか。いっぽう、『書紀』の編者たちにとって、麻呂は貴重な現代史の生き証人である。かならずや、インタビューで壬申の乱の悲劇を聞き出したろう。その人となりにうたれ、管仲との共通点をつよく印象づけられたろう。

管仲のはるかな後輩の名宰相・晏子《あんし》（?～前五〇〇年）も、飛鳥びとの師表となった一人かもしれない。司馬遷の『史記』管仲・晏子伝によると、晏子は三代の主君に仕えるが、荘公が殺されたとき、敵の前でその遺体に「身を投げかけ、声をあげて泣き、礼儀を失わなかった」という。司馬遷は、これぞ「義を見て為ざるは勇無きなり」（『論語』為政篇）というものであろうかと激賞している。[55]

物部麻呂もまた、大海人方の将兵が近づいたとき、（晏子と同様、殉死こそしなかったけれど）主君の遺体に身を覆うようにして、泣き伏していたのではないか。敢為の行動は、主君の首を敵陣に届けるより、はるかに深い感動をよびおこしたと思われる。

四　万葉歌にみる人間像

(1)「石上麻呂歌群」の再構

『万葉集』にみえる石上麻呂の歌から、麻呂の人となりと生き方を探ってみよう。といっても、麻呂の作品と特定できるのは、せいぜいつぎの二首である。

Ⓐ吾妹子を　いざ見の山を　高みかも　大和の見えぬ　国遠みかも　（巻1・四四）石上大臣

Ⓑここにして　家やも何処《いづち》　白雲の　たなびく山を　越えて来にけり　（巻3・二八七）石　上　卿

Ⓐの左注は『日本書紀』を引いて、こう記す。朱鳥六年（六九二）三月、持統天皇は伊勢に行幸したが、このとき、中納言三輪朝臣高市麻呂《みわのあそみたけちまろ》（三六歳）が冠位を脱いで朝廷にささげ、重ねて諫言した。「農作の前に天子の車駕を動かすべきでありません」と。天皇は諫めに従わず、ついに伊勢に行幸した。

すなわち、三輪高市麻呂が職を賭して女帝を諫め致仕した時の歌、という。ところが、くわしく高市麻呂の諫言事件を注記しているのに、肝心の麻呂の方は、何事もなかったかのように、のんびりと妻恋い歌をものしている。時に麻呂五二歳、まだ働き盛りの年齢である。こんな能天気な歌をうたっていていいのか。そもそも、妻恋い歌に諫言事件を仰々しく注記する必要があるのか。左注と歌意のズレが気にかかる。

しかし、『万葉集』の諸注をみても特段、指摘がない。諸家に違和感はないらしい。伊藤博は、むしろ、積極的な意義さえ見出している。すなわち「鳴呼見《あみ》の浦に　舟乗りすらむ　をとめらが　玉裳の裾に　潮満つらむか」（巻1・四〇　柿本人麻呂）から、この四四番のⒶ歌までの五首を、「行幸時における思慕の歌」ととらえ、「新しい時代の偲び歌（悲別歌）の典型として、組みをなして伝えられたものと思われる」と解くのだ。とくに四三番歌の「我が背子は　いづく行くらむ　沖つ藻の　名張の山を　今日か越ゆらむ」は、「留守の妻の歌」で、つぎの「従駕の男の歌」と絶妙の組み合わせになっているという。たしかに、初句の「我が背子は／吾妹子を」の対応も、地名の「名張の山／いざ見の山」の対応も、さらに「内容のひびきあい」も、みごとに決まっている。[56]

それでもなお、私は左注にこだわる。伊藤のゆきとどいた解釈なら、題詞の「石上大臣従駕作歌」だけで十分ではないか。左注を重視すれば、むしろ、テクストに脱漏・錯簡があるのではないか、との思いがつのってくる。その目でながめると、これを補完するらしい「石上大夫」主従の歌群が巻3にある。

Ⓒ大船に　真梶《まかぢ》しじ貫き　大君の　命畏み　磯廻《いそみ》するかも　（巻3・三六八）　石上大夫

（大船の舷に楫をいっぱい取り付けて、畏れ多くも大君の仰せのままに、磯から磯へと漕ぎ進んで行く）

Ⓓ物部《もののべ》の　臣の壮士《をのこ》は　大君の　任《ま》けのまにまに　聞くといふものぞ　（巻3・三六九）　笠朝臣金村《かさのあそみかなむら》歌（集）

（代々、楯を立てては朝廷に仕えてきた物部の臣たる男子は、まさに大君のご命令のままに立ち働くべきものですぞ）[57]

Ⓒ歌の「石上大夫」は欠名になっているが、左注で「今案ふるに、石上朝臣乙麻呂《おとまろ》、越前の国守に任けらゆ。けだしこの大夫か」と推定している。諸注は、乙麻呂が越前国守であったという記録はないが、拠りどころがあるものとみて、乙麻呂の歌とする。国守として国内を巡視する船旅の歌、または、越前国府のあった武生まで敦賀から磯伝いに赴任した時の歌などとみる。伊藤博は、前後の笠金村の作品を含めて、「石上乙麻呂歌群」と呼ぶ。だが、これもむしろ、持統女帝の伊勢行幸のさい、乙麻呂の父・石上麻呂が詠んだ「従駕歌」の一首とみられな

いだろうか。

Ⓓ歌は、これに和した歌で、やはり左注に「作者いまだ審らかにあらず」とある。「ただし、笠朝臣金村が歌（集）の中に出づ」とあるので、諸注とも「金村の歌」とみる。いまは異論がないようだが、かつては論議がわいた。犬養孝・清原和義の『万葉の家人　笠金村』によると、『万葉集』伝来の笠金村歌四五首には、「笠金村」明記の歌と「笠金村歌集出」の歌、「笠金村之歌中出」の歌の三種があり、そのちがいをめぐって、戦前までは、むしろ「歌集歌」や「歌中歌」には「他人の歌も交じる」とみる意見がつよかった。戦後は、ともに「笠金村の自作」とされ、とくに議論の分かれた右のⒹ歌も、「金村作として扱われ」るようになった、という。[58]

複雑な『万葉集』の成立について、門外漢が軽々に口をはさむことはつつしまねばならないが、万葉学界の大勢に反して、戦前のように「歌中歌には笠金村以外の他人の歌が含まれる」と考えなおせないものか。Ⓓ歌の左注は「作者未審」としている点こそ重視すべきだろう。そもそも「笠金村歌集」や「笠金村之歌中」に出る歌もすべて「笠金村の自作」なら、『万葉集』の編者たちも、「作者未審」と頭を悩ますこともなかったろう。まして、巻3は金村が編者の一人と推定されている。[59]ここは金村にも、左注のとおり、作者がわからなかったとみるべきだろう。もちろん、金村作ではありえない。

Ⓒ歌が石上麻呂の伊勢従駕歌（六九二年作）とすると、セットのⒹ歌は、世代的にみて、金村の自作歌ではなくなる。麻呂に近い歌人の作だろう。Ⓓ歌の歌意は「三輪高市麻呂の諫言事件があったが、われわれ物部の臣の男子たるものは、言挙げせず、大君の命のままにお仕えすべきなのですぞ」と解釈される。Ⓐ歌の左注「諫言事件」を背景においてはじめて、これら「石上」歌群の意味がとおる。Ⓐ歌の左注も活きてくる。従来の解釈を踏襲したまま、Ⓐ歌など巻1の歌群を、「新しい時代の偲び歌（悲別歌）」と理解すると、Ⓐ歌の左注とつながりにくい。

単に「三輪高市麻呂の諫言致仕があった時の歌群である」という、エピソード的な説明になってしまう。
なお、Ⓓ歌の初句「物部の」は、いまなお「もののふの」と訓まれ、「朝廷に仕える臣下」一般と解されているが、伊藤の『萬葉集釋注』をはじめ少数の万葉学者は[60]、契沖の『萬葉代匠記』にしたがって、「もののべの」と訓んでいる。正解だろう。「もののべの」と訓んでこそ、歌意が通ると思われる（後述）。

後先になったが、Ⓑ歌は近江行幸のときの「石上卿」の従駕歌で、ふつう乙麻呂にあてられるが、少数ながら、麻呂の作との見方がある[61]。私もそれに従って、麻呂の作品に数えた。ちなみに、この歌は長く歌いつがれ、『古今六帖』には「ここやいづこあなおぼつかな白雲のやへたつ山をこえて来にけり」のかたちで収められている。

さて、Ⓐ〜Ⓓの四首は、右にみたとおり、「石上大臣」「石上大夫」「石上卿」と作者名が異なり、いずれもそれぞれ左注の作者比定に疑いの余地がある作である。これら四首を集めて、上記のように、すべて「石上麻呂の伊勢行幸従駕の歌群」とみることができないだろうか。もし、それが許されるなら、麻呂が「大和の妻に心を残しながら、伊勢にやってきて磯廻をするのも、大君の仰せ」と歌うと、これに和して、（笠金村とは別の歌人が）「行幸が決まったからには、物部の臣の男子たるものは、言挙げせず、黙々と大君の仰せに従うものですよ」と、麻呂を励ました――そんなストーリーが浮かぶ。全四首の歌意もⒶ歌の左注も補完しあい、ぴたりと符節があう。「能天気な作品」という印象もぬぐわれる。

それだけではない。伊藤の「新しい時代の偲び歌（悲別歌）」とする見方にたいして、「石上麻呂従駕歌群」に新しい積極的な意味が加わってくる。前節でみた、管仲らの進退を思いおこしたい。鮑叔の献策で管仲と召忽が魯から斉に帰国することになったとき、召忽は自分の存念を述べた。「君は生きのびて斉のためをはかれ。私は死を選ぼう。世間は『主君の糾さまは、国のために命を全うした臣下と、殉忠の臣をもった』といって、ほめ讃えるだろう」と。『万葉集』巻1の「従駕歌群」の石上麻呂と左注「諫言事件」の三輪高市麻呂の生き方は、管仲と召忽の進退にたとえられないだろうか。持統天皇は、あえて行幸の中止を求める諫言の忠臣と、任のまにまに随従する忠臣を、ふたつながらもったことを、この「従駕歌群」は謳いあげたと考えたいのである。

それでは、石上麻呂の「従駕歌群」がなぜ、巻1と巻3に分けられ、作者名も定かでなくなったのか。率直にいって、私じしんの答はまだ見つかっていない。重ねて伊藤によると、巻1・2は、舒明〜元明初期の古歌を集めた「古歌巻」で、和銅五年〜養老五年（七一二〜七二一）の成立、編者は柿本人麻呂・太安万侶らが想定される。巻3・4は、古歌の拾遺と当代の歌からなる「古今歌巻（白鳳と天平の歌）」で、天平三年（七三一）頃成立。このうち、拾遺歌巻の部分は、これより早く笠金村・山辺赤人らを編者にして原型をととのえた。さらにその後、大伴家持らの手が加わって、現在のかたちに変わったという。また、他の巻々では複雑な編集作業がおこなわれ、歌が巻を超えて移動（切り出し／切り継ぎ）することもあった。石上麻呂の「従駕歌群」も、何人もの編者の手によって「切り継ぎ」がおこなわれ、散らばったのであろうか。

さらに、石上麻呂その人を詠んだ万葉歌が二首ある。一首は元明女帝、いま一首は三男・乙麻呂の歌だ。

Ⓔますらをの　鞆《とも》の音すなり　物部《もののべ》の　大臣《おほまへつぎみ》　楯立つらしも　（巻1・七六）元明天皇[62]

Ⓕ父君に　われは愛子《まなこ》ぞ　母刀自に　われは愛子ぞ　参上る　八十氏人の　手向けする　恐の坂に　幣奉り
　われはぞ追へる　遠き土佐道を　（巻6・一〇二二）　石上乙麻呂

Ⓔは、和銅元年（七〇八）十一月二十一日、元明天皇即位の大嘗祭のときの御製という。かつて吉永登《みのる》は（それより九箇月前の）「二月十五日、平城遷都の詔を発布したときの歌」とみた。「武人たちの鞆にあたる弓弦の音が聞こえる。左大臣石上（物部）麻呂が、物部の武人たちを率い楯を立てているらしい」の意で、吉永によると、遷

都に消極的な麻呂が物部の棟梁として、黙々と楯を立て宮門を固めている。その心事を女帝が推し量りつつ、遷都の詔勅布告を前にしたみずからの不安を詠んだ歌、と解釈した。

　もし、そうなら、伊勢行幸の従駕歌とともに、大君の命のままに恪勤《かくごん》する麻呂の人となりが浮かびあがる。とりわけ「物部の臣の壮士」たるものは、言挙げせず、「大君の任けのまにまに」従わねばならない、という伴造氏族いらいのつよい職掌倫理をもって、供奉していたことがわかる。麻呂が壬申の乱の戦場で大君＝大友皇子の身辺を離れず、最後まで警護に尽くしたのも、古来の伴造的精神によるものと考えられる。

　同じ名門出身の大伴家持も、天平勝宝八歳（七五六）六月、一族の危機にさいして「族を喩せる歌」を詠み、

　　剣大刀　いよよ磨ぐべし　古へゆ　清けく負ひて　来にしその名ぞ　（巻20・四四六七）

と、「明き心を皇辺に極め尽くして仕へ来る」伴造氏族の伝統と忠誠心を思いおこさせている。また、天平二十一年（七四九）二月、「陸奥国より黄金を出せる詔書を賀《ほ》く歌」（巻18・四〇九四）を詠み、

　　……「海行かば　水漬《つ》く屍《かばね》　山行かば　草生《む》す屍　大君の　辺にこそ死なめ　顧みはせじ」と言立《こと》て……

と、祖先の立てた誓いを新たにしている。この「大君の辺にこそ死なめ顧みはせじ」という大伴的精神と、「大君の任けのまにまに」という物部的倫理とは、みごとに通いあう。

　Ⓕは、三男の乙麻呂が天平十一年（七三九）三月、不倫事件で土佐に配流されたときの歌。乙麻呂は、式部卿藤《ふじ》原宇合《はらのうまかひ》が天然痘で亡くなったあと、その妻久米若売《くめのわかめ》と通じたためだ。のち許されて治部卿・右大弁などを歴任、中納言従三位兼中務卿で没した。漢詩をよくし、詩集『銜悲藻《がんびそう》』を編んだ。『懐風藻』によると、「雍容閒雅」とあるから、みやびやかな美男子であったらしい。高松塚人骨の解剖所見によると、「筋骨たくましく、肩幅広く、手足の長い、健康な大型」の人物という。麻呂もまた、息子と同様、美丈夫であり、「みやび男」だったろう。麻

呂夫妻の愛は、愛し児の乙麻呂に注がれた。

(2)『竹取物語』の石上麿足

じっさい、『竹取物語』に描かれた石上麻呂も、カグヤ姫にプロポーズする色好みの「みやび男」に仕立てられている。『竹取物語』の時代設定は、まさに石上麻呂が立身する八世紀はじめ。カグヤ姫に求婚したのは、石作《いしづくりの》皇子《みこ》（左大臣多治比嶋）・車持皇子《くらもちのみこ》（中納言藤原不比等）・右大臣阿倍御主人《あべのみうし》・大納言大伴御行《おほとものみゆき》・中納言石上麿足《まろたり》（麻呂）の五人で、いずれも文武朝の実在の閣僚たちに仮託されている。(63) カグヤ姫の出した難題にたいして、公達《きんだち》の多くは偽物を作って姫をあざむこうとするが、石上麿足は愚直に「燕の巣にある子安貝」を取ろうとして、軒端から転落、大ケガを負う。さすがのカグヤ姫も、気の毒になって、

年を経て浪たち寄らぬ住の江の松かひなしと聞くはまことか

（何年たっても立ち寄ってくださらないのは、浪の寄らぬ住の江の松と同じ。待つ甲斐（貝）がないと、風のたよりに聞きますが、まことでしょうか）

と見舞いの歌を贈った。麿足は

かひはかくありけるものを侘びはてて死ぬる命を救ひやはせぬ

（お見舞いをいただいて、苦労の甲斐（貝）はあったというものです。それなのにどうして、侘しく死んでいく私の命を姫の匙《かい》で掬いとって救ってくださらないのでしょう）(64)

と恨み節を書き残して、そのまま息絶えた。

高松塚の被葬者（石上麻呂）の人骨は、先にみたX線学的検査によると、頸椎がズレていて、どこか高所から落

ちたらしい、と推定された。『竹取物語』の石上麿足も、軒端から落ちて亡くなった。偶然の一致だろうか。想像をたくましくすると、左大臣石上麻呂の事故死（たとえば落馬）は、貴族社会で長く語りつがれていたので、『竹取物語』が作られたとき、石上麿足だけは、他の四人の色好みたちとちがって、はじめから転落死する役回りをあてがわれねばならなかったのだろう。事故死の伝承だけではあるまい。石上麻呂の、いささか愚直な人となりと生きかたも、伝えられていたのかもしれない。(65)

五　「高光る藤原京の春」

(1)「藤原京の平和」

これまで石上麻呂のイメージを探ってきた結果、古代的な職掌氏族の倫理をもった、忠誠無比・剛毅朴訥の人間像が浮かびあがった。みずから言挙げしないけれど、近習の歌人が麻呂の意中をくんで代弁したように、「物部の　臣の壮士は　大君の　任けのまにまに　聞くといふものそ」なのだ。もし、物部麻呂が警護すべき主君大友皇子を土壇場で裏切り、殺害していたなら、はたして後年、石上麻呂は「物部の臣の壮士は」などと胸を張って揚言できたであろうか。「下剋上」や「寝返り忠」が認められる戦国乱世とはちがう。

人道上当然のことで、いまさら例示するまでもないが、近世京都の上層町衆で洛北・鷹ケ峰《たかがみね》に「光悦芸術村」を開いた本阿弥光悦一族の例をあげよう。一七世紀後半、光悦の孫たちの世代が世間の指弾をうけたとき、茶人空中斎光甫《くうちゅうさいこうほ》が祖父母・光悦夫妻らの禁欲的な処世と言行を『本阿弥行状記』にまとめ、「本阿弥が家を誹謗することは成《なる》べからず」と毅然として反論した。——ちなみに、光悦夫妻の法華宗信徒らしい清廉な生き方は、先年、作家・中野孝次の『清貧の思想』で紹介されて〈清貧ブーム〉をおこしたので、広く知られるようになった。(66)

本阿弥の家職は刀剣の「磨礪《みがき》・浄拭《ぬぐい》・目利《めきき》（鑑定）」のいわゆる本阿弥三事だが、このうち刀剣の目利は投機や不正の対象となりやすい。本阿弥にも不正疑惑の噂がたったとき、光甫は、世間の同業者こそ、正宗のような掘り出し物が見つかった場合、顧客の無知につけこんで安く買いおくけれど、本阿弥は「安くかひ候はいつはりにて候故、実を立申根性」で、顧客の利便を図ろうとつとめる。「何に付てもうそをつき、手くらうして世を渡るものの多」い世間とは、「同じ類にあらず」と言いきった。それだけの矜持を、（少なくとも光甫の世代までは）もっていたのである。いたずらに虚勢をはって世間の批判をかわせるものではない。光悦は「また世に有《ある》べき人間とは覚侍らず」と哀惜されつつ世を去った。(67) 石上麻呂も「物部の臣の壮士は」と自負し、「百姓追慕し、痛惜せざるはなし」と惜しまれつつ波瀾の生涯を閉じたのだった。

さて、石上麻呂が殉死の道を選ばなかったのは、管仲のように生きて果たすべき何らかの目的が、麻呂じしんにあったからだろう。おそらく乱後、大友皇子の最期や遺言・辞世をはじめ、麻呂の出処進退についても、聴取されたであろう。そのときの麻呂の挙措・応答には間然するところがなく、「敵ながら天晴れ」と称揚されたのだろう。さればこそ、持統朝から文武・元明・元正朝にかけて、とんとん拍子に出世し、左大臣にまで昇りえたと思われる。いったい、「生きて果たすべき目的」とは何か。先にみたとおり、孔子は、管仲について「天下の平和を維持させた」と評した。また「桓公は、管仲の遺言に従わなかったため、自身の死後、五人の公子たちの相続争いをひきおこすのである」という『管子』の一文を引いた。麻呂の在世中は「蝦夷征討」（七〇九年）こそあったけれど、皇位継承争いは避けられ、「平和の維持」が達成された。しかし、没後の展開は、管仲の場合と驚くほどよく似ている。「長屋王の変」など皇位継承がらみの内紛がぶりかえすのだ。孔子の管仲評は、そのまま石上麻呂にあてはまるようにみえる。

壬申の乱をくぐってきた世代、とくに敗者の側は「平和」をつよく希求したであろう。勝者の朝廷もまた、「平和」を担保するために、「二心なき明浄・正直」を求めた。天武天皇と皇后・皇子たちが「吉野宮の盟い」（六七九年）を交わしたのも、元明女帝が群臣の「忠勤」（七〇八年）を求めたのも、王権の融和と安泰を保障する対策であった。そのなかで、石上麻呂の存在は、象徴的な意味をもっていたと思われる。右大臣についたのは七〇四年、六五歳。左大臣に昇ったのは七〇八年、六九歳。すでに頽齢期に入り、律令官人のトップとして政権を領導することはなかったろう。和銅元年（七〇八年）の「大人事異動」（麻呂—不比等体制）も、藤原不比等の主導のもとにおこなわれたという(68)。下世話にいえば、政権のお飾りであり、祭りあげられた存在だったが、「融和のシンボル」として重きをなしたのであろう。

『続日本紀』（六九七〜七九一年の正史）の編者たちは、奈良朝百年を顧みたとき、皇族と有力貴族をまきこんだ、壮絶な皇位継承＝権力争奪の内訌と術数を見、非業の死をとげた「御霊」たちの慟哭を聞いて、暗然とした気分に襲われたろう。つぎの万葉歌さながらの時代の閉塞感に胸をふさがれたろう。

世間《よのなか》は　空しきものと　あらむとそ　この照る月は　満ち欠けしける

（巻3・四四二）　倉橋部女王「長屋王挽歌」（七二九年）

世間を　憂しと易しと　思へども　飛び立ちかねつ　鳥にしあらねば

（巻5・八九三）　山上　憶良「貧窮問答歌」（七三〇年）

歴史のパースペクティブのなかで、わずかな「平和と希望」の青空もみえた。平城遷都をはさむ前後二十年、すなわち大宝律令の制定から藤原不比等の没するまでの時代である。〈藤原京の平和〉ともいえようか。実権は不比等が握っていたが、壬申の乱の体験者・石上麻呂が廟堂にいた。しかし、乱後五十年を前に、左大臣石上麻呂と右大臣藤原不比等が相次いで世を去ると、世代は交替し、やがて左大臣長屋王をはじめとする皇親勢力と藤原氏が権力闘争をくりかえした。そのたびに死屍累々、恨みを呑んで死んだ「御霊」たちを生みだしていったのである。

石上麻呂政権時代（七〇四〜七一七年）が政治的に平穏な時期だったのは、麻呂の政治力や人間力によるというより、藤原不比等の統治力によるものだろう。けれど、「大君の任けのまにまに」生きるという、麻呂の古風な伴造精神と内乱体験が、権力争いを惹き起こさず、平和の維持にあずかって力があったとみられよう。

黒岩重吾は『石上朝臣麻呂　闇の左大臣』の最後で、石上麻呂と藤原不比等に語らせている。

東園の池には水鳥が浮き、鶴がこちらを眺めていた。

（麻　呂）「穏やかな光景ですなあ」

（不比等）「左大臣殿、この平和を守らねばなりません」

小説は、麻呂が不比等との衝突を避け、平和を守るため、みずから進んで旧都・藤原京の留守になろう、と申し出るところで終わる。「作家の目」は正しいように思われる。

おそらく『続日本紀』編者たちの目にも、内訌つづきの暗雲たれこめる歴史のなか、青空をのぞかせた束の間の平穏な時代が、まぶしく映ったにちがいない。「百姓追慕して、痛惜」という『続日本紀』の薨伝記事は、編者たちの感慨でもあったと思われるのである。さればこそ、つぎの世の『竹取物語』の作者が、物語の舞台を文武朝におき、月宮よりカグヤ姫を舞い降ろしたのだろう。古《いにし》えを仰ぎみて、〈藤原京の平和〉をつくりだした文武朝を、理想の世と恋い慕ったのであろう。

（2）王陵直列の発見

「聖なるライン」の意義については、なお異論がある。最終的には、高松塚とキトラ古墳の被葬者の解明を待たねばならないが、天武・持統陵—高松塚—キトラ古墳などが、ほぼ南北一直線に並ぶ意味は大きい。高松塚の被葬者が石上麻呂だとすると、「聖なるライン」上の高松塚は、右大臣として文武天皇に仕えたように、中尾山（文武天皇陵）の近くに侍っているかにみえる。北にたどれば、天武・持統合葬陵を経て、藤原京の朱雀大路から大極殿につづく。その先は、なんと京都・山科盆地の北辺にある天智天皇陵（御廟野《ごびょうの》古墳）にいたるという。藤堂かほる（東京都立大学）の発見だ。(69)

「飛鳥の古墳に表札を」と呼びかける考古学者の猪熊兼勝（京都橘女子大学）が、その後、GPSで測地した結果、藤原宮大極殿（135度48分24秒）と天智陵（同25秒）を中心に、天武・持統天皇陵（同29秒）を東限、キトラ古墳（同19秒）を西限にして、中尾山（同21秒）と高松塚（同22秒）がその間におさまることがわかった。(70)

藤堂によると、天智陵は六九九年に修陵され、この時点で天武王統の始祖廟と位置づけられたと考えられる。元明天皇以後、天武天皇の皇統が、天智天皇の定めたまえる「不改常典」にもとづいて即位すると宣言するのも、「天智天皇＝王朝の始祖」観と関連する。そのラインにつながる陵墓・古墳は、「地上に描かれた皇統譜である」という。もとより、目のあたりにできる可視的な光景ではなく、心に映る心象風景であるけれど、「ナスカの砂絵」よりも壮大な皇統譜が大和—山背両国にまたがって描かれていたわけで、まことに興味津々である。

「聖なるライン」が皇統譜を示すものなら、私見の成立する余地はないが、しかし、はじめに見たごとく、大宝儀制令（七〇一年以後）の下では、高松塚が天皇陵・皇子女墓である可能性はなく、左大臣石上麻呂の墓でなければならないだろう。もし、そうみてよければ、石上麻呂墓の占地は、先に記した異例の「廃朝」とあわせて、いさそうである。

よいよ破格である。「百姓追慕して、痛惜」すという『続日本紀』の薨伝とも整合する。編者の過褒や潤色ではな

以上、石上麻呂のために無用の疎明をつづけたが、それでもなお、ニギハヤヒの「主殺し」伝承が谺のように聞こえてくる。「ニギハヤヒ伝承は物部麻呂の王殺しの投影である」、あるいは「祖型（原初の神話的行為）は反復される」と。[71] これにたいして、実証的に反論することはむずかしい。

あえて臆測を記せば、天武王統における石上麻呂の立場を、春秋時代の斉王桓公における宰相管仲になぞらえたのではないだろうか。管仲が桓公を盛りたてて覇者にしたように、石上麻呂が天武王統（とくに文武天皇）の安泰を守ってくれる――そんな期待を、管仲とよく似た数奇な運命の持ち主・石上麻呂にかけたのではないだろうか。過去への「投影」にたいして、こちらは過去からの「見立て」である。

日中比較文学の研究で大きな業績をあげた小島憲之は、「詩の表現と史実とは必ずしも一箇処に共存するとはいえない」と、歴史と文学の混同を戒めた。[72] この小論はその戒めを破り、再構「石上麻呂歌群」のうえに、砂上の楼閣を建てただけかもしれない。政治史的な追究も未熟である。キトラ古墳の被葬者とともに、今後の課題としたい。

（1） 井上靖「僧行賀の涙」（『中央公論』一九五四年三月号、のち『井上靖全集』第四巻所収、新潮社、一九九五年）。

（2） 「勝安房の答書」（福沢諭吉『瘠我慢の説』一九〇一年、『福沢諭吉全集』第七巻所収、岩波書店、一九七〇年）。

（3） 黒岩重吾『石上朝臣麻呂　闇の左大臣』（集英社、二〇〇三年）。

（4） 樋口茂子『小説・壬申の乱――星空の帝王』（ＰＨＰ文庫、一九九六年）は、『非情の庭』（三一書房、一九五七年／ミネルヴァ書房、二〇〇一年再刊）発表のあと、長い闘病生活をはさんで書きあげた入魂の古代史小説である。大友皇子

の最期の場面は、どの作家も苦心をはらっているが、樋口作品では、大友皇子が天王山の山裾の山前まで逃げてきたのは、そこに皇太后間人皇女（孝徳天皇皇后）と「正妃」明日香皇女が住む賀陽宮があったから、という設定。しかし、皇子は皇太后の命をうけた物部麻呂配下の舎人たちに阻まれ、自刃を迫られる。ただならぬけはいを感じた明日香皇女が、闇のなかに皇子の姿を捜し求めたときには、すでに篝火のかなたの自然石のうえに皇子の首が置かれていた。自刃か殺害か、微妙な最期の描写である。

（5）木本好信『律令貴族と政争──藤原氏と石上氏をめぐって』（塙書房、二〇〇一年）。

（6）私見は『毎日新聞』の特集（一九七三年三月二三日号）ではじめて記したあと、発見五周年を迎えるまで毎年三月、高松塚にかんする最新の研究成果を紹介するさい、くりかえし述べた。さいわい、森浩一先生の目にとまり、中央公論社の雑誌『歴史と人物』や社会思想社の企画『日本の遺跡発掘物語』に私見を発表する機会を与えていただいた。「高松塚の被葬者は誰か」（『歴史と人物』一九七七年一一月号）「高松塚古墳」（『日本の遺跡発掘物語』第六巻、一九八四年）などである。後者の「高松塚古墳」は、のち『季刊・邪馬台国』七〇号（梓書院、二〇〇〇年）に転載された。同誌の第一特集「高松塚の被葬者はこれで決まり！」というタイトルのもと、安本美典編集長の長大な解説とともに再録されたのだが、中国の王仲殊先生の目にふれ、光栄にも反論をいただくきっかけともなった（注19参照）。

一般の読者を除けば、専門家の間でまだほとんど反響がなかったころ、いち早く新聞記者の異見をとりあげ、真正面からていねいに批判してくださったのが、通説「忍壁親王」説の提唱者・直木孝次郎先生だった。寛大なご高配はありがたく、励みになった。

私見は一九七二年秋、文化庁の総合学術調査の取材に備え、出版されたばかりの高松塚関連書を読み漁るうちに、気づいたものである。末永雅雄編『シンポジウム　高松塚壁画古墳』（創元社、一九七二年）は、数ある類書のなかでも名著と思われ、社内取材グループの必携テキストに推薦した。その巻末にかかげられたのが、飛鳥～天平時代の主要人物没年表で、「霊亀三年（七一七）三月三日　石上朝臣麻呂薨、左大臣正二位、贈従一位」の記事を見るなり、「高松塚の被葬者だ！」と直感した。

ベテランのデスクや同僚の前で吹聴し、アドバイスを求めたうえ、発見一周年の特集で恐るおそる片隅に名をあげた。当時、被葬者論をめぐって専門家はナーバスになっていたし、築造時期についても藤原京時代（六九四～七一〇年）との見方が支配的だったから、「平城京時代の左大臣石上麻呂を忘れていませんか」と、気を引くことさえ憚られた。

特集を組むため、各分野の専門家に新しい成果を尋ねて回ったが、いまも思いだされるのは、古代史家・横田健一先生（関西大学）を訪ねたときのことである。「蓋の色の示すところ、被葬者は皇族ではなく、一位の政府高官のようですね。左大臣・贈従一位の石上麻呂ではダメでしょうか」と質したところ、先生は書斎から白い封筒を持ちだし、私に示された。差出人は、たしか三重県松阪市（津市？）の男性医師。蓋の深緑色と総を垂れた形に着目して、「七一七年に亡くなった贈従一位石上麻呂では？」と、先生に同じ疑問をぶつけてこられたのだった。空谷に足音を聞く思いであった。翌年からは毎春、大々的に「石上麻呂」中心の特集を組んだ。

その間、近世史家・有坂隆道先生（関西大学）には懇切な特訓を受けた。お宅で延々五～六時間、天武朝前後の服制・髪型の変遷と「阿不幾乃山陵記《あふきのさんりょうき》」（嘉禎元年〈一二三五〉におこった天武・持統天皇陵盗掘事件の実況検分記録。阿不幾乃山陵は扇形〈八角形〉の天皇陵の意）の逐語・逐条解説、独自の被葬者論「蚊屋皇子説」を中心に、熱弁のシャワーを浴びた。先生からたまわった至福の時間については、拙稿「高松塚に始まり高松塚に終わる」（『有坂隆道先生追悼文集』二〇〇五年）でも述べた。

おかげで四半世紀後の一九九七年、明日香村で開かれた壁画発見25周年記念シンポジウムに現役最古参の記者として招かれた。総括で森浩一先生から「本日のところ、石上麻呂が高松塚被葬者の第一候補」の折り紙がつけられ、また、在阪のほとんどの新聞に大きく報道された。もとより、石上麻呂に決したわけではないけれど、茫々三十年のむかしを思い返し、学恩をたまわった諸先生方に謝意を表したしだいである。

（7）埋蔵文化財研究会編『装飾古墳の展開・資料集』（二〇〇二年）によると、全国で六百基を超える。

（8）高松塚壁画発見の社会的意義については、注（6）の小稿「高松塚古墳」のほか、つぎの拙稿で述べた。「考古学ブームの発端〈高松塚壁画〉」（『「毎日」の3世紀——新聞が見つめた激流130年』下巻、毎日新聞社、二〇〇二年）。

（9）産経新聞は壁画発見の動きをいち早く察知して充実した紙面を展開した（産経新聞編『戦後史開封』、一九九五年）。大阪府立弥生文化博物館・池上曽根史跡公園協会主催の考古学フォーラム「ジャーナリストからみた高松塚以後三十年」のなかで、共同通信社編集委員・上田恭彦が、往時の「無報」事件について、おもしろい社内伝説を紹介している。三月二六日夜七時のＮＨＫニュースを見て、共同通信社大阪支社があわてだした。奈良支局からニュースが入っていないからだ。ようやく九時過ぎ、若い記者が奈良支局長に問い合わせた。「NHK（のテレビ・ニュース）で『古墳を掘ったら、何か絵が出てきた』と言っていますが」。おりから橿原市長選挙の大勢が判明したので、「支局では酒盛りがはじまっていた。電話をとった支局長が『掘れば、あんなもん、どこでも出るわい』と言って、電話をガチャンと切ってしまった（笑）」。さすがに、大阪支社では放っておくわけにもいかなかったのだろう、件の若い記者が奈良県立橿原考古学研究所長・末永雅雄の自宅に電話を入れて取材した。しかし、事件取材の習練は積んでいても、文化財取材の経験のない記者が、電話取材するのは、たいへんむずかしい。「かいじゅうぶどうきょう（海獣葡萄鏡）？　何でしょうか。怪獣っていうのはおばけですか？　どんな字を書きますか？」。気の毒だが、こんな調子では急場の間にあわない。「末永先生もあきれ果てて『明日の朝いらっしゃい』と電話を切ったというのです」。

以上、フォーラムでの上田恭彦報告「高松塚取材話」（金関恕・池上曽根史跡公園協会編『ジャーナリストが語る考古学』、季刊考古学・別冊12、雄山閣、二〇〇三年）から摘記した。これがきっかけで、共同通信社は文化財の取材体制を整え、加盟社向けに文化財の研修プログラムや取材マニュアルづくりを進めた、と現役時代の私も仄聞した。

マスコミ全体の名誉のために付け加えておくと、高松塚の発見当時、天井の星座図が中国天文学のいわゆる「星宿（二十八宿）図」であることを知っていたのは、マスコミはもちろん、考古学の世界でもさほど多くはなかった。そのなかで、「あれは古代中国の星宿とちがいまっか」と真っ先に声をあげたのが、毎日新聞榛原通信部の「物知り」増岡清史で、それ以後、新聞報道は星座から「星宿」に統一された。秋の総合学術調査がおこなわれるころには、どの新聞・通信社・放送局の記者も専門家はだしの知識を詰めこんで、取材合戦に参陣したのだった。

(10)　本格的な古代壁画の発見に驚いた橿原考古学研究所の末永雅雄所長は、マスコミ発表のあと、「いまや、高松塚は国家的な至宝。今後の調査と保存は、一県立機関ではなく、国の手で進められるべきだ」と考え、ただちに調査を中止、文化庁に高松塚の調査と保存を委ねた。

いっぽうで、発見直後から、考古学・古代史・美術史の研究者は、壁画の系統や被葬者を明らかにしようと、侃々諤々の議論をくりひろげた。マスコミも好んで系統論と被葬者論の紹介につとめた。いや、進んで論争の火に油を注ぎ、百家争鳴の状況をつくりだした、といったほうが正しいだろう。

学界とマスコミのすがたを見て、文化庁の田中琢《みがく》（主任研究官）は、新聞社の取材チームのひとりだった私に、こう苦言を呈した。「高松塚の喫緊の課題は、系統論でも被葬者論でもない。保存対策を講ずることだ」と。文化庁はその後、イタリアから壁画保存の専門家を招いて助言を求め、また、松下幸之助（松下電器会長）の提言で高松塚保存のための記念切手が発行されるなど、国際的・学際的な協力と国民的な善智識を結集して、万全の科学的な保存措置をとった。ひきつづき毎年、開封調査をおこない、アフターケアにつとめた結果、さいわい、壁面の剥落や異常の発生は――一九八八年ころから高松塚壁画館の篁園勝男が「年々、色がくすんできた」と憂慮していたけれど――、認められなかった。黒黴が発生したのは、壁画発見から足かけ三十年たった二〇〇一年の秋以降である。発見当初から石室解体にいたる高松塚壁画の保存問題については、NHK解説委員・毛利和雄『高松塚古墳は守れるか――保存科学の挑戦』（日本放送協会、二〇〇七年）に詳論されている。

(11) 「聖なるライン」と呼ばれる藤原京の正中線は、周知のとおり、宮都と古道の研究に一時期を画した岸俊男（京都大学）が、藤原京の構造と古道の関係を追究するなかで発見したもので、宗廟たる天武・持統陵がまず築かれ、やがてこれを中心軸（宇宙軸）として藤原京のプランが作られたという。その後、高松塚壁画の発見を機に、直木孝次郎が岸説を援用して被葬者推定の論拠とした。「聖なるライン」はこのとき読売新聞の編集者がつけたネーミングというが、他紙をふくめて広くメディアで愛用された（直木「高松塚古墳の被葬者」、『日本古代国家の成立』、講談社学術文庫、一九九六年）。

その後、網干善教・有坂隆道・高橋三知雄ら関西大学グループが『高松塚論批判』（創元社、一九七四年）などで、「高松塚は藤原京朱雀大路の南延長線から一三〇メートルも西にずれている。聖なるラインは存在しない」と、きびしく反論し、その後も直木との間で論争がつづいた（『明日香風』12・13号、一九八四・八五年）。近年の評価については五節を参照。なお、マスメディアでは直木の被葬者論そのものを、簡潔に「聖なるライン」説とつづめる場合があるが、直木は「聖なるライン」というキーワードの使用を慎重に避け、自著でも用いていない。

(12) 秋山日出雄・網干善教・嶋田暁『史跡中尾山古墳環境整備事業報告書』（奈良県明日香村教育委員会、一九七五年）。

(13) 樋口隆康はいち早く、西安東郊十里舗337号墓出土の同范鏡と比べて、六九〇年代と判定した（「海獣葡萄鏡」『壁画古墳・飛鳥高松塚　中間報告』、橿原考古学研究所、一九七二年）。その後、王仲殊が高松塚鏡を実見のうえ、独孤思貞墓の海獣葡萄鏡（六九七年、死去のさいに副葬、翌年改葬）と同型・同大・同重の、まぎれもない同范鏡であることを再確認、この二面と十里舗337号墓鏡は、ともに七世紀末の鋳造、と推定した（橿原考古学研究所講演「高松塚古墳の年代と被葬者について」一九八二年五月三一日、同年の『橿原考古学研究所紀要』に掲載）。

（14）島五郎「高松塚古墳出土人骨について（中間報告）」（前掲注13書）。島の所見によると、被葬者のイメージは「筋骨たくましく、肩幅の広い、手足の大きい、手指の長い、健康な大型男子」で、推定身長は約一六三センチ、指は節くれだたず、すらりと伸びている、という。ただし、じっさいはもう少し背が高かったかもしれない。身長の推定は現代ヨーロッパ人の身体数値から導かれた公式によっている。長臑のヨーロッパ人向きの公式だから、胴長短足の日本人の場合、身長の推定値が低く出るおそれがあるように思う。

（15）直木孝次郎「高松塚古墳の被葬者」（末永雅雄・井上光貞編『高松塚古墳と飛鳥』、中央公論社、一九七二年、のち直木前掲注11書所収）。

（16）にもかかわらず、直木説には批判も集まった。なぜか。このさい、その間の事情を明らかにしておきたい。発見直後の過熱状態のなか、マスコミが被葬者論取材のため、あいついで直木のもとに押しかけた。直木は、いろいろなケースに分けて被葬者を推定し、ていねいに取材記者に説明した。「古墳の壁画に注目すれば、北部九州の装飾古墳との関連性が考えられる。その場合、宗像出身の母をもつ高市皇子（天武天皇の第一皇子、太政大臣）が浮かびあがる。また、次の場合は、……皇太子の草壁皇子。けれど、ともに他所に陵墓が営まれたとの記録があって、弱い」というふうに、忍壁以外にも、高市・草壁ら天武天皇の皇子の可能性に言及したのである。

各紙はそれらを忠実に紹介しようとしたが、取材の先後によって掲載日が変わり、同日でも、朝刊もあれば夕刊もある。新聞の性《さが》で、先行した他紙の糟糠をなめるような後追いはできない。そこで、各紙はいくつかのケースのなかからそれぞれ力点の置き所を変えて報道し、リードと見出しで独自性を出そうと努めた。その結果、見出しだけ読めば、新聞ごとに直木説がくるくる変わるように映った。

口さがない専門家たちは「直木説は朝刊と夕刊で、まるで半日ごとに変わる」と、無節操・無定見の見本のように責めた。事実は右のとおりで、直木説は一貫して忍壁親王説だったのだが、新聞報道のバイアスによって印象がまるで変わってしまったわけである。マスコミのつくる「疑似事件（イベント）」の一種といえようか。直木先生には多大のご迷惑をかける仕儀となった。

しかし、事はそれだけに止まらなかった。専門家たちは直木批判の衝撃波に恐れをなして、それ以後、被葬者論に口を閉ざしてしまったのだ。また、当時少壮の哲学者・梅原猛（立命館大学）が「弓削皇子」説を出し、やがて『黄泉の王《おおきみ》――私見・高松塚』（新潮社、一九七三年）に発展させ、大きな支持を得るのだが、雑誌『藝術新潮』連載のさい、被葬者候補の推定表を競馬・競輪の予想表に見立て、本命・ダークホースなどの印（◎・●・▲）をつけた。これが謹厳な古代史家らの逆鱗に触れ、「軽々しい被葬者論は死者への冒瀆」「被葬者の謎解きなど枝葉末節の問題」として、マスコミの軽躁を戒めることにもなった。晴れて専門家の被葬者論が復活するには、じつに一九八六年、奈良県斑鳩町の藤ノ木古墳第一次調査後まで待たねばならなかった。

(17) 王仲殊前掲注(13)論文。

(18) 直木孝次郎前掲注(11)書。

(19) 王仲殊先生には新聞記者時代を通じて、三角縁神獣鏡論をはじめ「景初四年」銘鏡論・高松塚被葬者論などを新聞・小著で報道・紹介し、多大の学恩を蒙ってきた。シンポジウムで先生から直接、名指しの反論をいただこうとは、まったく予想だにしなかったことで、恐懼・感激した。先生の批判は三点にわたる。第一点は、寿墓の可能性。「石上麻呂は七八歳の高齢者だから、高松塚は寿墓であったとも考えられる。……石上麻呂は生前の位階では深緑の蓋は許されないが、没後すぐ従一位を追贈されたから、高松塚古墳の壁画を描く段階で、一位相当の深緑の蓋をさしかけることができた」。しかし、高松塚が高齢の主人公のために「あらかじめ造った寿墓であった」場合、「生前に位階が正二位であった石上麻呂は、その寿墓の壁画で深緑の蓋に（ママ）さしかけられた筈はない」。第二点は、推定年齢の問題。人骨鑑定にあたった島五郎と大阪市立大学医学部グループは、「四〇～五〇代の熟年、高齢者は外してよかろう」「三〇歳以上、高齢者は一応否定される」と報告している。この推定年齢が「七八歳の石上麻呂に当たるのは、やや無理ではあるまいか」。第三点は、日本の学界ではいぜん、候補者は藤原京時代の人物とみられている（「高松塚古墳の年代と被葬者について」、『古墳壁画』資料集、京都橘女子大学、二〇〇四年）。

(20) 有坂隆道「高松塚の壁画とその年代」「高松塚の被葬者をめぐって――特に蚊屋皇子説について――」（『古代史を解く鍵』、講談社学術文庫、一九九九年、親本『古代史の謎を解くカギ』、毎日新聞社、一九八二年）。星宿図の重要性については、天文学史・科学史の専門家（藪内清・吉田光邦ら）が説いた。また、のちに考古学者の猪熊兼勝が巧みに「ロイヤルマーク」と表現した。

(21) 「大宝儀制令」では、「凡そ蓋は、皇太子は、紫の表、蘇芳の裏、頂及び四角に錦を覆ひて総《ふさ》垂れよ。親王は紫の大き纈《ゆはた》。一位は深き緑。三位以上は紺。四位は縹《はなだ》。（中略）並に朱き裏。総には同色用ゐよ」と定められている（井上光貞ほか校注・日本思想大系『律令』、岩波書店、一九九四年）。

橿原考古学研究所編『大和の考古学50年』（学生社、一九八八年）は、一九八三年春季特別展「伊勢神宝と考古学」に関連して、こう記している。「壁画蓋は、この令の規定に符合している。身分をあらわす正確な描写であることを知る。／（中略）神宝の赤紫綾蓋は、高松塚壁画のものと同形で……天皇あるいは皇太子の制を写したものと思われ、……高松塚壁画蓋が一位の身分をあらわし、この古墳の被葬者を考定する有力な手がかりが得られる」（博物館次長・勝部明生執筆）と。すでに五年前の特別展開催当時、蓋に注目していながら、この時点でもなお、被葬者名を特定していない。おそらく一つは、初代所長末永雅雄への遠慮によるものであろう。末永は「調査の実施機関が被葬者候補の名をあげると、世間はこれで決まったと受けとめる。社会的影響が大きいので、つつしむべきだ」と、くりかえし研究所の突出を戒めてきたからである。この点、注(27)の後段を参照。

(22) 被葬者論が過熱したあまり、島鑑定にクレームがつけられた。仲裁するかっこうで、データを追試したのが人類学者の池田次郎（京都大学理学部）である。池田鑑定では、「熟年以上」とする島鑑定を追認しながら、島のように「以上」を外さず、「むしろ高年者ほどふさわしい」と逆方向の結論を出したのだった（「高松塚被葬者の推定年齢について」、『季刊人類学』1号、一九七五年）。

島五郎も「高松塚古墳出土人骨の人類学的研究補遺」（『橿原考古学研究所論集―創立三十五周年記念』一九七五年）でくわしく再検討したが、結論は変わっていない。「研究補遺」というものの、先の「中間報告」よりもはるかに詳密（全二七頁と付表）で、化骨舌骨や化骨甲状軟骨など個々の所見では、慎重に「熟年者、或はそれ以上」とくりかえしながら、「古代人の加齢現象は、早い年齢期に現れ、しかも短命の傾向が強くなる」として、「熟年者とするのが妥当」と結論づけたのだ。

大阪市立大学付属病院放射線科グループの玉木正男・城戸正博らは、X線を照射して調べたところ、両足の骨端部に変化がなく、長患いの病変が認められず、頸椎に損傷があったため、急死（病臥二週間以内）に近く、何度か高所から転落（たとえば落馬）したらしい、と判定した。ただし、年齢については、島・池田の鑑定と異なり、「三十歳以上、生理的高齢者は一応、否定できる」という（「高松塚古墳出土人骨のX線学的研究」同論集）。

なお、比較の対象となったX線写真は、一九七一～七二年の二年間、大阪市立大学付属病院の外来患者（十八歳～七十六歳）の頸椎X線写真一五〇枚から選んだもので、類似の特徴をもった写真が四例見つかった。年齢は五十五～四十五に集中していた。頸椎以外の関節も、関節症などを患っていなかった。こうした点を総合して「生理的高齢者を否定したい」と結論した。

言葉尻をとらえるようだが、「生理的高齢者」であって、「高齢者」一般ではない点に注意したい。俗に、歳より若くみえるという。とくに政治家には多い。石上麻呂も政界のトップらしく、若々しい精神と肉体に恵まれていたのかもしれない。

そのころ、島と玉木らに直接教えを乞うたところ、「六十歳以上が正しい」「かならずしも六十歳以下の熟年にかぎる必要はない」との答えが返ってきた。私が古代人のなかの高齢者の例をあげて真面目に（あるいは執拗に）質問するので、花をもたされたのか（あるいは、うるさくなられたのか）、いまとなっては確かめようがないし、また、正式な論文・報告によって判断すべきことはいうまでもないけれど、とにかく当時の心証として「池田鑑定とさほど隔たりがない」と感じたことであった。拙稿「高松塚の被葬者は誰か」（『歴史と人物』一九七七年一一月号）、「カグヤ姫に恋した大臣――高松塚古墳(下)」（『毎日新聞』一九八八年九月一〇日号「発掘の迷路を行く」2、のち『発掘の迷路を行く(上)』所収、毎日新聞社、一九九一年）にも記した。

(23) 新日本古典文学大系『続日本紀・二』養老元年十一月十七日条。

(24) たとえば、先に引用した日本思想大系『律令』は、補注で「蓋については近時発見された高松塚壁画に実例があるが、それは深緑（大宝・養老の制では一位）であり、一位の官人が大宝以後数十年見当たらぬ故、溯って浄御原令の制（正冠＝一位～三位を深緑と推定）によるものと推測する説がある」と記す。古代史家の黛弘道もその一人で、大宝令施行直前の大宝元年（七〇一）一月に薨じた大伴御行（大納言・正広参、贈正広弐・右大臣）を、高松塚の被葬者と推定した。小木新造ほか編『歴史の視点』上巻（一九七五年　日本放送出版協会）の「高松塚古墳」による。ちなみに、「皇族以外で生前従一位に叙せられた最初の例」は、橘諸兄である（前掲注23『続日本紀・二』天平十五年（七四三）五月五日条と脚注）。

蓋の色にかんして、ほかにもいくつか異論が出た。まず、変色の可能性については、複数の日本画家が「岩絵の具は変色しない」と否定した。また、「美的効果をねらった自由な配色。一位の身分を表すとはかぎらない」との見方にたいして、美術史家の石田尚豊が、高松塚壁画に描かれた小さな蓋（人物群像を四〇センチ弱の色紙大に縮尺）の連珠文錦を、法隆寺献納宝物の四騎獅子狩文錦（東京国立博物館）や正倉院宝物の蓋の、原寸大連珠文錦と比較したうえ、「実物の蓋を精密に（縮尺して）写した写実画で、一位のシンボルとみてよい」、つまり絵空事でないことを証明した（「高松塚古墳壁画考(下)」、『MUSEUM』一九七三年三月号、のち『日本美術史論集』所収、中央公論美術出版、一九八八年）。

(25)　考古学者のなかには、七〇〇年以前と考える人が多い。なぜなら、この年（文武四年）三月、僧道昭がみずから率先して火葬に付し、「火葬第一号」となったため、火葬されていない人骨があると、七〇〇年以前と考えられるからだ。しかし、周知のごとく、火葬が普及したあとでも、土葬は日本社会で根づよくつづいた。前近代どころか、戦後しばらくまでみられた習俗である。いな、皇室を含めれば、近現代でもなお連綿とつづいている。したがって、土葬か火葬かによって、七〇〇年以前か以後かの判別はできない。

(26)　衣服・持物による年代推定は、石田尚豊のほかにも有坂隆道らの詳しい考証がある。ともに服制の変化を詳細に調べあげたうえ、とくに石田は男子の白袴に、有坂は女子の髪型にそれぞれ着目した。本文のとおり、両氏の結果は一致しないが、いずれも精妙な考証の醍醐味を堪能させる（石田尚豊前掲注24論文・下、有坂隆道前掲注20論文）。近年の研究では、女子像の上衣の横皺と唐墓壁画を比べて「七〇八年以後」との見方も出ている（三四九頁の表3参照）。

特異ながら鋭い年代観を示したのは、作家の松本清張だった。高松塚と唐永泰公主墓（七〇五年）の壁画を比較すると、高松塚壁画の描法が永泰公主墓より繊弱・優雅で、「和様化」が進んいる、とみた。時期は通説の白鳳時代ではなく、天平時代前中期（七一〇～四〇年）、おそらく七三〇年前後、と指摘した（「高松塚壁画の年代推説」、『世界』一九七二年六月号、岩波書店、のち『松本清張全集』33所収、文藝春秋／「高松塚古墳の壁画」、『遊古疑考』、新潮社、一九七三年）。

(27)　慎重な橿原考古学研究所のなかで、はじめて「左大臣・贈従一位石上麻呂」と個人名をあげたのは、長老の秋山日出雄（研究指導委員）だった。独自の高松塚古墳の年代観（七〇七～七一九年、後出）と蓋の深緑色（身分は一位の大臣）

から、贈従一位石上朝臣麻呂に到達、「既に挙げられている石上麻呂説に賛成したい」と記した（「高松塚古墳の被葬者」、『末永雅雄先生米寿記念献呈論文集・乾』、同米寿記念会、一九八五年）。

つづいて、勝部明生が「高松塚の被葬者は、蓋の色からみて、七一七年に亡くなった石上麻呂。海獣葡萄鏡は、七〇七年帰国の遣唐副使から贈られた遺愛の品。孫の石上宅嗣の墓とみられる、石上神宮に近い遺構からも、海獣葡萄鏡が出ている」と発表した（「同笵海獣葡萄鏡について――高松塚古墳出土鏡の位置づけ」、『橿原考古学研究所論集』第十三冊と退官記念講演／「高松塚古墳と藤ノ木古墳の被葬者をめぐって」、『あざみ』7号、薊の会。いずれも一九九三年）。のち『海獣葡萄鏡の研究』（臨川書店、一九九六年）でも、海獣葡萄鏡の年代観から、高松塚の年代も幅をもたせるべきだ、と説いた。

さらに、研究所OBの白石太一郎（国立歴史民俗博物館）が、四神図の見つかったキトラ古墳（被葬者は右大臣阿倍御主人、七〇三年薨と推定）と対比しながら、「高松塚の被葬者は左大臣石上麻呂」と主張した（「キトラ古墳と高松塚古墳――壁画の意味と被葬者を考える」、『歴史読本』一九九八年九月号）。

ただし、いまの現役研究所員はほとんどが「（僧道昭が火葬された）七〇〇年以前の築造」説に傾いている。

秋山日出雄は、先の論文の末尾で興味深い告白をしている。じつは、高松塚の被葬者が石上麻呂であることに気づいたのは、十年も前の中尾山古墳調査のとき（一九七四～五年）だったという。中尾山こそ真の文武天皇陵（七〇七年崩御・築造）であることをつきとめ、隣の高松塚はその陪塚であり、したがって、年代は七〇七年以後、七一九年の左袵禁止令以前、被葬者は文武朝の筆頭閣僚・右大臣（のち元明・元正朝の左大臣、贈従一位）石上麻呂だ、と確信した。網干善教から『史跡中尾山古墳環境整備事業報告書』（前掲注12）に盛りこむよう勧められたが、しかし事は皇室と皇陵にかかわる。皇陵の尊厳性と国民感情を考慮したとき、「慎重に処理すべきであると考えて、両古墳の発掘調査当時より約一〇年の間、熟慮を重ねて、慎重に事を処して来た」というのである。炯眼達識・慎重居士の秋山らしい考え方だ。

(28)『続日本紀』和銅三年三月十日条。

(29)国史大系『扶桑略記』和銅四年是歳条。

(30)秋山日出雄によると、石上麻呂の平城京邸宅は不明だが、孫石上宅嗣の佐保邸（のち阿閦寺《あしゅくじ》）が元の麻呂邸かと推測する（前掲注27論文「高松塚古墳の被葬者」）。

（31）　東潮は「キトラ・高松塚古墳の築造時期は、百済・高句麗の滅亡後の七世紀末から八世紀初めとかんがえられる。その絶対年代は、被葬者の比定によるほかはない」と指摘している（「北朝・隋唐と高句麗壁画」、『壁画古墳の研究』国立歴史民俗博物館研究報告第80集、一九九九年）。考古学者のなかではきわめて謙抑な見方で、かつ逆説のように聞こえるけれど、年輪年代法でピタリと決まる以外は、おそらくそのとおりであろう。

（32）　被葬者を特定するには、年代・身分・年齢の三要素を明らかにすることが不可欠だ。どれを欠いても絞りきれず、おおまかな推測にとどまるが、さいわい、高松塚の場合、かなりの精度で議論できる。そのうち、年代・身分の推定根拠を表3に示す。

表3　高松塚：年代と身分　（二〇〇七年秋・修訂）

		特徴	築造年代	墓主の身分	主な提唱者
立地		藤原京朱雀大路の正中線上	六九四～七一〇年	天武系皇族	直木孝次郎72
立地		王陵直列：天智陵―藤原宮―天武陵―中尾山―高松塚―キトラ	六九四～七一〇年	天智天武系皇族	藤堂かほる98・猪熊兼勝01
立地		檜隈（渡来人のコロニー）		有力渡来人	今井啓一72・司馬遼太郎72・千田稔01
壁画	髪型	天武朝末年・過渡期のモード	六八五年前後		有坂隆道72
壁画	服装	大宝衣服令（白袴・左前）	七〇六～七一九年		石田尚豊73
壁画	服装	大宝令以前（白袴・ヒラミ）	六九〇～七〇一年		
壁画	服装	衣の裾の横皺：唐墓線刻画に類例	七〇八年以後		有賀祥隆07
壁画	蓋	深緑の生地・総と錦裂	七〇一年以後（～七一九年）	一位の大臣（非皇族）	岡本健一73・秋山日出雄85 勝部明生93・森浩一97・白石太一郎98
壁画	蓋		七〇〇年以前	二・三位の高官	黛弘道77
壁画	星宿	「治天下」のシンボル	天武朝	天武系皇族	有坂隆道・籔内清・吉田光邦72

	金箔貼りの星宿図：唐・章懐太子墓	七一一年以後		汪勃02
描法	和風化	天平時代		松本清張72
銅鏡	海獣葡萄鏡	六九〇年以後		樋口隆康72
	唐「独孤思貞墓」の同笵鏡	六九八年以後		王仲殊82・勝部明生87
太刀	金具はB級上	七〜八世紀	皇族・政府高官	末永雅雄72
土器	飛鳥V（藤原宮期）＝平城I	六九四〜七一五年頃		松村恵司06

(33) 以下、『日本書紀』の訓読文は、日本古典文学大系『日本書紀』下（岩波書店、一九六五年）による。

(34) 『日本書紀』下、天武元年七月二十三日条「山前」の補注。新編日本古典文学全集『日本書紀』第四巻（小学館、一九九八年）の頭注は、普通名詞とみて大津京付近とする。

(35) 伴信友『長等の山風』（日本思想大系『平田篤胤・伴信友・大国隆正』、岩波書店、一九七三年）。

(36) このときの情景を詠んだともいわれる元明女帝の御製については第四節を参照。

(37) 新日本古典文学大系『続日本紀　索引年表』の「廃朝」の項による。

(38) 片桐一男「榎本武揚」（『日本大百科全書』第3巻）、加茂儀一『榎本武揚』（中央公論社、一九六〇年）。

(39) 木本好信前掲注(5)書、同『奈良時代の人びとと政争』（おうふう、二〇〇三年）。

(40) ただし、大友皇子の嫡子葛野王が微妙な立場に置かれたことは――母が天武天皇の皇女・十市だから、天武の外孫にあたるものの――、とうぜん想像される。『懐風藻』によると、六九六年、高市皇子の薨後、持統天皇が王公卿士を禁中に集めて、皇嗣を決めようとしたとき、群臣の衆議が紛糾した。葛野王は「わが国家の法として神代以来子孫相承けて天位を襲いでいる。もし兄弟に相及ぶなら、乱が興るだろう。天心は測りがたいが、人事を以て推せば、聖嗣は自ら定まる」と発言、なおも抗う天武系の弓削皇子を叱責して黙らせた。持統は「葛野王の一言で国（文武天皇）が定まった」と嘉し、これに正四位を授け、式部卿に列したという。余人でなく王が発言したところに、王のおかれた苦しい立場がうかがえよう（直木孝次郎『持統天皇』、吉川弘文館、一九六〇年）。

なお、古代史家の和田萃は近年、この葛野王（七〇五年薨、四五歳）を高松塚の被葬者に推している。文武天皇陵（中尾山古墳、七〇七年崩）のそば近くに、あらかじめ壁画古墳を営んで葛野王を手厚くまつり、その功にむくいた、というわけである（「特集《高松塚古墳壁画発見25周年記念シンポジウム》再度高松塚古墳の被葬者を考える」、『古代学研究』一四〇号、一九九八年／和田萃『飛鳥――歴史と風土を歩く』、岩波新書、二〇〇三年）。

(41) 木本好信前掲注(5)書。また、田中卓は論文「壬申の乱」（『社会問題研究』四―四、一九五四年）の新注で、『天孫本紀』による物部氏の系譜を示し、「雄君と麻呂とが同族として極めて近い間柄であること」を指摘したうえ、有力豪族が近江方・吉野方に相分かれて戦った事例としている（田中卓著作集5『壬申の乱とその前後』、国書刊行会、一九八五年）。

(42) 直木孝次郎『壬申の乱』（塙書房、一九六一年、増補版：一九九二年）、北山茂夫『天武朝』（中公新書、一九七八年）、大塚泰二郎「左大臣物部麻呂と壬申の乱」（『東アジアの古代文化』41号、一九八四年）、吉野裕子『持統天皇』（人文書院、一九八七年）、宮澤和穂「草薙剣の祟りと物部麻呂」（『東アジアの古代文化』118号、二〇〇四年）。

(43) 直木孝次郎前掲注(42)書。

(44) 黒岩重吾前掲注(3)書、同『天の川の太陽』下巻（中央公論社、一九七九年）。

(45) 黒岩重吾『斑鳩王の慟哭』（中央公論社、一九九五年）。

(46) 神野志隆光・山口佳紀訳注『古事記』（新編日本古典文学全集1、小学館、一九九七年）の口語訳によりながら一部改めた。

(47) 『日本書紀』天武六年六月是月条。

(48) シェークスピア（福田恆存訳）『マクベス』（中央公論社、一九六九年）。

(49) 池田裕訳『旧約聖書』サムエル記・下（岩波書店、一九九八年）。

(50) 吉田賢抗注釈『論語』憲問篇（新釈漢文大系1、明治書院、一九八一年）。

(51) 遠藤哲夫注釈『管子』上「大匡第十八」（新釈漢文大系42、明治書院、一九八九年）。

(52) 遠藤哲夫同前書、松本一男編訳『管子』（中国の思想8、徳間書店、一九六五年、一部字句を加えた）。

(53) 松本編訳・前掲注(52)『管子』の解題。

(54) 小島憲之『上代日本文学と中国文学』上・第三篇「日本書紀の述作」第三章「出典考」（塙書房、一九六二年）。
(55) 小川環樹ほか訳『史記列伝』「管・晏伝第二」（古典世界文学19、筑摩書房、一九七六年）による。
(56) 伊藤博『萬葉集釋注』一（集英社、一九九五年）。
(57) 伊藤博『萬葉集釋注』二（集英社、一九九六年）によった。ただし、Ⓓ歌の口語訳は語末だけ改めた。
(58) 犬養孝・清原和義『万葉の歌人　笠金村』（和泉書院、一九九一年）。
(59) 伊藤博前掲注(57)書、吉永登「〈楯立つらしも〉の背後にあるもの」（『国文学』一九六〇年一〇月号、のち『万葉――文学と歴史のあいだ』所収、創元社、一九六七年）。
(60) 澤瀉久孝『萬葉集注釋』巻三（中央公論社、一九五八年）、伊藤博前掲注(57)書および木本好信前掲注(5)書。
(61) 澤瀉久孝前掲注(60)書巻三。
(62) ここの「物部の大臣」も、ふつう「もののふの大臣」と訓まれているが、「もののべ」説に従った。折口信夫『萬葉集辞典』（文会堂、一九一九年、のち『折口信夫全集』六所収、中央公論社、一九六六年）、吉永登前掲注(59)論文、中西進ほか編『万葉集歌人集成』（講談社、一九九〇年）、伊藤博前掲注(57)書など。吉永は「もののべの大臣＝石上麻呂」とみて、遷都詔発布のさいの御製と説いた。
(63) 加納諸平『竹取物語考』の比定による。ただし、堀内秀晃は新日本古典文学大系17『竹取物語・伊勢物語』（岩波書店、一九九七年）の解説で「根拠薄弱で用いるに足らない」とする。
(64) 堀内秀晃校注前掲注(63)書を参考にした。
(65) 高松塚の被葬者候補・石上麻呂の頸部に外傷があったことと、『竹取物語』の石上麿足が転落死したことは、偶然の一致とは思われない。私見は早く片桐洋一ほか『竹取物語・伊勢物語』（図説日本の古典5、集英社、一九七八年）で紹介された。
(66) 中野孝次『清貧の思想』（草思社、一九九二年）。
(67) 拙稿「伝統主義の系譜――鷹峰光悦町の形成と解体」（『藝能史研究』二号、一九六三年、のち瀬木慎一・桂木紫穂編著『日本美術の社会史――縄文期から近代の市場へ――』所収、里文出版、二〇〇三年）。
(68) 和銅元年の人事異動で石上麻呂は右大臣から空席の左大臣に、また、藤原不比等も大納言から右大臣に昇った。ただし、これより早く文武朝の七〇一年、石上麻呂は藤原不比等や紀麻呂とともに、中納言から大納言に昇進したが、他の二人が文武天皇の後宮に女を入れ、「側近」の地位にいたのにたいして、外戚関係がなく不安定な立場にあったという（木本好信前掲注5書、金井清一「平城遷都と万葉集歌――七一〇年代の政治家と文学」、『国語と国文学』二〇〇四年六月号）。

(69) 藤堂かほる「天智陵の営造と律令国家の先帝意識」（『日本歴史』一九九八年七月号）。高松塚壁画の発見とともに、「聖なるライン」が注目されたが、研究者もマスコミももっぱら南延長線ばかりに目を奪われていたように思う。それだけに、四半世紀後、藤堂論文が現れたときには目を見はった。ただし、事実関係にかぎれば、向井毬夫『万葉方位線の発見――隠された古代都市の設計図――』（六興出版、一九八六年）がすでに指摘していたことに、その後、気づいた。私は出版当時、編集部から恵与されながら、迂闊にも見落としていたのだった。

(70) 猪熊兼勝「朱雀とともに眠る古墳の被葬者像」（『明日香風』80号、二〇〇一年）。藤堂論文に光をあてた猪熊は「聖なるライン」が天智天皇陵を起点にして南に伸び、天武朝の陵墓群を貫いている点を重視し、「王陵直列」と呼んだ。そして、南端のキトラ古墳の被葬者は天武系皇子の弓削皇子（六九九年薨）と推断、高松塚も通説どおり、天武系の忍壁親王とみて、北斗七星形の配置は天武天皇の発案と考えた。なお、二〇〇四年秋の東アジア文化財シンポジウム『古墳壁画』（前掲注19）では、キトラ古墳の被葬者を高市皇子に改めた。

(71) M・エリアーデ／堀一郎訳『永遠回帰の神話――祖型と反復』（未来社、一九六三年）。

(72) 小島憲之『万葉以前――上代びとの表現』（岩波書店、一九八六年）。

■コラム　高松塚解体――慟哭する壁画と墓主■

昨年（２００６年）秋、サテライト教室の土曜教養講座で「高松塚解体――壁画と墓主の慟哭《どうこく》」と題して話した。慟哭するのは、もちろん壁画と墓主だけではない。法隆寺壁画焼失いらいの大事件に、発見者の網干善教さんをはじめ、多くの人びとは泣きたい気持ちであろう。私も現役時代、文化財記者のひとりとして、その報道と解説にあたってきただけに、無性に切なかった。当日の京都は小雨。「都に雨の降るごとく、わが心にも涙ふる」、あのベルレーヌの詩と重なって、講義中にしばしば絶句した。

高松塚壁画は「戦後考古学史上、最大の発見」と騒がれ、空前の考古学ブームとさまざまな社会的変化をひきおこした。まず、極彩色で描かれた飛鳥美人たちのオーラで、考古学のイメージが「暗」から「明」に変わり、考古学ファンやサポーターがふえた。「地域に勇気を与える学問」（同志社大学名誉教授・森浩一さん）として、町起こしの核にもなった。開発にさらされた吉野ケ里や三内丸山・妻木晩田の各遺跡のように、危機一髪のところで保存された大型遺跡も少なくない。

メディアにとっても、文化財報道のあり方が変わるなど、大きな画期となった。地味だった文化財ニュースが、新聞の第一面に躍り出た。同時に「考古学は謎解きだ！」とばかりに、進んで作家の想像力を借りながら、大胆に遺跡・遺物の謎を推理する、そんな「考古学報道のかたち」ができたのも、高松塚以後のことである。ついに「関西メディアの過剰な文化財報道は、第三次世界大戦が勃発《ぼっぱつ》したかと驚かされる」と、東京の識者から批判をあびるようにもなった。その揚げ句が「旧石器発掘の捏造《ねつぞう》事件」ともいえようか。私はブームの渦中にあって、保存キャンペーンよりも、遺跡・遺物の意味とおもしろさを追求・報道することに夢中で、「推理ごっこ」をあおった。

いまから見ればウソみたいだが、壁画発見の当時、謹厳な古代史家は、軽々しい被葬者論を「死者への冒瀆《ぼうとく》」と戒め、謙譲な考古学者は「文献史家の領分」として口を閉ざした。それでも、この「孤高の壁画古墳」（大正大学名誉教授・斎藤忠さん）に葬られたのは誰かという謎は、最大多数の最大関心事だったから、各紙は競って美術史家や作家・哲学者らの見方を紹介した。

百家争鳴のなかで圧倒的な支持を得たのが、古代史家・直木孝次郎さん（大阪市立大学名誉教授）の忍壁《おさかべ》親王説である。高松塚が天武・持統天皇陵などとともに、藤原京の中央を貫く朱雀大路の南延長線上にのる点、いわゆる「聖なるライン」に着目し、「藤原京時代（６９４～７１０年）に造られた天武天皇の皇子の墓」と絞った。さらに、人骨の推定年齢（熟年以上）や陵墓記録とつきあわせて、７０５年、45歳で没した忍壁親王を割りだした。現在まで通説の位置を保つ。

私も「記者の領分」を越えて、被葬者の謎解きに挑み、「かくや姫にプロポーズした左大臣石上麻呂《いそのかみのまろ》」を推した。壁画に描かれた蓋《きぬがさ》（絹傘）の生地が深緑で、大宝令下では皇族ではなく一位の臣下（太政大臣クラス）にかぎられる。その一点にこだわって追跡したところ、「忘れられた主人公」が見つかった。平城遷都後の７１７年、78歳で没した左大臣贈従一位石上麻呂だ。

「記者の目」欄が生まれるまで「記者は黒衣、みだりに自説を自紙に書くべきではない」と教えられた。ためらいつつ、壁画発見1周年の特集でその禁を破ると、あとは臆面《おくめん》もなく書きつづけた。さいわい、発見25周年の記念シンポジウムで発表すると、森浩一さんから「石上麻呂説が第一候補」と折り紙をつけられ、各紙にも大きく報道された。その後、積極的に展開する考古学者がふえ、今日では直木さんの忍壁親王説と学界を二分する観がある。

高松塚論をきっかけに、いくつかの仮説を正月特集や文化面、連載コラム「歴史万華鏡」に書いた。「前方後円墳の正体は壺《つぼ》。神仙思想にもとづいて造られた、不老不死のユートピア〈壺型の蓬萊山《ほうらいさん》〉のコピーだ」「藤ノ木古墳の冠の意匠は、太陽が昇る生命の木〈扶桑樹〉をかたどったもの。〈日出づる処《ところ》〉や〈日本〉の起源となった」などなど。大学に転身したあとも、論文・著書・講演で訴えてきた。おかげで「前方後円墳＝蓬萊山起源説」は、通説の「天円地方説」と並ぶまでになった（寺沢薫さん『王権誕生』日本の歴史第2巻、講談社）。

しかし、禍福はあざなえる縄のごとしで、その間にも高松塚壁画の劣化が進んでいたのだ。80年代末、飛鳥保存財団の篁園《たけぞの》勝男さんから「高松塚の壁画がくすんできた」と教えられた。一大事である。デジタルな情報ではなかったけれど、あのとき、部際的な毎日文化財取材班（毎文研と自称した）にはかり、俊敏な若い世代に委ねていたら、もっと早く真相を明らかにし、今日の惨状を未然に防げたかもしれない。私は少数の人に漏らすだけで、日曜版の連載「発掘の迷路を行く」に追われ、とりあえずそこで警鐘を鳴らすという機転さえ働かなかった。慚愧《ざんき》にたえない。「高松塚の喫緊の課題は、被葬者論でも壁画の系統論でもない。保存そのものだ」と喝破した、発見直後の田中琢《みがく》さん（当時文化庁）の切言が耳に鳴り響く。

けれど、いまは涙をぬぐって、失敗から学ぶ時だろう。法隆寺壁画焼失の反省から総合的な文化財保護法が生まれたように、高松塚の悲劇が文化財保護の新たな転機となることを祈る。

（『毎日新聞』２００６年７月６日朝刊「記者の目開設30周年記念企画――ＯＢ記者の目」＝数字の表記、ルビもそのまま）

〔引用図版出典〕

図１　岸俊男「飛鳥から平城へ」（一九七〇年／『日本古代宮都の研究』所収、岩波書店、一九八八年）の藤原京復原図をもとに作成（毎日新聞社デザイン課作図）

図２　『高松塚壁画館・解説』（飛鳥保存財団、一九八〇年）

第八章　蓬莱山を尋ねた人々

蓬莱山は想像上の地名だから、もとより尋ねて到達できる所ではないけれど、わが古典には「蓬莱山へ旅した」者が二人いた、と記されている。一人は垂仁（第十一代）朝の田道間守、他の一人が雄略（第二十一代）朝の浦島子。とくに「浦島伝説」はだれ知らぬ人もない伝説で、中世の御伽草子「浦嶋太郎」いらい、浦島の訪ねたのは、海底の「龍宮城」と語り伝えられてきたが、『日本書紀』などによると、もとは海彼の「蓬莱山＝常世の国」であった。ディテールの必要上、まず『日本書紀』『丹後国風土記』などにみえる伝説の要約を掲げる。

一　浦島子の行方は何処――張騫の尋源伝説と比較して――

(1)古代浦島子伝説

『日本書紀』（雄略二十二年七月条）によると、(1)

丹波国の餘社郡《よさのこほり》の管川《つつかは》（与謝郡筒川＝現・京都府伊根町）の人、瑞江《みづえ》（水江）の浦嶋子、舟に乗りて釣す。遂に大亀を得たり。便ちに女《をとめ》に化為《な》る。是に、浦嶋子、感《たけ》りて婦にす。相逐ひて海に入る（海に漕ぎ出す）。蓬莱山《とこよのくに》に到りて、仙衆《ひじり》（神仙たち）を歴《めぐ》り観《み》る。語《こと》は別巻（丹後国風土記または原資料）に在り。

雄略天皇はその翌年八月、崩御した。

その別巻ともみられる『丹後国風土記』は七一五年ころの撰進だが、『風土記』の原資料は丹波国（丹後国の前身）の国守・伊預部馬養《いよべのうまかい》（七〇二年ころ没、四五歳）が在任中の持統〜文武朝間に筆録したとみられている。風土記逸文によると、(2)

与謝の郡、日置《ひおき》の里の筒川の村に、筒川の嶼子《しまこ》（水江《みずのえ》の浦嶼子）という男がいた。日下部首《くさかべのおびと》らの祖先で、容姿麗しく、風流《みやび》なこと、類いがなかった。長谷朝倉宮《はつせあさくらのみや》に天下を治められた天皇（雄略）の御世、嶼子がひとり小船に乗って釣りに出かけたが、三日三夜を経ても、魚一匹かからなかった。

そのとき、五色の亀を得た。船のなかに置いて寝ると、美しい婦人に変わった。「この広い海原のどこから来たですのか」と問うと、女娘《おとめ》は「風雲に乗ってまいりました」と答えた。さらに質すと、「天上の仙家《ひじりのいえ》の人です。相語らって愛《うつく》しんでください」と答えた。そして「私の心は、天地のつづくかぎり、日月の照らすかぎり、永遠にかわりません。このまま棹をこいで蓬山《とこよのくに》（蓬萊山）へまいりましょう」と誘うのだった。

女娘は嶼子を眠らせ、あっという間に海中の大きな島に着いた。その地は玉を敷いたようで、闕台《うてな》（宮殿）は大きく、楼堂《たかどの》は光り輝き、いままで見たことも聞いたこともない所だ。大きな邸宅の門のなかに入ると、七人の童（昴星《すばる》）と八人の童（畢星《あめふり》）が口々に「このお方が亀比売《ひめ》のお婿さま」と言い囃した。女娘（亀比売）の両親が嶼子を迎え、人間（人の世）と仙都《とこよ》（蓬山＝常世）の別を説き、人と神がたまさかに会った喜びを語った。百味を味わい、杯を交わし、仙歌を歌い、神の舞を舞い、歓楽を尽くしたあと、夫婦の契りを結んだ。

三年を経たとき、嶼子はにわかに故郷が恋しくなり、亀比売と別れて帰る。筒川の郷に戻ったものの、人も物もすっかり様変わり。郷人に聞けば、「古老の言い伝えでは、昔、水江浦嶼子というものがいたけれど、ひとり海に出て帰らなくなったという。それからもう三百余年経った」と答えた。

嶼子は途方に暮れて、禁忌の玉手箱（玉匣《たまくしげ》）を開いたとたん、煙がたちのぼり、若々しい姿は風雲にしたがって青空に翔け飛んだ。嶼子は、亀比売との約束をたがえて玉手箱を開けたため、再会できなくなったことを知って、首を垂れてたたずみ、涙にむせんで徘徊《たもとお》った。

その後の浦嶋子の消息は記されていない。老い果てたあと、死んだと暗示するようでもあるが、仙人（地仙《ちせん》・尸《し》解仙《かいせん》）となって再生し、どこかで生きつづけた、とも解釈されている。『続浦島子伝記』（九二〇年成立）には「遂に終はる所を知らず、後の代、地仙と号《なづ》くるなり」とあるように、地仙と呼ばれた。『水鏡』によると、出発いらい三四七年ぶりの天長二年（八二五）、嵯峨天皇四十の賀の年に帰国するが、玉手箱を開いたため、たちまち翁になったという。さらに『続日本後紀』によると、嘉祥二年（八四九）には仁明天皇四十の賀を寿《ことほ》ぐため、浦島子像などを造っている。平安時代には浦島子が「天界に昇り不老長生を得た人」として、長寿祈願の対象とされたらしい(3)。

それが、中世の御伽草子『浦嶋太郎』になると、浦嶋は鶴となって蓬萊山の亀姫のもとに戻り、鶴・亀として幾久しく睦みあう。そして、丹後の浦島明神の夫婦神になったという、ハッピーエンドの縁起譚になる。

(2)天の川の蓬萊山

浦島子の訪れた神仙境「蓬萊山（常世）」は、いったいどこにあったのだろうか。重松明久編著『浦島子伝(4)』の解説と論考「浦島伝説の性格とその変容」によると、常世の在りかについては、①海彼の蓬萊山（山上）と、②天上の天の川（銀漢）、③海底の海神宮（龍宮）の三つがあって、一四世紀に至るまで統一されていなかった。もっとも、海底説といっても、『万葉集』の段階ではまだ、「海神の神宮」というだけで、おなじみの「龍宮」というキーワードは現れていない。これは奈良時代後期、藤原浜成（歌学書『歌経標式』の著者、大宰帥）の『天書』にはじめてみえるという。

先の『丹後国風土記』では、亀姫は「天上の仙家の人」と名乗り、昴星や畢星が嶼子を出迎えた。蓬萊山＝仙都は天の川にあると信じられたらしい。前出の『続浦島子伝記』になると、さらに明快で、

浦島子は……蓋《けだ》し上古の仙人なり。……独り釣魚舟《いさりぶね》に乗り、常に澄江浦に遊びき。査郎（筏師）を伴ひて銀漢に陵《のぼ》り、近くに牽牛《ひこぼし》・織女《たなばたつめ》の星を見き。

とある。すなわち、浦島子は、いつも澄江浦で釣魚舟に乗って釣りをしていたが、ある日、査郎とともに水平線の彼方から銀漢（天の川）に入り、牽牛・織女星の近くまで溯った。そこで霊亀を釣りあげると、亀はたちまち変化して絶世の美女になった。島子が「神女よ、どこから来られたのか」と問うと、神女は「妾《あれ》は蓬山の女です。不死の金庭、長生の玉殿に住んでいます。妾たちは昔、夫婦の契りを結んだ仲です。妾は天仙となり蓬萊の宮に生まれ、子《な》は地仙として澄江の波の上に遊ぶようになりましたが、昔の縁でめぐり会ったのです。さあ、蓬萊宮にまいり、昔の志を遂げましょう」と誘った。島子がうべなうと、たちまち蓬萊山に着いた。

物語の最後には、浦島子と亀媛の交わした詩歌が一四首、載っている。

島子が釣舟に亀媛芳《うるは》しく、波に浮かびて遊び蕩《とら》け査郎に類ふ

旧里を忘れ難く査郎（浦島子）去る　別るる後　逢ふを絶え恋慕を催《うなが》す

この「査（槎＝筏）で天の川に上る」とか、天の川の「査郎」という表現は、中国前漢の探検家張騫《ちょうけん》（？～前一一四）が武帝の命で黄河の源流を尋ね、筏に乗ってついに天の川にまぎれこんだという故事――いわゆる「乗槎《じょうさ》（尋源）伝説」（図1）を踏まえている。武田雅哉は『星への筏――黄河幻視行』[5]の巻頭で

図１　天の川を筏で遡る張騫（浦島子のイメージ）

「星への筏」――それは、古代中国人の詩的想像力の言語世界のなかで、宇宙船を意味することばであった。

と印象深く表現している。古代中国人のみならず、前近代の日本人も、「査郎＝筏師」といえば、黄河をさかのぼって天の川まで往還した宇宙飛行士・張騫を連想した。さらに、「乗槎」などの漢語は、「狭義では黄河を溯って天に到達すること、広義では、大旅行そのものの象徴となった」（武田）。しばらく「乗槎伝説」をみておこう。

（3）張騫の乗槎伝説

歴史上の張騫は前一三九年ころ、武帝の命を受け、シルクロードの彼方にある大月氏国に使した。途中、匈奴に捕らえられるなど辛酸をなめたすえ、前一二六年、帰国し復命した。さらに前一一九年、ふたたび西域に赴き、大宛《だいえん》（フェルガーナ）・安息《あんそく》（パルティア）などの諸国を訪ねたうえ、名馬「汗血馬」をはじめ西域諸国の珍しい産物もたらした。周知のことながら、「はじめてシルクロードの空に風穴をあけた（開鑿《かいさく》した）」という意味で、「張騫の鑿空《さくくう》」と呼ばれる。著名なドイツの東洋史家ヒルトは、かつて「新大陸発見にも比すべき大事件」と評した[6]。ところが、民衆の間では西域探検といってもピンとこない。そこで、いつしか、神秘に包まれた黄河の源（河源）を尋ね、天の川へたどりついたスーパーマンとして語られるようになったという。

これは、なにも張騫にかぎらない。たとえば、古代ギリシアのアレクサンダー大王の場合が同じで、「史実」では紀元前三二三年、インド遠征を終えてバビロンに帰還する。ところが、民衆の好んだ「伝説」では、大王はどんどん東へ進んで中国に至り、長安や万里の長城を築いたかと思うと、異教徒（キリスト教徒）の十字軍の先頭に立ってエルサレムを奪還する。また、鳥船式のヘリコプターに乗って天上を漫歩したり、ガラスの樽に入って海底を探検したりする（後述）。「どの民族でも、民衆は歴史よりも稗史・伝説の類いを好んだ」とは、アレクサンダー伝説の研究家でもあったE・A・W・バッジ博士の指摘である[7]。

さて、「黄河の源流（河源）を尋ねよ」と、武帝に命じられた尋源使の張騫。黄河を槎（筏または流木）に乗ってどんどん溯り、一カ月後（一〇カ月後ともいう）、ついに天上の天の川へ到達した。このように、シルクロードに風穴を開けた冒険譚は、河源を尋ねて天の川まで遡ったという、文字どおり奇想天外の物語にすり替えられた。いわゆる「尋源伝説」である。

もっとも、張騫は天の川に着いたとは、つゆ知らない。目の前に現れた牛飼いの男と機織りの女に、「ここは、いったいどこですか」と尋ねた。男は「蜀の成都（四川省）へ行き、厳君平という人を訪ねなさい」と教えた。女は「支機石」（機織を支える穴空き石）を記念のしるしに与えた。帰国後、張騫は、教えられたとおり、成都の占師・厳君平に会って尋ねた。君平はこう答えるのだった。「そういえば、某年某月、天の川を見上げていたら、不思議な星が牽牛星と織女星の近くに現れましたな」。また、東方朔（武帝側近の文学者、前一五四？〜前九三？）は支機石を見て、驚いて叫んだ。「これは天の川の織女の機織を支える石ではないか。なぜ、ここにあるのか！」。

以上は、中国の『博物誌』（西晋・張華〈二三二〜三〇〇〉、古代神話集）や『荊楚《けいそ》歳時記』（六世紀、梁・宗懍、長江中流域の年中行事と風物誌）にみえる「乗槎（尋源）伝説」で、七夕伝説の原型となった[8]。

「槎に乗って天の川まで往復した」という壮大な張騫の黄河源流行は、こののち中国の古典・詩歌にしばしば登場する。たとえば、杜甫も「秦州雑詩」で詠んでいる[9]。

聞道尋源使　聞くならく　尋源の使
従天此路廻　天よりしてこの路より廻ると
牽牛去幾許　牽牛去ることいくばくぞ
宛馬至今来　宛馬は今に至るまで来たる（下略）

〔聞けば、黄河の源を尋ねに出かけた漢の使者・張騫は、天からこの秦州の路を通って帰って来たとのことである。ここは天上の牽牛星からどれほど距たっているか知らぬが、大宛の名馬は今に至るまでそちらからやってくるのだ（後述）〕

(4)日本の乗槎伝説

この「乗槎伝説」は日本にも早く伝わった。まず、八世紀の『懐風藻』[10]では

霊仙　鶴に乗りて去《い》に、星客　査に乗りて逡《まか》る　藤原不比等「吉野に遊ぶ」
仙槎　栄光を泛《う》かべ、風笙　祥煙を帯ぶ　伊預部馬養「駕に従ふ」

と詠んだ。大伴王の「駕に従ひ吉野宮に遊ぶ」によると、吉野川を黄河＝天の川に見立てて張騫の跡を探り、川を溯って河原の離宮を尋ねている。このほか、「美稲《うましね》の槎に逢ふ洲《しま》に留連す」「すなはちこれ槎に乗ずる客」「天高うして槎路遠く」など、乗槎伝説によって「張騫の尋源」を追体験する作品がつづく。持統天皇の吉野・宮滝行幸は前後三二回におよぶが、先帝・天武を追慕するだけではなく、聖地で雨乞いの儀礼（松前健）や、道教思想にもとづく祭天の儀式（福永光司ら）をおこない、霊力を身に付着させて王権の権威を充実したり（伊藤博）、天上の仙界に近づき望見する（中西進）ためなどと解かれてきた。仙境・吉野へワープし、神仙にあやかって長生を得ることが、たいせつな目的であったのだろう[11]。

九世紀の空海の詩文集『性霊集』や勅撰詩集『文華秀麗集』にもみえる。一一世紀の『源氏物語』や勅撰和歌集など王朝文学でも、好んでとりあげられた。藤原俊頼の歌学書『俊頼髄脳』（一二世紀初）にも、

天の河うき木に乗れるわれなれやありしにもあらず世はなりにけり

と、不安な境涯を嘆く采女の歌と尋源伝説のあらましを紹介している。これを受けて、一二世紀前半の『今昔物語』巻十でも「張騫、宣旨をうけたまはりて浮木《うきぎ》に乗りて（黄）河の水上を尋ね行きければ」、七月七日の七夕に牽牛織女に遇った、と漢代の伝説を語っている。その結果、ただ「浮木」といえば、張騫の「乗槎＝浮木伝説」を指すほど広く知られ、王朝人の教養のキーワードとなった。七夕の季節になると、「天の川を旅した男」の冒険は、牽牛織女の逢い引きとともに、かれらの夢をかきたてたのだった。(12)

天の川浮き木に乗れるわれなれば君があたりにけふは来なまし　小大君集

いくかへり（幾度か）行きかふ秋を過ぐしつつ浮木に乗りてわれ帰るらむ　源氏物語・秋風

天の川かよふ浮木に言問はむ紅葉の橋は散るや散らずや　新古今集・藤原実方(13)

平安時代にとどまらない。室町時代の謡曲「七夕」でも、張騫が「浮き木の筏に棹をさし」、天の川を溯って牽牛織女に出会ったときの様子を語る。江戸時代に入っても、浅野内匠頭が吉良上野介に斬りつけた、あの江戸城「松の廊下」の隣の、「竹の廊下」の杉戸絵にも、筏で天の川を下る「張騫図」（前島宗祐画／東京国立博物館蔵）が描かれた。(14)

さらに、先の杜甫詩を踏まえた日本漢詩がある。河内国は生駒山西麓の日下《くさか》に住んだ生駒山人の作で、山麓から交野《かたの》をへて淀川に注ぐ天野川を、天上の天の川に見立て、「乗槎使」の訪れを詠んでいる。

一帯天河限碧嵬　一帯の天の川　碧嵬《へきかい》を限る

平沙流水白雲隈　平沙流水　白雲の隈
不知漢代乗槎使　知らず　漢代乗槎の使
万里何従此地来　万里何れより此の地に来たるか

〔一すじの天の川が、碧の山塊を切って流れる。白砂と流水と、青空を隈取る白雲と。漢代、槎に乗った尋源使がこの天の川の地に来たというが、万里の彼方からどの道を通ってきたのか、私は知らない(15)〕

江戸時代の生駒山人は、はるかな昔、この地に乗槎使がやってきたと想像し、壮大なルートに思いをはせたのだ。じつはこれより早く、天野川に遊ぶ己じしんを、乗槎使になぞらえた粋人がいた。『伊勢物語』の在原業平である。天野川の流れる交野は古来、桜狩りと鷹狩りの名所として知られ、歌枕にもなっている。業平は惟喬《これたか》親王に随従して、山崎の水無瀬《みなせ》離宮から、淀川をはさんだ対岸の交野まで、桜狩りを楽しんだとき、親王に促されて即興の歌を詠んだ(16)。

狩り暮らし棚機《たなばた》つ女に宿借らむ天の河原に我は来にけり　古今集・羇旅

春の一日、交野の、その名も天の川の川原で桜狩りに興じるうち、日が暮れてしまった。どれ、女主人の棚機＝織姫さまに宿を借りることにしよう、という歌意である。しかし、それは表面の意味で、業平は自らを尋源使の張騫に擬し、天空の天の川で織女に会って宿を借りる場面を、軽妙に思いえがいているのだ。同じ交野で詠んだ月空の歌、「月やあらぬ春や昔の春ならぬ我が身ひとつは元の身にして」の春愁とは、対照的である。生駒山人もおそらく業平の見立てにならって、「それでは乗槎の使は、どこから来たのか」と、時を超えて漢詩で和したのであろう。

このように、「西域の旅行家という歴史的実像とは別に、……少し前までは中国でも日本でも、張騫は専ら〈天の川を旅した男〉として知られていた」(杉原たく哉)[14]ことが、よくわかる。

いささか「乗槎伝説」にかかわりすぎたが、知識人も民衆も、歴史的事実より荒唐無稽な伝説を信じ好んだこと、「乗槎伝説」の背後に、じつは「西域探検」という史実が隠されていたことを、ここで確認しておきたい。

(5) 浦島伝説の真実

浦島伝説の成立について、下出積與はいう。古代日本においても早く、楽土と長寿にめぐまれた別世界「常世国」の観念が生まれていたが、五世紀ころ渡来人が神仙＝蓬莱山思想をもちこむと、その影響のもと、六世紀ころには浦島子の伝承の素型ができあがった。ただし「蓬莱山思想が契機となって古代人の頭のなかに描かれた文学的世界が浦島子伝承になったのではなく、元来古代人の有していた常世国思想の現われが浦島子の伝承に結集されていった」と説いた[17]。この通説的見解にたいして、三浦佑之は「浦島子物語りは、奈良朝の知識人たちにとって、もっともモダンな官能的・哲学的な〈読み物〉だった」のであって、仙境と地上の時間のズレなどをみても、「共同体の伝承を背後にもって成立したものだとはとても言えない」と、いっさいの自生説を否定する[3]。

いずれにしても、伊預部馬養《いよべのうまかい》の手になる神仙小説的な原『浦島子伝』が七世紀末ころに登場し、『丹後国風土記』→『日本書紀』→『万葉集』をへて、一〇世紀はじめの『続浦島子伝記』とつづくわけだが、最初の『風土記』の浦島子伝説からして、浦島子は天の川の蓬莱山を尋ねたし、最後の『続浦島子伝記』では、いっそうはっきり「筏に乗って天の川に到達した」と記している。「筏＝槎」と「天の川」のキーワードをみるだけでも、張騫の「乗槎伝説」を下敷きにしたことは確かである。そして(牽牛織女ではないけれど)、昴星の童たちに迎えられながら、亀比売とともに蓬莱宮に入った。

それでは、この浦島子伝説の背後にも、張騫のもう一つの使命「西域探検（大月氏国訪問）」と同じような史実（民族の記憶）が、はたして隠されているのだろうか。それとも、単なる「乗槎伝説」の借用・潤色にすぎないのだろうか。ここで注目されるのが、「雄略二十二年七月」という浦島子の出発の年月である。まず、この七月（おそらく七日）について、さいわい、国文学者・勝俣隆の興味深い考証がある。「浦島伝説の淵源」[18]によると、七月七日から十五日までの間は、仏教では盂蘭盆《うらぼん》、道教では中元の期間で、祖先の霊魂や異郷の住人に会えると信じられた。牽牛織女がこの日に出逢うのも、ここに由来する。漢の武帝が西王母と会い、不老長寿の仙果・桃をもらったのも、七月七日だった。さればこそ、原『浦島子伝』の作者・伊預部馬養は、浦島子と異界の神女・亀姫との出逢いを、秋七月（七日）に設定したのだという。

つぎの問題は、「なぜ、雄略二十二年に掛けられたか」である。

『浦島子伝』に長大な解説と論考を添えた重松明久は、この年月の謎に気づいた。「とくに注目されるのは、『書紀』編者が、嶋子の蓬萊山への出発を、雄略朝二十二年七月という特定の時点に位置づけていることである」として、つぎのように述べている。[4]

考えようによっては、浦島伝説を或る意味での歴史的事実と解釈し、しかもその年代観において、雄略朝二十二年七月とする、特別の意図を忖度《そんたく》すべきであるように思われる。なおこの年は、雄略天皇が倭王武として、宋に遣使し国書を送った記念すべき年である。

こう指摘したあと、「神道五部書」のうち、平安時代からの古伝承を記す『造伊勢二所太神宮宝基本記』などに、やはり同年同月の七日、「止由気《とゆけ》皇太神が丹後与謝郡より伊勢に迎えられたとの伝承がみえる」ことに注目する。すなわち浦嶋子と豊受《とゆけ》（とようけ）大神は、同年同月（おそらく同日）に、同じ丹波（丹後）与謝郡から、一方は蓬萊山へ出発し、他方は伊勢に迎えられた、というのだ。重松は二つの古伝承の関連性について、「浦嶋子は豊受大神を奉祀して伊勢入りをした宇治土公《うじつちのきみ》《うじとこ》そのものであったことを示唆している」と解釈した。この宇治土公が天武・持統朝ころから伊勢神宮・伊雑宮《いざわのみや》の田植祭りを主宰するが、現在の田植祭りになお、「浦島伝説の内実を髣髴させる」ものがあって、右の推定を支えるという。(19)

『古代社会と浦島伝説』を著した水野祐も、伊勢神宮の外宮（豊受大神）が五世紀の雄略朝に、丹波国から伊勢・志摩国に遷座されたことと関連すると説いた。すなわち『日本書紀』も編纂のはじめは、外宮の伝承どおり、伊勢神宮の一連の祭祀とともに雄略二十二年七月に記載したのだが、のちに神宮創祀の物語が崇神・垂仁朝に移されたため、外宮の遷座伝承も削った。その穴埋めとして「浦嶼子伝説を挿入したものと思われる」というのだ。(20)

なお、日本古典文学大系『日本書紀』上は、『雄略紀』と浦島伝説の関係について二つの理由をあげる。一つは、水江の浦島子は、名前からして水辺にゆかりが深く、水運関係の部の管理者・日下部首《くさかべのおびと》の先祖に擬せられたが（『丹後国風土記』）、雄略十四年には日下部首の一族が大草香部吉士《おほくさかべのきし》の姓を賜っていること。いま一つは、雄略紀は、一言主神伝説のように、神仙思想による記事の潤色がみられること。この賜姓記事と神仙説話の縁で、浦島子伝説も雄略朝に係《か》けられた、という。(21) 上田正昭も、雄略朝をおおう神仙思想への憧れが背景にあると説いた。(22)

私は諸家の驥尾に付して、つぎのように考えたい。重松が指摘したとおり、雄略二十二年は西暦四七八年、いうまでもなく、倭王武が南朝の宋に遣使して上表文を差し出した年（昇明二年）である。このなかで武は、高句麗の横暴を訴え、宋朝から新しい官爵（使持節都督倭・新羅・任那・加羅・秦韓・慕韓六国諸軍事、安東大将軍、倭国王）を賜り、名目的にせよ、倭韓にまたがる支配権を認められた。ところが、『日本書紀』（雄略紀）にはこれに見合う記録はいっさいない。代わりに、「浦嶋子、（亀姫に従って）海に入り、蓬莱山に到りて、仙衆を歴り観る」という簡潔な記事があるのみだ。外交関係の記事といえば、これより早く（四六三〜四七〇年の間）再三、身狭村主青《むさのすぐりあお》らが渡来系の外交官が呉（南朝・宋）との間を往復し、「漢織《あやはとり》・呉織《くれはとり》（工人）」や呉人を率いて帰ったとある。してみると、雄略二十二年の遣使も、身狭村主青らが派遣されたのかもしれない。

ここで、張騫の「尋源伝説」を仲立ちにすると、史実の「西域探検」が架空の「尋源伝説」の陰に隠れたように、四七八年の倭王武の「南朝遣使」の場合も、「遣宋使」という歴史的イベントをベースにしながら、異郷淹留《えんりゅう》譚《たん》と神仙蓬萊信仰、それに新来の尋源伝説をブレンドして、「亀姫とともに天の川の蓬萊宮へ旅した」という空漠たる神仙譚「浦島物語」が作りあげられたのではないか。そして、原『浦島子伝』成立の段階で、浦島子の出発は雄略二十二年七月のこととされ、さらに『日本書紀』編纂の過程で、なぜか肝心の遣宋使出発の記事と差し替えられたと考えられる。漢の武帝と張騫の事績の場合、史実は正史に、伝説は稗史《はいし》にそれぞれ記録されたが、倭王武の事績の場合は、史実は外国の正史に委ね、伝説のみが正史と稗史・物語に伝えられたわけだ（追記）。

なお、原『浦島子伝』の作者・伊預部馬養（元丹波国司）が、この「乗槎伝説」を熟知して活用したことは、疑いない。なぜなら、先に引用したとおり、『懐風藻』には馬養の漢詩「仙槎栄光を泛ぶ」がみえるが、この仙槎もまた、天の川への宇宙船を指しているからだ。

二　田道間守の非時香菓——「卑弥呼の鏡」とつがえて——

(1)伝承の田道間守

『日本書紀』（垂仁天皇九十年、九十九年条）によると、(23)

田道間守は垂仁天皇の九十年二月一日、天皇の命で「常世の国」に遣わされ、不老長寿の妙薬「非時香菓《ときじくのかくのみ》」

を求めた。十年後の三月十二日、田道間守は常世の国から帰り、非時香菓を八竿八縵《やほこやかげ》、すなわち常に黄金色に輝く橘＝ダイダイの実を八竿と、枝葉ごとついたものを八本もたらした。しかし、その前年（九十九年）七月一日、天皇は纒向宮《まきむくのみや》で崩御されていた。百四十歳だった。

田道間守は、悲嘆にくれて訴えた。「私は天皇の大命を受けて、遠く隔たった絶域の地にまかり、万里の波浪を越えて、はるかに弱水《じゃくすい》（蓬莱山〈または崑崙山〉をとりかこむ海で、水より比重が軽く、羽のついた軽い舟でないと渡れない）を渡りました。この常世の国は神仙の秘区（秘境）で、俗人の至りうる所ではありません。そこで、往来する間におのずから十年を経ました。ただひとり高い波頭をしのぎ、ふたたび本国に戻れるとは、思いもよりませんでした。さいわい、聖帝の神霊の御加護で、かろうじて帰って来ることができました。しかしながら、すでに天皇はお隠れになったあとで、復命することもかないません。生きていても、また何の甲斐がありましょうか」

田道間守はただちに御陵に赴き、号泣して自死した。群臣はこれを聞いて、みな涙を流した。

〔『新撰姓氏録』によると、田道間守は三宅連《みやけのむらじ》らの始祖で、新羅国の王子・天日矛《あめのひぼこ》の子孫である。〕

近鉄西大寺駅を出て橿原線に入ると、やがて唐招提寺・薬師寺の伽藍が見えるが、それより先、西側の車窓から、こんもりと緑におおわれた「垂仁天皇菅原伏見陵」が眺められる。奈良市尼辻《あまがつじ》西町に横たわる宝来山古墳（四世紀後半の前方後円墳、墳丘全長二二七メートル）である（図2）。森浩一編『天皇陵古墳』の「天皇陵古墳関係資料」（今尾文昭執筆[24]）によると、元禄の修陵（江戸幕府による陵墓調査と修復工事）以前、ここは新田部《にたべ》親王（天武天皇の皇子、七三五年没）墓とみなされ、いつのころからか「蓬萊」と呼ばれた。一部では武烈天皇（二五代）陵とも伝える。付近の菅原地区では、他に大規模な古墳が見当たらないため、菅原にあるはずの垂仁陵は「陵夷（風化削

図2　宝来山（蓬萊山）古墳（垂仁陵）と田道間守の墓（手前）

平）」したものか、といわれた（林宗甫『和州旧跡幽考』一六八一年）。それが元禄修陵のさい「宝来山古墳こそ垂仁陵」と改められ、現代に至っている。

面白いことに、カギ穴型の周濠のなかに土饅頭状の浮島があって、田道間守の墓と伝えている。もとより、宝来山古墳の被葬者は確定できないし、浮島もただちに田道間守の墓とみなすわけにいかない。一見、周濠内の「島状遺構」に似ているので、古墳築造当初の付帯施設と考えたくなるが、じつは、明治以後の改修の結果、周堤の一部が島状に残ったものである[25]。つまり、それ以後、『記紀』の伝承と番《つが》えて、蓬萊山＝宝来山に寄り添うかたちの浮島を、「田道間守の墓」に託《かこ》つけるようになったらしい。

蓬萊山＝宝来山の名の由来も、気になるところである。壺型の古墳が「蓬萊山の写し」と知っていた人びとが、早く「蓬萊山＝宝来山」と名づけたものか。それとも、垂仁天皇陵と比定されたとき、同時に、田道間守伝説にちなんで「蓬萊山＝宝来山」と呼びならわされたものか。もし、前の場合なら、前方後円墳の本質は、R・スタンや私よりはるか以前――近代考古学の発生以前に看破されていたことになる。

(2)伝承に隠《こも》る史実

もし、浦島子伝説にかんする先の臆測がいくらかでも当たっているなら、この「田道間守伝説」についても、その背後にひそむ史実に思いを致さねばなるまい。田道間守伝説の場合、常世国へ出発した年月――「垂仁天皇の九十年二月一日」――が、浦島伝説とちがって、特別の意味をもつようにはみえない。『日本書紀』の紀年のまま換算すると、西暦六一年にあたるが、実年代を表すとは考えられないからだ。もっとも、西暦五七年には奴国王が後漢の都・洛陽に遣使し、「漢委奴国王」の金印を賜っている。「もしや、その記憶が揺曳しているのでは」と想像をたくましくしたくなるけれど、無理であろう。つぎに、一〇七年（後漢・安帝の永初元年）、「生口一六〇人」を献じた「倭国王・帥升《すいしょう》等」の使が考えられるが、それ以上の手がかりはない。

さらに、二三九年（景初三）、女王卑弥呼が魏都・洛陽に遣わした「正使・難升米《なしめ》と副使・都市牛利《としごり》」があげられる。古代史上の画期的な大事件である。なんらかの記憶の痕跡をとどめても、不思議ではない。ここで改めて思い出されるのが、内藤湖南らの「難升米＝田道間守」説だ。湖南は、難升米と田道間守の発音の類似と境遇の相似（異郷滞留十年など）に注目して、同一人説を立てた[26]。私もこれに賛成したい。

藤堂明保『学研漢和大字典』によると、難升米の中古音（隋唐音）は

難升米　ndan-ʃiaŋ-mei

となる。嘆・歎・灘の漢字にはタンの音があるように、難升米の難もタンと読める。そうすると、難升米は、田道間守＝多遅摩毛理《タヂマモリ》と表記こそ違え、発音はたいへんよく似ていて、異字同人説に左袒《さたん》したくなる。

では、田道間守がもたらした「非時香菓（橘）」とは、いったい何だろうか。比較文学の土居光知は、「極東における太陽神後裔の旅行」[27]で、「生命の木」の伝流のあとをたどり、田道間守は中国本土ではなく、はるか西域のペルシア辺りまで旅して、「生命の木」橘の木の実をわが国に将来した、と解いた。そして、正倉院や法隆寺伝来の「四騎獅子狩文錦」に描かれた、実のなる矛状の木こそ、この西域将来の橘であろうと推定した。

卓説だが、それ以外に考えられないだろうか。この「非時香菓」は、

・つねに黄金色に輝く不老長寿の妙薬

であった。

いっぽう、難升米が魏から持ち帰った文物のなかに、「銅鏡百枚」がある。鋳造間もない「銅鏡百枚」も、

・つねに黄金色に輝く不老長寿の呪具

であったろう。「銅鏡百枚」の有力候補にあげられる三角縁神獣鏡には、「寿如金石兮」「千秋万歳不知老兮」など長寿を保証する吉祥句がちりばめられている。こうしてみると、植物と鉱物の違いこそあれ、「銅鏡百枚」もまた、「非時香菓」に見立てられた可能性はあろう。

ただし、これもまた、私ひとりの妄想かと恐れていたところ、すでに尾畑喜一郎が「多遅摩毛理伝承と道教思想」(28)のなかで橘を鏡に見立て、つぎのように想像をめぐらせていた。「橘は常世国の霊果であつた。であれば、蔭橘子と矛橘子は信仰的な意味あひからも、その側での別の見方が試みられ、用意されて然るべきであらう。……蔭橘子は日輪を象つたものとして、その象徴である鏡とみられなくもない。また、矛橘子となると、形状からいつて、蓬萊の玉の枝や七支刀の如きが脳裡をよぎるが、同時にその実は、霊魂の象徴とも受け取れる」と。

(3) 鏡背の笠松形は

この「銅鏡百枚」が、三角縁神獣鏡であるのか、他の後漢式鏡なのか、周知の大論争がつづき、決着がついていないが、私は三角縁神獣鏡のなかの「笠松形」の図文(図3)に注意したい。「笠松形」は中国の鏡にみられぬ文様で、三角縁神獣鏡＝国産鏡説の有力な根拠にもなっている。なかには、卑弥呼が魏から授かった「黄幢《こうどう》(一種の軍旗)」を写したもの、と説く考古学者もある。舶載鏡説に立つ研究者のなかにも、古代中国の旗の一種

「旌《せい》・旄《ぼう》」と見る人が少なくない[29]。

しかし、私のみるところ、むしろ、蓬萊山に生える不老長寿の妙薬「黄玉芝」ではないだろうか。さいわい、大形徹が『不老不死——仙人の誕生と神仙術』[30]のなかで、「黄玉芝」について解説している。それによると、『太上霊宝芝草品』（『道蔵』所収）に奇妙な形の芝の図（図4）が載っていて、つぎのように記されているという。

　黄玉芝は蓬萊山に生える。色は黄色で味はからい。東王父がこれを食べ、寿命が九万歳の仙人となった。黄虎と黄魚がこれを守っている。笠は三重になっており、下の笠からは三本の枝が出ている。笠も茎もみな黄色である。

「三本の枝」が出ている点は合わないし、「仙人執節」の榜《ぼう》題をもつ図もあるが、東王父・西王母とセットになるものとしては、物騒な軍旗（黄幢）や世俗的な節の類いより、（東王父も食し、虎が守る）妙薬の「黄玉芝」の方がはるかにふさわしいし、それが仙人の「節」の本質であった、と思われる。一案として出しておきたい。

図３　三角縁神獣鏡の「笠松形」

図４　蓬萊山に生える黄玉芝

いつのころか、中国の江南地方から、たわわにみのるダイダイ（橘）の木の実を将来した人物がいたことは、確かだろう。ただ、それとは別個に――または、それと重なって――、つねに光り輝く銅鏡、しかも、不老長寿の妙薬・黄玉芝を描いた銅鏡を、「非時香菓」と見立てることは、ありうるだろう。

はるかな魏都・洛陽に使した難升米のような人物は、月世界を往復した宇宙飛行士のようなスーパーマンである。民族の記憶に刻印され伝説化して、田道間守として語られたと思われる。

（4）遣唐使のルート

このように、田道間守と浦嶋子の伝説が、史実をタネにしながら、民族的な想像力の結晶作用でふくらんだものとすると、行く先の「蓬萊」の地もまた、この場合、全くのユートピア（無何有郷）ではなく、現実の地理が投影しているのかもしれない。

日本から唐へ渡る遣唐使のルートは、八世紀以降、いわゆる「南路」（五島列島～揚州周辺）に変わるが、それ以前は「北路」で、朝鮮半島の西岸を北上し、遼東半島辺りから渤海湾を横切って山東半島にたどりついた。玄関口は登州である。登州の海岸からは、渤海湾にたつ巨大な蜃気楼が眺望できる。時には壺型の蜃気楼も現れた。戦国時代いらい、この「壺型の蜃気楼群」が「壺型の蓬萊山」など三神山に見立てられ、あまたの方士を生んだことは、すでに述べた。蜃気楼の名所・登州じたいも、やがて「蓬萊」の地になぞらえられ、唐代には蓬萊と呼ばれるなど幾変遷のすえ、現在の蓬萊市に至っている。

飛鳥時代の遣唐使はこの登州＝蓬萊から上陸し、黄河を溯って長安に入った。登州から長安への道中は、さながら「蓬萊山に到りて、仙衆を歴り観る」という浦島子の蓬萊行と重なるようである。もっとも、五世紀の遣宋使の場合、高句麗との関係が緊張していたから、直接江南方面から首都・建康へ向かったらしいし、三世紀の遣魏使・難升米の場合、先の遣唐使の「北路」以外に、帯方郡を経、渤海湾岸の陸路を回って魏都・洛陽に入ったルートも考えられる。(31) しかし、奈良朝びとは、遣唐使の上陸地であり蜃気楼の名所である現実の登州＝蓬萊を、仙境の蓬萊と重ね合わせ、はるかな昔の物語——浦島子と田道間守の伝承——にも投影した、と思われるのである。

三　大加羅人と波斯人と——アレクサンダー伝説の東漸——

田道間守と浦島子の二人は、不老長寿の仙境・蓬萊山を探して、それぞれ西方と天空へ長い旅に出かけた。逆に、海外からも数多の異邦人が訪れ、わが歴史・伝説に名を残した。ここでは崇神・垂仁朝のツヌガアラシトと斉明朝のカンヅハシダチアを採りあげよう。私見では、不老不死の「生命の水」を求めてワクワク（倭国）まで行ったという、アレクサンダー大王の伝説にかかわる人びとである。

(1)「額に角ある王子」来たる

『日本書紀』は、崇神天皇の末年に任那国との外交関係がはじまったいきさつを、つぎのように記す。(32)

六十五年の秋七月に、任那国、蘇那曷叱知《そなかしち》を遣して、朝貢《みつぎたてまつ》らしむ。任那は、筑紫国を去ること二千余里。北に海を阻てて鶏林《しらき》の西南に在り。

崇神天皇は国内体制を整備・発展させて「御肇国天皇《はつくにしらす》」と称えられたが、長い治世の掉尾を飾るように、隣国任那（大伽羅）から朝貢をうけた。任那は天皇の名「御間城天皇」にちなんでつけられた国名という（後述）。

この任那人・蘇那曷叱知は五年後の垂仁天皇二年、「赤絹一百匹」を授かって帰国する。途中、新羅人に贈り物を奪われた。両国の怨念はこの時にはじまるという。つづいて、『書紀』は不思議な物語を載せる。

一に云はく、御間城天皇の世に、額に角有る人、一の船に乗りて、越国の笥飯浦《けひのうら》に泊まれり。故《かれ》、其処を号けて角鹿《つぬが》と云ふ。問ひて曰はく、「何の国の人ぞ」といふ。対へて曰《まを》さく、「意富伽羅《おほから》国の王之子《せしむ》、名は都怒《ツヌ》我阿羅斯等《ガアラシト》。亦の名は于斯岐阿利叱智干岐《ウシキアリシチカンキ》と曰ふ。

すなわち、大加羅の国から「額《ぬか》に角有る人」が船に乗って、越の気比の浦（いまの福井県敦賀湾）にやって来た。そこで、鹿のような角ある額にちなんで、気比の浦を角鹿《つぬが》と改めた。いまの地名・敦賀の由来である。ツヌガアラシトは「日本国に聖皇がいますと伝え聞いて、帰化すべくやって来たが、道を知らず、いたずらに歳月を重ね、天皇の崩御に遇った」と語った。活目《いくめ》天皇に仕えて三年（御間城天皇いらい足掛け六年滞在）、帰国のさい、天皇は「先の御間城天皇の名をとって汝の国の名とするがよい」と仰せられた。それいらい、大伽羅国を弥摩那《みまな》国と呼ぶようになった。(33)

このように、『日本書紀』は、異形の人アラシトの来朝入貢と、角鹿（敦賀）の地名の由来、任那の国名の起源、任那―新羅の確執を説明する。ついで翌三年、アラシトの帰国と入れ替わりに、こんどは「新羅国の王子天日槍《あめのひほこ》が帰化して来た。巡歴のすえ、但馬国に居所を定め、出石の女人を娶った。その四代後の子孫が先の田道間守である」という。

ところが、アラシトとヒボコの説話が酷似する。一方のアラシトは、「垂仁紀」の一書によると、本国にいるとき、手に入れた神石から童女が化現した。これを娶ろうとしたが姿を消したので、アラシトは跡を追って日本国にまでやって来た。童女は難波の比売語曾社《ひめごそのやしろ》の神となった、という。他方のヒボコも、『古事記』応神天皇の段によると、逃げた同じ幼な妻を追って日本に渡り、但馬に落ち着いたことになっている。そこで、日本古典文学大系本『日本書紀』上は、「蘇那曷叱知（叱智）伝説が天日槍伝説を部分的に借用してつくられたものといえよう」と論定し、アラシトを架空の人物とみなした(34)。

『新撰姓氏録』では、後世の太市首《おおいちのおびと》・清水首・辟田《ひきた》首などがアラシトの子孫と称している。また、敦賀市の気比神宮には摂社「都怒我阿羅斯等神社」があって、アラシトをまつる。いずれも『日本書紀』の伝承に託《かこ》つけた氏族伝承・神社縁起にすぎないのだろうか。

ツヌガアラシトの謎を解く鍵は、名前と風貌の特徴にひそんでいるように思われる。「崇神紀・垂仁紀」によると、異貌の人は古代朝鮮の大加羅国（任那）の王子で、本名は①ツヌガ・アラシト（角額アラシト）と呼び、別名は②ウシキ・アリシチ・カンキ、ほかに③蘇那曷・叱知（ソナカ・シチ）という朝鮮名をもっていた。

国語学者の大野晋は、同じ大系本『日本書紀』の頭注で、ツヌガアラシトの別名ウシキアリシチカンキと朝鮮語名ソナカシチに着目し、おもしろい謎解きに成功した。すなわちソナカのソは朝鮮語の「牛」、ナカは「出る／行く」意の朝鮮語の語根、全体で「牛出／牛行さん」の意味になる。こう字解きすると、和名風の別名ウシキ（牛来）の部分ともピタリ対応する。つまり、任那から「牛行さん」が日本に出かけ、日本には「牛来さん」がやって来た、と見立てられたわけで、細かい点まで符節があう。もちろん、本名の「ツヌガ（角額）アラシト」とも意味が重なる。シチもアラシト・アリシチも敬称、カンキは小国王を表す敬称という(35)。

角については、①三国時代の古代朝鮮にあった「角付きの冑」にちなむとする説、②新羅の最高官位「角干（ツヌカン）」からイメージをふくらませたとみる説、③風土病のため、じっさいに角状の瘤《こぶ》が生えていたとする説、④ツヌガの音の連想から生まれたとする説など、いくつもの見方があった(36)。

私は一九七六年（昭和五一）春、京都国立博物館の特別展「韓国美術五千年展」を取材したさい、たまたま休憩

図5　双角王ことアレクサンダー大王（前300年ころ、リシマコス銀貨＝ツヌガアラシトのイメージ）

室の閲覧コーナーで雑誌『アジア文化』を開いたところ[37]、アラビア史家・前嶋信次の論文「アレクサンドロス・ロマンスの東伝」が目に入った。明眸皓歯《めいぼうこうし》、端正なアレクサンダー大王は額に羊の角が生え（図5）、アラビア世界で「ドゥル・カルナイン（二本角の人）」と呼ばれたこと、アジア遠征ではインドはおろか、シルクロードを経て中国まで進攻し、万里の長城を築いたこと、さらに、不老不死の〈生命の水〉を求めて、東の果てのワクワーク（Waqwaq）島までやって来たことなど、荒唐無稽ながら、興味津々の内容が紹介されていた。「二本角」の渾名と伝奇が、イスラム教の聖典『コーラン』や中国宋代の地理書『諸蕃志』（一二二五年）に記されているところから、アラビアには七世紀はじめに、中国には一三世紀はじめまでに、『アレクサンドロス・ロマンス』が伝わったはずだ、と説いてあった。

当時、手近なところでは『図説世界文化史大系』ギリシア・ローマ編が「アレクサンダー伝説」を図解していたし、『プルターク英雄伝』にも伝説的要素が含まれていたのだが、私は前嶋の論文ではじめて「二本角（双角王）」の名前を知った。それだけに、前嶋のつぎの解説を読んで、にわかに好奇心を揺さぶられた。『アレクサンドロス・ロマンス』について、前嶋は「大王を主人公にした一種の伝奇小説なのだが、中世を中心に約一千年間にわたって、シルクロードに沿う広い世界の民衆はこれに親しみ、これを通じて大王のことを知っていたのである。ただし、古代日本には伝わらなかったようだ」と述べていたのだ。はたして「アレクサンダー伝説」は海を越えて古代日本には伝わらなかったのだろうか。「いや、古代日本にも、たしか〈角ある人〉が来たはずだ！」と、ツヌガアラシトを連想したのだった。

まず、先学にならってツヌガアラシトとアレクサンダーの「角」と「名」を比較したうえ、日本古代の神話伝説とアレクサンダー伝説を対照したところ、偶然とは思われない数々の一致点を見出した。たとえば、神武東征伝説では、神武の率いる皇軍が熊野・吉野の山中に迷ったとき、ヤタガラスが飛んできて道案内をする。アレクサンダー伝説でも、大王軍がリビア砂漠を横断中、砂嵐と熱風に遇って立ち往生したとき、やはりカラスの群れの導きでオアシスへたどり着いた。このほか、東征伝説のディテールや海幸山幸神話などの重要なモチーフが、アレクサンダー伝説と類似する。

そこで、「古代日本の神話伝説はアレクサンダー伝説を手本にしている」と推定した。茫々三十年前のことになるが、翌七七年正月七日付（朝刊）の『毎日新聞』特集に「アレクサンダー大王がひそかに任那の王子ツヌガアラシトに変身して、古代日本を訪れた。アレクサンダー伝説が神武東征伝説や神話の下敷きになった」という、奇想天外な仮説を発表した。その後も共著・雑誌・論集などで繰りかえし書いてきた。[38]さいわい、少数ながら寛大な専門家や読者に恵まれたけれど、[39]広く賛同を得られたとはいえない。

ところが、時移り、いまや「ギリシア神話生まれのヘラクレスが、シルクロードを越えてはるか東へ旅のすえ、仏教の守護神・執金剛神（仁王）に変身した」という新説が唱えられ、美術史学界を沸かす時代である。東京国立博物館と兵庫県立美術館の特別展『アレクサンドロス大王と東西文明の交流』（二〇〇三年）では特別コーナーを設け、写真パネルでヘラクレスと仁王の肉体や持ち物（おなじみの棍棒と金剛杵）など、図像上の特徴がわかりやすく解説してあったので、まだ記憶に新しい。[40]私は「鬼に金棒」ならぬ「ヘラクレスの棍棒」を得た気分で勇気百倍、「ツヌガアラシトにかんする私の仮説も見当ちがいではなかった」と、ひそかに安堵したのであった。あらためてツヌガアラシト・神武・アレクサンダーにかかわる伝説を比較・対照してみよう。そのなかで、もう一組の異邦人たち――カンヅハシダチアのはたした重要な役割についても触れよう。

(2)アレクサンダー伝説群

「歴史上のアレクサンダー大王（前三五六～三二三年）」は、紀元前三三四年、ギリシアを出発してペルシア帝国に侵攻、数度の会戦のすえ、ダリウス三世を敗走させる。アレクサンダーは各地にわが名を冠した王名都市「アレクサンドリア」を建設しながら、アフガニスタンの奥深く、いわゆる「最果てのアレクサンドリア」（現在のタジク共和国コージェント）まで到達する。そのあと、インドに攻め入り、反転してバビロンに帰還するが、ここで熱病にかかり、前三二三年、三二歳の若さで病死する。その間、地中海世界と西アジアを融合する世界帝国をつくり、ギリシア人と他民族との国際結婚を勧めた。

これにたいして、「伝説上のアレクサンダー」は時空を超越したスーパーマンで、世界史上に神出鬼没の活躍をする。(41)

(a)空間的には、猛禽グリフィンをつないだ籠（鳥船型ヘリコプター）に乗って、天上に昇ったり、ガラス樽に入って海底を探ったり。それどころか、インドを越えて中国に至り、長安の都も万里の長城も造ったというのだから、世界史の常識をひっくりかえしてお構いなし。さらに「不死の水」を求めて東へ進み、「物言う木」の生えた国「ワクワク」（もとはワクォク＝倭国つまり古代日本!?）まで行くが、ここで「余命いくばくもない」と告げられ、ついに帰国を決断する。『コーラン』では、日の出入りする東・西の地の果てまで旅をしている。

(b)時間的には、中世の十字軍遠征のさい、その先頭に立ってエルサレム奪還に貢献する。

(c)こんなスーパーマンだから、出生も風貌も尋常の人ではない。古今東西のヒーローたちと同じく、アレクサンダーも神の子と見立てられた。父はマケドニア王フィリッポス二世ではなく、エジプトの「羊頭の神」アモン（化石貝アンモナイトの名はこのアモン神に由来）と、母妃オリンピアスの間に生まれた、と信じられた。その証拠に、大王の額には父神譲りの羊の角が生えていた、というのだ。そこで、大王の肖像入りコインには、羊角のついた異形の横顔が鋳《い》こんである。また「ヘラクレスの再来」らしく、ライオンの頭皮をかぶっていた(42)。

しかし、各地の民衆たちは、忠実な正史よりも、ナンセンスな稗史《はいし》・伝説を好んだので、背鰭《せびれ》も尾鰭《おひれ》もつき、雪だるまのように膨らんで、長大なアレクサンダー伝説群ができあがった。

アレクサンダーの神格・伝説化は生前からはじまり、伝奇の原形は大王の従軍史家カリステネスの作（偽《プシュード》カリステネス作）と仮託された。じっさいにギリシア語版伝説がまとめられたのは西暦二〇〇年ころまで、所はエジプトのアレクサンドリアと推定されている。その後、ギリシア語版アレクサンダー伝説は、各地に伝わって新しいバージョンをつぎつぎに生む。その結果、北はアイスランド、西はイベリア半島、東はジャワ島まで三五カ国語二〇〇種の異版を数えるに至った。

さて、ツヌガアラシトとアレクサンダーの名前を対比すると、次頁の表1のようになる。

アレクサンダーは、ササン朝ペルシア時代（二二〇〜六五一年）、アケメネス朝ペルシア帝国の王統を継いだペルシア王とみられた。ササン朝を滅ぼしたイスラム世界でも、アレクサンダーはイスカンダルの名で呼ばれ、さらに『コーラン』では、すでに見たとおり、「ドゥル・カルナイン」のニックネームで登場する。それが宋代の中国に入ると、「徂葛尼《そかつに》」と漢字に音訳された。すなわち東アジア第一の貿易港・泉州の提挙市舶司《ていきょうしはくし》（貿易税関所長）趙汝适《ちょうじょかつ》の著した『諸蕃志』（一二二五年）に、「アレクサンドリア（遏根陀《あっこんだ》国）」の項があって、「世界七不思議」の

表1　ツヌガアラシトとアレクサンダーの名前

本名	ツヌガアラシト	アレクサンダー
別名	(日)于斯岐　ウシキ・アリシチカンキ Üsiki	(ア)イスカンダール　Iskandar
渾名	(韓)蘇那曷　ソナカ・シチ Suonakar	(中)徂葛尼　Dzokatni (ア)Dhu'l Qarnayn　ドゥルカルナイン (ペ)Zulkarnein　ズールカルナイン (モ)Sulqarni　スルカルナイ
意味	牛来(牛行)	二本角をもつ人
風貌	額に角有る人	羊角が額に生える
身分	任那王子	(ペ)ペルシア王

注：(ア)アラビア語　(ペ)ペルシア語　(中)中国語　(モ)モンゴル語　(韓)韓国語

ひとつ「ファロス島の灯台」にまつわる伝説を伝えている。[43]

遏根陀国は勿斯里《ミスリ》（エジプト）に属す。言い伝えによると、昔、徂葛尼という異人がいた。海浜に大塔を建て、地下をうがって両屋をつくり、煉瓦をびっしり積み重ねた。

これが海のシルクロード経由の伝説なら、同じころ、陸のシルクロード（オアシス・ルート）経由でも伝わっていた。二〇世紀初頭の探検家ルコックが持ち帰った「トルファン文書」のなかの一通（一四枚）が、一三一二年、モンゴル語（ウィグル文字）で書かれたアレクサンダー伝説の断片とわかったのだ。アメリカのアルタイ学者N・ポッペが一九五五年に発見、解読に成功した[44]もので、それによると、(1)シュメール山登頂、(2)海底潜航、(3)闇の国降下、(4)ミスル（アレクサンドリア）帰還の四つのエピソードで構成され、全体が「不老不死」の探求を主題にしている。ここでも、

昔、エジプトの都ミスル（アレクサンドリア）にスルカルナイ（双角王）と呼ばれる男がいた。

ではじまる。三千年の間生きたいと願い、供の者を連れて遍歴のすえ、「不老不死の水」を手に入れるが、供の者に「三千年も生きて何になりましょう。不死に飽きるだけ」と諫められ、目が覚める。

「生命の水」をサイプレスの樹に注ぐと、常緑樹に変わった。最後はスルカルナイのエジプト帰還。空前絶後の冒険を人びとに語り、「自分の死後、美人とレスラーと若者を各千人を集めるように」と遺書をしたためた。

一通り名前が出そろったところで、あらためてツヌガアラシトとアレクサンダーの名前を比べると、よく似ているとの印象をうける。アラシトの本名ウシキは、もしやアレクサンダーのアラビア語名イスカンダルの音を写したものではないだろうか。その目で見ると、アラシトの渾名「蘇那曷」と、ドゥル・カルナインの中国語訳「徂葛尼」は、五百年もの時の隔たりがあるけれど、なんとよく似ていることか。双方が字音と字形の二面でそっくりだ。もし「蘇那曷」の三文字のうち、後ろの二字が入れ替わって「蘇曷那」となっていたら、いよいよ「徂葛尼」と酷似する。

私はこう想像したい。じつは『日本書紀』の編者たちも、はじめは忠実に「蘇曷那」と書いたけれど、「蘇那曷」とひっくりかえせば、「ソナカ＝牛が来る」という朝鮮語に変わり、本名の「ウシキ」とも重なる。そのおもしろさに気づいて、わざと「蘇那曷」に書き改めたのではないか。いや、ひょっとすると、編者たちの単なる錯覚かもしれない。私たちも小さなころ、文福茶釜をなまって「ぶんぶくチャマガ」といったり、エレベーターを「エベレーター」といったりしたものだ。それと同じように、編者たちも知らず識らずひっくり返して書いたとも想像される。言語学でいうメタテーズ（音位転換）の現象である。もちろん、二人は名前の一致のみならず、風貌も身分もよく似ている。こうして、「二本角」と渾名されたアレクサンダー大王は、いつのころか――おそらく飛鳥時代（後出）、最果ての日本へも「ソナカ」のニックネームと「ウシキ」の本名で訪れた、と推定される。

ただし、名前や顔かたちが似ているだけでは、まだアレクサンダー（伝説）が来た確証にはならない。「他人の空似」ということもあるからだ。「角が生えていた」といっても、古今東西、角をもった異貌の人物は数えきれぬくらいいる。たとえば、ギリシア神話の最高神ゼウス、旧約聖書のイスラエル民族の指導者モーゼ、中国神話の薬祖・神農、兵器神・蚩尤《しゆう》、インド説話の一角仙人（謡曲「鳴神」のシテ）など、いずれも額に角があった。私の仮説を証明するため、日本神話・伝説のなかにアレクサンダー伝説と一致する要素があるかを、つぎに追跡してみよう。

(3)日本神話伝説との比較

アレクサンダー伝説のハイライトの一つは、大王軍がエジプトのリビア砂漠で砂嵐にまきこまれて立ち往生した場面であろう。一行は、どこからともなく現れたカラスに導かれて無事、アモン神を祀ったシヴァの神殿（オアシス）にたどりつく。「カラスの誘導」といえばすぐ思い出されるのが、神武天皇の東征伝説にみえる「八咫烏《やたがらす》の誘導」のシーンだ。私も重要な一致点を見出して驚喜し、確信した。(45)

神武天皇率いる皇軍は、瀬戸内を東進して大阪湾（浪速）に入り、日下《くさか》（東大阪）から生駒越えで大和に攻め入ろうとするが、在地豪族の長髄彦《ながすねひこ》に阻まれて撤退、戦略の変更を迫られる。

そこで、ⓐ大阪湾を南下し、熊野から北上して吉野に抜ける大回りコースで、大和を衝こうとする。このとき、ⓑ熊野・吉野の山中で大熊と出会い、毒気にあたって全軍、失神してしまうが、高天が原の神々の天助で息を吹き返し、ⓒ遣わされた八咫烏の道案内を得て、大和入りを果たす。その間、ⓓ「尾ある人」に出会い、ⓔ女軍とも遭遇する。

アレクサンダー軍も、ペルシア軍と第一次会戦（イッソスの戦い）で勝利のあと、一気に東へ追撃せず、ⓐなぜか、全軍の頭をめぐらして長駆、シリア・パレスチナの沿岸を南下し、エジプトのリビア砂漠に入り、シヴァのオアシスにあるアモン神殿に詣でる。その途中、ⓑ砂嵐と熱風にまきこまれ、絶体絶命のピンチにさらされる。さいわい、ⓒカラスの群れが大王軍をオアシスの方へと導く。『プルターク英雄伝』にみえる有名な場面だ。大王軍も東征からの帰途、ⓓ「頭のない人」「尾のある人」やⓔ「女軍」と出会う。

このように、神武天皇とアレクサンダー大王の二つの東征伝説は、細部においてきれいに一致する。

そればかりではない。海幸山幸の神話やニギハヤヒ（物部氏の祖先）伝説なども比較すると、これまたよく一致（類似）するのである。

表2を見よう。山幸彦は兄・海幸彦の釣り針を失って途方に暮れるが、現れた老翁の助けで無目籠《まなしかご》に乗り、海神《わだつみ》の宮を訪ねる。そこで釣り針を見つけたうえ、海神の女・豊玉姫と結婚して生まれたのが、ウガヤフキアヘズつまり神武天皇（カムヤマトイハレビコ）の父である。

アレクサンダーその人もガラス樽に入って海底探検をしたことは、先に見たが、〈マレー半島の『古事記』〉こと『マレー年代記（スジャラ・ムラユ）』（一六一二年成立）にも、アレクサンダーの子孫が海底に降り、海神の王女と結婚する話が出てくる。すなわち、インドに来たアレクサンダー大王は、インド王の王女と結婚し、国へ帰ったあと、王女が男子を産む。その十代目の子孫ラジャ・スランが大軍を率いて中国遠征に向かう途中、海底探検を思いたち、ガラス箱に入って黄金の鎖につるされながら、海底王国に降りる。そこで王女と結婚し、三人の子どもをあげたものの、王統の断絶を恐れて地上に戻り、海底探検の記録を金銀の碑に刻む。その後、ラジャ・スランと他国の王女との間に生まれた王子が、スマトラのスメール山に「天孫降臨」したり、諸国を遍歴して「大蛇退治」をしたり（そのとき、剣が刃こぼれするところも、スサノヲの八岐大蛇《やまたのおろち》退治を連想させる）。さらに、その子はシンガポールを建国し、四代後の子孫スルタン・イスカンダルはマラッカ王国を建てたといったぐあいで、日本神

表2　アレクサンダー伝説と記紀神話・伝説

記紀の神話伝説		モチーフ	アレクサンダー伝説
神武東征伝説	日の神の子	①現人神視	アモン神の子
	日向—筑紫—浪速—日下—淡輪—熊野—吉野—橿原	②南方迂回	マケドニア—ギリシア—フリュギア—イッソス—エジプト—ペルセポリス
	熊野で悪神（大熊）の毒気に当たり、全軍が失神する	③失神回復	東方遠征のさい、砂漠で砂嵐と熱風にまきこまれ、全軍が失神する
	熊野・吉野の山中で迷ったとき、八咫烏に先導される	④烏の誘導	シヴァの神殿に参る途中、道に迷い、烏に先導される
	翁と嫗に変装した二人が、香具山に潜入、山土を取る	⑤敵陣潜入	軍使（アモン神）に変装した大王が自ら敵陣に入り、宴席の杯を奪う
	吉野の山中で〈尾ある人〉に出会う	⑥異人遭遇	バビロンから帰還の途上、有尾人・首無族に出会う
	敵の八十梟帥に女軍があり、神武側も女軍を使って作戦	⑦女軍邂逅	アジア遠征から帰る途中、アマゾン女国と折衝し、納税・上番を誓わせる
	（神武東征に先駆け）ニギハヤヒ、天の磐船で河内に下る	⑧天上漫遊	鳥船式のヘリコプターに乗って天界へ飛び上がる
天孫降臨伝説	葦原中国では「草木咸くに言語（ものいふこと）有り」	⑨物言う木	「物言う木」に己の運命を告知され、バビロンに帰還する
海幸山幸伝説	山幸彦が「無目籠」に乗り海神の宮を訪問（始祖誕生）	⑩海底探検	ガラス樽に入って海底を潜行し、探検する（マレー王国の始祖となる）
ツヌガ・アラシト伝説	額に角あるツヌガアラシト王子、越前気比の浦に来《きた》る	⑪双角大王	羊頭の父神アモン譲りの羊の角が生える（ズール・カルナイン）

聖徳太子伝説	聖徳太子が愛馬「甲斐の黒駒」を駆って富士山に上る	⑫愛馬随行	愛馬ブーケファラス（牛頭の馬）とともにアジア遠征

話とよく似たモチーフがつづく。(46)

古代ギリシアの神話伝説が、シルクロードを経て古代日本に入った例は、もちろん、アレクサンダー伝説にかぎらない。たとえば、いち早く明治末期から昭和初期、坪井九馬三、高木敏雄、南方熊楠らが蘊蓄を傾けて、「ミダス王伝説が平安時代に伝わった」ことを証明した。(47)

ミダス王は、例の「王様の耳は驢馬《ロバ》の耳」でおなじみの、古代ギリシア世界の一国フリュギアの王様である。竪琴の名手アポロと葦笛のパン（山羊の神）が音楽の腕比べをしたとき、ミダス王はただ一人、パンの方に旗をあげる。怒ったアポロは「この音痴野郎ッ、お前の耳など驢馬の耳で十分だ！」と、ミダス王の耳を「驢馬の耳」に変えてしまった。醜い驢馬の耳にされた王は、フリュギア帽をかぶって隠し、お抱えの理髪師の口を封じる。禁じられると、かえって言いたくなるのが人の性。だんだん腹がふくれてきた理髪師、苦しくなって、人のいない川原に出て穴を掘り、そこへ「王様の耳は驢馬の耳」と秘密を吹きこむ。やがて穴から葦が芽を出し、風にそよぐと、「王様の耳は驢馬の耳」とささやぎ、国中に王の秘密をばらしてしまう。

この話が、シルクロードを通って周辺の民族に伝わっていく。ペルシアや中央アジアのキルギスでは、「ミダス王の耳」が「アレクサンダーの耳」に変わり、また、中国・内モンゴルのオルドス地方では、架空の「ウルジクンチクト汗（驢馬の耳をもった皇帝の意）」が、さらに、古代朝鮮の新羅では、実在の「景文大王（在位八六一～八七四年）」が、いずれも驢馬の耳をもっていた、という話になる。

とくに、景文大王の場合、ギリシア神話とそっくりだ。口止めされた理髪師が都・慶州の道林寺の竹藪に入り、「王様の耳は……」とささやいたため、風が出ると、竹藪がリフレーンする。王が伐りとったものの、春になると山茱萸《やまぐみ》の茎が出て、ざわざわとささやいで王の秘密を広めてしまう。

一衣帯水の日本。ミダス王伝説の伝わらぬはずがなかろう。一四世紀、『徒然草』の兼行法師は「覚しきこと言はぬは腹ふくるるわざなれば、筆にまかせて」書きつづったが、一一世紀の『大鏡』は、冒頭でもっとはっきり証言している。「覚しきこと言はぬは、げにぞ腹ふくるる心地しける。かかればこそ、昔の人は物言はまほしくなれば、穴を掘りては言ひ入れ侍りけめ」と。

短い話のなかで、「昔の人～秘密～腹ふくる～穴を掘る～言い入れる」と、特異な細部のつながりがミダス王伝説と一致する。これは偶然の一致ではありえない。ミダス王伝説が古代日本に入っていた、なによりの証左だろう。このように、紀元前八世紀のミダス王にまつわる伝説でさえ、古代日本に届いたのなら、古今無双の英雄アレクサンダー大王の伝説が伝わっても、いっこう不思議ではないだろう。

(4) 飛鳥に来たペルシア人

それでは、いつアレクサンダー伝説が日本列島に伝わったのだろうか。いっぱんに、神話伝説の伝来・受容のしかたは、(1)集団から集団へのリレー式、(2)人びとの往来による直接式、(3)書物・書信を介した間接式の三形式が考えられる。そのいずれにしても、はるかな古代のいつ、神話伝説が伝わったか、こまかく特定できるのは、遣唐使による将来などごく限られたケースだけだろう。ところが、アレクサンダー伝説の伝来は、ピンポイントの正確さで割り出せる、まことに稀有の例らしいのだ。

『日本書紀』によると、斉明天皇三年（六五七）七月、吐火羅《トカラ》国の男女各二人と舎衛《しゃえ》の女一人が筑紫に漂着し、早速、飛鳥の都に迎えられた。折りからお盆の季節で、須弥山塔《しゅみせんとう》を立てた広場で盂蘭盆会《うらぼんえ》がはじめておこなわれ、一行はここで歓待された。六六〇年、リーダーの吐火羅人・乾豆波斯達阿《カンヅ・ハシ・ダチア》が妻を残して帰国した、と記されている。イラン学の井本英一によると、この吐火羅人・乾豆波斯達阿は、西域のペルシア系トカラ人で王族の流れをくむダーラーをさす。吐火羅は薩南諸島のトカラ列島や東南アジア（タイ、ミャンマ）の国名でもなく、はるか彼方の西域のトカラ（トハリスタン）なのだ。乾豆はサマルカンドなどの「〜カンド」またはインドをいい、波斯はペルシアをさす。達阿は、達磨から連想されるように、Dar-a（ダーラー）の音を写したもので、もとは英語でいうダリウスにあたるペルシア王族の名に由来する。[48]

それより先の六五一年、西の超大国ササン朝ペルシアは新興のイスラム勢力に倒され、皇太子・卑路斯《ピローズ》をはじめ、王族・遺民が大挙して唐の長安に亡命、イラン・モードが都中にあふれ、シノ-イラニカ融合文化がおこった。こんな国際情勢のなか、旧王族につながるダーラーもまた、唐から日本へ妻子を伴って亡命してきたのだろうか。やがて斉明天皇みずから百済援軍を率いて筑紫に親征するが、六六一年、白村江の戦いで唐・新羅連合軍に大敗する。その前後、ダーラーとその妻は、直近のササン朝滅亡の悲劇を語ったことだろう。さらに、それらと重ねながら、はるか昔のアレクサンダー大王東征（ペルシア帝国〈アケメネス朝〉の滅亡）の物語を、飛鳥朝廷の斉明天皇と中大兄皇子・大海人皇子の前で語ったと思われる。おそらくペルシア語から漢語に、さらに漢語から日本語に重訳されたのだろう。

大海人皇子すなわち天武天皇が即位して歴史の編纂をはじめたとき、ダーラー夫妻から聞いたアレクサンダー大王東征の物語を思いおこしたであろう。これを下敷きとして神武東征伝説を組み立て、さらに海幸山幸神話をはじめ日本神話の数々を彩ったと考えられる。

アレクサンダー伝説の分布の東限は、これまで久しく中国までとみられてきたが、いまやツヌガアラシト伝説と神武東征伝説・海幸山幸神話こそ、「最果てのアレクサンダー伝説」といえるだろう。

(1)『日本書紀・上』(日本古典文学大系67、岩波書店、一九六七年)。
(2)植垣節也訳注『風土記』(新編日本古典文学全集5、小学館、一九九七年)。
(3)三浦佑之『浦島太郎の文学史——恋愛小説の発生』(五柳書院、一九九二年)、勝俣隆「浦島伝説の一要素」(『国語と国文学』五四巻二号、一九八五年二月号)。
(4)重松明久編著『浦島子伝』(現代思潮社、一九八一年)。
(5)武田雅哉『星への筏——黄河幻視行』(角川春樹事務所、一九九七年)、大林太良『銀河の道　虹の架け橋』〈第一章東アジア　二　牽牛織女とそれ以前〉(小学館、一九九九年、金関恕の教示による)。
(6)桑原隲蔵「張騫の遠征」一九一六年(『東西交通史論叢』、弘文堂書房、一九三三年)。
(7)E. A. W. Budge 英訳・解説：*The Alexander Book in Ethiopia*, 1973. AMS Press (1933, Oxford University Press のリプリント版)、岡本健一・武田隆伴訳・解説「アレクサンダー伝説」(『世界口承文芸研究』3号、大阪外国語大学口承文芸研究会、一九八二年)。
(8)守屋美都雄訳注『荊楚歳時記』〈七月七日〉の項(東洋文庫、平凡社、一九七八年)。
(9)杜甫「秦州雑詩・六」(黒川洋一編『杜甫詩選』、岩波文庫、一九九一年)による。
(10)江口孝夫訳注『懐風藻』(講談社学術文庫、二〇〇〇年)。
(11)大阪成蹊女子短期大学国文学科研究室編『吉野の文学』の「総説」(松前健執筆、和泉書院、一九九二年)、福永光司・千田稔・高橋徹『日本の道教遺跡を歩く』〈吉野・宮滝〉(朝日選書、二〇〇三年)、伊藤博『萬葉集全注・巻第一』(有斐閣、一九八三年)、中西進『ユートピア幻想——万葉びとと神仙思想』〈終南山〉(大修館書店、一九九三年)。
(12)中野美代子『ひょうたん漫遊録』〈銀漢渺茫——黄河源流は銀漢なりしこと〉(朝日選書、一九九一年)。

(13) 片桐洋一『歌枕歌ことば辞典』〈浮木〉(角川書店、一九八三年)。
(14) 杉原たく哉「中華図像遊覧4・張騫図」(『しにか』一九九六年七月号、大修館書店、のち『中華図像遊覧』所収、同上、二〇〇〇年)。
(15) 岩永憲一郎「河内漢詩散策・九」(『河内どんこ』六一号、八尾文化協会、二〇〇〇年)。ただし、読み下し文・口語訳とも改めた。同誌は大阪東郊の地域文化誌で、編集長・三上幸寿より長年、恵与された。
(16) 秋山虔校注『伊勢物語』82段(新日本古典文学大系17、岩波書店、一九九七年)。
(17) 下出積與「神仙思想と浦島伝説」(『神仙思想』、吉川弘文館、一九六八年)。
(18) 勝俣隆「浦島伝説の淵源」(『国語と国文学』一九九六年八月号)。
(19) 重松明久前掲注(4)書。浦嶋子に飾られる島台が蓬莱山をかたどり、帆かけ船の絵が浦嶋子の乗り物をあらわす。さらに、祭りをもりあげる「踊り込み唄」にも、「磯部伊雑宮は竜宮様よ」といった歌詞が含まれるからだ、という。
(20) 水野祐『浦島伝説の探求』(産報、一九七七年)。
(21) 前掲注(1)『日本書紀・上』補注「浦島子伝説」。
(22) 上田正昭『古代道教と朝鮮文化』(人文書院、一九八九年、前掲『著作集2』)。
(23) 『日本書紀1』(新編日本古典文学全集2、小学館、一九九四年)。
(24) 今尾文昭「天皇陵古墳関係資料」(森浩一編『天皇陵古墳』、大巧社、一九九六年)。
(25) 泉森皎ほか『大和の古墳を語る』〈宝来山古墳〉(六興出版、一九八四年)。岡田精司の教示によって、旧稿の誤りを正すことができた。
(26) 内藤湖南「卑弥呼考」(『藝文』一巻二・三・四号、一九一〇年/『読史叢録』所収、弘文堂書店、一九二九年/『内藤湖南全集』第七巻所収、筑摩書房、一九七〇年)。ただし、湖南の注記によると、すでに明治二一年、橘良平『日本紀年考概略』が「難升米は田道間守の訛」と指摘した。藤田元春も『上代日支交通史の研究』(刀江書院、一九四三年、初出一九三七年)で、難升米の漢字音 Nan-chuan-mi から倭音を Na-chi-ma と推定、タヂマモリに当てている。
(27) 土居光知著作集第二巻『古代文学と伝説』〈西アジア古代伝説　一三〉(岩波書店、一九七七年)。
(28) 尾畑喜一郎「多遅摩毛理伝承と道教思想」(『國學院雑誌』八三巻一号、一九八二年)。ただし、田道間守その人については、先の卑弥呼の正使・難升米や、〈但馬の〉出石族の航海者代表とみる意見（『増補 日鮮神話伝説の研究』三品彰英論文集第四巻、平凡社、一九七二年）を退け、神仙思想との関係を重視して、長生の仙薬を求めた徐福や盧生のような人物――具体的には「韓国からの帰化人の系列に繋がる、然も道士的な存在」を想定している。

(29) 奥野正男『邪馬台国はここだ』（毎日新聞社、一九八一年）、同『邪馬台国の鏡』（新人物往来社、一九八二年）、小野山節「三角縁神獣鏡の傘松形に節・塔二つの系譜」（『郵政考古学』27号、一九九九年、薗田香融の教示による）、西川寿勝「三角縁神獣鏡の傘松紋と神仙思想」（『東アジアの古代文化』113号、二〇〇二年）など。

(30) 大形徹『不老不死――仙人の誕生と神仙術』（講談社現代新書、一九九二年）。

(31) 榎一雄「『魏志』倭人伝とその周辺(5)」（『季刊・邪馬台国』19号、一九八四年）。

(32) 以下、本文・分注の読み下し文は、新編日本古典文学全集本『日本書紀①』（小学館、一九九四年）による。

(33) よく知られているように、江上波夫の騎馬民族征服王朝説では、王名と国名の関係は逆で、崇神天皇は本来、任那出身で御間城入彦《ミマキイリヒコ》と名乗り、ここから九州に進攻、第一次征服王朝を建国し、御肇国天皇と称されたとみる。石田英一郎・江上波夫・岡正雄・八幡一郎『日本民族の起源』（平凡社、一九五八年。初出は『民族学雑誌』十三巻三号、一九四九年二月）。

(34) 日本古典文学大系本『日本書紀』上「垂仁紀」の補注（岩波書店、一九六七年）。

(35) ただし、新編日本古典文学全集本『日本書紀』によると、ソナカ・シチは朝鮮語で「金―国―邑・首長」の意となり、金国大君長と訳し得るという。

(36) 三品彰英「天日矛帰化年代攷」（前掲注28『増補 日鮮神話伝説の研究』所収）。

(37) 前嶋信次「アレクサンドロス・ロマンスの東伝」（『アジア文化』一二巻四号、一九七六年）。

(38) 拙稿「アレクサンダー大王は古代日本に来た！」（『毎日新聞』一九七七年一月七日付朝刊）、岡本健一・井本英一・金澤良樹『アレクサンダー大王99の謎』（産報、一九七八年）、「神武東征伝説の秘密――アレクサンダー伝説の東漸」（『発掘の迷路を行く』下、毎日新聞社、一九九一年）、「神武東征伝説」（『古代の光――歴史万華鏡』、三五館、一九九六年）、「二つの大王伝説」（『森浩一70の疑問』、中央公論社、一九九九年）、「古代日本のかたち」（『三笠宮殿下米寿記念論文集』、刀江書房、二〇〇五年）、「最果てのアレクサンダー・ロマンス――神武東征伝説の起源」（『あざみ』20号、橿原文化協会、二〇〇七年）ほか。

（39）前嶋先生は『アレクサンダー大王99の謎』の帯に推薦文を寄せてくださった。「天馬空をゆく奔放さと周到な考証」のキャッチコピーは、もちろん過褒だが、その後に出された『東西文化交流の諸相　シルクロード史上の群像』（誠文堂新光社、一九八二年）所収の論文には、私に問題意識を植えつけていただいた「古代日本には伝わらなかったようだ」という一文が、なぜか見えない。「日本伝来を証明したい」と逸る私の、あれは錯覚だったのだろうか。約十年後、『図書新聞』のコラム「奇書珍書」でも、矢島文夫先生がとりあげられた。さらに、小学館版『日本大百科全書』「アレクサンドロス」の項目で、小さな共著が参考文献の一冊に加えられたのは、望外の光栄であった。

（40）『アレクサンドロス大王と東西文明の交流展』図録（NHKプロモーション、二〇〇三年）、シルクロード学研究センター編『シルクロードを翔る　アレクサンドロス大王～その夢と実像、そしてヘレニズム文化の東漸～』（同センター、二〇〇五年）

（41）以下の解説は、主として前嶋信次前掲注（38）論文および「マルコ・ポーロとアレクサンドロス伝説」（前掲注39書所収）と、金澤良樹前掲注（38）書、およびギリシア語版アレクサンダー伝説（散逸）の古形を残すといわれる、つぎのアルメニア版・エチオピア版の英訳本を参照した。

A. M. Wolohojian (trans.), *The Romance of Alexander the Great by Pseudo-Callisthenes*, New York and London, 1969 (The Armenian version)

E. A. Wallis. Budge, *The Alexander Book in Ethiopia: The Ethiopic versions Pseudo-Callisthenes*, London, 1993（ただしリプリント版 1973, New York, AMS Press を使用）。なお、エチオピア版の抄訳には、岡本・武田隆伴訳前掲注（7）書がある。

（42）前嶋は前掲論文「マルコ・ポーロとアレクサンドロス伝説」で、アレクサンダーの角の由来について、古代いらいの見方を紹介している。

（43）藤善真澄注解『諸蕃志』（関西大学東西学術研究所、一九九一年）。

（44）その後、アメリカのF・W・クレーヴスが新しい解読の成果をハーバード大学アジア研究雑誌に発表した（F. W. Cleaves, *An Early Mongolian Version of The Alexander Romance*, *Harvard Journal of Asiatic Studies*, Vol. 22, Dec., 1959 pp.1-99）。トルコ語版からの直訳か翻案らしい、という。当時、ウイグル文書研究の大家・山田信夫（大阪大学）からコピーを恵与された。

（45） 建国の祖が鳥に誘導されるというモチーフは、中世イギリスのアルフレッド大王の征服伝説にみえるほか、モンゴル・トルコ・ウラル諸民族にも広く分布する。民族学の岡正雄は、ハンガリーの建国伝説――英雄アルパートの率いる軍勢が、雪中のカルパチア山脈で遭難しかけたとき、猛禽トゥルルが吹雪のなかから現れ、ハンガリア平原へと導きだしたという物語――と比較して、「神武伝説とアルパート伝説の共通のルーツが中央アジア付近にある」と考えた。前掲注（1）書と「二つの建国神話」（日本古典文学大系・月報13）。

（46） 西村朝日太郎『馬来編年史（スヂャラ・マラユ）研究』（東亜研究所、一九四一年）、岡田英弘『倭国の時代』（文藝春秋、一九七六年）。

（47） 高木敏雄「驢馬の耳」（『日本神話伝説の研究』、岡書院、一九二五年／平凡社東洋文庫版、一九七三年）、南方熊楠「驢の耳を持った皇帝」（『南方熊楠全集』第四巻、平凡社、一九七二年）。

（48） 井本英一『古代の日本とイラン』（学生社、一九八〇年）、同『神話と民俗のかたち』（東洋書林、二〇〇七年）ほか。伊藤義教『ペルシア文化渡来考』（岩波書店、一九八〇年）も同じ立場で、トカラ人乾豆波斯達阿を「トカーレスターンの住人で、クンドゥズ在のペルシア人ダーラーイ」と解読した。

［追記］ 小稿の提出後、前田晴人が『女王卑弥呼の国家と伝承』（清文堂、一九九九年）で、（田道間守ではなく）浦島子の伝説を『魏志倭人伝』の史実と比較・対照していることを知った。浦島子の実像は丹後の港湾管理者シマコで、景初三年、抜擢されて遣魏使の次使となった都市牛利その人とみる。比較対象も結論も異なるが、問題意識は近い。

〔引用図版出典〕

図1 個人蔵
図2 著者撮影
図3 樋口隆康『三角縁神獣鏡綜鑑』（新潮社、一九九三年）
図4 『太上霊宝芝草本』（大形徹『不老不死』、講談社、一九九二年）
図5 M. Bieber, *Alexander the Great in Greek and Roman Art*, Argonaut Inc. Publishers, Chicago, 1964.

あとがき――「五恩」に感謝しつつ

新村出博士は半世紀前、『広辞苑』第一版の自序で発刊の喜びを述べたあと、「老至って益々四恩のありがたきを感ずるのみである」と結ばれました。僭越ながら、いまの私の心境も同じです。天佑神助と多くの方々にささえられてここまで完走できたと、深々とした感謝の念に満たされています。

一 出版に至るまで

一九九九年春、私は毎日新聞社を退社して新設の京都学園大学人間文化学部〈情報文化論・文化財論担当〉に奉職すると、研究テーマを「前方後円墳の発生と古代文化に現れた神仙思想の影響」と定めました。前方後円墳の謎めいたかたちが神仙思想の「壺型の蓬萊山」に由来することを、すでに探りあて、年々確信を深めていたからです。転身を機に、さらに広く古代文化のなかに神仙思想の表象を見わたそうと企てたものです。さいわい、総合研究所の平成一三年度研究助成〈奨励研究〉を与えられ、「中国山東省・河南省画像石の旅〈団長・菅谷文則滋賀県立大学教授〉」に加わって、沂南画象石墓など著名な画像石群を実見し、神仙思想にかかわる画像資料を収集できました。

はじめのうちは、もっぱら蓬萊山に関心が集まり、扶桑樹の大きな影響はみえません。ところが、九州の装飾古墳や中国・朝鮮の高句麗壁画のなかに扶桑樹が描かれていること、〈飛ぶ鳥の明日香〉の成立や〈飛鳥〉の語源もまた、扶桑樹から飛びたって天空をめぐる太陽鳥〈三足烏〉に因むことを発見するにおよんで、扶桑樹の歴史的意義を再認識しました。こんなしだいで、定年時の「第二の卒業論文」の題目は、早々と『蓬萊山と扶桑樹』に決まったのでした。

問題は「古墳発生以前に神仙思想が受容された」という事実の証明です。長年、弥生・古墳文化のなかに神仙思想の痕跡を探し求めてきましたが、ついに二〇〇一年、弥生時代の唐古・鍵遺跡から仙薬「禹余粮」が見つかったのです。気がつけば、神仙思想研究の奔流に呑みこまれていました。大発見にふりまわされる考古学者たちは、ひところ「明日をも知れぬ我が身」と自嘲したものですが、まさか、わが身に降りかかるとは。私の論文そのものの賞味期限が過ぎたかもしれないのです。

はたして勤務校の「平成一九年度京都学園大学学術出版助成」を申請して上梓すべきか。ためらう私の背中を押してくださったのが、総合研究所事務長の奥本和巳さんでした。力強い後押しがなければ、つい、易きについて一書にまとめるチャンスを逸したでしょう。出版社は、新聞社時代からお世話になった林秀樹さんのおられる思文閣出版にお願いして、大学の助成を申請しました。採択いただいた総合研究所運営委員会ならびに大学当局に、深甚の謝意を表します。

二　収載論文の初出

ここには一九九九年から二〇〇七年まで、学部学会の紀要『人間文化研究』と『毎日新聞』などの紙誌、そして頌寿記念論集に発表した論文・エッセー・記事を収めました。例外的に三十年前の拙稿「ワカタケル大王」（『古事記の証明』）と、二十年前にはじめて「前方後円墳＝蓬萊山」説を提唱した『毎日新聞』正月特集を（データを更新したほかは）ほとんどそのままで転載しています。おそらく二昔・三昔も前の旧稿を載せるのをいぶかられる方もあるでしょう。一言、自注をつけておきます。一九七八年から八四年にかけて、埼玉稲荷山鉄剣の金文字をはじめ、奈良市東郊の太安萬侶墓、出雲・神庭荒神谷遺跡の銅剣群と大発見があいつぎ、さながら〈考古学上の疾風怒濤の時代〉の観がありました。『古事記の証明——ワカタケル大王と太安萬侶』は、このとき毎日文化財取材班（もじって毎文研と自称。リーダーは石倉明さん）が執筆したもので、この時代の雰囲気を感じとっていただけようと考えました。ありがたいことに、横田健一先生は書評で「第Ⅱ部は論文だ」とコメントされ、大塚初重先生は『図書新聞』恒例の「推薦図書ベスト3（考古学分野）」に選んでくださいました。

「前方後円墳＝蓬萊山」説の正月特集はしょせん新聞記事ですが、おおげさに申せば「前方後円墳＝蓬萊山」説を言挙げした本邦最初のドキュメントです。そこで、手直しは考古学データの範囲にとどめ、ほぼ初出のままとしました。第一発見者Ｒ・スタン博士の名は、とうぜん最初からあげて敬意を表し、かつ権威を借りようとしたものの、通説の牙城がゆるがなかったことは、くりかえし述べたところです。当時、新聞記事に引用論文名・筆者名を注記するのは、ペダンティックでこちたき感じをあたえましたが、進んで卒業論文やレポートの作法をもちこんだのです。さればこそ、先生方はおもしろいアイデアを惜しみなく開陳してくださった、と信じています。

論文の初出紙誌は、つぎのとおりです。

まえがき——仏教以前に「仙道」の時代があった　新稿

第Ⅰ部　蓬萊山と扶桑樹の再発見

序　章　日本古代史上の「スフィンクスの謎」　紀要1号論文Ａ

第一章　蓬莱山のかたち（一～五）　同右
第二章　蓬莱憧憬の展開
一　壺のモデルは何か　新稿
二　神仙思想文化の華　紀要2号論文B
《コラム》不老長寿の夢「蓬莱山」＝前方後円墳に託して　毎日新聞①
第三章　扶桑樹のすがた（一～三）　紀要10号論文D
四　双脚輪状文を解く　新稿
第四章　扶桑憧憬の諸相
一　五郎山壁画の主題　紀要10号論文D
二　竹原古墳壁画新解　新稿
三　扶桑唐草文の世界　新稿
四　「飛ぶ鳥の明日香」　紀要7号論文C
結　章　「文物の儀、備はる」――「国のかたち」の形成　新稿

第Ⅱ部　不老長寿の楽園を求めて

第五章　卑弥呼の最期と昇仙（一～三）　紀要15号論文F
四　孫権と卑弥呼の場合――内藤湖南説の再検討　新稿
むすび――卑弥呼、箸墓より昇仙す　新稿
第六章　雄略時代の神仙信仰（一～四）　『古事記の証明』

《コラム》「治天下」の宣言――発見25年記念シンポジウムから　毎日新聞②
第七章　高松塚の主石上麻呂　紀要13号論文E
《コラム》高松塚解体――慟哭する壁画と墓主　毎日新聞③
第八章　蓬莱を尋ねた人びと（一、二）　紀要2号論文B
三　大加羅人と波斯人と――アレクサンダー伝説の東漸　神武伝説
あとがき　新稿

下段の注記にあげた論文の原題は、つぎのとおりです。

紀要論文A「蓬莱山と扶桑樹への憧れ――日本文化の古層の探究（上）」　一九九九年
B「蓬莱山と扶桑樹への憧れ――日本文化の古層の探究（下）」　二〇〇〇年
C「〈飛ぶ鳥の明日香〉再考――地名考古学の試み――」　二〇〇二年
D「蕨手文考――扶桑生命樹の森（1）」　二〇〇三年
E「左大臣石上麻呂の数奇な生涯――高松塚の被葬者再考――」　二〇〇四年
F「倭の女王卑弥呼の最期――〈以死す〉再考」　二〇〇五年
神武伝説「二つの大王伝説」『森浩一70の疑問』中央公論社　一九九九年
「古代日本のかたち」『三笠宮殿下米寿記念論集』同刊行会　二〇〇四年
「最果てのアレクサンダー伝説」『あざみ』20号　薊の会　二〇〇七年
毎日新聞①「不老長寿の夢「蓬莱山」＝前方後円墳に託して」　一九八六年元日号特集
②「稲荷山鉄剣銘発見20年／上・下」　一九九八年一二月二五日、翌年一月八日

③「高松塚解体」記者の目開設30年記念企画——OB記者の目　二〇〇六年七月六日

毎日新聞社編『古事記の証明——ワカタケル大王と太安萬侶』第Ⅱ部　一九七九年

既往の論文の改編・再構にともなって、大幅に書き換えと加筆をおこない、管見にはいった論著を参照して本文・注にもりこみました。ご覧のとおり、パッチワークのような作業で、予想外の悪戦苦闘のはじまりです。本格的に着手したのは昨年七月半ば。楽しい仕事のはずが、秋口から体調を崩し、心身の劣化と重なって遅々として進みません。それでも、いくたびか小発見に恵まれたときの喜びは、青壮年期の自在な発想にもまして大きく、なによりの賦活剤でした。

三　謝　辞

新村先生の「四恩」は本来、天地・父母・国王（三宝）・衆生から受けた恩恵をさすようです。現代では衆生は社会（地縁・社縁）と言い換えてもいいでしょうか。インターネットと電子テキストなどインフラ整備の恩恵も欠かせません。とりわけ大東文化大学の公開する台湾・中央研究院「漢籍電子文献（資料庫）」の中国正史がなければ、「卑弥呼以死す」問題は解決できなかったでしょう。あわせて「五恩」と仮に呼び、深謝しつつ、社恩と学恩を中心にお礼を述べます。

考古学界草創期のパトロン本山彦一翁（大阪毎日新聞社長）は、「大毎考古隊」を組織して国府遺跡（大阪府藤井寺市）などを発掘調査し、すでに大正時代に「幻の旧石器」を発見していました（拙著『発掘の迷路を行く／下』、毎日新聞社、一九九一年）。梅原末治先生の盟友で考古記者の魁・岩井武俊京都支局長。平城宮跡調査・法隆寺金堂壁画焼失・高松塚壁画発見の報道と解説・指揮で知られる、戦後の文化財記者の代表・青山茂さん。その末流に加わった私に、一九七八年九月一八日夜、「天の声」が降ってきて「稲荷山鉄剣銘発見」のスクープになったことは、本文に記しました。田中琢先生も『倭人争乱』（日本の歴史2、集英社、一九九一年）でややくわしく回想しておられます。このとき、奈良国立文化財研究所と埼玉県教育委員会のみなさんには多大の迷惑をかけましたが、所長の坪井清足先生は叱責されなかったばかりか、一九九九年、私が新聞社を卒業すると、寛大にも「長年の公正な文化財報道と啓発的な著作」にたいして藤森栄一賞（長野県考古学会賞）を恵与されたのです。

第二部の扉のエピグラフは、忘れもしない、一九七九年の年の瀬、迎春の準備をすまされた岸俊男先生のお宅を訪ね、談話を求めたときの先生の言葉です。在野の研究者・梶山彦太郎さんの新説（私家版『難波古京攷』に発表予定）について、開口一番、「どこに（真実の）珠が遺ちているかわからないからな」と身を乗りだしてコメントされたのでした。松本清張先生の「以て死す＝王殺し」説も、卑弥呼問題を解決する重大なカギですが、失礼ながら、岸語録にあてはまる好例と思われます。岸先生はまた、自他に「二十年はもつ論文」を求められました。不肖私もそうありたいと願うものです。

論説委員・特別編集委員時代を通じて、日曜版連載「発掘の迷路を行く」とコラム「歴史万華鏡」を担当し、全国の遺跡と専門家を巡礼できたのは、まことにさいわいでした。道々の専門家を尋ね、いそいそと記事を書く私どもの姿を見て、美術史家の石田尚豊は評されました。「新聞記者はまるで（善知識・菩薩を訪ねて教えを請うた）善財童子のようだね」と。もちろん過褒ですし、どの職業人にも通じることですが、記者のあるべき姿の一面を示唆くださったと思います。

その間、「長沙馬王堆漢墓展」（一九九〇年）にそなえて前年一二月、湖南省博物館で取材しました。

監修の田辺昭三先生や電通関西支社のスタッフとともに、広げられた掛軸の「馬王堆帛画」を目のあたりに見ましたが、思えば、これこそ「蓬萊山と扶桑樹」を主題にした最古の作品だったのです。

「新聞社はうわさ社会だ」といいます。司馬遼太郎・林屋辰三郎・森浩一のお三方は、新聞記者の月旦をよくされ、折々に訪れる各新聞社の幹部にうわさ話を披露しながら、「誰某君を大事にしなさいよ」とささやかれたようです。その恩顧をこうむった関西の記者は、数知れず。私もその大勢のなかの一人でしたが、「やはり野に置け、れんげ草」で、ご恩に応えられなかったことが悔やまれます。

新聞社を卒業して京都学園大学に奉職しえたのは、ひとえに上田正昭先生ご推輓の賜です。十人を超える先生方から将来へのご高配をいただき、身にあまるご芳情にふれて歓喜にふるえた十余年前の日々が、思い出されます。きびしい報道合戦から解放され、若々しい学生諸君と接する職場のおかげでしょうか、新聞社時代より元気に仕事ができ、思いがけない「扶桑樹」の発見に遭遇しつつ、ようやく所期の〈第二の卒論〉『蓬萊山と扶桑樹』もかたちをなしました。

思いがけない発見といえば、「卑弥呼、以死す」の真相を解明できたことです。本文に記したとおり、松本清張・直木孝次郎両先生の導きによります。直木先生には新春、『七十歳の峠』を恵与されました。原秀三郎先生は「邪馬台国は九州で決まりだ。大和説にこだわっていてはダメだよ」と諭しながら、「〈卑弥呼、以て死す〉はいい切り口だ。問題は、いかに構造的にとらえるかにある」と、長文の手紙で指南されました。このたびも構造的把握に至らず、他日の宿題となったのは残念です。

小南一郎先生は、ごった煮のような最初の論文をみて驚かれたようで、テーマを分けて十本くらい書けと勧められ、海外の参考文献を教示いただきました。井本英一先生は、アレクサンダー伝説の追求いらい南方熊楠流の博大な知識を傾けられ、比較文化史と図像への目を開いてくださいました。同窓の友人たちの合評や寸評からも、目からウロコの示唆を与えられました。

橿原考古学研究所の樋口隆康所長には何枚も図版を拝借しました。稲荷山古墳出土「画文帯神獣鏡」のトレース図は、金文字発見当時、休日にわざわざ研究室に出て来て目の前で描いてくださった、忘れがたい一枚です。河上邦彦先生をはじめ研究所のみなさんから、日ごろ助言と教示にあずかりました。図書室の膨大な考古資料を閲覧できなければ、小著はならなかったでしょう。朋友書店には新着中国書のアンテナ役として助けられました。考古学ファンの方々からも現地説明会資料などを提供されました。

最後になりましたが、出稿が大幅に遅れたうえ三校・四校で手を入れるなど、思文閣出版の林秀樹編集長をはじめ、みなさんを辟易させました。京都の老舗らしく辛抱づよく穏やかに督励され、きめ細かく編集してくださったことに御礼申しあげます。「蓬萊山」「壺型」など正字を用いたのは、漢字文化にたいする林さんのつよい思い入れに感化された結果です。

家族からは物心両面の支援をうけました。とくに二人暮らしの妻・秀子は日夜、助手として探しものから校正・索引づくりまで手伝い、郷里の丹後では「桑の実をヒナビ（陽の精？）と呼ぶ」などと語りながら、夜なべ仕事につきあってくれました。小著は古稀を迎えた二人のコラボレーションです。

ご清鑑まことにありがたく、深謝つかまつります。

平成二十年（二〇〇八）年三月一日　金文字発見三十周年を迎える埼玉稲荷山古墳から帰って

岡本健一

索　　引

［人　　名］
（機関名をふくむ）

あ

青山茂　304, 401
秋里籬嶋　59
秋山虔　391
秋山光和　170
秋山日出雄　311, 342, 347〜9
朝日新聞(社)　108, 235, 303
足利健亮　56, 61
飛鳥古京顕彰会　171
飛鳥保存財団　171, 355
熱田神宮　34
東潮　349
阿部秀雄　182, 214
網干善教　25, 36, 55, 60, 342
有賀祥隆　349
有坂隆道　236, 245, 305, 307, 308, 340, 344, 347, 349
有光教一　34
安立華　132, 166

い

李進熙　231, 249
いき一郎　61
池内宏　74, 107
池田勇　60
池田次郎　309, 345
池田裕　351
生駒山人　363, 364
石井昌国　167
石倉明　304, 397
石田英一郎　141, 167, 392
石田尚豊　310, 347, 401
石野博信　4, 29, 32, 58, 59, 65
石原道博　181, 182
石部正志　28, 219
石山勲　93, 111
石渡美江　132, 166
出石誠彦　34
泉森皎　83, 108, 391
伊瀬仙太郎　182
板垣退助　200
五木寛之　28
井手至　146, 147, 168
伊藤清司　33
伊藤博　148〜52, 167, 169, 326〜30, 352, 362, 390
伊藤義教　394
稲田俊雄　169
井波律子　216
犬養孝・清原和義　328, 352
井上正　12, 32
井上辰雄　281
井上光貞　255, 281, 283, 345, 367, 391
井上靖　300
猪熊兼勝　32, 51, 311, 337, 344, 349, 353
今泉隆雄　158, 168, 170
今尾文昭　36, 369, 391
今鷹真　217
井本英一　14, 28, 32, 33, 107, 109, 389, 392, 394, 402
岩井武俊　400
岩永憲一郎　363, 364, 391
尹国有　165

う

植垣節也　390
上田宏範　10, 28, 32
上田正昭　60, 68, 171, 181, 270, 295, 367, 391, 402
上田恭彦　340, 341

宇佐晋一　103, 112
牛嶋英俊　37
内野熊一郎　216
梅原末治　21, 28, 34, 74, 99〜101, 107, 111, 165, 172, 234, 400
梅原猛　22, 28, 35, 67, 256, 311, 344

え

江上波夫　166, 392
江口孝夫　169, 390
榎一雄　375, 392
榎本武揚　315〜7
エリアーデ, M.（堀一郎訳）　108, 272, 353
袁珂　187, 215
遠藤哲夫　351

お

王巍　25, 36
王世昌　172
王政白　215
王仲殊　295, 306, 307, 311, 339, 344, 350
汪勃　350
近江昌司　82, 107, 108
大形徹　373, 392
大阪市立大学付属病院放射線科グループ（玉木正男・城戸正博ら）　344〜6
大阪府高槻市教育委員会　234
大阪府文化財センター　58
大阪府立弥生文化博物館　34, 35
大崎敏子　222
太田次男　217
太田昌子　60
大塚泰二郎　318, 351
大塚初重　295, 297, 299, 397
大野晋　147, 237, 246, 250, 377
大浜厳比古　148〜52, 168, 169, 311
大林太良　22, 35, 184, 214, 219, 390
大林組プロジェクトチーム　11, 32
大神神社　151
大村直　218
大山巌　174
大山平四郎　59
大和岩雄　28, 30, 32, 219
岡正雄　164, 392, 394
岡内三真　32
岡崎敬　244
小笠原好彦　60
岡田精司　7, 31
岡田英弘　394
岡田良策　199, 216
岡本健一　10, 28, 29, 106, 108, 167, 213, 238, 305, 311, 349, 352, 390, 392
小川環樹　352
小川良祐　289, 297, 299
荻原千鶴　311
奥野利雄　61
奥野正男　183〜6, 205, 214, 392
奥本和巳　396
小倉芳彦　217
尾崎康　217
小田富士雄　87, 110, 116, 164
乙益重隆　104, 112
小野山節　289, 291, 392
尾畑喜一郎　372, 391, 392
小尾郊一　258
澤瀉久孝　150, 167〜9, 352
折口信夫　61, 144, 352

か

ガウランド, W.　28
河新　112
何楽士　215
何麗南　215
角林文雄　238, 254
笠井新也　211〜3, 219
笠井倭人　182, 207, 217, 218
加地伸行　6, 28, 31
梶山彦太郎　401
片岡正人　30
片桐一男　350
片桐洋一　352, 391
堅田直　28, 31
勝海舟　300
勝部明生　311, 345, 348〜50
勝俣隆　366, 390, 391
門脇禎二　236

金井清一　169, 353
金井塚良一　4, 29, 65, 295
金澤良樹　392, 393
金関丈夫　107, 122～5, 129, 164
金関恕　28, 31, 390
河南省博物館　112
金子裕之　60
狩野直禎　285
狩野久　225, 227, 232, 235, 297
加納諸平　352
鎌田元一　208, 209, 219
鎌田正　217
神鷹徳治　217
亀田博　59
加茂儀一　350
蒲生君平(『山陵志』)　v, 6, 10, 27, 30, 66
賀茂真淵　145
河内良弘　28
河上邦彦　403
川西宏幸　287
河森一浩　35, 166
姜仁求　32, 35
韓玉祥　112
元興寺文化財研究所　222, 225, 226
関西大学グループ(網干善教・有坂隆道・高橋三知雄)　342

き

菊竹淳一　74, 77, 79, 107, 108
岸俊男　50, 59, 60, 169, 177, 225, 228, 232, 235, 240, 246, 282, 283, 311, 342, 355, 401
紀州徳川家　55
喜田貞吉　28, 47
北島葭江　150, 168
北山茂夫　318, 351
北山峰生　140
金思燁　148, 168
金文京　170
木村重信　32
木本好信　317, 318, 350, 351, 353
共同通信社　74, 303, 340, 341
京都学園大学　70, 106, 395, 396
京都国立博物館　377
京都大学中央図書館　106
清田圭一　109
靳之林　74, 83, 90, 95, 104, 109～13, 165

く

日下八光　87, 91, 92, 94, 110, 111, 113
クック, R.　109
櫟国男　28
久野昭　34
久保惣記念美術館　34
熊谷宣夫　101, 111
熊本県菊水町歴史民俗資料館　231
工楽善通　110
栗原淳　167
栗原朋信　182, 201, 202, 214, 361, 390
車崎正彦　4, 10, 28, 30, 37
黒岩重吾　301, 317～20, 336, 351
黒川洋一　361, 390
桑原隲蔵　390
郡司正勝　34

け

契沖　144, 146

こ

呉慶峰　215
小泉純一郎　200
考古学研究会　37
黄珊　215
高至喜　80
高書林　126, 165, 172
高大　113
耿鉄華　165
神野志隆光・山口佳紀　351
神戸市教育委員会　37
古賀登　189, 215
国文学研究資料館　196
国立歴史民俗博物館　115
小島憲之　170, 239, 240, 260, 325, 338, 352, 353
小杉一雄　55, 60
古代学研究会　61

湖南省博物館 33, 59, 80, 176, 401
小林公明 28
小林虎三郎 200, 219
小林行雄 vi, 43, 58, 67, 86, 101, 103, 110～3, 124, 130, 164, 165, 182, 207, 208, 218, 286
駒井和愛 129, 130, 165, 166
小南一郎 12, 13, 17, 32～4, 64, 73, 107, 110, 215, 402
小山田宏一 24, 36
近藤義郎 7, 9, 28, 31, 37, 38, 44, 59, 67

さ

埼玉県教育委員会 225, 401
埼玉県立さきたま資料館 225, 226, 294
斎藤忠 11, 32, 79, 86, 90, 92, 93, 104, 108, 110～2, 225, 226, 230, 304, 354
佐伯有清 127, 128, 165, 181, 186, 214, 215, 236, 242, 281
早乙女雅博 166
坂名井深三 236
坂本太郎 271
坂元義種 276
桜井龍彦 19
佐藤長門 234
佐原真 39, 103, 110, 112, 166
サリアニディ, V.(加藤九祚訳) 166
産経新聞(社) 303, 340
山東・河南美術出版社(『中国画像石全集』) 107
山東省文物管理處 113

し

シェークスピア, W.(福田恆存訳) 322, 351
重松明久 6, 28, 30, 31, 36, 219, 358, 366, 367, 390, 391
司馬遼太郎 173, 311, 349, 402
島五郎 309, 343～6
嶋田暁 342
島田貞彦 10, 28, 32, 38, 39
島根県立古代出雲歴史博物館 140
清水真一 4, 30, 58, 59, 171
志水正司 267
下出積與 46, 49, 59, 108, 365, 391
謝銘仁 184, 214
朱熹 194, 216
朱錫禄 112
シュバリエ, J.／ゲールブラン, A. 109
徐錫台 165
商志譚 17, 18, 33
白石太一郎 69, 90, 104, 110, 112, 116, 164, 295, 296, 311, 348, 349
白川静 113, 146, 165
白崎昭一郎 184, 191, 214, 243
白澤崇 167
白鳥義三郎 108
シルクロード学研究センター 39
申雲艶 134, 166
申敬澈 295
新村出 395
信立祥 106

す

末永雅雄 58, 68, 171, 232, 305, 339, 341, 343, 345
菅谷文則 60, 106, 395
杉浦康平 109
杉原たく哉 363, 365, 391
薄田泣菫 277
スタン, R. vi, 10, 13, 19～22, 28, 34, 35, 38, 49, 64, 66, 370, 397

せ

瀬木慎一・桂木紫穂 352
関川尚功 59
関野雄 131, 133, 165, 166, 172
千田稔 60, 171, 311, 349, 390

そ

薗田香融 243, 392
曾布川寛(『崑崙山への昇仙』) 19, 25, 34, 66

た

大東文化大学 215, 294, 400

大毎考古隊　400
台湾・中央研究院(漢籍電子文献〈資料庫〉)　189, 215, 400
高木敏雄　387, 394
高橋健自　28
高橋徹　390
高松塚壁画館　355
武井睦雄　278
篁園勝男　342, 355
武田佐知子　297, 298
武田隆伴　390
武田雅哉　34, 359, 390
武光誠・山岸良二　214, 218, 219
橘良平　391
辰巳和弘　4, 10, 28, 30, 35, 82, 87, 90, 93, 94, 109, 110, 116, 120, 164
田中卓　175, 208, 209, 216, 219, 238, 242, 245, 351
田中淡　35
田中琢　12, 27, 110, 223, 341, 342, 355
田中稔　225, 227, 235
田辺昭三　176, 402
谷本玲大　217
玉利勲　111, 115, 164

ち

中国社会科学院考古研究所　59, 112
朝鮮画報社　74, 107, 113
朝鮮総督府　32
張文彬　165, 172
趙力光　132, 165, 166
陳勤建　112
陳澧　195, 216
沈仁安　186, 215

つ

津田左右吉　iv, 275
土橋寛　147, 154, 156, 168, 169
土淵正一郎　311
都出比呂志　7, 22, 25, 28, 30, 31, 208, 218
坪井清足　225, 401
坪井九馬三　387
坪井正五郎　91, 111
坪内逍遙　34

て

丁山　109
寺沢薫　vi, 37, 59, 209, 210, 219, 355
寺本健三　35
暉峻康隆　175
電通関西支社　402

と

土居光知　371, 391
土居淑子　131, 132, 165, 166
東京国立博物館　231, 379
藤堂明保　237, 240, 252, 371
藤堂かほる　337, 349, 353
東野治之　168, 174, 234, 262
所功　175
ド・フリース, A　32
豊岡卓之　59
鳥越憲三郎　214
トリブッチ, H.　33

な

内藤湖南　181, 182, 191, 202, 207, 214, 217, 371, 391
直木孝次郎　181, 186, 215, 236, 271, 282, 283, 291, 305, 307, 311, 318, 339, 342, 343, 349〜51, 354, 402
那珂通世　218
中清　27
中島正　41, 42, 59
中島千秋　272
中西進　34, 47, 51, 59, 170, 174, 352, 362, 390
中野和浩　167
中野孝次　334, 352
中野美代子　13, 32, 34, 61, 390
中村潤子　60
名古屋城(蓬左城)　55
名古屋城天守閣　140
夏目漱石　61
並河忠夫　106
奈良県広陵町教育委員会　37

奈良県田原本町教育委員会 23, 35, 37, 135, 172
奈良県立橿原考古学研究所 37, 47, 58～60, 81, 106, 171, 303, 305, 307, 345, 403
奈良国立博物館 234
奈良(国立)文化財研究所 225, 226, 401
成瀬不二雄 54, 60
南京博物院 113

に

西川寿勝 41, 58, 392
西嶋定生 3, 4, 28, 65, 235, 240, 284
西田長男 249
西谷正 103, 112
西宮一民 236
西村朝日太郎 394
西山要一 222

ぬ

沼澤豊 41～5, 59

は

萩原秀三郎 164
橋本博文 297
バッジ, E. A. W. 361, 390, 393
浜田耕作 27, 32, 99, 100, 103, 106, 111, 138, 166
林巳奈夫 16, 33, 74, 85, 107, 109, 113, 134, 166
林屋辰三郎 27, 36, 67, 243, 245, 246, 274, 402
原秀三郎 209, 219, 402
原田大六 10, 28, 32, 39, 58, 90, 110, 181, 311
原田淑人 28
春成秀爾 103, 112, 208, 218
伴信友 314, 350

ひ

樋口茂子 338, 339
樋口隆康 37, 102, 112, 113, 166, 286, 288, 289, 306, 342, 350, 403
日野龍雄 171
日原国男 284
ヒルト, F. 360
広瀬和雄 7, 28, 31

ふ

フォン・ヴェアシュア, Ch. 174
福井久蔵 144, 167
福井文雅・明神洋 20
福岡大学考古学研究室 117, 121
福岡県八女市岩戸山歴史資料館 140
福沢諭吉 300, 317, 318
福島雅儀 87, 110
福島吉彦 216
福永伸哉 36, 210, 219
福永光司 36, 60, 68, 219, 270, 362, 390
福山敏男 249
藤岡謙二郎 58
藤澤一夫 224, 225, 237, 240, 285
藤澤真依 224
藤田友治 28, 30
藤田元春 391
富士谷御杖 145～7
藤野岩友 165
藤森栄一 401
藤善真澄 393
古田武彦 236, 240, 257, 281
フレイザー, J. G.(永橋卓介訳) 108, 183
文化庁 225, 230, 341

ほ

北条芳隆 35
星川清隆 164
堀田禎吉 106
ポッペ, N. 382
堀内秀晃 352
堀田啓一 28
本田光子 35

ま

埋蔵文化財研究会 110, 340
埋蔵文化財研究集会 87, 110
毎日新聞(社) vi, 4, 19, 226, 230, 235, 303, 379, 395

毎日文化財取材班　355
前川明久　155, 170, 281
前嶋信次　378, 392, 393
前園実知雄　108
前田晴人　394
正岡睦夫　112
増岡清史　166, 341
増沢文武　222
町田章　55, 60, 289〜91
松下煌　30
松下幸之助　342
松前健　362, 390
松村恵司　350
松本一男　351
松本清張　8〜10, 12, 28, 31, 65, 87, 90, 103, 110, 112, 167, 179, 183, 184, 205, 214, 235, 347, 401, 402
黛弘道　237, 269, 293, 311, 346, 349
丸山眞男　5, 22, 30, 35, 175
マンロー, N.　28

み

三浦佑之　365, 390
三上次男　131, 133, 165, 166
三上幸寿　391
三木太郎　181, 184, 185, 214
三品彰英　vi, 9〜11, 13, 28, 31, 38, 65, 182, 208, 214, 218, 377, 392
水沢利忠　215
水野清一　110, 112
水野正好　7, 28, 30, 31, 36, 58, 67
水野祐　182, 205, 217, 367, 391
南方熊楠　387, 394
宮川徏　28
宮崎市定　240
宮澤和穂　318, 351
三好達治　156

む

向井毬夫　353
村山七郎　236, 248

も

毛利和雄　342
本居宣長　iii, v, 143〜8, 160, 163, 168, 181, 182, 214
本山彦一　400
百田弥栄子　164
森浩一　28, 30, 34, 36, 64, 205, 209, 217, 231, 303, 304, 311, 339, 340, 349, 354, 355, 402
森貞次郎　87, 98, 110, 115, 124, 125, 164
森博達　297, 298
森三樹三郎　107
森好央　169
毛利光俊彦　139, 166
守屋美都雄　390
諸橋轍次　257, 258
門田誠一　108

や

矢島文夫　393
保田與重郎　33
安本美典　58, 59, 243, 311, 339
柳田敏司　297
八幡一郎　392
藪内清　344, 349
山尾幸久　28, 30, 31, 181, 217
山川登美子　53
山口瑞鳳　35
山田耕司　176
山田信夫　393
山田孝雄　175
山本忠尚　167
山本有三　200

ゆ

熊傳新　80

よ

横瀬庄次　230
横田健一　340, 397
吉川忠夫　195, 216
吉田金彦　148, 168

吉田賢抗　215, 351
吉田光邦　344, 349
吉永登　145, 168, 311, 330, 352
吉野裕子　351
由水常雄　137, 166
吉村武彦　297
読売新聞(社)　30, 303, 342

ら

羅二虎　110, 112
頼山陽　199, 216

り

李御寧　10, 32
李陳広　106
李白圭　59
陸思賢　95, 111
劉錫誠　14, 33
劉城淮　107, 153, 169

る

ルコック, A.　382
ルルカー, M.　109

わ

ワールブルク, A.　1, 12
若尾政希　61
若松寛　35
和田萃　23, 35, 116, 164, 171, 210, 219, 295, 296, 311, 351
渡部武　109

欧文

Budge, E. A. Wallis　390, 393
Cleaves, F. W.　393
Wolohojian, A. M.　393

[件　　名]
(歴史上の人物をふくむ)

あ

赤色(天武朝のシンボルカラー)　271
朱鳥(赤雉)の祥瑞と改元　145〜7, 157, 159, 171, 271
「明日香／飛鳥」の表記　154, 159
飛鳥京跡(奈良県)　51
—苑池遺構　26, 47, 163
飛鳥(明日香)浄御原宮　145〜7, 159, 305
—の命名　157〜9, 168
飛鳥浄御原宮跡(奈良県)　51, 68, 162
飛鳥酒船石遺跡の亀形石(奈良県)　51, 163
飛鳥に来たペルシア人　388
熱田神宮(愛知県)　34, 55, 61
阿倍氏一族の系図　292
阿倍御主人(キトラ古墳の墓主)　313, 315, 332
「天岩戸神話」　114, 119〜21
天の芳来山(香久山)　50
天の川(天野川)と在原業平　364
—と浦島子　359
—の蓬萊山　358, 359, 365
—を筏で遡る張騫(図版)　360
天の鳥船(太陽の船)　82, 85, 86, 90, 96
天渟中原瀛真人天皇の神仙的イメージ　51, 68, 162, 270, 272, 273
天日矛(日槍)　369, 376
アレクサンダー大王　61, 200, 360, 378
—の父(フィリポス以死)　200, 381
アレクサンダー伝説(アレクサンダー・ロマンス)　361, 375, 378, 380
—と海幸山幸神話との一致　379, 385
—と記紀神話・伝説(対照表)　386, 387
—と神武東征伝説　379, 384
—とツヌガアラシト伝説　381〜3
—とトルファン文書　382

—と日本神話伝説との比較　384
—とヘラクレスの東漸　379, 381
—とペルシア人ダーラー　389
(最果ての)アレクサンダー伝説　378, 390
(『諸蕃志』の)アレクサンダー伝説　381, 382
「安東将軍倭国王」　291
行燈山古墳(⇒崇神天皇陵／奈良県)　41, 43, 45

い

家形埴輪(居館埴輪)　26
「以」(漢語文法の虚詞)　190, 215
以死(事故死)　189〜90, 202
—／中国古典の用例　189, 192〜5, 201
—／日本古典の用例　196〜200
—／孫権と卑弥呼の場合　202〜5
—の女人　219
「以の字」の陳寿　204
石ノ形古墳(静岡県)　140, 141, 166
「石の都」(飛鳥京跡)　51
石舞台古墳(奈良県)　47
石上神宮(奈良県)　141
石上政権　302
石上乙麻呂　327, 331
石上麻呂(高松塚の被葬者)　55, 300〜2, 305, 307, 309, 332, 337, 348, 354, 355
『(闇の左大臣)石上麻呂』　301, 317〜20, 336
石上麻呂薨ず　316
—従駕歌群の再構　302, 326〜30
—と榎本武揚　315〜8
—と大伴家持　331
—と天武王統　322, 338
—と三輪高市麻呂(随従／諫言の忠臣)　330
—と文武天皇　311, 315, 337
—の経歴　312〜5
—の出処進退　314
—の政治目的　334〜6
—の平城京邸　348
—を詠んだ万葉歌　330, 331
稲荷山・江田船山古墳の副葬品(一覧表)　290
稲荷山古墳(埼玉県)　226
—の帯金具・甲冑　289〜92
—の第三の墓主　299
—の鉄剣　222, 225〜8, 230, 231, 234
—の銅鏡(画文帯環状乳神獣鏡)　279, 287, 288
—の礫槨と粘土槨　281
—の復元された墳丘　223
稲荷山鉄剣銘の発見　222
—の解読　228〜35
—／作成の時と所　241, 297, 298
—／八代の系譜　235, 242
—／倭国語の字音仮名とアクセント　256, 298
—／諸説一覧　294
壹與(臺與〈トヨ〉)　185, 188, 210, 243
伊預部馬養　357, 362, 365, 366, 368

う

浮木(⇒日本の乗槎伝説、張騫)　363
宇宙軸　342
宇宙樹(世界樹)　72
禹余粮　vi, vii, 23, 396
浦島子(浦島太郎)　62, 356〜8
—と亀姫　357〜9, 366, 368
—と豊受大神の出発　366
浦島伝説　356〜9
—と乗槎伝説の真実　368
『雲笈七籤』　16
雲文(瓦当)　130, 132

え

江田船山古墳(熊本県)　226, 228, 229, 231
—の帯金具　289, 291
—の鏡(画文帯重列式神獣鏡)　279, 287
—の大刀(銘文)　231, 232, 234, 241, 255
—の被葬者(典曹人)　286, 289, 291, 292
—の副葬品　288〜90
苑池(庭園)　46〜9

お

大海人皇子⇒天武天皇
王殺し(神聖弑逆) 180〜4, 318, 320〜3
『王子年拾遺記』 16, 48
「王賜」銘鉄剣 234
王塚古墳(福岡県) 87, 91, 98, 120, 121
王符『潜夫論』 217
王陵直列(聖なるライン) 337, 353
太田天神山古墳(群馬県) 26, 37
大津皇子の辞世 154, 155
　—「臨終詩」と漢詩 169, 170
大伴的精神と物部的倫理 331
大伴御行(高松塚の墓主) 311, 315, 332
大伴家持「族を喩せる歌」 331
大友皇子 301, 312, 313, 316〜20
　—と物部麻呂 318, 319
大泊瀬幼武(⇒雄略天皇) 255
大彦(オホヒコ) 244〜6, 253
忍壁親王(皇子) 143, 306, 307
忍壁親王説(高松塚の被葬者)
302, 305〜7, 343, 354, 355
折口民俗学 58

か

開化天皇(卑弥呼の男弟？) 245
海獣葡萄鏡 306, 307, 342, 348
『海内十洲記』 73, 89
『懐風藻』 52, 362
賀歌 52
柿本人麻呂 143, 327
カグヤ姫 53, 302, 332, 336
笠金村(歌、歌集) 327, 328
加差披余(カサハラ／カシハデ) 250〜4
膳臣の系図(稲荷山鉄剣銘) 250, 292
　—の賜姓伝説 254
　—巴提便の虎退治 250
画像石(⇒沂南・武梁祠画像石)
71, 72, 89
葛洪(石島快隆訳注)『抱朴子』 36
瓦当(文) 129〜34
葛野王(高松塚の被葬者)
52, 305, 311, 317, 350, 351
亀(亀形) 16, 23〜5, 49, 63, 356, 357
亀石・鶴石 49
亀山(亀の尾、尾の上) 52
鴨稲荷山古墳(滋賀県) 289
画文帯神獣鏡 24, 80, 279, 286, 287
蚊屋皇子説(高松塚の被葬者)
305, 307〜9
唐草文 78
唐古・鍵遺跡(奈良県) 23, 41, 43, 44
　—のヤマグワの棟持柱根 136
　—の「楼閣図」 23, 134〜6
河内王権と巨大古墳 12
河内大塚古墳(大阪府) 43, 44
漢・唐長安城／洛陽城 46
関羽・張飛以死 190, 201, 203
雁鴨池(韓国) 46, 47
韓国の前方後円墳 11, 32
乾豆波斯達阿⇒吐火羅人・乾豆波斯達阿
漢風諡号 268, 269
冠・冠帽 137
冠・耳飾・沓 289

き

『魏志倭人伝』 179〜86, 205, 206, 208, 209
亀甲繋文 78
鬼道の祭式 vii, 213, 219
キトラ古墳(奈良県) 306, 337
沂南画象石(中国山東省、壺型の蓬莱山／蔓状の扶桑樹) 16, 17, 54, 64, 88, 89
金印(漢委奴国王／福岡県) 233, 371
金烏(三足烏、陽烏、陽鳥)
73, 77, 78, 80, 82, 83, 153〜7, 173
『金枝篇』(J. G.フレイザー) 108, 183, 214
欽明天皇(ワカタケル大王) 293, 294

く

草壁皇太子 305, 308, 311
楔型前方後円墳説(前方後円墳の起源論)
8〜10
百済王善光 305, 311
屈原(⇒『楚辞』・竹原古墳) 125〜8, 192
狗奴国(戦争) 179〜86
黒塚古墳(奈良県) 26, 288

桑57号墳(栃木県)　166
桑刀　141
鍬山神社(京都府)　139
郡使・張政　180, 182, 184, 185

け

羿(射人)　73, 75, 83, 118
荊軻　193
慶州・雁鴨池(韓国)　46
—・金冠塚(同)　138
「景初三年」銘三角縁神獣鏡(島根県)　210, 233
「景初四年」銘斜縁盤龍鏡(京都府・兵庫県)　210, 233
『荊楚歳時記』の七夕伝説　361
牽牛・織女(星)　359, 361～4
『源氏物語』　53
『原日本書紀』の紀年　217
剣菱形(鏃符号)の意味　83～5
剣菱型前方後円墳　43
建木　73, 74
元明天皇　143, 167, 335
—御製　330

こ

広開土王陵碑(拓本)　231, 234
『高句麗古墳壁画』　74, 107
『高句麗壁画古墳』　74, 107
高句麗壁画古墳・角抵塚(中国吉林省)　78, 79, 89
—舞踊塚(同)　128, 129
—徳花里1・2号墳(北朝鮮)　77～9, 82, 89, 95
—徳興里古墳(同)　79
高句麗壁画の扶桑樹　77, 121, 142
考古学上の〈疾風怒濤の時代〉　225, 397
郊祠　7
『後漢書』「蒼天已に死す」　191
後漢・光武帝　271, 272
国号「日本」の誕生　iv, 5, 142, 157, 173
国家の成立(統一)　229～32, 235
国歌「君が代」　173, 174
国旗「日の丸」　5, 173, 174
穀塚古墳(京都府)の帯金具　289～91
告喩　180～5, 205
五色塚古墳(兵庫県)　26, 68, 176
『古事記』の崩年干支　206～9
古代王統系譜(1)(2)　246, 274
古代朝鮮の「王殺し」　183
古代日本文化の特質　163
古代の画期(文明開化期)雄略朝　275, 277, 296
古代の金石文(一覧表)　233, 234
古代の君臣観/管仲・晏子と石上麻呂　323～6, 334, 338
—/『古事記』履中記　320, 321
—/崇峻天皇弑逆　321
—/天武朝の政治理念　322
古代の字音仮名表　256
この国のかたち　173
この世の庭園/あの世の墳墓　48
古墳時代のはじまり　207～9
古墳の祭祀と神仙思想　37
—の仙境性　22～7
—の発生⇒前方後円墳
葫蘆(ヒョウタン類)　13, 14
「葫蘆生人神話」　14
御霊の発生　336
五郎山古墳(福岡県)　92～5, 114
五郎山壁画　114, 115
—の主題(諸説)　114～7
—の新解　117～21
権現山古墳(兵庫県)　8
鯀の治水伝説と卑弥呼　179, 187～9
崑崙山　12, 62, 64, 66, 74
『崑崙山への昇仙』　19, 25, 34
崑崙と葫蘆　13

さ

再生の儀礼(呪術・象徴)　9～15, 24, 26, 65, 85, 108, 142
斉明天皇　51
佐紀盾列古墳群(奈良県)　36
埼玉古墳群(埼玉県)　116, 226
—の成立　295
埼玉稲荷山古墳⇒稲荷山古墳

『埼玉稲荷山古墳』 227, 229, 287
さきたま風土記の丘(埼玉県) 226
冊封・身分体制説(前方後円墳の起源論) 3
桜井茶臼山古墳(奈良県) 41, 43
ササン朝ペルシアの遺民 389
「左治天下」の解釈 281, 282, 293, 296
左衽禁止令 306, 310
薩摩琵琶「蓬莱山」 5, 174
三角縁神獣鏡 24, 80, 207, 208
　―同笵鏡論⇒同笵鏡論
　―の笠松文 372, 373
　―の呪力 24
　―の神仙像による社会統合 210, 211
　―舶載鏡説(特鋳鏡説) 210
三壺(三壺山) 16, 64
『三国志』魏書・傅嘏伝 184, 191, 202～4
　―魏書・夫余伝 183
　―魏書・東夷伝倭人条⇒『魏志倭人伝』
　―蜀書・孔明伝 194
　―蜀書・呂乂伝 284
　―にみえる「以死」 220, 221
　―裴注 191, 204
三山形の山岳文 54
三山冠 17, 119, 120
三所蓬莱 56
三神山(三山／蓬莱・方丈・瀛洲) 13, 15, 16, 46～8, 50, 51, 62～4, 68, 74, 374
三成(三段築成) 6, 19, 25, 54, 66
三星堆遺跡(中国四川省) 80
三足烏⇒金烏
『山陵志』 v, 6, 30

し

「しきしまの(大和)」 160, 162
磯城(石城＝石の奥津城) 161～3
　―の原風景 162
　―の神籬 161
　―瑞籬宮(奈良県) 161
斯鬼宮(磯城宮) 255
始原の食べ物 14
持衰 183, 205
死者の島・生命の島 22
四神図 303, 306, 348
シダレグワ 70～2
七月中(三月中、五月中、八月中、九月中) 234, 241, 242
七支刀 140, 141, 230, 232, 234, 248
執金剛神(仁王)とヘラクレス 379
四道将軍(伝説) 207, 244～6, 253
持統天皇 51, 143, 167, 350
　―の伊勢行幸 326
　―の吉野・宮滝行幸 362
司馬遷『史記』 15, 63, 179, 187～9, 193, 325
司馬宣王(司馬懿) 202～4
司馬彪『戦略』 191, 204
島内地下式横穴墓群(宮崎県) 167
島状遺構 26, 37
島の大臣 46
島の宮(島庄／奈良県) 46
下池山古墳(奈良県) 25
弱水 25, 26, 62, 369
若木 73, 74
射日神話 83, 96, 114, 117～20
射陽(射鳥、鏃符号) 84
朱 26
周溝 6
周濠 6, 26
　―と弱水のシンボル 66
十日神話 83, 109
十二支像 306
終末期古墳 55, 304
主殺し(王殺し) 301, 302, 320～3, 338
樹木冠 137
乗槎(尋源)伝説(⇒張騫) 359～63
　―と七夕伝説 361
　―と日本古典 362～4
　―の背後の「西域探検」 365
招日神話 114, 119, 120
正倉院(奈良県) 23
「上代紀年に関する新研究」 207
上代特殊仮名遣い 247, 248
杖刀人(首) 228, 253, 278～85, 289, 291～3, 295, 297, 298
「杖刀と典曹」の典拠 278～85

聖徳太子の国書　156, 173
　—像の胎内仏　49, 50
菖蒲池古墳(奈良県)　306
松林苑跡(奈良県)　48
諸葛孔明　194, 292
徐福　15, 56, 57, 63
　—伝説　52, 55〜7, 63, 64
　—の墓(徐福公園／和歌山県)　56, 64
白石　26
白河上皇　48
新羅王冠　137〜9
新羅王子・天日槍伝説　376
「辛亥年」銘鉄剣(埼玉県)　228, 234
　「—」は471年か531年か　293, 294
辛亥の変(継体欽明朝の内乱)　293
秦瓦当文(雲文・蕨手文)と神仙思想　133, 134
秦咸陽城　46
秦始皇帝　56, 57, 63
蜃気楼　18, 63, 374
神功皇后　197, 198, 205
神獣鏡　66, 67
壬申の乱　300, 301, 312
　—と神武東征伝説　318
神仙境としての都城　50〜2
　—のかたち(壺型・石敷)　13, 48, 52
神仙思想　iii〜vii, 81
　—から仏教思想へ　45, 46
　—受容の痕跡　23〜7
　—上の蓬萊山・崑崙山　18〜20
　—と画文帯・三角縁神獣鏡　viii, 24, 210
　—と神祇・仏教　49, 50
　—と卑弥呼　81
　—と楼閣　23, 35, 136
　—(古墳と銅鏡)による社会統合　67, 210
　—の祭式　24
　—(仙道)文化の時代　iii, vii, 5, 211
神仙道教の吉祥句と呪術　24, 66〜8, 159
神武東征伝説　379, 384〜6
新山古墳(奈良県)　26, 37
辛酉革命説　218

す

垂仁天皇の崩年干支　208, 209
　—天皇陵(宝来山古墳／奈良県)　50, 369, 370
瑞鳳塚(韓国)　241
スキタイ文化　131, 138
崇峻天皇　293, 294
崇神天皇(ミマキイリヒコ)　206, 210, 245
　—と箸墓古墳　209, 210
　—と任那　375
　—の在世年代　206
　—の崩年　206〜9
　—陵(行燈山古墳／奈良県)　41, 43, 45, 207〜9
隅田八幡宮人物画像鏡(和歌山県)　249
『住吉大社神代記』　197, 198, 208, 209
巣山古墳(奈良県)　26

せ

西王母(⇒東王父と西王母)　16, 73, 80
「正始元年」銘三角縁神獣鏡(兵庫・山口・群馬県)　210, 233
星宿図　303, 307, 308, 341
聖なるライン(藤原京の正中線)　301, 305, 306, 310, 337, 342
斉の樹木双獣文半瓦当　131〜4
生命永生の象徴(射陽・扶桑生命樹)　84, 90
生命の樹　72, 81, 132, 133, 371
生命の水(不死の水)　61, 378, 380, 382, 383
「青龍三年」銘方格規矩鏡(京都・大阪府)　233
『世界美術大全集・東洋編10』　74
『山海経』　73, 187
仙境⇒神仙境・蓬萊山
蟾蜍(ヒキガエル)　17, 79, 86, 90
仙道(神仙)文化の時代⇒神仙思想
僊人(仙人)　15, 21
宣文侯(司馬懿)「大挙の策」　203, 204
前方後円墳のかたち(『山陵志』)　6
　—の起源　3, 6〜9, 43〜5, 65, 66, 69

—の起源論(表)　27, 28
—の起源論(模式図)　9, 10
—の発生　3, 4
—の墳丘規格　41〜3, 59
—の呼び名　6, 31
—はひさご型＝壺型の仙境　21, 66
仙木　iii
仙薬　vi, 24, 26

そ

双脚輪状文　92, 97〜106
—は羊角太陽鳥　104〜6
曽侯乙墓彩漆箱(中国湖北省)　142
装飾古墳　72, 85〜7, 303
—の蕨手文　72, 85〜98
『宋書』倭国伝　229, 263〜5
『捜神記』　64
曹操と曹植・楊修　194
宋朝の世界システム(冊封体制)　296, 299
「蒼天已死」と「蒼天以死」　191, 204, 215
蘇我馬子　46, 47, 49
『続浦島子伝記』　358, 359, 365
祖型の反復　272
『楚辞』「九章」篇　128
—「離騒」篇　125
—の神仙世界と竹原古墳壁画　122, 124〜7
「孫権、以死す」　184, 191, 202〜4

た

対狗奴国戦争　179, 180, 183〜5, 205
大山古墳(仁徳天皇陵／大阪府)　11
『太平記』読み　56
大宝儀制令　309, 345
大名庭園　56
太陽(再生)信仰　132, 173
太陽生命樹　96, 114
太陽鳥　84, 99, 104〜6, 153
太陽の船⇒天の鳥船
平清盛の蓬壺　49
タカハシワケ　248
高松塚古墳(奈良県)　55, 302, 303, 306, 337
—の人骨(熟年か熟年以上か)　306, 309, 331, 333, 343〜6
—の年代　213, 304, 310, 311
—の年代と身分(表)　349, 350
—の被葬者　55, 304〜11
—の被葬者候補(一覧表)　311
—の保存と解体　302, 304, 342, 353, 355
高松塚壁画　55, 302, 303
—の系統論　304
—の男女の衣服　306, 310
—の女人の髪型　308
—の深緑の蓋　309, 310, 340, 344〜9
高松塚報道　303, 304, 340〜4, 354
高御座の蕨手　137
宝塚古墳(三重県)　25
武内宿祢　282, 332
高市皇子(高松塚・キトラ古墳の被葬者)　305, 311, 353
『竹取物語』　53
—の石上麿足　332, 333
武渟河別(四道将軍)　245, 246
武埴安彦の謀反　207
竹原古墳(福岡県)　122〜9
—壁画と龍媒伝説　122〜4, 129
—壁画に描かれた屈原　124〜9
蛇行剣　140, 141
タサキワケ(多沙城別)　248, 249
多治比嶋　313, 315, 332
田道間守　62, 356, 368, 376, 392
—と難升米　371, 391
—の非時香菓と銅鏡　368〜74
—の墓　370
盾型説(前方後円墳の起源論)　3, 27, 36
楯築墳丘墓(岡山県)　26
楯伏舞　36
七夕伝説の原型　361
玉石敷きの宮都　47, 48, 51, 52
魂の仙境　49
「玉虫厨子」の三足烏　155
ダーラー(達阿)⇒吐火羅人・乾豆波斯達阿

『丹後国風土記』 357, 365, 367
男王 180, 185, 210
男弟 209, 245

ち

千熊長彦 248, 249
治天下(大王) 294〜7
「治天下」のシンボル(星宿図) 307, 308
「治天下」銘大刀 234
仲哀天皇の崩御記事(以崩) 197, 198, 205
『中国画像石全集』 74, 107
中国人の世界観 73
『中国の生命の樹』 73, 74, 85, 90, 94, 95, 104, 107
「中平年」銘鉄刀 233
長頸壺 10, 39〜44
長頸壺説(前方後円墳の起源論) 10, 11, 39, 44
長頸壺(弥生時代)の集成図 40
張騫 356, 359〜64
　—「天の川を旅した男」 361, 363, 364
　—の鑿空 360
　—の乗槎(尋源)伝説 356, 359〜63
　—と杜詩と浦嶋子・在原業平 361, 365
張衡「西京賦」「東京賦」 258〜67, 292
　—「南都賦」 270〜2
長鼓墳(円方墳) 11, 32
長沙馬王堆一号漢墓(中国湖南省) 44
　—の帛画 16〜8, 64, 79, 80, 89, 121, 142, 176, 402
朝鮮半島の前方後円墳 21, 32, 34, 35
陳寿 188, 189, 203, 204

つ

『通溝』 74, 78, 80, 107, 128, 129, 165
東明神古墳(奈良県) 308
造出 25
ツヌガアラシト伝説(⇒アレクサンダー伝説) 375〜9, 382, 383
(額に)角ある人 375, 376, 381〜4
角鹿(敦賀)の由来 376
椿井大塚山古墳(京都府) 8, 26, 41, 42, 207, 286
　—の被葬者 286
　—復元図(図版) 42
壺型古墳(壺型の蓬萊山) iii, iv, 3, 15, 18, 19, 22, 38, 39, 45, 64, 162, 213, 355, 374
　—の部位名 45
壺型＝広口壺形説(前方後円墳の起源論) 10, 11, 21, 38, 61, 65
壺型の宇宙(仙境) 12, 13, 15, 19, 20
　—の祭器 44
　—の蜃気楼 18, 374
壺(ひさご)のシンボリズム 10, 12〜4, 20
蔓状唐草文 77, 79

て

帝王本紀の「旧字」 275
ティリア(ティラ)・テペ(黄金の丘)遺跡(アフガニスタン) 83, 138
天円地方(円丘方丘合体)説(前方後円墳の起源論) vi, 3, 7, 43
天智天皇＝王朝始祖観 337
　—の不改常典 337
　—陵(御廟野古墳／京都府) 337, 353
伝承飛鳥板葺宮跡(奈良県) 51
典曹人 282〜6, 288, 289, 291, 292
典曹都尉 284, 285, 288, 291, 292
天地(仙境)はひさご型(壺型) 20
天柱 16, 126
天帝 17, 307
天馬思想 122
天武・持統天皇合葬陵(野口王墓／奈良県) 50, 306, 337
天武朝の結髪令 308
天武天皇(天渟中原瀛真人、大海人皇子) 51, 68, 162, 308, 311〜3, 316, 318, 319
　—の和風諡号と「南都賦」 270, 272, 273
天門図(中国四川省巫山) 134〜6

と

唐永泰公主墓の壁画(中国陝西省) 347

東王公(東王父)　16, 17, 73, 83, 89, 134
　―と西王母　17, 64, 80, 88, 107
銅鏡の神仙像　24, 80
銅鏡百枚　207, 210, 372
同型鏡(同笵鏡)　207, 286, 287, 306
桃源郷　20, 47
道昭の火葬　347, 348
銅鐸　224
童男・童女(丱女)　57, 63
童男山古墳(福岡県)　64, 374
多武峰(奈良県)　157
同笵鏡論　vi, 208
吐火羅人・乾豆波斯達阿　375, 389, 394
非時香菓(橘)　368, 371, 372, 374
徳川家康　56
　―頼宣　57
常世の国(蓬莱山、蓬山)
　v, 46, 52, 58, 62, 356, 357, 365, 368
都市牛利　288
独孤思貞墓(中国陝西省)　307, 342, 350
凸レンズ型の前方部前縁線(⇒蓋付き長頸壺)　41～3
舎人　278, 279
鳥羽殿跡(京都市)　48
「飛ぶ鳥」型の三輪連山　148, 149
「飛ぶ鳥」の発生(⇒枕詞「飛ぶ鳥の(明日香)」)　143～51
杜甫「秦州雑詩」　361
臺與⇒壹與

な

内面朱付着土器　23, 60
中尾山古墳(文武天皇陵／奈良県)
　306, 307, 348
(苑地の)中島・(周濠の)島状遺構
　26, 47～9
長持形石棺　24
長屋王　310, 316
長屋王の変　334, 335
中山大塚(奈良県)　25, 161
難升米　180, 184, 288, 371
　「―＝田道間守」説　371, 374, 391
那須国造碑(栃木県)　282

に

饒速日(物部氏の祖先)伝承
　318, 338, 385, 388
西殿塚古墳(奈良県)　41, 43
二重口縁壺　39
日章旗(⇒国旗「日の丸」)　173
丹塗矢神話　243
日本⇒国号「日本」の誕生
『日本書紀』　197～9, 205, 241, 244, 250
　―神代紀　196, 197, 379, 385, 386
　―神武紀　379, 384, 386
　―崇神紀　245, 375, 383
　―垂仁紀　368, 369, 375～7, 383, 386
　―仲哀紀　197, 198, 205
　―神功紀　197, 198, 241, 248
　―仁徳紀　198
　―允恭紀　198
　―安康紀　199
　―雄略紀　248, 276, 277, 356, 366～8
　―欽明紀　275
　―斉明紀　389
　―天武紀　270, 271, 312
　―持統紀　326
　―の紀年論　205～9, 217, 218
日本庭園総蓬莱式論　59
日本の乗槎伝説　362～4
日本扶桑観／蓬莱観　174
日本文化(歴史)の古層　5, 174

ぬ

「額田部臣」銘鉄刀(島根県)　234

ね

猫塚古墳(奈良県)　48

は

廃朝　316, 337
「伯宗之以死」(王符『潜夫論』)　201
『博物誌』　361
橋墓　213
箸墓古墳(奈良県)　7, 8, 22, 25, 38, 41～3, 65, 69, 161, 207～13

—の実年代(260～280年)　209, 213
—の築造　161, 212
—はミマキイリヒコの墓　209, 210
—墳丘規格(図)　41～3
—墳丘復元図　8, 69
箸墓伝説　212
パズィリク5号墳(ロシア連邦)　83
長谷寺「銅板法華説相図」(奈良県)　147
撥型前方後円墳(壺型古墳／前方後円墳の起源論)　7～9, 11, 22, 38
八角墳　305, 306, 308
杖部直と杖刀人　280, 281
ハテヒ(半弖比)とハスヒ(巴提便)　250, 293
原田神社銅鐸(大阪府)　224
半瓦当　94, 131
班固　84
反正天皇(ミヅハワケ)　229, 231
范曄　195

ひ

「日出づる処」　156, 157, 173
「日」字の中の飛鳥(三足烏)　153
「日の本」⇒国号「日本」の誕生
日ノ岡古墳(福岡県)　91, 98, 120, 121
東アジア文化財シンポジウム[壁画古墳]　307
東奈良遺跡(大阪府)　224
ヒキガエル⇒蟾蜍(せんじょ)
瓢(ひさご)塚・銚子塚　v, 65
人制　282, 283, 285
檜隈民使博徳　276
卑弥弓呼(狗奴国王)　180～2
卑弥呼　81, 179, 180～6, 188～91, 202, 205, 206, 210～3
—の遣魏使　371
—の冢(墓)　180, 188, 208～10
—は古墳人か弥生人か　208
「卑弥呼以死」の読み方　181～6, 202～6
「—」と「卑弥呼死」　201
「—」と「仲哀以崩」　205
「—」の真相　180～6, 200, 205, 206
「—＝王殺し」説　179, 182～9
卑弥呼・百襲姫の対照(表)　211～3
ヒメヒコ共治制　209
白袴(白ズボン)　310, 349
卑路子(ピローズ)　389

ふ

葺石と瀛洲　25, 50, 51, 68
富士山本宮浅間大社(静岡県)　54, 55
藤ノ木古墳冠　71, 80～5, 121, 138, 139, 156, 173
—のデザイン　81～3
—の扶桑樹　85, 108
不死の薬(不老長寿の妙薬)　15～7, 23, 24, 53, 57, 61～3, 372
藤原宮大極殿　337
—跡(奈良県)　149
藤原京　50, 305～7
—時代(694～710)　305, 306, 309, 310, 349
—と大和三山　50
—の正中線(⇒聖なるライン)　305, 306, 310, 342
—の平和　333～6
—の留守　310, 315, 336
藤原不比等　300, 315, 316, 332, 335, 336, 353, 362
扶桑唐草(文)　129～42
扶桑樹(扶木、若木)　iii, iv, vii, 70～98
—／漢籍史料にみえる　72, 73
—／漢代画像と高句麗壁画にみえる表現型　74～80
—／亀甲文(屈折)型と唐草文(曲線)型　77～9, 142
—／馬王堆漢墓帛画に描かれた　79, 80, 142
—と瓦当文　131, 132
—とシダレグワ　70
—のイメージ　72～7
—のデザイン　81, 82
—の定義と表現型　74～7
—のもとに憩う屈原　128
扶桑憧憬　114, 163, 174
扶桑神仙境　124

蓋付き長頸壺 43, 44, 59
武梁祠画像石（中国山東省） 71, 89
『プルターク英雄伝』 385
不老不死（永生）の願望
22, 24, 45, 61, 382
文成 57
文物の儀 173

へ

「丙子椒林」銘大刀（大阪府） 234
平城宮跡（奈良県） 223, 262
平城京 305, 315, 336, 337, 348
—時代（710〜784） 305, 310
平城遷都の詔 50, 315

ほ

蓬壺 38, 49, 67, 80
蓬萊鏡 53, 54
蓬萊教 22, 67
蓬萊山（蓬山） iii〜v, vii. 4, 13, 15〜22, 24, 38, 46, 56, 58, 62, 64, 66, 67, 356〜9, 369, 374
—／高松塚壁画に描かれた 55
—＝不老長寿への憧れ 45
—に生える黄玉芝 373
—のありか 358, 359
—のイメージ 15〜8
—のかたち 6〜10
—の原風景 62
—の設計思想 67
蓬萊山説（前方後円墳の起源論）
iv, 4, 18〜22
蓬萊憧憬（信仰） 38, 45〜58, 174
蓬萊・徐福伝説 55
蓬萊にある玉の枝 53
宝来山古墳（⇒垂仁天皇陵） 50, 369, 370
法隆寺聖徳太子像胎内仏 49
—「玉虫厨子」図 155
—壁画焼失 355
北魏・青陵の石人（杖刀人） 280
ホケノ山古墳（奈良県） 161, 162
「戊辰年」銘大刀（兵庫県） 234
渤海（登州）の蜃気楼 18, 33, 63, 374
保渡田古墳（群馬県） 25, 26
歩揺冠 139
本阿弥光悦一族の職業倫理 333, 334
『盆栽の宇宙誌』 19〜21, 34, 49, 64
『本草集注』 23

ま

昧谷 73, 90
勾池 47
纒向石塚古墳（奈良県） 22, 162
纒向遺跡（奈良県） 41, 43, 44
纒向型前方後円墳 22, 162
纒向・箸中古墳群（奈良県） 162
枕詞「飛ぶ鳥の（明日香）」 142〜59
枕詞「しきしまの」と「ももしきの」
160〜4
『マレー年代記（スジャラ・ムラユ）』 385
『万葉集』石上麻呂歌群⇒石上麻呂従駕歌群の再構
『—』旧都惜別歌 143, 167
『—』の編集（切り出し／切り継ぎ） 330

み

神輿の蕨手 136
ミダス王伝説 387, 388
三峯型の富士山 54, 55
任那王子・蘇那曷叱知 375, 382, 383
宮車説（前方後円墳の起源論） 6, 30
三輪高市麻呂諫言事件（⇒石上麻呂） 326
三輪山 148〜52

む

武蔵国造家の内乱 250, 292
身狭村主青 276, 368

め

名馬池月 123
珍敷塚古墳（福岡県） 72, 85〜91, 96
—壁画の蕨手文（扶桑樹） 85〜9
—壁画の主題 89〜91
メスリ山古墳（奈良県） 8

も

孟子(『孟子集注』)　193, 194
木簡　223, 224, 262
物言う木　380
物部の伴造的精神　331, 336
物部麻呂　312, 314, 315, 318〜20
桃原墓(石舞台古墳／奈良県)　47
『文選』　247, 258〜65

や

養久山古墳(兵庫県)　8
八継の孫と八代の系図　242〜4
山幸彦　62
『山城国風土記』　243
『大和唐古彌生式遺跡の研究』　41, 43, 58
ヤマト王権の三要素　255
大和朝廷(ヤマト政権、王権)
　205〜7, 210, 228〜32, 250, 255, 264, 267
倭迹迹日百襲姫　211〜3, 245
弥生時代の長頸壺と細頸壺　39〜41, 44
　—の女王から古墳時代の女王へ　208
弥生土器の様式　44
弥生文化の「巨大化への志向」　10

ゆ

雄略二十二年七月、浦島子の蓬莱行と倭
　王武の遣宋使　366〜8
雄略朝の内政・官制　276, 292
雄略朝のヒト・モノ・コトの交流(図)
　279
雄略天皇(大泊瀬幼武・大長谷王子)
　199, 226, 228〜230, 255, 263, 267
雪野山古墳(滋賀県)　26
靫負　278, 279
弓削皇子説(高松塚の墓主)
　311, 344, 350, 353

よ

羊角型扶桑樹　94, 95, 114, 117, 142
羊角型蕨手文　92〜5
羊角生命樹の半瓦当　94
羊角太陽(扶桑)樹　89, 95, 105
楊貴妃の墓(名古屋市)　55, 61
湯谷(咸池)　72, 73, 82, 90, 125, 126
揺銭樹　80
吉野ヶ里遺跡(佐賀県)　26
吉野宮滝(神仙境)　272, 362
吉野宮滝遺跡(奈良県)　51, 68

ら

楽園の創出　55〜8
洛陽焼溝漢墓(中国河南省)　44, 45

り

龍媒伝説　122〜4
臨終詩・臨刑詩⇒大津皇子の臨終詩

れ

歴史(生命・宗教意識)の古層　5, 174
『列子』　16, 33, 63

ろ

楼閣図　23, 35, 134〜6
『論語』　323

わ

倭王　182, 183, 185, 232, 263, 265, 267
倭王武の上表文(『宋書』倭国伝)
　229, 230, 263〜7
　—と「東京賦」　264〜7
獲加多支鹵大王　225, 226, 228, 229, 231,
　232, 234, 238, 241, 294, 296
　—の宮廷文庫　267
　—の名と「西京賦」　255〜67, 273, 292
〈ワカタケルの栄華〉　277
ワクワーク島(倭国？)　375, 378, 380
「和気氏系図」　247
倭国　173, 183〜5, 265, 285
　—大乱　207
倭国王　210
　—師升等　261, 371
倭人　182, 183
倭隋ら十三人　291
倭の五王　229, 230, 291
和風諡号(追号)

51, 68, 268〜70, 272, 273
蕨手・桑葉の鍬形(愛知・島根県)　140
蕨手状の蔓草植物文　77, 79
蕨手立飾付きの冠(福岡県)　140
蕨手刀　141
蕨手文　72, 79, 85〜98, 114, 134, 140, 141
　—／双葉型と羊角型　91〜5
　—／扶桑樹説　iv, 88〜90
　—／扶桑生命樹の象徴　96
　—／装飾壁画と瓦当文　130〜4
　—と鍬形　55, 139, 140
　—と神輿・高御座　136, 137
　—と棟先飾り　134〜7
　—の型式分類　91〜3
　—をめぐる諸説　86, 87
割竹形木棺　24

を

乎獲居臣(中央豪族か地方豪族か)
253, 292〜8
　—家の系図　250, 254, 292, 294, 295

◆著者略歴◆

岡本健一（おかもと　けんいち）

1937年　京都市生まれ
1961年　京都大学文学部史学科（国史専攻）卒業
　　　　毎日新聞社入社
　　　　京都支局・社会部・学芸部に勤務
　　　　学芸部長・論説委員・特別編集委員を経て
1999年　客員編集委員
　　　　京都学園大学人間文化学部教授
2008年　定年退職
その間　「〈稲荷山鉄剣銘発見〉のスクープと一連の解説」で日本新聞協会賞グランプリ（1979年）
　　　　「長年の公正な文化財報道と啓発的な著作」で藤森栄一賞（長野県考古学会賞，1999年）

［主な著作］

『発掘の迷路を行く（上・下）』（毎日新聞社，1991年）
『邪馬台国論争——卑弥呼の迷宮』（講談社選書メチエ，1995年）
『古代の光——歴史万華鏡』（毎日新聞社，1996年）
『「日本」誕生のなぞ』（大日本図書，2001年）
『アレクサンダー大王99の謎』（共著，サンポウ・ジャーナル，1978年）
『古事記の証明——ワカタケル大王と太安萬侶』（共著，毎日新聞社，1979年）
『三輪山と日本古代史』（共著，学生社，2008年）
「伝統主義の系譜——鷹峰光悦町の形成と解体」（『藝能史研究』2号，1964年）
「高松塚古墳」（『季刊・邪馬台国』70号，2000年）

蓬莱山《ほうらいさん》と扶桑樹《ふそうじゅ》——日本文化《にほんぶんか》の古層《こそう》の探究《たんきゅう》——

平成20（2008）年８月７日発行

定価：本体5,500円（税別）

著　者　　岡本健一
発行者　　田中周二

発行所　株式会社　思文閣出版
〒606-8203　京都市左京区田中関田町2-7
電話075（751）1781（代）

印刷製本　株式会社　図書印刷　同朋舎

ISBN978-4-7842-1400-6 C3021